LES
GRANDS CRIMES
DE L'HISTOIRE

PIERRE BELLEMARE
JEAN-FRANÇOIS NAHMIAS

LES
GRANDS CRIMES
DE L'HISTOIRE

Edition°1

GASPARD HAUSER

C'est le petit matin. Cinq heures viennent de sonner à la cathédrale de Nuremberg. Il fait déjà clair et beau.

Nuremberg, qui est restée, en cette première moitié du xixe siècle, une ville musée avec ses magnifiques maisons du Moyen Âge, dort encore, car ce 26 mai 1828 est un lundi de Pentecôte. Hier, c'était la fête ; les bourgeois, les artisans, les ouvriers, ont veillé tard, à la maison ou dans les tavernes. Et aujourd'hui, c'est encore fête, alors tout le monde est au lit.

Pas tout le monde, cependant. Rue de la Fosse-aux-Ours, deux cordonniers, Weickmann et Beck, rentrent péniblement chez eux. Ils titubent en chantant sur les mauvais pavés. Pour eux, la nuit a été joyeuse. En bas, la rue débouche sur une place. Soudain, Weickmann s'arrête et agrippe son compagnon par le bras :

— Eh, Franz, tu as vu ?

— Oh, ben ça alors, c'est pas ordinaire !

Ce n'est pas ordinaire, en effet. Debout, au milieu de la place, il y a un jeune homme qui doit avoir environ seize ans. Il est vêtu d'une chemise grise, d'une culotte courte avec des bretelles à la mode allemande, et d'une veste d'étoffe noire. De sa main droite, il tient un grand chapeau le long du corps ; dans sa main gauche, tendue devant lui comme dans un geste d'offrande, il y a une lettre. Mais ce qui frappe, c'est l'immobilité absolue du jeune homme ; on dirait une statue, un mannequin de cire. Ses yeux grands ouverts regardent fixement devant lui ; son visage n'a aucune expression.

Les deux hommes s'approchent :

— L'ami ! Eh, l'ami !

« L'ami » ne répond pas, ne bouge pas, ne les regarde pas. Alors Weickmann, brusquement dégrisé, prend la lettre et l'ouvre.

Elle est adressée à « Monsieur le Capitaine commandant le 4e escadron de chevau-légers ». Elle est rédigée dans un très mauvais allemand et elle contient ceci :

Très honoré Monsieur le Capitaine,
Je vous envoie un garçon qui voudrait servir fidèlement son roi. Ce
garçon m'a été confié en 1812, le 7 octobre. Je suis moi-même un pauvre
journalier, j'ai dix enfants. Sa mère m'a confié l'enfant pour son
éducation, mais je n'ai pas pu la questionner et je n'ai pas dit au tribunal
que le garçon m'a été remis.
Aucun homme ne sait où il a été élevé et lui-même ne sait pas comment
ma maison s'appelle. Vous pouvez toujours le lui demander, il ne peut pas
le dire. Je lui ai appris à lire et à écrire.
Très honoré Monsieur le Capitaine, vous ne devez pas vous tracasser. Il
ne sait pas mon endroit où je suis. Je l'ai conduit au milieu de la nuit. Il ne
sait pas le chemin de la maison. Il n'a pas un centime sur lui. Si vous ne le
gardez pas, vous pouvez le pendre dans la cheminée.

Il n'y a bien entendu pas de signature. Mais un autre billet est joint
au premier. Il est d'une écriture différente :

Le petit a été baptisé sous le nom de Gaspard. Donnez-lui le nom de
famille que vous voudrez et daignez prendre soin de lui. Il est né le 30 avril
1812. Je suis une malheureuse fille et je ne peux le garder. Son père est
mort.

Ces deux lettres, le capitaine von Wessenig les regarde d'un air
maussade. Qu'est-ce que veut dire cette plaisanterie de mauvais
goût ? Deux pochards qui viennent lui amener un vagabond qui porte
une lettre à son nom, c'est un comble ! Et un lundi de Pentecôte, par-
dessus le marché. Il appelle deux de ses hommes :
— Conduisez-le à la tour !
La tour, un donjon du Moyen Âge au centre de la ville, sert de
prison municipale. Elle a d'ailleurs miraculeusement survécu aux
destructions de la dernière guerre, et c'est, à Nuremberg, le dernier
vestige de cette histoire.
Gaspard reste plusieurs jours dans la tour. Il s'installe dans un coin
et il s'amuse tout seul ; il se promène à quatre pattes, il pousse de
petits cris, il se sent à l'aise en prison ; il y retrouve visiblement de
vieilles habitudes.
Le geôlier, qui est un brave homme, vient le trouver. D'abord, il le
questionne : « Comment t'appelles-tu ? D'où viens-tu ? » Gaspard ne
répond pas. Il sourit d'un bon sourire gentil et enfantin. Mais quand
le geôlier lui tend une feuille de papier et un crayon, la figure du jeune
homme s'illumine. On dirait qu'un déclic se produit en lui. Il prend
le crayon et, s'appliquant bien, tirant la langue, il écrit deux mots :
Gaspard Hauser...

Très vite, l'étrange découverte de ce jeune homme intrigue les autorités. Au point que le bourgmestre de Nuremberg en personne se rend à la tour pour l'interroger.

L'interrogatoire de Gaspard Hauser est long, difficile, un chef-d'œuvre de patience. Le malheureux a toutes les peines du monde à répondre aux questions et son vocabulaire est terriblement limité — une centaine de mots à peine.

Après une semaine d'efforts, toutefois, le bourgmestre a réussi à savoir beaucoup de choses et rend public le résultat de son interrogatoire. Gaspard Hauser a vécu jusqu'à présent enfermé dans une petite pièce étroite, basse, sans plancher, sur la paille et la terre battue. Les deux fenêtres ne laissaient passer qu'un peu de soleil. Il restait assis par terre et jouait avec deux chevaux blancs en bois et un chien blanc, en bois également. Dans un endroit creusé dans le sol, il y avait un vase pour ses besoins. Non loin, un sac de paille qui lui servait de lit. C'était tout.

Faute d'exercice, il pouvait à peine marcher. Le matin, en se réveillant, il trouvait près de son lit du pain noir, de l'eau et son vase vidé. Un homme habillé de noir lui a appris à lire et à écrire. Un soir l'homme est venu et lui a dit :

— Je vais te conduire à la grande ville.

En pleine nuit, il l'a pris sur ses épaules et ils sont partis à travers bois. Après trois nuits et trois jours de marche, l'homme l'a laissé sur la place où on l'a trouvé, lui a remis la lettre et il est parti...

Dans Nuremberg, ville de la vieille Allemagne, en pleine période romantique, l'histoire de cet enfant de la nuit, de cet inconnu venu du mystère, fait sensation, enflamme les imaginations. Qui est Gaspard Hauser ?

Le bourgmestre fait placarder des avis donnant le signalement du jeune homme et invitant la population à fournir des renseignements. Mais personne n'a jamais vu, personne ne connaît Gaspard.

En attendant, on le confie à un professeur de la ville, Georg Daumer, qui entreprend son éducation. Et Gaspard fait de rapides progrès. C'est un élève appliqué et doué. Il apprend l'alphabet, il apprend à compter. Il apprend des choses plus extraordinaires encore : la géographie, l'histoire. Il écoute, émerveillé et un peu inquiet.

Le soir, il se redit ses leçons : Nuremberg, 30 000 habitants... l'Allemagne, l'Europe... La Terre est ronde, nous sommes en 1828... Il a du mal, et il faut le comprendre. Tout cela n'est pas si facile à imaginer, quand on a cru pendant seize ans que le monde se limitait à deux chevaux de bois, un chien de bois et un homme en noir...

Mais le professeur Daumer est aussi un adepte fervent des sciences occultes. Il s'intéresse aux rêves de Gaspard. Quand, un jour, ce dernier lui dit qu'il a rêvé d'un grand château avec des pièces magnifiques et des gens merveilleusement habillés, pour Daumer, c'est une preuve. Gaspard est bien né dans un château avant d'être mystérieusement conduit dans sa sinistre prison. Gaspard Hauser est un enfant de prince ou de roi, qu'on a séquestré pour l'empêcher de régner.

Daumer n'est pas le seul à le penser. L'énigme de Gaspard Hauser s'est rapidement répandue dans toute l'Europe et l'Europe recherche elle aussi avec passion de quel puissant de ce monde Gaspard peut bien être le fils. Il faut donc trouver la famille princière qui aurait perdu un enfant en bas âge dans les années 1811-1813. Il n'y en a qu'une : la famille de Bade.

Stéphanie de Bade a eu une destinée romantique. Née Stéphanie de Beauharnais, cousine de Joséphine, elle est à la fin de la Révolution orpheline et misérable. Mais quand le mari de sa cousine prend le pouvoir, c'est au contraire un conte de fées qui commence pour elle. Napoléon l'adopte comme sa fille et lui fait épouser le prince de Bade.

Sans entrer dans le détail des intrigues à la cour de Bade, il faut savoir que le mari de Stéphanie appartenait à la branche aînée et que l'autre branche avait tout intérêt à ce que Stéphanie n'ait pas d'héritier mâle. C'est ce qui arriva. Le couple eut trois filles et deux garçons, morts tous les deux en bas âge, dont l'un, le 15 octobre 1812.

Et si l'enfant n'était pas mort ? S'il avait été enlevé à sa naissance et confié en secret à un paysan ? Si l'enfant était Gaspard Hauser ?

C'est bien sûr la thèse qu'adopte immédiatement le public. Des historiens, des journalistes se penchent sur le problème, cherchent des preuves. Mais ont-ils songé que tout cela n'était pas sans risque pour Gaspard ? Que si l'on établissait qu'il est réellement l'héritier du Grand-Duché, cela ne ferait pas plaisir à tout le monde, en tout cas pas à l'héritier officiel ?...

Le 17 octobre 1829 est un samedi. Il y a maintenant près d'un an et demi que Gaspard est sorti de sa nuit. Et il s'est peu à peu habitué aux hommes. Gaspard, qui avait le droit de maudire l'humanité entière, est un modèle de douceur, de gentillesse et de modestie. Il est toujours souriant, toujours prêt à rendre service, à se dévouer. En le voyant, qui se douterait qu'il est l'enfant du mystère, l'énigme de son siècle ? Pour un peu on penserait que Gaspard Hauser est un homme comme les autres. Et pourtant, en ce samedi 17 octobre 1829, son destin va prendre un tour nouveau : celui de la tragédie.

Le matin, il va faire le marché pour M. et Mme Daumer. A midi, il n'est toujours pas là. On le cherche dans la maison, au jardin : personne.

C'est dans la cave qu'on le découvre, évanoui, une plaie béante à la tête. On appelle le médecin. Ce n'est pas très grave : la blessure est surperficielle. Gaspard peut parler :

— Un homme, dans la cave, il m'a dit : « Tu ne sortiras pas vivant d'ici. » Alors il m'a frappé. Et puis... Je ne sais plus.

L'enquête de police ne donne rien. Aucun indice ne permet d'identifier le mystérieux inconnu. Gaspard se rétablit.

Les autorités de Nuremberg décident de le confier au conseiller municipal Biberbach chez qui, pensent-elles, il sera mieux protégé. Pourtant, six mois plus tard, un coup de feu éclate dans la chambre du jeune homme. Les Biberbach se précipitent. Gaspard est là, hébété, les bras ballants, blessé à la tempe. Il affirme qu'il est monté sur une chaise, qu'il est tombé et qu'il a accroché dans sa chute un des deux revolvers qu'on lui a donnés pour se défendre. Pourtant, ce ne peut pas être vrai. La blessure de Gaspard n'est pas causée par une arme à feu, sinon il y aurait des traces de brûlure. Alors, pourquoi a-t-il menti ? A-t-il été attaqué par quelqu'un ? Et s'il ne dit pas la vérité, est-ce parce qu'il connaît son agresseur ? C'est un mystère nouveau qui vient s'ajouter aux autres.

A partir de ce moment, la vie de Gaspard Hauser est vagabonde. Il passe d'un foyer à un autre, il est recueilli pendant un an chez le baron von Tucker. Puis un riche excentrique anglais, lord Stanhope, le prend sous sa protection. Il a fait spécialement le voyage d'Angleterre pour rencontrer le mystérieux jeune homme dont tout le monde parle. Il décide de prendre Gaspard à sa charge, il lui donne cinq cents florins et promet cinq cents autres florins à qui découvrira ses origines.

Pendant quelque temps, sous la conduite de son protecteur, Gaspard fréquente les salons à la mode. Il fait sensation, les belles dames veulent le toucher, le caresser ; il est l'attraction, la bête curieuse.

Mais lord Stanhope se lasse assez vite de Gaspard. Il le confie à des amis, le professeur Meyer et sa femme, qui habitent la petite ville d'Ansbach, et leur laisse de quoi payer sa pension. Gaspard quitte donc les mondanités, les papotages et la curiosité des gens bien, pour se retrouver enfin dans un foyer qui l'accueille vraiment.

Là, dans cette ville de province, auprès de ce couple uni, il se sent bien. Car Gaspard est un garçon tout simple. Il joue avec les enfants et les enfants l'adorent car ils sentent qu'il leur ressemble. Gaspard adopte Mme Meyer, il la considère comme sa mère et il ose quelquefois l'appeler « Maman ». M. Meyer se charge de lui trouver une place. Grâce à lui, Gaspard a un petit emploi de secrétaire au tribunal de la ville. Il va souvent aussi chez le pasteur qui entreprend son éducation religieuse, et là encore, il est un élève attentif.

Les années 1832 et 1833 passent tranquillement. L'immense vague de curiosité qui avait entouré Gaspard Hauser s'est apaisée. On ne l'a pas oublié, certes, il est devenu un mythe dont les écrivains, les poètes, se sont emparés. Mais l'homme lui-même, on le laisse tranquille...

Noël 1833 approche. Gaspard passe maintenant inaperçu dans les rues d'Ansbach. On ne se retourne plus sur lui, on ne le montre plus du doigt. Il s'est intégré parmi les hommes...

Gaspard a passé toute la matinée du 14 décembre 1833 chez le pasteur. Très habile de ses mains, il aide les enfants du religieux à découper et à coller sur du carton des images pour la crèche. Le pasteur s'en va. Gaspard reste encore quelque temps et s'en va à son tour.

— Je vais au jardin public. Au revoir, les enfants.

Il est trois heures de l'après-midi. A trois heures et demie, Gaspard arrive chez les Meyer. Il est tout pâle. Il agrippe le bras de M. Meyer :

— Le jardin... un homme... un couteau... donné une bourse... blessé... j'ai couru... bourse est restée là-bas...

On l'allonge. On le déshabille. Il a une plaie au côté gauche, un peu au-dessous du cœur.

Le médecin et la police arrivent en même temps. Gaspard sue à grosses gouttes, il a du mal à parler :

— Un homme... ce matin... Il m'a donné rendez-vous à trois heures pour me dire ma naissance... Quand j'arrive... il me donne une bourse... je prends... et il me donne un coup de couteau.

Un policier se rend au jardin public. Il y a effectivement par terre une petite bourse violette. A l'intérieur, un texte écrit à l'envers, qu'on peut lire en le plaçant devant un miroir :

Hauser pourra vous raconter très exactement comment je suis et d'où je suis. Pour épargner la peine à Hauser, je veux vous le dire moi-même d'où je viens. Je viens de la frontière de Bavière, sur le fleuve. Mon nom est : M. L. O.

Malgré les soins, l'état du blessé s'aggrave. Le 17 décembre, il délire. Il réclame sa mère, c'est-à-dire Mme Meyer. Le pasteur est appelé :

— Comment allez-vous Gaspard ?

— Bien, monsieur le Pasteur, mais je suis si fatigué.

— Cela va aller mieux, Gaspard. Il faudra encore continuer la crèche, elle n'est pas tout à fait finie.

— Je veux bien, monsieur le Pasteur, mais je ne sais pas si je pourrai.

— Gaspard, y a-t-il quelque chose dans votre conscience que je peux soulager ?

— Rien. Je suis tranquille. J'ai demandé pardon à tout le monde.

Le pasteur ne comprend pas :

— Vous voulez dire au contraire que vous pardonnez à ceux qui vous ont fait du mal ?

Gaspard avale péniblement sa salive :

— Pourquoi pardonner ? Personne ne m'a rien fait...

Le 17 décembre 1833, quand l'horloge de la cathédrale sonna dix heures du soir, le pasteur, qui était penché auprès du lit, se redressa et fit le signe de croix : Gaspard Hauser était mort.

L'enquête qui suivit fut sans précédent pour l'époque. Le roi de Bavière promit une prime de 10 000 florins pour la découverte de l'assassin. Le dossier de l'instruction comptait, quand il fut terminé, 3 300 pages. On fouilla l'Allemagne, une partie de l'Europe. L'affaire eut des implications politiques, la cour du Grand-Duché de Bade ne fut pas épargnée, mais pourtant, on ne trouva rien. Deux ans plus tard on referma définitivement le dossier. Et on en resta là...

Que savons-nous aujourd'hui ? D'abord que la légende romantique qui fait de Gaspard le fils du prince de Bade est sans fondement. En 1875, on procéda à l'exhumation du bébé mort en 1812. Il n'y a aucun doute possible : c'était bien lui l'héritier du Grand-Duché de Bade.

Mais alors qui a tué Gaspard Hauser ?

Pour essayer de donner une réponse à cette question, il faut revenir aux faits. D'abord, lors des trois agressions, et malgré les enquêtes qui ont été faites, il n'a jamais été possible de découvrir la trace d'un agresseur. Les seules indications fournies en ce sens, l'ont été par Gaspard lui-même. Ensuite il y a cette phrase du billet trouvé dans le jardin où Gaspard Hauser a rencontré la mort : « Je veux vous le dire moi-même d'où je viens. »

Or cette tournure plutôt curieuse se retrouve textuellement à deux reprises dans le journal intime que Gaspard Hauser tenait en secret. Enfin, il y a les dernières paroles du jeune homme : « Personne ne m'a rien fait. »

Il faut sans doute les prendre à la lettre : personne n'a rien fait à Gaspard Hauser, personne ne l'a tué. C'est lui-même qui, à trois reprises, a tenté de mettre fin à ses jours. Reste à savoir pourquoi.

Pour le comprendre, il faut tenter d'entrer dans la psychologie de cet être que la vie a placé dans des circonstances hors du commun. Il passe brutalement de la solitude à la vie sociale ; mieux : à la gloire. Les hommes bâtissent autour de lui un mythe. Il devient un objet de curiosité, d'engouement : comment cela ne lui tournerait-il pas la tête ? Il est le mystère vivant, on lui pose sans cesse des questions, les belles dames et les beaux messieurs se le disputent. Et puis, ils l'oublient. Alors il veut se rappeler à eux, entretenir de nouveau le mystère et en inventant cet inconnu qui le poursuit, il veut continuer à être Gaspard Hauser.

Gaspard Hauser s'est pris au jeu qu'on voulait lui faire jouer et il a tenu son rôle jusqu'à la fin...

Mais le mystère demeure car Gaspard a bien été séquestré jusqu'à l'âge de seize ans, dans des conditions épouvantables. Et, si nous sommes sûrs qu'il n'était pas l'héritier du Grand-Duché de Bade, nous ne savons toujours pas aujourd'hui qui il était. Ou plutôt si, nous le savons : c'est un des grands mythes romantiques. Toute une génération a chanté Gaspard Hauser, s'est identifiée à son destin tragique, à cette nuit dont il venait et où il est retourné. Et c'est sans doute Verlaine qui lui a dédié le plus beau des adieux :

> *Suis-je né trop tôt ou trop tard ?*
> *Qu'est-ce que je fais en ce monde ?*
> *Oh ! vous tous, ma peine est profonde :*
> *Priez pour le pauvre Gaspard !*

MATA HARI

Le capitaine Ladoux vient d'ouvrir les fenêtres de son bureau au ministère de la Guerre car la chaleur est accablante ce 10 août 1916.

Trente-cinq ans, petite moustache, l'air terriblement sérieux derrière ses fins lorgnons, le capitaine Ladoux consulte un épais dossier... Pourquoi ce militaire de carrière est-il là en toute tranquillité à Paris, alors que ses camarades sont en train de risquer leur vie dans les tranchées de Verdun ? Doit-il cette faveur à des intrigues, à des relations haut placées ?

Non. Si le capitaine Ladoux n'est pas au front, s'il fait partie de ces quelques officiers qui sont restés au ministère, il le doit à ses compétences. Car il en faut pour occuper le poste délicat entre tous qui est le sien : il dirige le Deuxième bureau, le contre-espionnage français.

Cet après-midi-là, le capitaine Ladoux attend une visite. La personne est dans l'antichambre. Il a prié le planton de la faire patienter, le temps de relire une dernière fois son dossier.

Elle a quarante ans exactement puisqu'elle est née en août 1876 dans une petite ville de Hollande. Elle s'appelle Margaretha Gertrud Zelle. Elle a épousé en 1895 un officier de l'armée hollandaise, le capitaine Mac Leod. Peu après, le capitaine a été affecté à Java, une colonie néerlandaise. Dire que le couple ne s'est pas entendu est un euphémisme. Malgré la naissance d'une fille, ce fut une catastrophe. Lorsqu'ils sont rentrés en Europe en 1902, Mme Mac Leod a demandé le divorce et s'est enfuie à Paris...

Le capitaine Ladoux arrête là sa lecture. Il avait besoin de se remémorer ces quelques détails biographiques. Le reste du dossier, il le connaît par cœur.

A Paris, Mme Mac Leod veut faire du théâtre mais elle n'est pas douée en tant qu'actrice. Elle végète jusqu'au jour où elle a une idée géniale : elle va se servir de son séjour à Java pour composer un personnage de danseuse orientale.

Et le 13 décembre 1905, c'est le triomphe. Elle se produit au musée Guimet. L'assemblée est choisie : des hommes politiques, des artistes, les ambassadeurs du Japon et d'Allemagne. M. Guimet lui-même présente l'artiste à ses invités : c'est une danseuse sacrée hindoue. Elle s'appelle Mata Hari, ce qui signifie en malais « Œil de l'aurore ». Elle est née à Java d'une mère métisse et d'un père européen et elle a été initiée par les prêtres aux danses sacrées...

Le spectacle commence dans la bibliothèque du musée en forme de rotonde, qui a été transformée en temple de Shiva. La lumière est tamisée, mystérieuse, des pétales de rose recouvrent le sol. Mata Hari danse... Elle est grande, mince, souple. Elle a la peau mate, une morphologie d'éphèbe ; des jambes magnifiques, presque pas de hanches ni de poitrine, des bras fins, de longues mains, un visage un peu lourd mais des yeux et des cheveux noirs superbes. Au son d'une musique étrange, elle exécute des figures et des pas lascifs. Elle est vêtue de voiles superposés qu'elle enlève délicatement les uns après les autres et, à la fin de la danse, elle ne porte plus qu'un cache-sexe et un soutien-gorge en métal doré...

Le succès est énorme. Très finement, elle a compris que l'alibi culturel pouvait lui permettre toutes les audaces. Les salons parisiens se l'arrachent. Elle reçoit les hommages des plus grands noms des arts, des lettres et de la politique.

C'est à partir de ce moment que Mata Hari intéresse vraiment le capitaine Ladoux. Côté français, elle devient la maîtresse de plusieurs députés, d'un ministre des Affaires étrangères, de diplomates et de militaires de haut rang. Côté allemand, c'est plus brillant encore. Elle a des liaisons avec le duc de Brunswick, le préfet de police de Berlin et le Kronprinz en personne.

Fin juillet 1914, alors que la guerre est imminente, elle quitte son hôtel particulier de Neuilly et se rend précipitamment à Berlin, comme si, mise au pied du mur, elle venait de choisir son camp. Le 1er août 1914, au moment précis de la mobilisation allemande, elle déjeune avec le préfet de police de Berlin. C'est un geste que le capitaine Ladoux n'est pas près d'oublier et qui, évidemment, pèse très lourd.

Pourtant, ce n'est pas le Deuxième bureau qui s'intéresse le premier à Mata Hari, c'est l'Intelligence Service. Tout de suite après le fameux déjeuner, elle rentre chez elle, en Hollande, et de là, elle fait de fréquents voyages en Angleterre. Les services secrets britanniques la surveillent de près et lorsqu'elle revient en France, ils font part de leurs soupçons à leurs collègues français.

Tel est l'état du dossier, ce 10 août 1916. Jusque-là, rien de précis ne peut être relevé contre Margaretha Zelle, alias Mata Hari. Disons qu'elle est suspecte, fortement suspecte...

Le capitaine Ladoux pense avoir fait attendre suffisamment sa visiteuse. Il appelle le planton :

— Faites entrer...

Mata Hari entre... Elle est vêtue d'un tailleur sombre et coiffée d'un chapeau de paille décoré d'une plume grise. Malgré sa tenue volontairement discrète, elle a quelque chose de rayonnant, une présence, une aura. Cela ne vient d'aucun détail particulier de sa personne ; de sa démarche peut-être, de cette manière souple, presque animale, qu'elle a de se déplacer... Le capitaine Ladoux ne peut s'empêcher d'évoquer la phrase d'un de ses admirateurs : « Même quand elle marche, elle danse... »

Mata Hari s'installe devant le capitaine en déplaçant un air parfumé.

— Quelles complications, capitaine ! Quand je pense à toutes ces formalités pour faire quelques malheureux kilomètres...

Elle s'exprime d'une voix un peu gutturale avec un petit accent indéfinissable qui lui va à ravir... Malgré lui, le capitaine Ladoux ne peut s'empêcher d'admirer son aplomb... Elle appelle cela « quelques malheureux kilomètres ». Admirable formule ! A peine rentrée en France, Mata Hari vient en effet de faire une demande pour soigner les blessés de guerre. Mais pas dans n'importe quel hôpital. Elle a choisi celui de Vittel qui se trouve à quelques kilomètres du front. Or, par le plus grand des hasards, le commandement français vient de décider de construire près de Vittel, à Contrexéville, un aérodrome ultra-secret pour les bombardiers... Mata Hari s'impatiente du silence du capitaine Ladoux :

— Enfin, capitaine, est-ce une manière de traiter une femme qui veut se dévouer pour la France ? Tous ces pauvres soldats ont tellement besoin de soins et d'affection.

Le capitaine Ladoux se décide enfin à parler. Il a choisi de jouer le jeu. Mata Hari ira à Vittel. C'est le seul moyen de la démasquer.

— Madame, ce n'est pas de ma faute si Vittel est dans la zone des armées et si aucun civil ne peut y aller sans un laissez-passer de ma part.

— Vous allez me le donner ?

— Bien sûr. Pourquoi ne le ferais-je pas ? Avez-vous votre passeport et une photographie ?

Le visage de la danseuse s'illumine d'un sourire radieux. Décidément, avec un charme pareil, elle peut faire une espionne redoutable.

— J'ai même deux photographies. Vous pourrez en garder une si cela vous fait plaisir.

Le capitaine refuse froidement. Mata Hari a une moue de dépit. Visiblement, elle n'a pas l'habitude que son charme n'opère pas sur les hommes et elle n'aime pas cela. Après qu'elle eut signé les documents, le capitaine Ladoux la fait reconduire par son planton. Mata Hari prend congé un peu sèchement...

Le chef du Deuxième bureau sait bien qu'il a pris un risque, mais dans son activité, c'est quotidien. Il a d'ailleurs son plan. Il va charger un jeune et beau lieutenant de dragons, en convalescence à Vittel, d'entrer en contact avec la danseuse. Ce devrait être d'autant plus facile qu'il aura pour instructions de se prétendre aviateur.

Les jours suivants, le capitaine Ladoux passe au crible les rapports qu'il reçoit tant du lieutenant de dragons que d'autres informateurs qu'il a dans la ville d'eaux. Il est déçu. Non seulement Mata Hari ne fait rien de répréhensible, mais il est arrivé quelque chose d'inattendu : elle est amoureuse. En soignant les blessés, elle a rencontré un capitaine russe aveugle, nommé Maslov, et d'après tous les témoignages, elle est follement éprise de lui...

Mata Hari amoureuse, c'est la dernière chose qu'aurait pu prévoir Ladoux. Et c'est pour lui un contretemps fâcheux. Il s'est fait son idée sur la psychologie de la danseuse : c'est une impulsive, une passionnée. Son amour pour Maslov est capable de lui faire tout oublier. En tout cas, aucun des agents ne signale la moindre tentative d'espionnage de sa part.

Pourtant, le capitaine Ladoux n'est pas près de fermer le dossier Mata Hari car c'est elle-même, trois mois plus tard, début novembre 1916, qui vient le voir et le motif de sa visite dépasse l'imagination. Mata Hari est surexcitée :

— Il m'est arrivé une aventure extraordinaire à Vittel. Je suis tombée amoureuse d'un officier russe. C'est le premier amour de ma vie.

— Eh bien, épousez-le !

Le beau visage s'assombrit :

— Je ne peux pas. Sa famille ne voudra jamais de moi. Son père est amiral... Ou alors, il faudrait que j'aie de l'argent...

Le capitaine Ladoux est soudain prodigieusement intéressé. Il commence à comprendre la démarche de Mata Hari. Celle-ci pousse un long soupir et finit par se jeter à l'eau.

— Il me faudrait un million !...

Le chef du Deuxième bureau émet un petit sifflement... Un million de 1916, c'est énorme : près de deux millions actuels.

— Et que nous proposeriez-vous en échange d'une somme pareille ?

La jeune femme se rengorge :

— C'est que Mata Hari, si elle le voulait, ne serait pas une espionne ordinaire.

— C'est-à-dire ?...

— J'ai été la maîtresse du Kronprinz. Il ne tient qu'à moi de le redevenir. Cela ne vaudrait pas un million, ça ?

Le capitaine Ladoux se décide à abattre ses cartes.

— Je ne vous donnerai rien, mais je veux bien vous confier une mission. Je vais être franc avec vous, Mata Hari : vous êtes surveillée depuis longtemps et je suis certain, absolument certain que vous êtes une espionne allemande. Pourtant, si vous accomplissez cette mission, nous vous laisserons tranquille.

— Et sinon ?...

— Sinon, vous risquez de graves ennuis.

Le chef du Deuxième bureau se lève et se dirige vers une carte murale de l'Europe avec, en rouge, la ligne de front. Il désigne la Belgique.

— C'est là que vous allez aller.

Mata Hari a l'air brusquement inquiet :

— Vous n'allez tout de même pas me faire traverser les tranchées ?

Le capitaine Ladoux sourit :

— Pas précisément. Pour ce genre de déplacement, on suit rarement la ligne droite. Vous allez passer par Lisbonne...

— Et ensuite ?

Le chef du Deuxième bureau griffonne quelques lignes sur un papier.

— Voici les noms de cinq de nos agents. Ils entreront en contact avec vous.

La danseuse s'apprête à glisser le papier dans son sac. Ladoux la retient.

— Non. Vous allez apprendre les noms par cœur.

Mata Hari plisse le front et rend le document au bout de quelques secondes.

— C'est suffisant. J'ai bonne mémoire. Et si je réussis, nous pourrons parler argent ?

— Peut-être. Réussissez d'abord.

Une fois la danseuse partie, le capitaine Ladoux a un sourire de satisfaction. Il a bien manœuvré et il est peu probable qu'elle se doute de quelque chose.

La Belgique est le cadet de ses soucis. C'est l'itinéraire qui est important. Ce n'est pas par hasard qu'il la fait passer par Lisbonne. Car en chemin, il y a Madrid, la plaque tournante de l'espionnage allemand. Si Mata Hari est vraiment au service de l'ennemi, comme il en est persuadé, elle agira à Madrid et elle tombera dans le piège qu'il lui a préparé.

Le piège, ce sont les noms, évidemment. Les quatre premiers sont fantaisistes. Il a écrit ceux qui lui passaient par la tête. Mais le cinquième est bien réel : c'est celui d'un agent double dont le

Deuxième bureau a décidé de se débarrasser. Si les Allemands le fusillent dans les semaines qui suivent, c'est que Mata Hari aura trahi...

Les jours passent et les rapports arrivent régulièrement sur le bureau du capitaine Ladoux. La première chose qu'a faite Mata Hari en arrivant à Madrid, c'est de rendre visite aux attachés militaires de l'ambassade d'Allemagne : von Kalle et von Krohn.

Pourtant, malgré son parti pris contre la danseuse, le capitaine Ladoux veut bien lui accorder le bénéfice du doute. Après tout, le travail d'espionnage oblige à un moment ou à un autre à entrer en contact avec l'adversaire. Mata Hari met peut-être à profit ses relations auprès des Allemands pour jouer sincèrement le jeu, d'autant qu'elle lui fait parvenir des informations précises sur les points de débarquement des sous-marins allemands au Maroc...

Le temps passe encore et survient un événement qui manque de tout faire échouer. A Lisbonne, Mata Hari prend le bateau comme prévu, mais celui-ci est arraisonné par les Anglais et elle est arrêtée. Heureusement, le capitaine Ladoux est informé à temps. Il bondit sur son téléphone et se met en contact avec l'Intelligence Service. Sur ses recommandations, Mata Hari est relâchée et expulsée vers l'Espagne...

Tout recommence donc comme précédemment... Mata Hari se remet à fréquenter assidûment l'ambassade d'Allemagne à Madrid. Et c'est alors que tombent coup sur coup sur le bureau du capitaine deux informations qui dissipent ses derniers doutes.

La première : l'agent double vient d'être fusillé par les Allemands. La seconde ne vient pas de Madrid mais de la Tour Eiffel. Car il faut savoir que le monument parisien dispose d'un des plus puissants récepteurs radio qui existent à l'époque. Il est capable, en particulier, de capter les messages échangés entre l'Espagne et l'Allemagne. Et ce qu'ignorent les Allemands, c'est que leur code secret a été depuis longtemps déchiffré par le Deuxième bureau.

Voici donc le radiogramme qui est transmis au capitaine Ladoux. Il a été émis par le grand Quartier général allemand et il est destiné à l'ambassade de Madrid :

H 21, excellent agent d'avant-guerre, n'a rien donné de sérieux depuis la guerre. Dites à H 21 de rentrer en France et d'y continuer sa mission. Il recevra un chèque de 5 000 francs, tiré par Kraemer sur le Comptoir d'Escompte.

Bien entendu, H 21, c'est Mata Hari. Et la meilleure preuve, c'est que, quelques jours plus tard, le 3 janvier 1917, elle est à Paris... Le capitaine Ladoux décide de ne pas l'arrêter immédiatement. C'est évidemment prendre le risque de la laisser s'enfuir, mais d'un autre côté, il est important de savoir ce qu'elle va faire en France, qui elle va rencontrer. En la laissant agir, il y a la possibilité de réussir un beau coup de filet.

Il y a une autre raison qui décide le Deuxième bureau à ne rien faire dans l'immédiat : si Mata Hari était arrêtée sitôt son retour en France, les Allemands comprendraient que c'est à cause de leur message radio et, par voie de conséquence, que leur code est connu des Français.

Le capitaine Ladoux fait donc étroitement surveiller la danseuse, mais c'est en pure perte. Elle n'a aucune activité suspecte. Au contraire, elle multiplie à qui veut l'entendre les proclamations enflammées en faveur de la France. Elle a enfin dû comprendre dans quelle situation elle se trouve, avec quelle imprudence, avec quelle folie elle vient de se jeter dans la gueule du loup. C'est évidemment un peu tard...

Comprenant qu'il ne gagnera rien à attendre davantage, le capitaine Ladoux ordonne enfin l'arrestation de Mata Hari.

A l'aube du 14 février 1917, plusieurs brigades de sergents de ville prennent position autour du *Palace Hôtel*. Suivi de quelques hommes, le commissaire Priolet frappe à la porte de la danseuse. Il est sept heures du matin...

Pas de réponse. Le commissaire tambourine :

— Si vous n'ouvrez pas, j'enfonce la porte !

Il y a un instant de silence, puis la voix à l'accent mystérieux :

— Entrez, si cela ne vous gêne pas de pénétrer dans la chambre à coucher d'une dame.

La porte s'ouvre. Le commissaire et ses hommes font irruption. Mata Hari est en robe de chambre, les cheveux défaits. De près et sans fard, on a du mal à imaginer la belle danseuse vêtue seulement de voiles et de métal doré. Ses joues sont bouffies, ses yeux se sont creusés. Elle fait bien ses quarante ans... Le commissaire Priolet lui désigne d'un geste de la tête le paravent et s'assied sur une chaise en attendant qu'elle ait fini de faire sa toilette et de s'habiller. Ensuite, il la conduit à la prison de femmes de Saint-Lazare.

Mata Hari est maintenant entre les mains de la justice militaire. L'instruction est longue. On fouille dans les affaires et dans le passé de la danseuse pour trouver d'autres éléments d'accusation que le radiogramme. Mais c'est en vain et il faut bien se décider à la juger. Le 25 juillet 1917, Mata Hari comparaît devant le Troisième conseil de guerre.

L'accusée, en la circonstance, a choisi de jouer d'entrée de jeu sa carte maîtresse, c'est-à-dire son charme. Elle a revêtu une robe bleue décolletée et porte un chapeau en tricorne. Elle prend place en souriant.

Mais est-ce que ce genre d'argument est de nature à toucher les six juges militaires placés sous la présidence du colonel Somprou ? On peut être certain en tout cas qu'il n'aura aucun effet sur le commissaire du gouvernement : le lieutenant Mornet. Ce jeune homme barbu qui est procureur dans le civil, et qui sera vingt-huit ans plus tard l'avocat général des procès Pétain et Laval, a la réputation d'être implacable.

En contrebas, sur le banc de la défense, un homme d'une cinquantaine d'années presse la main de Mata Hari et lui adresse un sourire affectueux : c'est Me Clunet, son défenseur. On dit qu'il a été autrefois l'amant de sa cliente et la façon presque tendre dont il se comporte avec elle semble le prouver.

Mata Hari est toujours souriante comme si rien de tout cela n'était grave. Pourtant, dès le début, le président Somprou ne la ménage pas.

— Vous vous êtes trouvée avec le préfet de police de Berlin le jour de la déclaration de la guerre.

La danseuse n'est pas prise au dépourvu :

— J'avais connu le préfet au music-hall où je jouais. En Allemagne la police a le droit de censure sur les costumes de théâtre. Le préfet était venu m'examiner. C'est ainsi que nous fîmes connaissance.

Le président Somprou poursuit :

— Ensuite, vous êtes entrée au service du chef de l'espionnage allemand qui vous a chargée d'une mission à Paris, vous a remis trente mille marks et vous a immatriculée H 21.

L'instant est crucial. Mata Hari va-t-elle reconnaître les faits ? Eh bien, oui.

— C'est vrai. Le chef de l'espionnage était mon amant. Il m'a donné un nom de baptême pour correspondre avec lui et trente mille marks. Mais cet argent n'était pas un salaire d'espionne, c'était un cadeau.

Que vaut au juste cette défense ? A voir les visages fermés des six juges militaires, elle ne semble pas très convaincante. Le colonel Somprou continue l'énumération des charges :

— Vous êtes allée au front. Vous êtes restée plusieurs mois à Vittel sous prétexte de soigner les blessés.

Pour la première fois, on sent de l'émotion dans la voix de Mata Hari.

— C'est vrai. Je voulais me dévouer à un pauvre capitaine russe, le capitaine Maslov, qui était devenu aveugle. Je voulais racheter ma vie facile en me consacrant au soulagement de l'infirmité d'un officier malheureux que j'aimais. C'est même le seul homme que j'aie jamais aimé...

Même impassibilité de la part du tribunal. L'émotion de Mata Hari ne passe pas plus que ses arguments. Le président Somprou continue, imperturbable :

— En Espagne, vous avez fourni au capitaine Ladoux des renseignements sur les points de la côte marocaine où débarquaient les sous-marins allemands. Comment pouviez-vous le faire sans être en contact avec l'ennemi ?

Me Clunet intervient :

— Vous ne supposez quand même pas que ma cliente ait reçu ces renseignements du ciel ? Ce que vous appelez « contact avec l'ennemi » n'est que la stricte application des ordres du capitaine Ladoux.

La défense a marqué un point. Mais le répit est de courte durée car le colonel Somprou enchaîne avec l'élément le plus accablant pour l'accusée : le radiogramme capté par la tour Eiffel et les cinq mille francs que l'ambassade d'Allemagne a remis à l'agent H 21 pour sa mission en France.

Encore une fois, Mata Hari ne nie pas les faits et s'en tient à son système de défense :

— C'est parfaitement exact. Mais le lieutenant von Krohn était mon amant et il avait trouvé plus commode de me faire des cadeaux avec l'argent de son gouvernement qu'avec le sien...

Ce coup-ci, c'est plus fort qu'eux. Malgré la gravité des circonstances et la dignité de leur fonction, les six juges et le commissaire du gouvernement Mornet éclatent de rire... Mata Hari écarquille les yeux. Pour la première fois, elle semble comprendre le danger dans lequel elle se trouve.

— Je vous assure, messieurs, que c'était pour payer mes nuits d'amour ! Allons, messieurs les officiers français, soyez un peu galants !

Mais la galanterie n'a rien à faire dans les débats et la suite du procès ne fait qu'accabler plus encore l'accusée. La défense a cité un grand nombre de témoins : les hauts personnages dont Mata Hari a été autrefois la maîtresse. Mais à part Jules Cambon, ancien ambassadeur à Berlin, qui vient courageusement s'expliquer à la barre, personne ne se présente. Le président Somprou donne lecture des lettres d'excuse, accompagnées de certificats médicaux... C'est au tour du capitaine Maslov d'être cité. Le colonel Somprou sort un papier de son dossier.

— Le capitaine Maslov, n'ayant pu être touché par son ordre de comparution, le Conseil, sur avis conforme des parties, ordonne qu'il soit passé outre aux débats...

La danseuse devient soudain toute pâle. Elle n'a sans doute pas menti en disant que Maslov est le seul homme qu'elle ait jamais aimé. Il n'y a qu'à voir la douleur qui se lit sur son visage. La douleur et la peur aussi : si même Maslov l'abandonne, c'est qu'elle est perdue !...

C'est l'heure des plaidoiries. Sec, précis, le lieutenant Mornet fait le réquisitoire accablant, impitoyable, qu'on attendait de lui. Me Clunet prend la parole à son tour. Il est chaleureux, trop peut-être... Le tribunal se retire pour délibérer et revient au bout de dix petites minutes. Conformément à la loi, un peloton de soldats rend les honneurs pendant que le greffier lit la sentence :

— Le Conseil condamne à l'unanimité la nommée Zelle, Margaretha, Gertrud, à la peine de mort au nom du peuple français. Le Conseil la condamne en outre aux frais envers l'État.

Me Clunet éclate en sanglots et Mata-Hari répète, abasourdie :

— Ce n'est pas possible ! Ce n'est pas possible !...

Si, c'est possible. Et il fallait manquer singulièrement de discernement pour penser le contraire. En ce mois de juillet 1917, la France traverse les moments les plus dramatiques depuis le début de la guerre. Le sanglant échec de l'offensive sur le Chemin des Dames au mois d'avril précédent a entraîné de graves mutineries. La situation, reprise en main par le général Pétain, ne s'améliore que lentement. Partout, l'opinion publique voit des espions. Alors, pour une fois que l'on en tient un vrai, on ne va pas laisser passer l'occasion, même s'il s'agit en l'occurrence d'une ex-danseuse exotique. Le sort de Mata Hari, « l'espionne boche » comme l'appellent les journaux, ne peut émouvoir personne. Tous les jours, on fusille des soldats français pour moins que cela, pour en avoir assez de tuer et de voir mourir leurs camarades...

Pourtant, tout n'est pas perdu pour l'ancienne danseuse. Les démarches se multiplient en sa faveur. Elles proviennent notamment du gouvernement des Pays-Bas, même s'il faut noter que la reine Wilhelmine refuse de s'y associer... D'autres pressions plus discrètes émanent des hauts personnages qui ont autrefois bien connu la danseuse. Mais l'appel est rejeté et le président Poincaré refuse le recours en grâce...

15 octobre 1917. C'est l'aube. Le lieutenant Mornet, suivi de plusieurs magistrats, fait irruption dans la cellule de Mata Hari. Elle dort. La veille, le docteur de la prison a fait mélanger à ses aliments une dose massive de chloral. Il faut secouer violemment la prisonnière pour qu'elle se réveille. Elle ouvre des yeux agrandis d'épouvante. Elle s'écrie comme lorsqu'elle avait entendu sa condamnation :

— Ce n'est pas possible ! Ce n'est pas possible !

Mais tout aussitôt elle se raidit et reprend le contrôle d'elle-même. Elle s'adresse à sœur Léonide, sa gardienne, qui se tient à ses côtés.

— Ne craignez rien, ma sœur, je saurai mourir sans faiblir. Vous aurez une belle mort.

Elle réclame sa robe la plus chaude et elle s'habille en monologuant avec colère :

— Oh, les Français !… A quoi ça va leur servir de m'avoir tuée ? Si encore ça leur faisait gagner la guerre. C'était bien la peine que je fasse tant pour eux !… Et je ne suis même pas française !

Quelques instants plus tard, elle a terminé sa toilette. Elle est vêtue d'une robe de soie gris perle garnie de fourrure et coiffée d'un canotier noir et blanc. Elle réclame un prêtre. Le pasteur Darboux s'approche. Mata Hari demande à être baptisée. On les laisse seuls quelques minutes.

La porte s'ouvre de nouveau. Mata Hari se tient très droite. Elle est même altière.

— Je suis prête.

Un officier s'approche d'elle et lui demande si elle a des révélations à faire. Elle répond d'un ton méprisant :

— Non. Je n'en ai pas. Et même si j'en avais, je les garderais pour moi.

Nouvelle question posée par un autre personnage, le docteur Socquet, médecin légiste. Tous ces retards peuvent sembler inhumains, mais il faut respecter la loi, en l'occurrence l'article 27 du Code pénal :

— Margaretha Zelle, êtes-vous enceinte ? Auquel cas vous ne subiriez votre peine qu'après la délivrance.

Mata Hari a toujours le même ton méprisant :

— Oh, non ! Sûrement pas…

Le cortège s'ébranle. La condamnée demande son bras à sœur Léonide.

— J'ai beaucoup voyagé, ma sœur. Eh bien, cette fois, c'est mon dernier voyage. Je pars pour la grande gare mais n'en reviendrai pas… Allons, voyons, faites comme moi, ne pleurez pas !…

La petite troupe est arrivée à la porte de la prison. C'est la formalité de levée d'écrou. Mata Hari demande la permission d'écrire trois lettres : une pour sa fille, une pour le capitaine Maslov et une pour un haut fonctionnaire français. Elle les remet à Me Clunet.

Rapidement, les gendarmes poussent la condamnée dans le fourgon cellulaire qui démarre aussitôt. Mara Hari est assise entre le pasteur Darboux et sœur Léonide. Cette dernière lui fait ses ultimes exhortations :

— Au moment de comparaître devant Dieu, il ne faut plus garder pour personne des sentiments de haine.

Le visage de la condamnée se crispe :

— Pourtant je ne peux pas pardonner aux Français !…

— Si, ma fille, il le faut !

Mata Hari hésite un instant et déclare d'une voix sourde :

— Puisque vous le voulez, je pardonne...

Le fourgon s'arrête brutalement. Il est arrivé devant le polygone de tir de Vincennes. L'endroit est effrayant : douze soldats en bleu devant une butte de terre nue qui fait irrésistiblement penser à l'horreur des tranchées. La silhouette frêle de Mara Hari s'avance. Elle se place devant le poteau et s'adresse à la sœur :

— Embrassez-moi vite et laissez-moi. Mettez-vous sur ma droite. Je regarderai de votre côté. Adieu !...

La condamnée refuse le bandeau sur les yeux. Elle refuse de se laisser attacher. L'officier passe la corde autour de sa ceinture sans la nouer. Un autre officier donne lecture du jugement. Les soldats se placent à dix mètres. Mata Hari sourit à sœur Léonide et fait un petit geste dans sa direction. L'aspirant qui commande le peloton abaisse son sabre. Il y a une seule détonation. Ensuite le clairon sonne et les troupes défilent en présentant les armes.

Personne ne vient réclamer le corps et, après un simulacre d'inhumation, il est confié à la Faculté de médecine pour être disséqué...

Mata Hari méritait-elle un sort aussi cruel ? Aujourd'hui, la plupart des gens pensent que non. Il est rare de fusiller une femme et le courage dont elle a fait preuve face à cette mort atroce a frappé les imaginations au point qu'on a souvent oublié qu'elle avait réellement été une espionne.

En fait, Mata Hari et la guerre ne pouvaient faire bon ménage. Elle ne pouvait rien comprendre à cette stupide et meurtrière invention des hommes qui remplace brutalement la frivolité par l'austérité, qui dresse des frontières infranchissables entre les capitales et qui fait s'entre-tuer tant de jeune gens.

Originaire d'un pays neutre, peut-être plus proche du cœur de l'Allemagne que de la France, Mata Hari ne voyait qu'une chose dans la guerre : elle l'empêchait de gagner sa vie. L'argent dont elle avait tant besoin, elle a été le prendre au plus offrant, sans réelle intention de faire le mal.

Sans doute, tout cela était-il, dans le fond, pardonnable. Mais l'était-ce en 1917 ? C'est la vraie question.

GILLES DE RAIS

Comment devient-on le plus grand criminel de tous les temps ? Le hasard ? Le destin ? Il y a les deux dans la vie de Gilles de Rais, une vie qu'aucun romancier n'aurait osé inventer.

Il naît en 1403 au château de Champtocé, près de Nantes, de Guy de Laval, de l'illustre famille des Laval-Montmorency et de Marie de Craon, dotée d'une immense fortune. Guy de Laval est tué en 1414 à la bataille d'Azincourt et Marie de Craon meurt peu après. Tout enfant, Gilles se retrouve donc à la tête d'un fabuleux domaine qui va de la Bretagne au Poitou, du Maine à l'Anjou. Il n'est pas encore adolescent et une partie de la France est à lui.

Gilles de Rais est confié à son grand-père maternel, Jean de Craon, un vieil homme plein d'esprit, mais au caractère fantasque. Gilles l'adore, mais il n'est pas certain que son grand-père exerce sur lui une influence heureuse. Il ne l'incite, en tout cas, pas à la modestie.

Un jour que l'enfant a douze ans, il l'emmène sur une haute colline dominant la Loire. A perte de vue, ce ne sont que des champs et des villages. Jean de Craon prend son petit-fils par les épaules et lui dit d'une voix vibrante :

— Regarde ! Tout est à toi. Tu es le maître de ce pays. Fais un beau mariage et tu deviendras l'homme le plus puissant de France !

L'homme le plus puissant de France... Cette formule tournerait la tête à n'importe qui, mais le jeune Gilles n'est pas n'importe qui.

Il manifeste déjà des penchants bizarres sur lesquels son grand-père, dans son libéralisme absolu, ferme les yeux. Il est cruel. Il élève des molosses, s'amuse à les faire jeûner et jes jette dans les champs contre les moutons. Il se repaît du spectacle du sang et il rentre au château en proie à un trouble étrange...

Mais Gilles n'est pas seulement cruel, ses sens s'éveillent précocement et dans une direction bien particulière. Ce sont les jeunes gens de son âge qui l'attirent, uniquement eux. Sa nourrice essaie de faire preuve d'autorité, mais le grand-père l'envoie promener. Si Gilles est comme cela, que peut-on y faire ? Il faut qu'il suive sa nature. Il prend l'adolescent par le bras et l'emmène visiter les caves du château. Il ouvre les coffres pleins d'or et fait ruisseler des cascades de pièces en lui disant :

— Regarde, c'est à toi ! Tout est à toi !

Lorsque son petit-fils a seize ans, Jean de Craon décide de le marier. Il conclut l'alliance avec Catherine de Thouars, richissime héritière et cousine de Gilles, qui possède des terres attenantes aux siennes dans la région de Tiffauges.

Mais Catherine est trop proche cousine de Gilles, il faut une dispense du pape. La dispense tarde trop, alors le jeune homme a un geste étonnant : il enlève sa fiancée et se présente devant un prêtre qui est bien forcé de les marier.

Catherine, éblouie par l'ardeur conquérante de son époux, doit vite déchanter. A peine installé avec elle à Tiffauges, il la délaisse. Au début, elle n'ose pas comprendre, mais elle se rend à l'évidence lorsqu'elle le voit tourner autour des pages et s'enfermer avec eux pour d'interminables conversations... Gilles de Rais va-t-il vieillir dans un mariage raté et dans une vie d'oisiveté et de débauche ? Va-t-il n'être qu'un grand seigneur dépravé comme il y en a eu tant et tant ? Eh bien, non ! Gilles de Rais va brutalement entrer dans l'Histoire, dans la plus grande, dans la plus noble partie de l'histoire de France...

Triste temps pour notre pays que ce début du XVᵉ siècle. C'est la plus noire période de la guerre de Cent ans. Les Anglais sont partout, soit personnellement, soit par l'intermédiaire des Bourguignons, le parti français qui épouse leur cause.

Le roi Charles VII, le Dauphin, comme on dit, car il ne s'est pas encore fait sacrer, végète à Chinon au milieu des quelques terres et des quelques seigneurs qui lui sont restés fidèles. Et à la cour, cette cour misérable dont ne voudrait pas un comte, le plus ardent soutien du roi se nomme Georges de la Trémoille. Il est connétable de France et ami intime de Jean de Craon. Il a entendu parler de Gilles... Peut-être estime-t-il que ses qualités de guerrier seraient utiles au parti français ; peut-être aussi a-t-il entendu parler de la mauvaise pente que suivait le jeune homme et veut-il le remettre sur le bon chemin ? Toujours est-il qu'il le réclame à la cour.

Lorsque Gilles de Rais arrive à Chinon, c'est l'effervescence. Quelques jours plus tôt, une jeune bergère l'a précédé, venant de Domrémy. Elle s'appelle Jeanne d'Arc et on dit qu'elle est capable à elle seule de sauver le royaume.

Les deux jeunes gens se rencontrent. C'est une des rencontres les plus extraordinaires de l'Histoire... Qu'ont-ils de commun, la Pucelle et le jeune dépravé ? La sainte, envoyée de Dieu, et celui qu'attire

inconsciemment le démon ? La bergère et le richissime seigneur ?... Il
est là. Il la fixe de son regard dominateur. Il a vingt-six ans ; il est
dans toute la force de sa virilité. Malgré sa petite taille, il y a en lui
quelque chose de majestueux et d'impressionnant ; son corps trapu
est celui d'un guerrier fait pour la lutte, mais c'est surtout sa barbe
qui fascine : une barbe d'un noir si intense qu'elle a des reflets bleus.

Gilles devrait n'avoir qu'un regard dédaigneux pour cette Jeanne
d'Arc qui le dévisage de ses yeux candides. Il a toujours méprisé les
femmes. Et pourtant, c'est l'inverse qui se produit : c'est lui qui est
subjugué par elle. Que se passe-t-il en lui ? Quelle force étonnante le
voue dès cet instant, corps et âme, à cette fille si humble en
apparence ? C'est un miracle, il n'y a pas d'autre mot, qu'on lui donne
un sens psychologique ou surnaturel.

Dès lors, Gilles de Rais suit Jeanne d'Arc aveuglément. Il est son
compagnon d'armes le plus aimé et le plus fidèle. Il est à ses côtés lors
de la prise d'Orléans, le 8 juin 1429, il est à ses côtés à Reims, le
17 juin, au sacre de Charles VII.

C'est le jour de gloire pour Gilles de Rais. Il se tient à la gauche du
roi, tandis que la Pucelle est à sa droite. Il reçoit le titre de maréchal
de France et le droit de porter les fleurs de lys sur ses armoiries...

Mais, à la victoire, succèdent la défaite, puis la tragédie. Tout de
suite après le sacre, Jeanne et lui échouent devant Paris. Il rentre. Il la
laisse continuer seule. Puis Jeanne d'Arc est faite prisonnière et, le
30 mai 1431, un messager vient apprendre à Gilles, retiré dans son
château de Champtocé, qu'elle a été brûlée à Rouen.

Gilles de Rais se sent infiniment seul. Il est pourtant l'homme le
plus célèbre, le plus riche et le plus puissant de France. Même le roi le
jalouse ; il possède presque autant du pays que lui. Sa fortune est
immense — on a pu l'estimer à environ mille milliards de centimes
actuels. Mais qu'est-ce que signifie tout cela ? Rien du tout, Gilles le
sait parfaitement... Ou plutôt si, c'est une terrible tentation : la
possibilité de tout faire, protégé par la gloire et la puissance.

Un peu plus loin dans le château, Jean de Craon s'éteint peu à
peu... Gilles de Rais redoute par-dessus tout la mort de son grand-
père, le seul être qu'il ait aimé sur cette terre avec Jeanne. Lorsqu'il
ne sera plus là, cette fois, il sera définitivement seul, entièrement livré
à lui-même. Et Gilles de Rais tremble à cette perspective, car il sait
parfaitement ce qu'il y a à l'intérieur de lui.

Jean de Craon meurt le 15 novembre 1432...

Janvier 1433. Un hameau semblable à tous les autres dans le pays
nantais. Un paysan et sa femme voient passer deux cavaliers devant
leur masure. Ils sont bien vêtus, ils portent l'habit des gens du
seigneur. Ils frappent à la porte branlante ; ils la poussent. Le souffle

de la tempête de neige s'engouffre dans la masure. A l'intérieur ils sont huit à se serrer comme ils peuvent autour d'un feu presque éteint. Outre les parents, il y a quatre filles et deux garçons. L'un des hommes se met à leur parler. La bourse qu'il porte à sa ceinture les fascine...

— Je suis Poitou, serviteur de notre sire Gilles de Rais. Mon camarade se nomme Henriet...

Le paysan et sa femme se taisent, ne trouvant pas leurs mots tant cette apparition leur semble venir d'un autre monde. Poitou continue :

— Mon maître cherche de jeunes pages...

Il fait tourner négligemment sa bourse entre ses doigts.

— Et mon maître est très généreux...

Il désigne le plus jeune des garçons, un petit bonhomme tout maigrichon aux cheveux ébouriffés qui doit avoir huit ans :

— Celui-ci conviendrait.

Il n'a rien besoin d'ajouter. La mère prend le gamin, le débarbouille et le coiffe hâtivement. Poitou sort des pièces de sa bourse. Quelques minutes plus tard, l'enfant est à cheval, serrant tout son bien dans un mouchoir noué. Il a un sourire radieux ; ses frère et sœurs le regardent avec envie... Une fois les cavaliers partis, le paysan et sa femme restent muets un long moment. Ils ont quelques vagues craintes, quelques vagues remords. C'est vrai qu'il y a trop d'enfants qui disparaissent depuis quelque temps dans la région. Mais ce sont les loups ou si ce ne sont pas les loups, ce sont les Anglais. Et, de toute façon, celui-là, maigrichon comme il était, il serait mort de froid avant le printemps.

8 mai 1435. Comme tous les ans à la même date depuis cinq ans, les habitants d'Orléans célèbrent la délivrance de leur ville. Mais cette fois, la cérémonie ne sera pas comme les autres. Gilles de Rais, l'ancien vainqueur, a décidé de s'y rendre en personne.

Il fait son entrée au son des cloches, à la tête de sa maison militaire et civile. C'est fabuleux, c'est inouï de luxe grandiose : deux cents cavaliers avec leurs écuyers et leurs servants, la foule des serviteurs personnels de Gilles, des hérauts d'armes, des trompettes, des musiciens d'orchestre, le chœur d'enfants le plus beau du royaume et cent quarante acteurs et baladins.

Des tréteaux ont été dressés sur la place principale d'Orléans. Les comédiens interprètent le *Mystère de la libération d'Orléans,* drame de circonstance, à la gloire de Jeanne d'Arc et de Gilles.

Le public est ébahi. Jamais de mémoire d'homme on n'a vu une si belle fête. On crie :

— Vive Monseigneur Gilles !

Mais lui ne sourit pas. Dans son fauteuil, sous un dais, il est le seul dans cette atmosphère de liesse à garder l'air sombre. Qu'a-t-il voulu en donnant cette fête qui ruinerait les caisses d'un État ? Sans doute se replonger dans ces temps limpides où ses sombres penchants étaient transfigurés par sa radieuse compagne d'armes. Mais le charme ne joue plus, Jeanne d'Arc n'a pas fait de second miracle. Chacun regarde avec une sorte de crainte cet homme trapu à la barbe noire et au visage fermé sur lui-même comme pour cacher un effrayant secret.

La vérité, le secret de Gilles, est double. D'abord, malgré sa prodigieuse fortune, il est en train de se ruiner. La fête d'Orléans n'est que la plus voyante, la plus exorbitante de ses dépenses. Mais dans sa vie de tous les jours, le seigneur de Tiffauges, Champtocé et autres lieux, mène un train de monarque.

Ses héritiers s'en inquiètent. Ils s'adressent au roi Charles VII. Celui-ci est trop heureux de contrecarrer un seigneur qu'il jalouse. Il déclare Gilles de Rais « prodigue et incapable » et le fait mettre sous tutelle. Désormais, il ne pourra plus faire de dépenses sans l'autorisation de ses tuteurs.

C'est mal connaître Gilles. Aussitôt, par défi, il vend une partie de ses terres au duc de Bretagne Jean V. Et puis, comme il a commencé à vendre, il continue. Il se débarrasse de ses seigneuries n'importe comment, il brade, il liquide. L'or revient dans les coffres mais il est dilapidé tout aussitôt dans des fastes incroyables...

L'or manque de nouveau et Gilles de Rais sent bien qu'un moment arrivera où il n'aura plus rien à vendre. Alors, il doit se résoudre à employer l'autre moyen de se procurer de l'or, le moyen ténébreux et dangereux : l'alchimie...

Gilles de Rais entend dire que le meilleur alchimiste est un Florentin du nom de Prelati. Il envoie des émissaires de l'autre côté des Alpes avec mission de le ramener à prix d'or.

François Prelati a vingt-deux ans ; il est d'une beauté de séraphin qui contraste étrangement avec le métier qu'il pratique. Malgré son jeune âge, il a la tête sur les épaules et il comprend tout le parti qu'il peut tirer de Gilles de Rais. Il accepte.

Devant Prelati, Gilles perd effectivement tout sens critique et même tout bon sens. Il croit aveuglément les niaiseries qu'il lui débite. Pourquoi ? Peut-être à cause de ses cheveux bouclés et de son sourire d'archange...

— Monseigneur, je suis en commerce habituel avec le diable nommé Baron. C'est lui qui a pouvoir de faire apparaître l'or.

— Je vous prie, évoquez-le tout de suite, ici même !

Prelati fait un grand feu dans la cheminée et prononce les phrases cabalistiques. Mais Baron n'apparaît pas...

Dans les mois qui suivent, d'ailleurs, le diable n'apparaît jamais en présence de Gilles. Ce n'est que lorsque le magicien s'enferme seul qu'il consent à se manifester. Le résultat est pourtant aussi décevant : au lieu d'or, le démon ne laisse que des tas de cendres ou de feuilles mortes.

Gilles de Rais s'en irrite parfois. Les séances de magie noire lui coûtent une fortune. Mais Prelati a réponse à tout.

— C'est normal, Monseigneur, le diable est facétieux. Il adore se jouer des mortels. Il faut continuer à l'évoquer.

Et Gilles de Rais continue à faire confiance au magicien. Il le gardera à son service jusqu'au bout. Son esprit commence à s'égarer et puis, de toute manière, il n'a pas le choix. L'alchimie, l'intervention du diable, peuvent seules le sauver. Il n'a presque plus rien. Et il lui faut de l'or à tout prix. Non plus pour continuer une vie fastueuse à laquelle il renonce peu à peu, mais pour acheter les consciences, pour conserver une façade de puissance, pour éviter qu'on découvre le reste...

Le reste nous conduit tout droit dans l'horreur... C'est tout de suite après la mort de son grand-père que Gilles de Rais, définitivement seul, s'est livré à ses instincts, c'est-à-dire au crime.

Ses rabatteurs, Henriet et Poitou, parcourent le pays à la recherche de jeunes garçons, parfois des filles, entre huit et douze ans et les amènent dans un des châteaux du seigneur. Gilles de Rais s'enferme avec la petite victime. Il la poignarde, la torture. Après avoir pris son plaisir, il la décapite. Puis il s'agenouille devant le cadavre et supplie en pleurant la jeune âme qui se trouve encore dans la pièce de prier le Seigneur pour lui.

Cela dure pendant des mois, des années. Les têtes des plus beaux des enfants sont exposées pendant quelques jours dans une chambre où il se livre à la débauche avec ses domestiques. Ensuite, elles sont jetées au feu ou enterrées.

La nuit, souvent, depuis le chemin de ronde des châteaux de Tiffauges, Mâchecoul ou Champtocé, les gardes voient une lueur dans le donjon. Il s'élève de la cheminée une fumée noire à l'odeur écœurante qui retombe en pluie grasse. Dans les caves des mêmes châteaux, des caisses remplies d'ossements s'accumulent. On ne sait plus où les mettre...

Les années passent. Nous sommes au printemps 1440. C'est par centaines qu'il faut chiffrer les petites victimes dans tout le pays nantais. Gilles de Rais est presque ruiné. Il est harcelé par une meute de créanciers et, pourtant, aucune poursuite n'est encore engagée contre lui. Que font tous ces parents qui restent sans nouvelles de leurs fils ou de leurs filles, emmenés un jour par les serviteurs du maréchal de France ? Que font les gardes, les domestiques qui ont fatalement compris ? C'est simple : ils ne font rien parce qu'ils ont peur. Ils chuchotent entre eux. Ils se signent en passant devant les hautes tours des châteaux, mais ils se taisent. Sans doute aussi n'osent-ils pas y croire. L'horreur, l'abomination ne sauraient aller jusque-là ! Et puis, pas de la part du compagnon de Jeanne d'Arc, du libérateur du royaume...

L'horreur aurait sans doute duré longtemps encore si Gilles de Rais n'avait pas commis la seule faute qui pouvait le perdre...

Le lundi de Pentecôte 1440, il part à la tête d'une troupe de soixante cavaliers. Il a vendu récemment à un certain Geoffroy le Féron ses terres de Saint-Étienne-de-Mer-Morte. Or, non seulement celui-ci ne l'a pas payé, mais Gilles vient de recevoir les doléances de ses serfs. Sitôt en possession du domaine, Geoffroy le Féron a rétabli les impôts dont il les avait définitivement dispensés.

Et voilà donc le monstre de Tiffauges qui prend la tête d'une expédition punitive pour défendre ses serfs ! Des serfs qui, dans la mentalité des seigneurs de l'époque, ne valent pas beaucoup plus que des objets. Mais pas pour lui. Pour lui, ce sont des hommes comme les autres et il ne recule devant aucun risque pour leur rendre justice.

Geoffroy le Féron est absent du château de Saint-Étienne-de-Mer-Morte, mais son frère Jean est à la chapelle. Jean le Féron est moine. Il est en train d'écouter la messe de ce lundi de Pentecôte. Le sang de Gilles ne fait qu'un tour. La hache de guerre au poing, il entre dans l'église. Il arrache l'ecclésiastique à son banc en hurlant :

— Ah, ribaud ! Tu as fait extorsion à mes hommes et tu les as battus ! Suis-moi ou je te tuerai tout mort !

Jean le Féron, épouvanté, obéit au sire à la barbe noire. Le prêtre qui célébrait la messe s'enfuit en poussant des cris, les fidèles se taisent morts de peur. Et après avoir copieusement injurié le moine, Gilles de Rais le fait jeter dans les oubliettes de Saint-Étienne-de-Mer-Morte...

C'était de la pure folie ! Gilles de Rais pouvait se moquer des décisions du roi de France en rejetant la tutelle ; il pouvait tuer, mais pas enlever un religieux au milieu de la messe. Le sacrilège est à l'époque le seul crime inexpiable, que même un roi ne pourrait se permettre. L'Église bafouée va réagir. Gilles de Rais a signé son arrêt de mort pour défendre quelques serfs.

Car il ne manque pas de gens qui n'attendaient qu'un prétexte pour l'abattre. D'abord le duc de Bretagne, Jean V, qui le convoque à sa cour de Josselin.

Jean V a certainement entendu parler des disparitions d'enfants, mais ce n'est pas cela qui le préoccupe. S'il tient tant à la chute du maréchal de France, c'est pour des raisons moins avouables. Tous ces domaines que Gilles a vendus pour des bouchées de pain ont été rachetés dans des conditions pas toujours très claires. Le plus souvent, il s'agissait de prête-noms agissant pour le compte de Jean V lui-même. Si le seigneur de Tiffauges était condamné, plus personne ne se poserait de questions au sujet de la régularité de ces acquisitions.

Jean V admoneste donc violemment son vassal pour le sacrilège abominable qu'il a commis à Saint-Etienne-de-Mer-Morte. Il veut bien lui pardonner, mais contre le paiement d'une amende. L'amende est si forte que Gilles ne pourra jamais la payer. Il est pris au piège.

Il est même pris plus encore qu'il ne l'imagine. Un autre personnage n'attendait, lui aussi, que cette occasion : c'est l'évêque de Nantes, Jean de Malestroit. Et lui, c'est vraiment pour mettre fin à ses crimes. Depuis longtemps déjà, des rumeurs parviennent à son palais épiscopal de Nantes ; des nouvelles tellement abominables que l'évêque n'avait d'abord pas voulu les croire. Mais elles étaient si nombreuses, si concordantes, qu'il a bien dû se rendre à l'évidence : il avait dans son diocèse le plus grand criminel que la terre ait porté.

Pourtant, jusque-là, ce n'étaient que des bruits. Personne n'avait osé faire contre le seigneur de Rais une déposition écrite. Cette fois, Jean de Malestroit sent que le moment est venu pour lui d'agir. Il lance contre Gilles une diffamation. La diffamation est une procédure ecclésiastique de l'Ancien Régime utilisée dans les cas où l'Église est en cause. Aux prêches du dimanche, tous les curés du diocèse doivent lire une proclamation à leurs fidèles, les enjoignant de témoigner sous peine d'excommunication.

Une fois la diffamation lancée, l'évêque Malestroit ne s'en tient pas là. Il sait que même la menace de l'excommunication — le châtiment le plus grave à l'époque, car il signifie la damnation assurée — ne sera pas suffisante. Pour le paysan, la peur de Gilles de Rais est plus forte encore que celle de l'enfer. Alors Jean de Malestroit décide de parcourir lui-même les campagnes en grand apparat, avec un cortège impressionnant. Il faut frapper les imaginations de ces gens simples, leur montrer que l'Église, dans toute sa pompe, dans toute sa puissance, se dresse contre leur bourreau et qu'il n'y a que Dieu qui soit plus fort que le diable.

Au début, les bouches restent malgré tout fermées. L'évêque sent le terrible débat qui agite ces êtres qui ne savent plus ce qu'ils doivent faire. Et puis, un jour, devant une masure qui ressemble à toutes les autres, un paysan s'agenouille devant la robe violette. Et il parle.

— Oui, Monseigneur, le sire de Rais a tué mon fils. Ses gens l'ont emmené il y a six ans et un serviteur de Tiffauges m'a dit qu'il l'avait égorgé.

Jean de Malestroit a une inspiration soudaine :

— Viens avec moi dans mon château de Nantes. Tu y seras en sécurité.

C'est ce qu'il fallait dire. Les paysans comprennent immédiatement que Gilles de Rais ne peut désormais plus rien contre eux.

Alors ils parlent... ils parlent tous... C'est déchirant. C'est un flot, un torrent de larmes. Dans les jours, les semaines qui suivent, les secrétaires de Jean de Malestroit enregistrent déposition sur déposition... Le 13 septembre 1440, l'évêque de Nantes en sait assez. Il peut passer à l'action ouverte. Il cite publiquement Gilles de Rais devant son tribunal.

Nous, Jean, par la grâce de Dieu et du Saint-Siège apostolique, évêque de Nantes, à tous et à chacun.

Vous devez savoir que dernièrement, nous avons entendu plusieurs fois de fortes plaintes ; nous avons appris que le noble homme messire Gilles de Rais, baron de notre diocèse, avait tué et égorgé avec des perversités inouïes qui ne peuvent être exposées en raison de leur horreur, et qui seront déclarées en latin, en temps et lieu opportuns.

Et l'évêque enjoint la force publique d'arrêter Gilles de Rais pour qu'il soit traduit à l'official de Nantes, le lundi 19 septembre, le jour de l'Exaltation de la Sainte Croix...

15 septembre 1440. Les troupes du duc de Bretagne, commandées par Jean Labbé, capitaine des gardes, se présentent devant le château de Mâchecoul où Gilles de Rais s'est retranché. Mâchecoul est le plus puissant de ses châteaux ; ses murailles hautes et lisses le rendent pratiquement imprenable ; sa garnison est nombreuse et ses réserves le sont tout autant.

Le porte-bannière du duc de Bretagne s'avance. A côté de lui, un héraut et plusieurs trompettes. Les trompettes sonnent deux fois. Le héraut déplie son parchemin. Les trompettes sonnent une troisième fois et le héraut lit d'une voix forte :

— Nous, Jean Labbé, capitaine d'armes, agissant au nom de monseigneur Jean V, duc de Bretagne et de monseigneur Jean de Malestroit, évêque de Nantes, enjoignons à Gilles, comte de Brienne, seigneur de Laval, de Pouzauges, Tiffauges, Mâchecoul, Champtocé et autres lieux, maréchal de France et lieutenant général de Bretagne, de se constituer prisonnier pour avoir à répondre devant les juridictions religieuses et civiles de la triple inculpation de sorcellerie, d'assassinat et de sodomie.

Gilles de Rais est là-haut sur les murailles. S'il lui restait le moindre doute sur sa situation, il n'en a plus.

Il y a un grand silence. Les hommes du duc de Bretagne ne sont pas nombreux. Ils attendent en essayant de cacher leur peur. Gilles de Rais, qui n'a pas hésité à enlever un religieux, la hache au poing en plein office, aura encore moins de scrupules avec eux, maintenant qu'il n'a rien à perdre. D'un instant à l'autre, une grêle de flèches va s'abattre depuis les créneaux...

Eh bien, non. Le pont-levis s'abaisse. Et Gilles de Rais s'avance. Il semble aller de lui-même, avec une sorte de délivrance, vers son châtiment. Qui sait même si cet imprévisible personnage n'a pas fait exprès de commettre l'absurde profanation de Saint-Étienne-de-Mer-Morte pour hâter une chute qui tardait à venir ?

Henriet et Poitou, les deux rabatteurs du monstre, de même que Prelati, l'alchimiste, sont arrêtés dans le château. La phase judiciaire de l'affaire Gilles de Rais peut maintenant commencer. Ce sera de loin la plus extraordinaire.

Le procès de Gilles de Rais commence le 19 septembre 1440 à Nantes, dans la Tour-Neuve du château. Le maréchal de France se présente, arrogant, devant ses juges, en costume brodé d'hermine, la main sur le pommeau d'or de son épée. Jean de Malestroit, qui préside, lui signifie qu'il est poursuivi pour l'affaire de Saint-Étienne-de-Mer-Morte et demande :

— Gilles, reconnaissez-vous la compétence du tribunal ?

Les traits du seigneur de Rais se détendent. Il semble soulagé qu'il ne soit question que du rapt du moine.

— J'y consens volontiers.

— Fort bien, réplique Jean de Malestroit. Le tribunal vous poursuivra donc selon les règles de l'Inquisition.

Le grand seigneur se crispe. Il comprend avec quelle habileté a manœuvré son adversaire. En ne contestant pas le sacrilège, le crime contre l'Église, il a accepté de se placer lui-même dans l'appareil juridique le plus implacable de l'époque : l'Inquisition. Dans les procès d'Inquisition, les droits de l'accusé sont réduits au minimum. Il n'a, en particulier, pas d'avocat... L'audience est levée et Gilles de Rais est reconduit dans son cachot.

Il a tout le temps de méditer sur la faute tactique qu'il vient de commettre car ce n'est que le 8 octobre qu'il est conduit de nouveau devant le tribunal pour une séance, d'ailleurs fort brève, où on lui annonce que son acte d'accusation lui sera lu le 13.

C'est donc le 13 octobre qu'a lieu l'audience décisive du procès. Le greffier lit l'acte d'accusation, qui ne comprend pas moins de quinze pages et quarante-neuf articles, et l'accusé devient livide. Il a été joué. Dès cet instant, il sait que plus rien ne pourra le sauver.

... Article xv — Item, attendu ce que d'abord rapportait la rumeur publique, puis l'enquête secrète menée par le seigneur évêque de Nantes, mais attendu aussi les dénonciations assurant que ledit Gilles de Rais avait immolé les corps d'enfants aux démons de manière damnable, qu'aux dires

de plusieurs autres, ledit Gilles de Rais avait évoqué les démons et les malins esprits et sacrifié à ceux-ci, et qu'avec lesdits enfants tant garçons que filles, Gilles avait horriblement et ignoblement commis le péché de sodomie, dédaignant avec les filles le vase naturel, parfois pendant qu'ils vivaient, parfois après leur mort, parfois pendant qu'ils mouraient, l'accusateur déclare et entend prouver que le susdit Gilles de Rais, imbu du malin esprit et oubliant son salut, a commis et perpétré ce qui est exposé ci-dessus et ci-dessous depuis huit années, toutes les années, tous les mois, tous les jours, toutes les nuits de ces huit années.

Article XVI — Item que le susdit Gilles de Rais, il y a cinq ans, en une salle basse de son château de Tiffauges, fit tracer plusieurs signes, figures et caractères par certain Maître François Prelati, Italien de nation, se disant expert dans l'art interdit de géomancie.

Article XXVII — Item qu'à Nantes dans la maison nommée « La Suze », située dans la paroisse de Notre-Dame, dans une certaine chambre haute où il avait pris l'habitude de se retirer pour passer la nuit, il tua cent quarante enfants de traîtreuse, de cruelle et inhumaine façon...

Article XXXVI — Item qu'il y a environ cinq ans passés, le seigneur duc de Bretagne, devant se rendre dans le château de Champtocé, le susdit Gilles de Rais fit transporter par ses complices Henriet et Poitou, pour y être brûlés — de peur que le seigneur duc et ses gens ne les trouvassent — quarante-cinq têtes, avec les ossements, d'innocents enfants inhumainement tués, avec lesquels il avait détestablement commis le péché de sodomie et autres crimes contre nature...

Article IXL — En conclusion, l'accusateur entend faire la preuve avec les meilleurs moyens qu'il se peut de tout ce qui a été plus haut exposé.

— Reconnaissez-vous les faits ? demande Jean de Malestroit à l'accusé.

Gilles de Rais a eu le temps de se remettre de sa surprise. Et devant l'évidence, malgré la précision accablante des détails — qui prouvent à quel point l'enquête de l'évêque a été bien faite —, il retrouve toute sa superbe. Il se dresse de toute sa courte taille, barbe noire en avant :

— Je ne veux rien répondre à de tels articles. Je vous considère, vous, et tous les membres de l'Inquisition, comme des débauchés. Je préférerais être pendu la corde au cou, que de répondre à de tels juges.

L'évêque de Nantes s'emporte devant tant d'insolence :

— Réponds ou je t'excommunie !

Gilles de Rais le regarde dans les yeux.

— Je n'ai rien à dire. Je suis aussi bon chrétien et vrai catholique que vous-même.

Cette fois, c'en est trop. Gilles de Rais est excommunié sur-le-champ. Le tribunal se retire.

Alors, une fois dans son cachot, Gilles de Rais s'effondre. L'excommunication, pour lui dont la mort est imminente, c'est la certitude de l'enfer, c'est être abandonné par l'Église, par Dieu lui-même. Et Gilles de Rais n'a jamais cessé d'être profondément croyant. Il rappelle ses juges. Il demande en pleurant qu'on lève l'excommunication et il annonce qu'il fera des aveux complets. L'excommunication est levée et les aveux publics sont fixés au 22 octobre.

Gilles semble désormais serein. Avec la levée de l'excommunication, il a retrouvé de nouveau son assurance. Il demande qu'on conduise Prelati dans sa cellule pour qu'il lui fasse ses adieux. Cette faveur lui est accordée. Malgré les piètres résultats qu'il a obtenus, il a conservé une grande tendresse pour le jeune et beau magicien. Il s'entretient longuement avec lui et, lorsque l'instant de la séparation est venu, il lui dit en larmes :

— Adieu, François, mon ami. Jamais nous ne nous reverrons en ce monde. Mais soyez certain que nous nous reverrons dans la grande joie au paradis...

L'homme qui parle en cet instant a, selon les estimations, entre mille et quinze cents meurtres sur la conscience !...

22 octobre 1440. Les rues de Nantes regorgent de monde. Les habitants de la ville et les paysans des alentours se pressent vers une chapelle désaffectée. C'est là que Gilles de Rais va prononcer ses aveux, la salle de la Tour-Neuve ayant été jugée trop petite pour la circonstance.

La foule est là, énorme, silencieuse. Et voici l'accusé... Il n'y a pas un cri, pas un murmure, mais la stupeur se lit sur tous les visages. Le maréchal de France ne porte plus son habit bordé d'hermine, il n'a plus au flanc gauche l'épée à pommeau d'or. Il est vêtu d'un habit de drap rouge en étoffe grossière. Pourquoi a-t-il choisi cet étrange tenue ? Par mortification, puisque l'habit qu'il porte est celui des serfs ? Ou par provocation, puisqu'il a la couleur du sang ? Les deux peut-être, et même sans doute.

La foule s'écarte sur son passage avec une visible terreur. Son ancien seigneur lui inspire encore de la crainte et l'habit rouge lui fait penser au diable.

A la place de l'autel, sous un grand crucifix, siège le tribunal. Il n'est pas seul. Jean de Malestroit a convoqué les principaux notables de Nantes pour qu'ils signent le procès-verbal. Il sait que ce qui va être dit est tellement monstrueux, tellement incroyable, qu'il faut qu'il n'y ait aucun doute pour les générations futures, pour l'Histoire.

Gilles de Rais parle. Il s'exprime avec tout son sang-froid.

— J'ai commis de grands et énormes crimes. Je demande que ma confession soit publiée en français et non en latin, afin que tout le monde puisse la comprendre pour ma honte.

Jean de Malestroit accède à cette demande et Gilles de Rais commence sa confession.

— J'ai, pour mon ardeur et délectation sensuelles, pris et fait prendre un si grand nombre d'enfants que je ne saurais en préciser avec certitude le nombre. Je les ai tués et j'ai commis avec eux le péché de sodomie, tant avant qu'après leur mort, mais aussi durant leur mort...

Gilles de Rais entre alors dans le détail de ses crimes... Il parle. Il parle pendant des minutes et des minutes... C'est interminable, c'est insupportable et — ce qui est terrible à dire — c'est lassant à force de répétitions. Il n'est pas possible de citer la confession de Gilles de Rais. Elle est pourtant parfaitement connue et conservée à la bibliothèque municipale de Nantes. Mais aucun des livres qui traitent du sujet n'en donne plus que quelques lignes, tout simplement parce que c'est impubliable...

Vers le milieu de son récit, Gilles de Rais s'arrête, vaincu par l'émotion. Alors, on voit Jean de Malestroit faire un geste extraordinaire. Il se lève, retire son manteau d'évêque, se dirige vers le grand Christ au-dessus de lui et lui voile la face. Quand il se retourne, l'accusé pleure.

L'affreuse confession est enfin terminée, mais Gilles de Rais n'a pas fini de parler. Il se tourne vers la foule. Il s'adresse aux pères de famille :

— Mon caractère est corrompu, leur dit-il, parce que mon grand-père s'est montré trop faible avec moi. Je vous conseille de montrer plus de sévérité à l'égard de vos enfants afin qu'une pareille chose ne leur arrive pas.

Cela dépasse tellement l'imagination qu'on a peine à le croire. Ces pères, auxquels il s'adresse, sont ceux de ses victimes. Ces enfants dont il parle, sont ceux qui restent parce qu'il ne les a pas tués. La foule va-t-elle s'emparer du monstre qui est au milieu d'elle sans défense, le mettre en pièce ? Non. Elle écoute attentivement et même religieusement. Gilles de Rais poursuit :

— J'implore avec humilité, en pleurant, la miséricorde et le pardon du Créateur, comme aussi la miséricorde et le pardon des parents et des amis des enfants que j'ai si cruellement massacrés. Je demande à tous les fidèles adorateurs du Christ, qu'ils se trouvent ici ou ailleurs, le secours de leurs dévotes prières.

Alors, il se produit un miracle, un miracle de la foi si intense au Moyen Âge. Cette foule, qui se compose des parents des innocents assassinés, ne voit plus dans l'accusé son bourreau. Elle ne voit qu'une âme qui demande sa rédemption.

Et les milliers de pauvres gens présents se mettent à genoux et commencent à prier...

Trois jours plus tard, le 25 octobre 1440, devant le tribunal de l'Inquisition, Gilles de Rais entend le jugement.

— Nous Jean, évêque de Nantes, siégeant en tribunal et n'ayant en vue que Dieu seul, attendu ta confession spontanément faite devant nous, qui a justement ému nos âmes, nous décidons que tu as encouru des peines de droit afin de te punir et corriger salutairement...

La dernière formule, passablement obscure, signifie que le tribunal d'Église — qui n'a pas le droit de prononcer une peine — le remet entre les mains de la justice civile pour qu'elle décide à sa place.

Gilles de Rais est donc conduit au tribunal civil de Nantes. Il y retrouve Henriet et Poitou, ses deux complices, dont le procès se déroulait parallèlement et qui viennent d'être condamnés à mort. Le duc de Bretagne en personne rend la sentence :

— Gilles de Rais, je te condamne à être pendu et brûlé. Je t'enjoins de crier merci à Dieu et de te préparer à mourir en bon état, et avec beaucoup de regrets d'avoir commis tes crimes. La sentence sera mise à exécution demain à onze heures.

Gilles de Rais remercie avec humilité le duc, mais il ajoute une demande :

— Je vous supplie d'être conduit au gibet en une procession solennelle, à laquelle participeront tout le clergé de la ville et tous les dignitaires de Bretagne à votre suite, jusqu'au moindre cavalier. Je vous supplie ensuite d'être pendu le premier pour que mes serviteurs ne puissent croire qu'on les exécuterait seuls et que vous me feriez grâce.

Et le duc de Bretagne n'hésite pas. Il accepte.

Le lendemain, 26 octobre 1440, il fait froid et humide. De tout le pays nantais, les gens sont venus ; beaucoup ont passé la nuit dans la rue. A neuf heures, les portes de la cathédrale s'ouvrent. Monseigneur de Malestroit sort le premier, en habit d'apparat, avec sa mitre et sa crosse d'or ; derrière lui, un reliquaire contenant un morceau de Vraie Croix, puis tout le clergé. La procession s'ébranle. Lorsque le dernier prêtre a pris sa place, le duc Jean V se met en marche, suivi de sa cour et de tous les dignitaires de Bretagne. Puis le peuple entre à son tour dans le cortège, lentement, avec recueillement.

L'immense file prend la direction de la plaine de Biesse, de l'autre côté de la Loire, où trois échafauds ont été dressés. Tout en queue du cortège figurent les condamnés, entourés de leurs gardes.

Il est onze heures lorsque Gilles de Rais et ses deux complices arrivent enfin au lieu de leur supplice. La foule est énorme. Elle s'est répandue de part et d'autre du gibet en un immense demi-cercle. Elle chante les prières de la messe de requiem : le *Dies irae* et le *De profundis.* Des moines se sont juchés sur l'estrade des potences pour battre la mesure... Leurs bras s'arrêtent dans un dernier geste. Le silence se fait. Il est si total que les premiers rangs peuvent entendre Gilles de Rais s'adresser à ses deux compagnons :

— Je vous supplie de faire confiance à la volonté divine et de vous abandonner à elle.

Et, comme avec Prelati, il leur dit calmement, en guise d'adieu :

— Je prends l'engagement que tous, dans un moment, ayant franchi le trépas, nous nous retrouverons en paradis.

Puisqu'il doit être exécuté le premier, Gilles monte sur l'estrade. Il s'adresse à la foule :

— Je suis le frère de tous ceux qui sont présents, étant chrétien. Je prie particulièrement ceux dont j'ai tué les enfants non seulement de me pardonner, mais de prier pour mon salut, pour l'amour et la passion de Notre-Seigneur.

Va-t-il y avoir des cris, des vociférations ? Non. Pas un mot. Les prêtres font signe à la foule de s'agenouiller, et la foule s'agenouille. Puis les prêtres s'agenouillent à leur tour. Et c'est agenouillés, que le peuple de Nantes, l'évêque Jean de Malestroit et le duc de Bretagne, entendent les dernières paroles du plus grand criminel de tous les temps.

— Je prie monseigneur saint Jacques, pour qui j'ai toujours eu une particulière dévotion, et monseigneur saint Michel, soldat du ciel et patron des soldats de la terre, d'intercéder pour moi auprès de Dieu. Je demande qu'au moment où mon âme sera séparée de mon corps, il plaise à monseigneur saint Michel de la recevoir et la présenter à Dieu.

Puis d'un geste impératif, il fait signe au bourreau d'accomplir son devoir. L'instant d'après, son corps se balance au-dessus du bûcher.

Les flammes touchent ses pieds, tandis que sont allumés les bûchers d'Henriet et Poitou qui viennent d'être pendus à leur tour.

Mais le seigneur de Rais ne sera pas réduit en cendres et jeté au vent comme ses deux complices, comme celle qui fut la grande et brève lumière de sa vie. Le bourreau, sur ordre du duc, coupe la corde. Cinq femmes vêtues et voilées de blanc, couleur du grand deuil, s'approchent du corps et l'emportent lentement. Une sixième femme sort à son tour de la foule. Chacun reconnaît Catherine de Thouars, la femme de Gilles, fidèle, elle aussi, par-delà la mort. Ce cortège muet de femmes en pleurs s'éloigne au milieu des prières. On dirait qu'on emporte le corps du Christ...

Gilles de Rais a été enterré dans l'église des Carmes de Nantes, en compagnie des dignitaires de Bretagne. Et l'extraordinaire vénération qui a entouré le criminel repenti a continué. Pendant des siècles, les pèlerins sont venus se recueillir sur sa tombe.

C'est à la Révolution que les restes de Gilles de Rais ont été exhumés et détruits comme tous ceux des princes de Bretagne.

L'extraordinaire foi héritée du Moyen Âge avait vécu. Elle est si difficile à comprendre de nos jours que nous aurions tendance à considérer les victimes qui se sont agenouillées devant leur bourreau comme des lâches ou des simples d'esprit. Il n'en est rien. Pour tous ces pauvres gens martyrisés, accorder le pardon au plus monstrueux d'entre eux, était au fond d'eux-mêmes un acte d'espérance. Il signifiait que, dans la terrible lutte que se livraient les forces du Bien et du Mal pour la conquête de l'homme, il y avait jusqu'au bout un espoir. Le croyant, quelles que soient ses fautes, restait ultimement libre de son rachat.

Ce n'est pas un hasard si Gilles de Rais a définitivement péri à la Révolution française. L'homme n'est plus alors considéré que vis-à-vis des autres hommes. Dieu et le diable font place au citoyen. C'est en tant que seigneur que le corps de Gilles a été profané ; pour les sans-culottes, il n'était rien d'autre.

Le monde moderne commençait.

L'AFFAIRE DREYFUS

Que se passe-t-il en France en cette année 1898 ? Les gens ne se parlent plus, ou s'ils se parlent, c'est pour s'injurier. On s'injurie chez soi, au bureau, au café, dans la rue. On se bat même, on échange des coups de poing, des coups de canne. Des amitiés de toujours se brisent brusquement, des familles se désunissent à jamais, des couples ne s'adressent plus la parole et les divorces sont innombrables ; des duels presque quotidiens opposent entre eux des députés, des journalistes, des militaires ; dans les journaux en furie, on peut lire des appels au meurtre et à l'émeute. Et à l'étranger, où l'on ne comprend rien, on se demande avec stupeur si la France n'est pas au bord de la guerre civile.

Oui, la France semble brusquement devenue folle. Et tout cela pourquoi ? Quelle est la raison du conflit qui est en train de déchirer le pays ? Eh bien, c'est un homme, juste un homme. C'est pour un seul individu qu'on s'injurie, qu'on se bat, qu'on divorce ; pour un nom, pour deux petites syllabes que chacun prononce plusieurs fois par jour, qui chaque jour s'étalent en caractères énormes à la une des journaux, deux syllabes qui empêchent le président de la République et ses ministres de dormir, deux syllabes qu'on se jette à la figure, dans chaque foyer, autour de la table familiale. C'est en deux syllabes que tient la plus célèbre et la plus dramatique affaire judiciaire française : Dreyfus.

Pour comprendre l'Affaire Dreyfus, il faut se replonger dans les conditions de l'époque. La France des années 1890 ne s'est toujours pas remise d'une des plus humiliantes défaites de son histoire. La guerre de 1870 est encore dans les mémoires ; la perte de l'Alsace et de la Lorraine n'a pas été acceptée. La France, au début des années 1890, ne rêve que de revanche. Et tout naturellement, elle place ses espoirs dans son armée. L'armée est véritablement sacrée. A l'école, jusque dans le plus petit village, l'instituteur enseigne la religion de la patrie ; chaque 14-Juillet, la foule accourt à la revue ; elle acclame les cuirassiers, les dragons, les zouaves et leurs braves généraux ; chaque dimanche, elle va avec ses beaux habits, bourgeois et ouvriers confondus, écouter la musique militaire qui donne son aubade dans les kiosques. Le prestige de l'uniforme est bien réel : chaque jeune fille rêve en secret d'épouser un jour un bel officier. Et dans cette armée, que toute la nation admire et qui fait l'objet des soins jaloux des gouvernements successifs, il y a un service nouvellement créé, si nouvellement d'ailleurs qu'il n'a pas encore d'existence légale : le service de renseignement qu'on a baptisé avec discrétion la « Section de statistique ». Il se tient dans une annexe isolée du ministère de la Guerre, rue de l'Université. Les moyens qu'il utilise sont tout ce qu'il y a de plus artisanal : des racontars, des rapports d'indicateurs pas toujours très sérieux.

Sa principale tâche consiste, bien évidemment, à surveiller l'ambassade d'Allemagne. Pour cela, la Section de statistique a recours à un moyen d'une simplicité déconcertante : une femme de ménage. Marie Bastian va chaque matin nettoyer les locaux de l'ambassade. Comme elle fait son travail de très bonne heure, il n'y a encore personne. Elle emporte le contenu des corbeilles et le dépose à la Section de statistique. Ensuite, on assemble les petits bouts de papier déchirés, en espérant y découvrir les secrets de l'Allemagne.

Le procédé fonctionne régulièrement, à défaut d'être très efficace. Dans le service de renseignement, on l'appelle la « voie ordinaire ».

Tous les éléments sont maintenant en place : une opinion publique obsédée par la défaite de 1870, avide de revanche et qui voue à son armée une admiration sans borne ; à l'intérieur de cette armée, un service de renseignement nouvellement créé, fait de bric et de broc, qui fonctionne de manière empirique, et à l'intérieur de ce service, une femme de ménage qui fait les corbeilles de l'ambassade d'Allemagne. A partir de là, la plus grande affaire judiciaire française peut commencer. Elle va se dérouler avec une logique implacable et absurde. Elle va durer douze ans...

C'est à la fin de l'année 1893 que la Section de statistique commence à s'inquiéter. Plusieurs papiers ramenés en petits morceaux des corbeilles de l'ambassade d'Allemagne par la femme de ménage semblent indiquer que l'attaché militaire allemand Schwarzkoppen est en relation avec un officier français qui lui fournit des renseignements.

Une lettre est particulièrement troublante. Elle est adressée par Schwarzkoppen à l'attaché militaire italien et datée du 16 avril 1894. En voici le début — bientôt toute la France la connaîtra par cœur :

Mon cher ami,
Je regrette bien de ne pas vous avoir vu avant mon départ. Ci-joint
douze plans directeurs de Nice que cette canaille de D... m'a remis pour vous.

Les officiers français sont inquiets, nerveux. Il y a un traître parmi
eux, mais qui ? Qui est cette canaille de D... ?

A la fin du mois de septembre 1894, se produit l'événement décisif.
Le commandant Henry, chef adjoint des renseignements, reçoit par
la « voie ordinaire », c'est-à-dire par la femme de ménage, une lettre
sur papier pelure jaunâtre qui annonce à l'attaché militaire allemand
l'envoi prochain de renseignements sur plusieurs sujets hautement
secrets, notamment le frein hydraulique du canon de 120 et l'état des
troupes de couverture à la frontière allemande. Cette note n'est pas
signée, mais elle présente un intérêt considérable car elle est
manuscrite. Le commandant Henry l'appelle « le bordereau ». C'est
le nom qu'elle gardera pour l'Histoire...

Il faut dire ici quelques mots du commandant Henry. C'est une
belle figure de militaire. Il a quarante-huit ans à l'époque. Engagé
comme simple soldat, il est sorti du rang. Il a gravi les échelons
notamment grâce à son incontestable bravoure pendant la guerre de
1870. Évidemment, il manque un peu de culture, de formation et de
psychologie, mais il compense ces lacunes par un sens aigu de la
discipline et une loyauté absolue à l'égard de ses chefs.

Le commandant Henry fait donc faire des photos du bordereau et
les envoie à tous les services de l'armée avec mission de chercher un
officier suspect dont l'écriture serait conforme à celle du document.

Et justement, à l'état-major, il y a un officier suspect. Ce n'est pas
qu'il ne soit pas brillant, mais il y a en lui quelque chose
d'indéfinissable qui inspire la méfiance...

Cette année-là, le capitaine Alfred Dreyfus a trente-cinq ans. C'est
un juif alsacien, né à Mulhouse. Son père possédait une filature de
coton très prospère. Au moment de l'annexion de l'Alsace par
l'Allemagne en 1870, il a fait partie de ceux qui quittèrent tout pour
rester français. Alfred, élevé dans les idées patriotiques de son père,
se destine à la carrière militaire. Il est reçu brillamment à Polytechnique : il en sort sous-lieutenant d'artillerie. En 1889, il est nommé
capitaine et son ascension continue. Sa fiche de notes, en 1890, porte
les mentions suivantes : « Conduite : très bien — tenue : très bien —
observations générales : très bon officier, très apte au service de
l'état-major. » Aussi est-ce tout naturellement qu'en 1893, le
capitaine Dreyfus est nommé à l'état-major de l'armée. Sur le plan
personnel, sa vie est tout aussi réussie. En 1890, il a fait un mariage
d'amour avec la fille d'un riche diamantaire : Lucie Hadamard qui

apporte dans la corbeille une dot considérable et lui donne deux enfants : Pierre et Jeanne.

Pourtant, la personnalité de Dreyfus est surprenante. Il est réservé, il est froid, il est distant et même cassant. Il faut le dire : Dreyfus n'est pas sympathique. L'histoire n'est pas un roman. Dans la vie, le héros n'est pas toujours sympathique et c'est le cas de Dreyfus.

A Polytechnique, il ne s'est pas fait d'amis. A l'état-major, ses camarades ne l'aiment pas. Est-ce son regard de myope, un peu fuyant derrière ses lorgnons ? Est-ce sa voix, rauque et monocorde qui sonne faux quoi qu'il dise, « une voix de zinc » dira plus tard un témoin ? Est-ce aussi sa manie étrange ? Il est furtif, fouineur, indiscret. Toujours est-il qu'on le respecte parce que c'est un brillant officier qui ne mérite que des éloges, mais qu'on ne l'aime pas.

Émile Zola, qui sera plus tard son plus illustre défenseur, le décrit ainsi : « Il a l'air d'un marchand de crayons. Il a une petite physionomie ingrate, pas de dons extérieurs, la voix faible et un peu cassée, l'aspect chétif, de la raideur et pas de grande autorité. »

Avec ses défauts et ses qualités, le capitaine Alfred Dreyfus est pourtant, en cette année 1894, un jeune officier d'état-major plein d'avenir. Il écrira dans ses Mémoires : « La carrière s'était ouverte brillante et facile. Tout, dans la vie, semblait me sourire. »

Le destin en décide autrement. C'est son écriture qui est confrontée la première avec celle du bordereau et la ressemblance saute aux yeux.

Le commandant Henry jubile en l'apprenant :

— Ah ! c'était Dreyfus ! Pas étonnant, j'aurais dû m'en douter.

Il transmet son rapport à ses supérieurs, le général Gonse et le général de Boisdeffre. Avec le rapport, figure l'analyse graphologique, si on peut l'appeler ainsi, qu'a faite un des officiers du service de renseignement : le commandant du Paty de Clam. Bref, un très beau dossier, tout ce qu'il y a de plus affirmatif, et qui prouve sans aucun doute possible que Dreyfus a écrit le bordereau.

Le ministre de la Guerre, le général Mercier, est immédiatement convaincu de la culpabilité de Dreyfus. Par acquit de conscience, il demande une seconde analyse graphologique et un véritable expert, cette fois. Mais le résultat est pour le moins nuancé : « Il y a de nombreuses analogies entre les deux écritures : il y a également de nombreuses différences. »

Qu'à cela ne tienne, le général Mercier s'adresse à un troisième expert : Bertillon, le fameux inventeur de l'anthropométrie, qui n'est pourtant pas graphologue. Cela ne l'empêche pas d'être formel : il n'y a aucun doute, c'est la même écriture.

La cause lui paraissant entendue, le général Mercier décide

l'arrestation de Dreyfus. Il a, une fois pour toutes, la conviction que Dreyfus est coupable et il n'y reviendra pas.

Le 13 octobre 1894, le capitaine Dreyfus est convoqué au ministère de la Guerre. Là, dans une mise en scène un peu mélodramatique, le commandant du Paty de Clam lui fait écrire sous sa dictée les premières phrases du bordereau. Les officiers présents estiment que Dreyfus a eu l'air troublé et du Paty s'écrie d'une voix théâtrale :

— Dreyfus, je vous arrête pour haute trahison !

Puis tout le monde s'en va et le laisse seul dans la pièce. Dreyfus, qui est encore abasourdi, comprend ce départ quand il voit sur le bureau un revolver posé sous une pile de dossiers.

Au bout de cinq minutes, les officiers qui étaient derrière la porte rentrent, et il leur déclare simplement, de sa petite voix sèche :

— Je ne veux pas me tuer. Je veux prouver mon innocence.

Dreyfus est conduit séance tenante à la prison du Cherche-Midi. Il y est enfermé au secret le plus rigoureux. Sa famille n'est pas informée et même plusieurs ministres ne seront pas tenus au courant.

Dans sa cellule, Dreyfus, qui ne comprend rien à ce qui lui arrive, ne reçoit qu'une seule visite, le commandant du Paty de Clam qui, chaque jour, vient lui faire faire des pages d'écriture dans les positions les plus diverses : assis, debout, couché, avec un gant, sans gant. Tout cela est transmis à l'autorité militaire car l'enquête continue.

Trois nouveaux experts graphologues sont consultés. Et les résultats sont déconcertants : deux affirment que c'est la même écriture, le troisième affirme le contraire.

Alors ? Si Dreyfus n'était pas coupable ?

On se met à hésiter. Jusqu'ici, à part le ministre de la Guerre et ses collaborateurs, le président du Conseil et le président de la République, personne n'est au courant. Peut-être va-t-on relâcher Dreyfus, faute de preuves ?

Mais le 1er novembre 1894, il se produit un événement qui empêche tout retour en arrière et contraint tout le monde à aller jusqu'au bout. C'est un article qui paraît dans le journal *La Libre Parole*, d'Édouard Drumont. Une révélation sensationnelle qui s'étale sur toute la largeur de la une : *HAUTE TRAHISON — ARRESTATION DE L'OFFICIER JUIF DREYFUS.* Suit un exposé extrêmement violent dans lequel il est révélé que Dreyfus, coupable d'avoir vendu des secrets militaires à l'Allemagne, est passé aux aveux complets et va bientôt être jugé.

Drumont, l'auteur de l'article, est antisémite, c'est même le père de l'antisémitisme en France. Il l'a lancé quelques années auparavant avec un ouvrage qui a eu un retentissement considérable : *La France juive*. Et depuis, dans son journal *la Libre Parole*, il ne cesse de dénoncer ceux dont vient tout le mal, les juifs.

Au début l'opinion est surprise et puis certaines personnes commencent à prêter l'oreille à ses attaques. Après tout, si nous avons perdu la guerre en 1870, il y a bien des responsables. Drumont, lui, les a trouvés et il les désigne : ce sont les juifs.

Avec son article du 1er novembre, il a marqué un point et quel point ! Un officier juif vendu à l'Allemagne, pas étonnant, se disent les gens, ces juifs n'ont pas de patrie, ils feraient n'importe quoi pour de l'argent.

Mais au fait, comment Édouard Drumont a-t-il pu faire son article ? Comment a-t-il pu connaître ce que même des ministres ne savaient pas ? Quelqu'un a parlé, quelqu'un de très bien informé et la liste n'est pas longue.

Ce quelqu'un, c'est le commandant Henry. Il trouvait sans doute que les choses n'allaient pas assez vite, il voulait faire avancer tout cela. Alors il a parlé aux journalistes, aux pires journalistes, ceux de *La Libre Parole*. Comme Dreyfus était juif, il savait bien qu'il y aurait un bel article.

Cette fois, le gouvernement n'a plus le choix. Les ministres, qui sont furieux d'avoir appris l'affaire par la presse, décident une information judiciaire immédiate contre Dreyfus.

Elle est confiée au commandant d'Ormescheville et elle dure deux mois. A la fin de ces deux mois, d'Ormescheville a sur son bureau deux rapports. D'abord un rapport de moralité, qui est mauvais, accablant : « Dreyfus a eu de nombreuses liaisons après son mariage, il fréquente les cercles de jeux, il a une vie dissolue. » Ce n'est qu'après qu'on s'apercevra que les enquêteurs se sont trompés. Il ne faut pas leur en vouloir, ils ont confondu avec un autre Dreyfus : Camille Dreyfus, député de la Seine et débauché notoire, qui se suicidera peu après.

Ensuite, d'Ormescheville a l'autre rapport — l'expertise graphologique que nous connaissons —, dans lequel deux experts concluent à la culpabilité de Dreyfus, l'autre à son innocence.

Pour l'enquêteur, c'est plus que suffisant. Les preuves sont éclatantes et dans son rapport à lui, il en ajoute d'autres : « Dreyfus possède des connaissances très étendues, une mémoire remarquable, il parle plusieurs langues étrangères ; il est, de plus, doué d'un caractère très souple, voire obséquieux, ce qui convient beaucoup dans les relations d'espionnage avec les agents étrangers. »

Un excès de politesse est donc une preuve de trahison. C'est curieux mais c'est comme cela. N'insistons pas. Dreyfus sera jugé. Il passe devant le Conseil de guerre le 18 décembre 1894.

Les débats ont, bien sûr, lieu à huis clos. Le préfet de police Lépine, qui y a assisté, les a décrits par la suite.

Dreyfus se présente, raide, hautain, il parle de sa voix atone, sèche, presque indifférente. Il dit son innocence, mais il n'y a pas un mouvement d'indignation chez lui, pas d'émotion, pas de cri du cœur.

Il n'y a rien de décisif au cours de ces débats. Aucune preuve n'est concluante, les juges le sentent bien. Tout cela n'est pas très clair.

Pourtant, les juges militaires vont être persuadés de la culpabilité de Dreyfus. Car la veille du jour où ils doivent rendre leur verdict, du Paty de Clam leur transmet, sur l'ordre du ministre de la Guerre Mercier, un dossier secret qui ne doit pas être communiqué aux débats.

Dans le dossier, il n'y a pas grand-chose. La fameuse lettre de l'attaché militaire d'Allemagne à celui d'Italie qui parle de « cette canaille de D... » (en fait on saura plus tard qu'il s'agit d'un certain Dubois, un espion de petite envergure), d'autres documents de moindre importance, et surtout un réquisitoire écrit par du Paty de Clam, recommandant aux juges de condamner Dreyfus. C'est donc sur ce document, qui n'a été communiqué ni aux avocats de la défense ni bien sûr à l'accusé lui-même, que les juges vont se décider, et leur décision est celle qu'on peut attendre.

Le 22 décembre 1894, le capitaine Alfred Dreyfus est condamné par le Conseil de guerre de Paris à la dégradation publique et à la déportation à vie. C'est le maximum, la loi de 1848 ayant supprimé la peine de mort pour crime politique.

Et l'opinion applaudit. Car, ce que nous venons de dire, personne ne le sait encore. Personne ne sait qu'il y a eu un dossier secret communiqué aux juges. Pour tout le monde, Dreyfus est un traître, un abominable traître. Comment pourrait-il en être autrement, puisqu'on ne sait rien ?

A la Chambre, Jean Jaurès s'indigne même qu'on ait épargné « l'officier traître, alors que si souvent de pauvres soldats sont fusillés sans merci ». Et Georges Clemenceau, qui sera bientôt un des plus ardents défenseurs de Dreyfus, lui fait écho.

Le gouvernement a conscience de cette indulgence révoltante. Il n'est pas possible d'aller plus loin que la loi, mais il faut tout faire pour que la sanction infligée à Dreyfus soit exemplaire et même épouvantable.

Le 5 janvier 1895, c'est la cérémonie de dégradation. Une cérémonie sinistre qui a laissé mal à l'aise tous ceux qui l'ont vue : quelque chose qui semble venir tout droit du Moyen Âge. Pour Dreyfus, on a exhumé des mises en scène dignes de l'Inquisition.

Tout Paris est à l'École militaire, en ce début de matinée froide et ensoleillée. Dans la cour, il y a quatre mille hommes en armes qui forment ce qu'on appelle une haie de déshonneur. A neuf heures, Dreyfus apparaît, encadré de quatre officiers, au milieu de l'immense carré formé par les soldats. Il marche d'un pas ferme, raide, mécanique. Il arrive au centre, s'arrête devant le général qui commande la cérémonie. Le général, à cheval, dit d'une voix forte :

— Alfred Dreyfus, vous n'êtes plus digne de porter les armes. Au nom du peuple français, nous vous dégradons.

Alors, s'approche un sous-officier et pendant des minutes, d'interminables minutes qui semblent des heures, il s'acharne sur l'uniforme de l'ex-capitaine. Il lui retire son képi, en arrache les trois galons dorés ; il arrache les épaulettes, les boutons, les insignes sur les manches et sur le pantalon, il enlève le ceinturon, sort le sabre de son fourreau et d'un geste sec le brise sur son genou. Dreyfus n'est plus qu'une loque, une espèce de pantin, on dirait déjà le bagnard qu'il va être bientôt. Mais son calvaire n'est pas terminé. Il lui faut maintenant défiler, accompagné du général, devant les quatre mille hommes de troupe. C'est long, c'est interminable. De temps en temps, on l'entend crier :

— Je suis innocent !

Mais sa voix est si sèche, si froide, si impersonnelle, que tous ceux qui sont là sont persuadés d'avoir entendu crier un coupable.

Après cette belle cérémonie, on va s'occuper de la détention de Dreyfus. On va le soigner. Jusque-là, les condamnés pour haute trahison étaient déportés en Nouvelle-Calédonie, mais un pareil traitement semble trop doux. Pour Dreyfus, oui, pour Dreyfus tout seul, le Parlement vote une nouvelle loi. Il n'ira pas en Nouvelle-Calédonie, il ira dans un bagne qu'on va créer exprès pour lui en Guyane, à l'Île du Diable, en face de Cayenne.

L'Île du Diable est un îlot désolé de douze cents mètres de long sur quatre cents de large, un rocher nu, où subsistent tant bien que mal quelques cocotiers. C'est là qu'étaient parqués jusqu'alors les lépreux du bagne de Cayenne. L'administration pénitentiaire les en a chassés pour faire place à Dreyfus. Elle fait construire une case entourée de deux palissades qui forment deux étroits couloirs, et qui sont si hautes qu'on voit à peine le soleil. Elle imagine aussi pour Dreyfus un règlement spécial, très spécial. L'ex-capitaine aura en permanence à ses côtés un garde, qui aura deux consignes formelles : ne perdre de vue aucun de ses gestes, où qu'il se trouve, et ne jamais lui adresser la parole. Les gardes seront relevés toutes les quatre heures.

Voilà quelle va être désormais la vie de Dreyfus : une solitude effroyable, personne à qui parler, mais en même temps pas une seule seconde d'intimité, toujours un regard sur lui. Si, dans le bagne de Cayenne tout proche, les détenus sont soumis à la terrible épreuve physique, pour Dreyfus, on a imaginé bien pire : la torture morale. Car, en plus de tout cela, on lui a supprimé tout contact avec le monde extérieur. Seule sa famille a le droit de lui écrire, mais uniquement pour parler de questions personnelles, privées, et, comble de raffinement, toutes les lettres, après avoir été lues par l'Administration, sont réécrites par un fonctionnaire. Dreyfus ne pourra même pas avoir la consolation de reconnaître l'écriture de sa femme ou de ses enfants, de toucher le papier à lettres qu'ils ont eux-mêmes touché. Il n'aura entre les mains que le formulaire de l'Administration sur lequel il devra lire, en jambages anonymes, des mots d'amour ou d'encouragement.

Et surtout, Dreyfus ne saura rien. Bientôt, la France entière va se diviser à cause de lui, va se battre pour lui, sous les yeux du monde. Dreyfus va être à la une de tous les journaux, il va ruiner des carrières politiques, il va faire tomber des ministres, des ministères. Et lui, pendant tout ce temps, dans ce silence absolu de l'Île du Diable, sous ce regard muet qui ne le lâchera pas un seul instant, il va croire que c'est pour toujours, qu'il est abandonné de tous, que personne ne pense plus à lui...

Au début pourtant, il n'y a guère que sa famille qui le soutienne. Ses trois frères : Léon, Jacques et Mathieu, ont créé un comité pour la révision de son procès. Ils font des démarches généreuses, mais vouées à l'échec. Ils adressent une requête au président de la République Félix Faure, mais les éléments qu'ils avancent sont trop vagues, c'est un refus. Les frères de Dreyfus prennent même une initiative folle : ils écrivent à l'empereur d'Allemagne Guillaume II, en le suppliant de dire publiquement que les Allemands n'ont reçu aucun renseignement de Dreyfus. Guillaume II, évidemment, n'en fait rien et d'ailleurs, s'il avait accepté, son intervention en faveur de Dreyfus aurait été plus compromettante qu'autre chose.

Décidément, il n'y a rien à faire. La famille du condamné est persuadée de son innocence. Elle sent bien que les choses ne se sont pas passées normalement. Mais comment le prouver ?

Pourtant, tout va brusquement changer le 1er juillet 1895, à cause d'un fait en apparence tout à fait étranger à l'affaire : le commandant Picquart est nommé chef de la Section de statistique.

Le commandant Picquart est un officier de valeur. Ce n'est pas du tout un contestataire ; il est très obéissant, très discipliné. Il est d'ailleurs, comme tout le monde, entièrement persuadé de la culpabilité de Dreyfus et de la parfaite loyauté du Conseil de guerre. Seulement, il est consciencieux, consciencieux jusqu'à l'extrême.

Quand il prend ses nouvelles fonctions, il se fait évidemment apporter ce fameux dossier Dreyfus, dont on a tant parlé. Et Picquart est perplexe, il est même ennuyé... C'est tout ? Il n'y a que cela ?

Non ce n'est pas tout, il va bientôt y avoir autre chose car la « voie ordinaire », c'est-à-dire la femme de ménage Bastian, continue à fonctionner comme avant. Et en mars 1896, elle rapporte des corbeilles de l'ambassade d'Allemagne, un pneumatique, un « petit bleu » comme on dit alors, soigneusement déchiré en trente-deux morceaux. Une fois le tout recollé, le commandant Picquart bondit de surprise :

— Mais alors, il y a un second espion chez nous ! Ou bien... il n'y en a jamais eu qu'un et ce n'est pas Dreyfus ?

Voici ce que dit le pneumatique, le « petit bleu » :

Monsieur, j'attends avant tout une explication plus détaillée que celle que vous m'avez donnée l'autre jour sur la question en suspens. En conséquence, je vous prie de me la donner par écrit pour savoir si je dois continuer mes relations avec la maison R. ou non.

Et le tout est adressé par la maîtresse de l'attaché militaire Schwarzkoppen à un officier français : le commandant Esterhazy.

Charles Walsin-Esterhazy, commandant au 74e régiment d'infanterie, est bien conforme à l'image qu'on se fait du traître. Il a tous les défauts : il est presque toujours à cours d'argent, il s'est approprié la dot de sa femme pour entretenir une maîtresse, il joue, il boit et il fréquente les lieux de plaisir. A part cela, il est bel homme, il « porte beau » comme on dit à l'époque, et fait preuve en toutes circonstances d'une assurance, d'un culot que rien ne peut entamer. Ses sentiments patriotiques sont pour le moins modérés. Voici quelques échantillons de sa correspondance : « Nos généraux sont des clowns, les Allemands mettront tous ces gens-là à leur place avant qu'il soit longtemps. » Et ceci, qui n'est pas mal non plus : « Je ne ferais pas de mal à un petit chien, mais je ferais tuer trois cent mille Français avec plaisir. »

Ces lettres, le commandant Picquart les reçoit peu après sur son bureau avec le reste du dossier qu'il a demandé sur Esterhazy. Pourtant ce n'est pas leur contenu qui lui coupe le souffle et le laisse sans voix pendant une bonne minute :

— L'écriture, c'est celle du bordereau !...

Picquart comprend que le hasard vient de lui donner brusquement une responsabilité effrayante. Il a en main la preuve de l'innocence de Dreyfus et il est seul à savoir. Mais pour être tout à fait sûr, il imagine une expérience. Il communique des lettres d'Esterhazy, sans le nommer, bien entendu, à ceux des experts graphologues qui avaient conclu à la culpabilité de Dreyfus. A chaque fois, c'est la même réaction :

— Mais pourquoi me montrez-vous une lettre de Dreyfus ?...

Il n'y a plus de doute. Picquart écrit immédiatement la fantastique nouvelle au général Gonse de l'état-major. Mais la lettre qu'il reçoit en retour n'est pas du tout celle qu'il attendait :

> *Il faut se méfier des premières impressions... Il est nécessaire d'agir avec une extrême circonspection... Prudence, prudence : voilà le mot que vous devrez avoir constamment sous les yeux.*

Picquart est têtu. Il obtient une entrevue avec le général Gonse.

— Mon général, il faut enquêter sur Esterhazy. C'est sans doute un traître, on ne peut pas le laisser agir.

— Allons, Picquart ! Vous avez devant vous un bel avenir. Je vois de l'avancement pour vous... Alors, écoutez ce que je vous dis : prudence !

Picquart insiste néanmoins. Cette fois, le général se fâche :

— Qu'est-ce que ça peut vous foutre que ce juif reste à l'Île du Diable ?

— Mais tôt ou tard, on va découvrir la vérité.

— Si vous ne dites rien, personne ne le saura.

Et le général Gonse congédie Picquart...

Pourtant, cette vérité, qui semble si bien enfouie dans les secrets de l'état-major, va se révéler peu à peu à l'opinion publique.

Le 15 septembre 1896, *L'Éclair,* un journal violemment antisémite, publie un article sensationnel : *LE TRAÎTRE — LA CULPABILITÉ DE DREYFUS DÉMONTRÉE PAR LE DOSSIER.* Ce que révèle *L'Éclair,* dans le but d'accabler Dreyfus, c'est tout simplement l'existence du dossier secret qui a servi à le condamner et qui a été communiqué aux juges du Conseil de guerre, mais ni à l'accusé ni à ses défenseurs.

Évidemment, loin de nuire à Dreyfus, l'article a exactement l'effet inverse. On découvre qu'il y a eu une irrégularité dans le procès et, si c'est vrai, il faut le casser, c'est la révision.

Picquart mène une enquête pour savoir qui s'est rendu coupable de l'indiscrétion, qui a communiqué le renseignement à un journaliste. Et les suspects se comptent sur les doigts des deux mains. Mais l'autorité supérieure intervient : pas d'enquête. Picquart continue d'autre part à chercher des preuves contre Esterhazy. Nouvelle intervention des supérieurs : pas d'enquête sur Esterhazy. Picquart passe outre, il ne peut tout de même pas se résoudre à laisser un traître en activité et un innocent au bagne.

L'autorité militaire se décide à agir. Picquart devient décidément trop gênant. Un homme à principes, c'est ce qu'il y a de plus dangereux. Il faut se débarrasser de lui. Le 16 novembre 1896, il est renvoyé de la Section de statistique et chargé d'une importante et glorieuse mission à la frontière sud de la Tunisie. A sa place, on nomme quelqu'un de confiance : le chef adjoint du service, le commandant Henry, ce militaire sorti du rang, si zélé, si obéissant, si dévoué à ses chefs.

Et, à la tête de la Section de statistique, le commandant Henry ne perd pas de temps, il se livre à l'activité qui va être la sienne désormais : il fait des faux. Des faux pour innocenter Esterhazy, des faux pour accabler Dreyfus, des faux, aussi, pour compromettre Picquart.

Alors que s'est-il passé ? Est-ce qu'Henry est un traître tout simplement, le complice d'Esterhazy ? Ou bien est-ce plus subtil ? Est-ce qu'il ne s'imagine pas, en dissimulant la vérité, faire son devoir ? Ses chefs ont dit que Dreyfus était coupable, donc Dreyfus est coupable ; tout le reste, ce sont des mensonges qu'il faut écarter, dissimuler, détruire. Peut-être le commandant Henry protège-t-il un traître au nom de la patrie, par patriotisme ? Cela semble absurde, mais c'est cette aberration psychologique qu'on va retrouver tout au long de l'Affaire Dreyfus.

L'Affaire Dreyfus, pourtant, n'existe pas encore ; le public ne sait rien de tout ce que nous venons de dire. Pour lui, Dreyfus est coupable. Sans doute le fait de transmettre un dossier secret aux juges du Conseil de guerre n'était-il pas très régulier, mais c'est tout. Esterhazy, personne ne connaît.

On va pourtant le connaître bientôt. D'abord, Picquart, qui se morfond là-bas en Afrique, et qui craint pour sa vie, a transmis tout son dossier à des amis. Il est maintenant entre les mains du vice-président du Sénat, Scheurer-Kestner.

Ensuite, c'est la famille Dreyfus elle-même qui va rendre public le nom d'Esterhazy et d'une manière quasi miraculeuse. Les frères de Dreyfus ont l'idée de photographier le bordereau en un très grand nombre d'exemplaires et de distribuer les photos eux-mêmes, dans la rue, comme des tracts, avec l'espoir fou que quelqu'un reconnaîtrait l'écriture de son auteur. Et le plus extraordinaire, c'est que cela réussit. Boulevard Montmartre, M. de Castro, un banquier qui allait prendre l'omnibus de la Madeleine, jette un coup d'œil distrait sur la photo qu'on lui tend et s'arrête :

— Oui, je connais bien cette écriture, c'est celle d'un de mes clients, le commandant Esterhazy.

Mathieu Dreyfus publie une lettre ouverte au ministre de la Guerre, accusant Esterhazy. Cette fois, il est impossible de reculer. Il faut ouvrir une enquête, d'autant qu'Esterhazy, qui a choisi de se défendre en attaquant, la réclame à cor et à cri dans la presse, pour laver son honneur injustement souillé par une bande de juifs.

L'enquête est confiée au général Pellieux, un brave général qui ne peut pas imaginer un seul instant que les sept officiers du Conseil de

guerre se soient trompés. Il conclut donc son rapport en ces termes :
« Quelque peu intéressant qu'il soit en raison de ses écarts de vie
privée, Esterhazy ne peut être accusé de trahison et doit être mis hors
de cause. »

Il estime en revanche qu'il faut agir avec la dernière énergie contre
Picquart qui est coupable d'une faute extraordinairement grave : il a
communiqué un dossier secret à un civil. Aux arrêts, Picquart ! On va
le juger !...

Mais l'opinion publique commence quand même à s'émouvoir.
Quoi ? Il y aurait un autre espion ? Qu'est-ce que cela veut dire ? Un
débat a lieu à la Chambre. Le Premier ministre Méline tient à
rassurer :

— Je dirai tout de suite ce qui sera la parole décisive de ce débat :
il n'y a pas d'affaire Dreyfus.

On applaudit et on vote la confiance à l'unanimité moins dix-huit
voix.

Il faut quand même s'occuper d'Esterhazy. Il passe devant le
Conseil de guerre le 10 janvier 1898. Trois experts graphologues
viennent affirmer qu'il n'est pas l'auteur du bordereau. On ne saura
que plus tard qu'ils ont agi sur ordre. Et le lendemain, le 11 janvier,
Esterhazy est acquitté à l'unanimité. Il est acquitté, cela veut dire,
dans le droit français, qu'il est désormais à l'abri de toute poursuite.
Même si on prouve par la suite sa culpabilité, même s'il s'accuse lui-
même, comme ce sera le cas, la justice ne pourra plus rien contre lui,
il est innocent pour toujours.

Cette fois, apparemment, le Premier ministre Méline peut dormir
tranquille : il n'y a pas d'affaire Dreyfus ou, s'il y en a eu une, elle est
terminée. Elle a été tuée dans l'œuf avec l'acquittement d'Esterhazy.
Au ministère de la Guerre, on se frotte les mains : on ne parlera plus
jamais de Dreyfus.

Mais tout le monde se trompe, les militaires comme les autres.
L'Affaire Dreyfus éclate brusquement deux jours plus tard.

Le 13 janvier 1898 au matin, les Parisiens s'arrachent un journal :
L'Aurore. Et dans *L'Aurore* de ce matin-là, il y a l'article le plus
célèbre de toute l'histoire de la presse française. Il est intitulé :
J'ACCUSE et il est signé Émile Zola.

Zola est alors au sommet de sa gloire et la famille Dreyfus a fini par
le convaincre de mettre son immense prestige au service de la vérité.
Que dit-il dans cet article que des mains placardent un peu partout
sur les murs de Paris et que d'autres mains tout aussitôt arrachent et
lacèrent ? Eh bien, ce que nous, nous savons déjà, toute l'affaire : la
nullité des preuves contre Dreyfus, la communication du dossier
secret, le « petit bleu », Esterhazy, les nombreux faux fabriqués par

le commandant Henry. Un réquisitoire accablant, une démonstration sans réplique. Et Zola termine ainsi :

En portant ces accusations, je n'ignore pas que je me mets sous le coup de la loi, laquelle punit les délits de diffamation. Et c'est volontairement que je l'expose. Qu'on ose donc me traduire en cour d'assises et que l'affaire ait lieu au grand jour. J'attends.

Ce coup-ci, l'Affaire Dreyfus a commencé.

Tout de suite, l'opinion se divise. La France se retrouve brusquement, et pour des années, coupée en deux par une frontière invisible, une frontière de haine, qui ne respecte pas les groupes traditionnels ; elle passe au milieu des familles, des amitiés les plus anciennes, des couples. Mais au fait, pourquoi se bat-on ?

Pas seulement pour un homme : pour beaucoup plus, pour un principe. Ce sont deux conceptions, deux philosophies absolument inconciliables qui s'opposent. Oui, Dreyfus est un symbole. Pour les uns, les anti-dreyfusards, c'est l'élément indésirable, le fauteur de troubles, celui qui, par sa seule existence, remet en question l'ordre établi et son garant le plus sacré, l'armée. Si Dreyfus est innocent, cela veut dire que ce sont les plus hautes autorités militaires qui sont coupables. On ne va pas sacrifier l'institution la plus fondamentale de la nation et, pourquoi pas, la nation elle-même, à un seul individu !

Pour les autres, les dreyfusards, c'est exactement l'inverse. Au-dessus de tout, il y a la justice. Un innocent a été condamné à tort et c'est tout ce qui compte. La justice est un absolu, le seul absolu. Elle est au-dessus de tout, même de la raison d'État. Si la réhabilitation de Dreyfus devait entraîner les pires désordres, ruiner l'armée tout entière, il faudrait quand même réhabiliter Dreyfus.

La justice par-dessus tout contre l'ordre à tout prix : voilà le fond de l'Affaire Dreyfus.

Quant à la forme, c'est autre chose. On ne se rend pas compte du déferlement de haine, du délire verbal qu'elle a déclenché. L'antisémitisme a été poussé à un paroxysme inimaginable. Il faut reconnaître qu'il n'y a pas eu, heureusement, de violences physiques, pas de pogroms, que tout est resté à l'état de mots. Mais quels mots ! seuls Hitler et les nazis iront plus loin.

La presse diffuse quotidiennement contre les juifs de véritables appels au meurtre et à l'émeute. La très sérieuse *Revue des Deux Mondes* réclame « que Dreyfus soit attaché à un pilori au milieu de la place de la Concorde pour que tout Paris, en une immense procession, défile lui cracher au visage ».

Dans *La Libre Parole*, un certain abbé Cros demande « une peau de youpin afin de la piétiner matin et soir » ; un autre lecteur pose la question : « A quand l'hécatombe des juifs ? » et signe « Un patriote qui comprend la Saint-Barthélemy. »

Les dreyfusards qui ne sont pas juifs ne sont pas mieux traités. Zola est attaqué, injurié avec une grossièreté invraisemblable. Dans les familles « bien » il est devenu de règle d'appeler le pot de chambre « le Zola ». Quant au journaliste Henri Rochefort, voici le traitement qu'il préconise pour tous les partisans de la révision du procès Dreyfus : « Qu'un tortionnaire leur coupe les paupières et que, sur le globe de l'œil, on fixe des araignées venimeuses pour qu'elles rongent la prunelle et le cristallin de ces aveugles hideux. »

Voilà quel va être désormais, et pour plusieurs années, le ton de la vie française : un affrontement total, impitoyable, mais pourtant — il faut le remarquer — presque uniquement limité à la bourgeoisie. Le peuple, les paysans comme les ouvriers, restera beaucoup plus à l'écart. C'est que l'Affaire Dreyfus n'est pas une opposition d'intérêts, c'est un conflit abstrait, intellectuel. Elle prouve, en tout cas, qu'on ne se bat pas avec moins d'acharnement pour une idée que pour des revendications.

Dans la France déchirée, le procès Zola, qui s'ouvre le 7 février 1898, marque une étape de plus dans l'escalade de la violence. L'armée s'est résignée à attaquer Zola pour diffamation, mais elle l'a fait très habilement. Il est reproché uniquement à Zola d'avoir écrit que le Conseil de guerre qui a acquitté Esterhazy l'a fait sur ordre. C'est une affirmation un peu hasardeuse que Zola ne pourra jamais prouver, donc il sera condamné, et surtout il ne sera question que de la culpabilité ou de l'innocence d'Esterhazy. Le premier procès, celui de Dreyfus, on n'en parlera pas.

Dès le début, d'ailleurs, le président indique fermement la marche à suivre. Chaque fois que Zola, un témoin ou un des avocats de la défense essaie de parler de Dreyfus, le président le coupe brutalement avec toujours la même phrase, devenue célèbre : « La question ne sera pas posée ! »

Tout est donc mis en œuvre pour n'aborder que des choses secondaires, accessoires et surtout pour éviter de prononcer le nom maudit : Dreyfus. A Mme Dreyfus, le président ne permet même pas de prononcer un mot.

Mais les débats s'animent tout de même quand le commandant Henry déclare au cours de son témoignage qu'il a eu en main des preuves formelles de la culpabilité de Dreyfus. Remarquons qu'à lui, le président a permis de parler de l'Affaire.

Mais Picquart, qui est dans la salle, se dresse aussitôt :

— Ce sont des faux, vous le savez parfaitement !

— Vous mentez !

— C'est vous qui mentez !

Cela se terminera par un duel dont les deux adversaires sortiront indemnes.

Dans la salle, les débats se poursuivent dans une ambiance d'émeute. Déroulède et sa « Ligue des patriotes » sont là, qui huent, qui hurlent : « A l'eau les Juifs — A mort Zola ! »

Enfin, c'est l'épilogue. Clemenceau, directeur de *L'Aurore,* qui se défend lui-même, conclut sa plaidoirie au milieu des sifflets. Dans un geste théâtral, il montre le crucifix qui est accroché sur le mur au-dessus des juges :

— La voilà, la chose jugée ! On l'a mise au-dessus du juge pour qu'il ne fût pas troublé par sa vue. C'est à l'autre bout de la salle qu'il faudrait placer l'image afin qu'avant de rendre sa sentence, le juge eût devant les yeux l'exemple même de l'erreur judiciaire...

Le 13 février 1898, Émile Zola est condamné à un an de prison et 3 000 francs d'amende. On lui retire sa Légion d'honneur. Il part pour l'Angleterre...

Les adversaires de Dreyfus semblent triompher en ce début de l'année 1898. Tous leurs efforts se sont brisés contre la machine politique et judiciaire. Et maintenant, la répression s'abat sur ceux qui ont osé se mettre en avant.

Zola est en exil, le commandant Picquart est aux arrêts en attendant d'être jugé. Dans l'armée, les officiers dreyfusards sont systématiquement dénoncés et sanctionnés.

C'est la victoire de l'ordre. Tous les Français, selon le camp auquel ils appartiennent, s'en réjouissent ou s'en désespèrent. Enfin... tous les Français sauf un. Sauf celui qui est depuis trois ans à l'Île du Diable, accompagné dans sa terrible solitude d'un témoin muet qui ne le quitte pas du regard une seule seconde et ne lui adresse jamais la parole.

Celui-là, il ne sait rien, il ne sait pas quand il reviendra ni même s'il reviendra un jour. Il s'imagine que tout le monde l'a oublié...

C'est dans ces conditions qu'ont lieu les élections législatives de 1898. Malgré une campagne qui est, on s'en doute, d'une violence sans précédent, il n'y a pas de changement notable dans la nouvelle Chambre. Elle est tout aussi hostile à la révision du procès que la précédente. Et le 7 juillet, le nouveau ministre de la Guerre, Cavaignac, qui répond à une interpellation, fait une communication sensationnelle. Devant les députés subjugués, il « prouve » la culpabilité de Dreyfus et pour cela, il donne lecture de trois documents inédits. Dans l'hémicycle, c'est du délire. Au milieu des acclamations, les députés votent l'affichage du discours dans toutes les communes de France. En fait, les deux premiers documents ne prouvent rien et le troisième est un faux fabriqué par le lieutenant-colonel Henry, récemment promu.

Pourtant, il y a, en France, une personne qui le sait : le commandant Picquart. Picquart, qui est plus que jamais décidé à prendre tous les risques pour proclamer la vérité, Picquart qui adresse au ministre de la Guerre une lettre ouverte l'accusant de s'être servi d'un faux.

Le résultat est immédiat : Picquart est traduit en justice.

Le ministre Cavaignac a chargé un de ses collaborateurs, le capitaine Cuignet, de préparer le dossier contre Picquart. Et dans le dossier qui est remis au capitaine Cuignet, il y a, évidemment, la troisième pièce lue à l'Assemblée, celle que Picquart prétend être un faux. Le capitaine l'examine machinalement, et il pâlit... Il s'agit d'une lettre qui a été fabriquée avec deux morceaux de papier différents qui ont été ensuite assemblés avec le plus grand soin. Le commandant Picquart à raison : c'est un faux !

On peut imaginer l'état d'esprit du capitaine Cuignet quand il doit annoncer la nouvelle à son chef et on peut imaginer l'état d'esprit du ministre de la Guerre quand il l'apprend. Cavaignac était de bonne fois, il pensait réellement que les attaques contre l'armée étaient de pures calomnies imaginées par une clique de bandits et de juifs. Et voilà qu'il apprend que ces gens-là disent vrai. Pour lui, c'est le monde qui s'écroule.

Le ministre de la Guerre convoque immédiatement le chef de la Section de statistique. Le lieutenant-colonel Henry commence par nier, puis à se troubler, et puis il avoue, il s'effondre, il s'écroule :

— Oui, c'est un faux, mais comme de toute façon Dreyfus est coupable, ce n'est pas grave. Le dossier d'accusation était un peu mince, alors il a bien fallu le grossir, ajouter quelques preuves matérielles car c'était surtout ça qui manquait. Oh, pas grand-chose, juste quelques retouches... Et puis, vous le savez bien, monsieur le Ministre, Dreyfus est coupable, j'ai cru bien faire...

Et le commandant Henry continue ses aveux, il avoue tout, et c'est interminable. Il n'a pas seulement fait des faux contre Dreyfus, il a escamoté ou falsifié les pièces qui accusaient Esterhazy. Il a fait des faux pour compromettre le commandant Picquart. Pour ce délicat travail, il s'est adressé à un professionnel, un faussaire condamné dix fois pour escroquerie, mais qu'on ne pourra malheureusement pas interroger car quelques jours après, on le retrouve pendu. L'enquête conclura à un suicide ; une enquête très, très rapide.

Le lendemain 30 août 1898, l'agence Havas publie le communiqué suivant :

Aujourd'hui, dans le cabinet du ministre de la Guerre, le lieutenant-colonel Henry s'est reconnu lui-même l'auteur de la lettre où Dreyfus est nommé. M. le ministre de la Guerre a ordonné immédiatement l'arrestation du lieutenant-colonel Henry qui a été conduit à la forteresse du Mont-Valérien.

C'est la bombe... Pendant plusieurs heures, la vie politique française, et même la vie tout court, semble arrêtée, suspendue. On se tait, même les dreyfusards sont ébahis ; en face, on ne peut que répéter sans comprendre : « Mais pourquoi, a-t-il fait cela ? »

Pourquoi ? On ne le saura jamais. Car le jour même, dans l'après-midi, une nouvelle plus sensationnelle encore s'étale à la une de toutes les éditions spéciales. Le lieutenant-colonel Henry est mort. Il s'est suicidé dans sa cellule en s'ouvrant la gorge avec un rasoir.

Pendant plusieurs jours, dans le camp anti-dreyfusard, c'est la panique, la déroute. L'une après l'autre, toutes les têtes de l'état-major tombent : le général de Boisdeffre démissionne, le général Pellieux démissionne et le ministre de la Guerre, Cavaignac, est forcé de démissionner à son tour. Dès lors, c'est la valse des ministres de la Guerre : quatre en sept semaines, de septembre à octobre.

Un instant abattus et déconcertés, les anti-dreyfusards relèvent vite la tête. Le principal accusateur de Dreyfus a été pris en flagrant délit de mensonge et même de trahison, qu'importe ! Les responsables de l'état-major démissionnent les uns après les autres, qu'importe ! Les faits leur donnent tort, qu'importe ! Les anti-dreyfusards commencent une folle fuite en avant. Ils développent un raisonnement d'une logique absurde qui peut se résumer ainsi : Dreyfus est coupable même s'il est innocent. Il est coupable parce que l'armée l'a condamné et que l'armée a toujours raison.

Les journaux antisémites exaltent le « faux patriotique » du lieutenant-colonel Henry. Charles Maurras lui décerne ce vibrant et incroyable éloge funèbre : « Cet énergique plébéien a fabriqué un faux pour le bien public. C'est un grand homme, un serviteur héroïque de l'État. Son faux malheureux lui sera compté parmi ses meilleurs faits de guerre. »

On organise même une souscription nationale en faveur de la veuve d'Henry, qui réunit des sommes considérables. D'ailleurs l'exemple vient de haut. Le ministre Cavaignac n'a-t-il pas déclaré en remettant sa démission : « Je demeure convaincu de la culpabilité de Dreyfus et aussi résolu que précédemment à combattre la révision. »

Mais heureusement, tout le monde ne pense pas de la même manière. La grande majorité de l'opinion exige maintenant la révision du procès Dreyfus et, le 19 octobre 1898, la Cour de cassation déclare recevable la demande de révision présentée par la famille Dreyfus, sous condition d'une enquête préalable.

Il y a quelqu'un qui ne tient pas du tout à participer à cette enquête : c'est Esterhazy. Le jour même de la mort d'Henry, sans bagages, il a quitté la France pour se réfugier en Hollande. Esterhazy qui écrira plus tard, dans un article envoyé au journal *Le Matin*, que c'était bien lui l'auteur du bordereau.

Le 3 juin 1899, la Cour de cassation annule le jugement du Conseil de guerre de Paris et renvoie Dreyfus devant le Conseil de guerre de Rennes. Le lendemain, Zola rentre d'exil et le commandant Picquart sort de la prison où il était enfermé depuis près d'un an.

Et là-bas, tout là-bas, à l'autre bout du monde, à l'Île du Diable, un des gardiens qui depuis maintenant quatre ans surveillaient jour et nuit chacun des gestes de l'ex-capitaine Dreyfus, sans jamais lui adresser la parole, ouvre pour la première fois la bouche :

— Dreyfus, suivez-moi. On vous ramène en France.

C'est alors, et alors seulement que Dreyfus comprend qu'il n'était pas seul, que derrière ce silence absolu, il y avait les autres, la multitude des autres et qu'on ne l'avait pas oublié...

C'est le 1er juillet 1899 que Dreyfus arrive à Rennes pour comparaître devant le Conseil de guerre. Les débats commencent le 7 août, ils vont durer jusqu'au 9 septembre.

On s'en doute, quand le capitaine Dreyfus, qui a retrouvé son uniforme — car la Cour de cassation a cassé la dégradation en même temps que le jugement — paraît par la petite porte du fond, c'est un moment d'intense émotion. Le voilà, le voilà enfin, celui pour qui toute la France s'est battue depuis six ans !

Tout de suite, on est frappé par les terribles marques qu'a laissées sa détention. Un témoin écrit : « C'est une pauvre loque humaine. Les bras sont atrophiés, les genoux d'une telle maigreur qu'ils semblent percer le drap du pantalon. Seuls les yeux braqués derrière le lorgnon animent un peu le visage cadavérique. »

Ensuite l'interrogatoire commence. Et là aussi, on est frappé. C'est vrai, on avait oublié Dreyfus. Mais malheureusement, à part son aspect physique, il n'a pas changé. Il a toujours cette attitude hautaine, ces manières cassantes, et surtout il a toujours la même petite voix, sèche, monocorde, sa « voix de zinc ».

Dreyfus indispose les juges, c'est visible, il irrite ses adversaires et, ce qui est pire, il consterne ses partisans. Quelqu'un écrira même que si Dreyfus était resté en France tout le temps de l'Affaire, on ne l'aurait peut-être pas défendu avec la même ardeur.

En attendant les débats se poursuivent, ou plutôt l'absence des débats, car il ne se dit rien d'intéressant au cours de ces longues journées de l'été 1899. Les chefs militaires en grand uniforme se succèdent à la barre. Ils se gardent bien d'aborder le fond du problème. Ils se contentent de proclamations de patriotisme vides et ronflantes et jurent, la main sur le cœur et la Légion d'honneur, que Dreyfus est coupable. La déposition du général Mercier, l'ancien ministre de la Guerre, impressionne particulièrement les juges. Elle est simple, d'une simplicité toute militaire. C'est lui, Mercier, qui a fait arrêter Dreyfus. Donc, ou Dreyfus est coupable ou c'est lui. Si les juges acquittent Dreyfus, ils condamnent le général Mercier, ancien ministre de la Guerre.

Puis, c'est le réquisitoire du gouvernement, prononcé par un certain commandant Carrière, un officier de gendarmerie en retraite, qui a une conception très personnelle du rôle de procureur. Depuis le début du procès, il affirme à qui veut l'entendre que, pour garder ses idées claires sur l'affaire, il n'a pas ouvert le dossier. Son réquisitoire est si confus qu'à plusieurs reprises les sténographes chargés de le retranscrire restent la plume levée, perplexes.

Pour la défense, Mᵉ Demange fait une plaidoirie très complète et très précise mais un peu froide. Et, le 9 septembre 1899, c'est le verdict, un verdict qui va surprendre tout le monde, partisans et adversaires confondus. Dreyfus est coupable, mais avec circonstances atténuantes...

Cela ne veut strictement rien dire ! Ou Dreyfus est coupable et alors, c'est un des plus graves délits qui existent : la haute trahison ; ou il est innocent. C'est l'un ou l'autre. Mais les juges du Conseil de guerre de Rennes n'ont pas osé faire ce choix ; ils n'ont pas été à la hauteur. Ils étaient sans doute convaincus de l'innocence de Dreyfus — comment ne pas l'être ? — mais ils n'ont pas voulu heurter de front leurs chefs qui leur demandaient de condamner avec toute leur autorité et leurs décorations sur la poitrine. Ils ont essayé de concilier l'inconciliable et ils ont évidemment mécontenté tout le monde.

Le 19 juillet, dix jours après, le président de la République accorde à Dreyfus la remise de sa peine en raison de son état de santé. Sans doute espère-t-il que c'est suffisant. Dreyfus n'ira pas en prison et l'armée n'a pas été désavouée. Comme cela tout le monde est content... Et le ministre de la Guerre du moment, le général Galliffet déclare avec assurance à la Chambre : « L'incident est clos !... »

Non, bien entendu, la plus grande affaire judiciaire française et la plus grave crise politique de la IIIᵉ République n'est pas close. L'Histoire est plus exigeante. Elle ne se contente pas d'à-peu-près, de demi-mesures soigneusement calculées. L'Affaire Dreyfus doit aller jusqu'au bout. Même si, en 1900, à l'occasion de l'Exposition universelle, le président du Conseil, Waldeck-Rousseau, proclame une amnistie générale pour tous les faits relevant de l'Affaire, qu'est-ce que cela change ?

Pour la justice, aux yeux du monde, Dreyfus est toujours coupable. Et cette terrible, cette sinistre cérémonie de dégradation publique dans la cour de l'École militaire devant quatre mille hommes et l'opinion publique de tout le pays, est-ce qu'il l'a oubliée, est-ce que les autres l'ont oubliée ? Rien ne sera changé tant que n'aura pas été officiellement reconnue l'innocence de Dreyfus.

D'ailleurs Dreyfus le déclare lui-même avec la plus grande fermeté :

Le gouvernement de la République m'a rendu la liberté. Elle n'est rien pour moi sans l'honneur. Je continuerai à poursuivre la réparation de l'effroyable erreur judiciaire dont je suis encore victime. Je veux que la France entière sache, par un jugement définitif, que je suis innocent. Mon cœur ne sera apaisé que lorsqu'il n'y aura plus un Français qui m'impute le crime qu'un autre a commis.

Et Dreyfus demande à être exclu de la loi d'amnistie de 1900.

Mais bien que, désormais, personne ne doute de bonne foi de l'innocence de Dreyfus, il va falloir encore du temps, beaucoup de temps, pour arriver à la réhabilitation : six ans.

En 1903, plusieurs voix, dont celle de Jaurès, demandent la révision. Fait exceptionnel, le ministre de la Guerre d'alors, le général André, n'est pas anti-dreyfusard. Il ordonne la réouverture de l'enquête.

Le 1er janvier 1904, la Cour de cassation déclare recevable la demande de révision. Enfin, le 12 juillet 1906, douze ans après le début de l'Affaire, toutes chambres réunies, elle proclame l'innocence de Dreyfus. Après la longue suite des attendus, le président prononce, dans un silence total, la phrase qui met un point final à tant d'épreuves :

— La Cour annule le jugement de Conseil de guerre de Rennes, qui, le 9 septembre 1899, a condamné Dreyfus à dix ans de détention, dit que c'est par erreur et à tort que cette condamnation a été prononcée.

Le lendemain, le Parlement vote une loi. Oui, encore une loi pour Dreyfus tout seul, après celle qui avait créé pour lui le bagne de l'Île du Diable. Cette fois la nouvelle législation le réintègre dans les cadres de l'armée avec le grade de lieutenant-colonel. De son côté, Picquart est nommé général de brigade.

Le 20 juillet 1906, le lieutenant-colonel Dreyfus est promu chevalier de la Légion d'honneur. La cérémonie de remise a lieu dans la cour de l'École militaire, à l'endroit exact où avait eu lieu la dégradation, onze ans et demi plus tôt.

Les troupes rendent les honneurs. Dreyfus est aussi froid que la première fois.

Maintenant, enfin, l'Affaire Dreyfus est terminée...

L'innocence de Dreyfus ne fait aucun doute, c'est un fait historique. S'il en fallait une preuve supplémentaire, il y a les derniers mots de l'attaché militaire allemand Schwarzkoppen, l'homme à qui ont été remis les documents.

Bien plus tard, au moment de mourir, il s'est brusquement dressé sur son lit et a crié en français :

— Français, écoutez-moi, Dreyfus est innocent !

Mais si, pour Dreyfus, tout est clair, pour Esterhazy ce n'est pas aussi simple. Bien sûr, on a toutes les raisons de le croire coupable, mais on n'en est pas absolument certain.

Il s'est accusé lui-même d'avoir écrit le bordereau. Sa thèse est qu'il l'a fait sur ordre de ses chefs. Il était agent double et proposait aux Allemands des renseignements sans valeur dans le but d'en recueillir d'importants. Mais disons-le tout de suite, c'est invraisemblable. Dans ce cas, les chefs de la Section de statistique, en recevant le bordereau, n'auraient eu aucune réaction ; ils auraient reconnu l'écriture de leur agent Esterhazy qui faisait purement et simplement son travail.

Pourtant, si l'hypothèse de la culpabilité d'Esterhazy est quand même la plus vraisemblable, il y en a encore une autre qui a le mérite d'être ingénieuse et même séduisante.

L'attaché militaire allemand Schwarzkoppen n'était peut-être pas le fonctionnaire léger et imprudent que l'on a cru. Car, vous le reconnaîtrez, il lui a fallu une belle dose d'inconscience pour se débarrasser tout tranquillement dans sa corbeille à papiers de documents ultra-secrets qu'il avait simplement déchirés. Surtout quand on sait qu'une femme de ménage française vient tous les matins alors qu'il n'y a encore personne dans les bureaux.

Et ce bordereau qui annonce la livraison prochaine de plusieurs secrets militaires, est-ce réellement vraisemblable ? Est-ce qu'un espion commettrait la folie d'écrire tout cela noir sur blanc et de sa main par-dessus le marché ? Pourquoi ne pas signer pendant qu'il y est ?

Alors, si tout avait été calculé, machiné soigneusement par Schwarzkoppen ?...

Imaginons... Depuis quelque temps Esterhazy, son agent dans l'armée française, ne lui donne plus satisfaction. Peut-être a-t-il des exigences inacceptables. Peut-être même le soupçonne-t-il de vouloir jouer le double jeu. Alors Schwarzkoppen décide de se débarrasser de lui. Il rédige le bordereau en imitant son écriture, et le laisse, déchiré, bien en évidence dans sa corbeille. Il se figure déjà les remous qu'il va créer dans les services de renseignement français. Un beau remue-ménage !

Mais c'est tout autre chose qui se produit. Ce n'est pas Esterhazy, c'est un autre qu'on accuse, qu'on condamne. Et puis c'est la suite, toute la suite, c'est l'Affaire Dreyfus. Schwarzkoppen a, sans le vouloir, mis le feu à un baril de poudre. Il a, à lui seul, porté à la France un coup plus dur que ne l'aurait fait une victoire sur le terrain.

C'est peut-être, en fin de compte, un obscur attaché militaire allemand qui est le responsable involontaire d'une des plus graves crises de l'Histoire de France...

Oui, peut-être, mais ce n'est qu'une hypothèse. Car, répétons-le, dans l'Affaire Dreyfus, il n'y a qu'une seule certitude : l'innocence de Dreyfus.

LE KIDNAPPING
DU BÉBÉ LINDBERGH

Sur la piste de l'aéroport de Roosevelt, à Long-Island, aux États-Unis, un avion s'apprête à décoller.

En lui-même, il n'a rien d'extraordinaire. C'est un monomoteur léger, comme on en voit tous les jours sur les terrains d'aviation, en cette fin des années 1920.

Ce qui est extraordinaire, en revanche, c'est sa destination : Paris. Il s'élance pour la traversée de l'Atlantique, ni plus ni moins. A bord, il y a un jeune homme de vingt-cinq ans, aux yeux candides, aux cheveux en broussaille, qui paraît encore moins que son âge.

— C'est un fou ! murmurent les quelques témoins qui le voient s'éloigner vers la mer et disparaître à l'horizon...

Nous sommes le 20 mai 1927. Il est sept heures du matin. Trente-trois heures et demie plus tard, le « fou » atterrit au Bourget. En un instant, il va devenir l'homme le plus populaire de son époque, un héros de légende. Charles Lindbergh vient d'entrer dans l'Histoire.

Hélas, Charles Lindbergh a, cinq ans plus tard, un autre rendez-vous avec l'Histoire...

Quand le vainqueur de l'Atlantique rentre au pays, l'enthousiasme des Américains devient du délire. La modestie, la gentillesse du héros font la conquête générale. Et quand, en mai 1929, Lindberg épouse la fille d'un ancien ambassadeur au Mexique, la jolie Anne Morrow, c'est un événement national.

Quand, un an plus tard, le 27 juin 1930, naît un fils, prénommé comme son père Charles Auguste, chacun ressent la nouvelle comme s'il s'agissait de sa propre famille. Un journal de l'époque écrit : « C'est à l'Amérique tout entière que Lindbergh a donné un fils. »

Mais une telle gloire finit par devenir écrasante pour le jeune couple. Ils ne peuvent plus faire un pas sans être reconnus. Ce sont des dizaines, des centaines de personnes qui les suivent, qui stationnent devant chez eux... Aussi, après la naissance du bébé,

Lindbergh décide-t-il de chercher un endroit où ils seront un peu à l'abri de la foule.

Justement, au cours de ses nombreux vols au-dessus des États-Unis, il a repéré l'endroit idéal. C'est une région accidentée et boisée du New-Jersey. Au sommet d'une colline, il y a un terrain qu'entourent les champs et les prairies. La petite ville la plus proche, Hopewell, est à plusieurs kilomètres. Les routes sont des voies secondaires malcommodes. Et le colonel Lindbergh (car c'est son nouveau grade) choisit d'y faire construire sa maison, le nid du couple.

La maison de Hopewell s'élève rapidement. Elle comprend un rez-de-chaussée et un étage. En bas, il y a la salle à manger, le salon, le bureau et les cuisines ; au premier étage, les chambres.

Le 1er mars 1932, la maison n'est pas encore terminée mais le couple l'habite déjà depuis le début de l'année. Ce jour-là, le bébé est malade. Il n'a pas grand-chose : un simple refroidissement. Il devait aller chez ses grands-parents, mais pour qu'il ne prenne pas froid, les Lindbergh ont préféré le garder.

Vers sept heures du soir, la nurse, Betty Gow, une jolie Anglaise de vingt-sept ans, baigne le bébé. Il va mieux, pense-t-elle, ce ne sera rien. Ensuite elle va le coucher ; elle passe par-dessus sa chemise un pyjama de laine, fixe les couvertures au matelas par de grosses épingles de nourrice pour qu'il ne se découvre pas, elle l'embrasse et quitte la chambre.

A huit heures, Betty revient. Le bébé dort paisiblement. Elle s'aperçoit que la fenêtre n'est pas fermée. Elle essaye de la pousser, mais elle n'y parvient pas : le bois est humide. Comme il ne fait pas si froid, elle la laisse entrebâillée.

Un léger refroidissement qui a empêché le bébé d'aller chez ses grands-parents, une fenêtre humide qui ne ferme pas : ce sont là des éléments infimes, insignifiants. Et pourtant, c'est à cause d'eux que va se produire un des faits divers les plus retentissants du siècle.

Un peu avant dix heures du soir, M. et Mme Lindbergh, qui prennent le café dans le salon, entendent un craquement au-dehors. C'est sans doute une branche morte qui casse. Ils n'y prêtent ni l'un ni l'autre attention. Quelques minutes plus tard, Anne Lindbergh monte dans sa chambre et le colonel se retire dans son bureau.

C'est au même moment que la nurse retourne, par acquit de conscience, faire un tour dans la chambre du bébé. Le lit est vide... Betty Gow a la seule pensée qui puisse lui venir : sa mère l'a pris avec elle. Elle va frapper à la chambre de Mme Lindbergh. Mais le bébé n'est pas là.

Très inquiètes, cette fois, les deux femmes descendent en courant

dans le bureau du colonel. C'est donc lui qui a le bébé. Elles entrent :
Lindbergh est seul, en train d'écrire.

Tous trois remontent précipitamment les escaliers, font irruption
dans la chambre... Il ne leur faut pas longtemps pour comprendre :
des traces boueuses par terre, une échelle appuyée contre la façade, et
surtout une petite enveloppe sur le radiateur, près de la fenêtre : le
bébé Lindbergh vient d'être kidnappé.

Quelques minutes plus tard, les policiers sont là. Les premières
constatations sont faciles à établir. Il y a d'abord le message laissé en
évidence, un très curieux message rédigé à la main dans un style
invraisemblable où les fautes d'anglais abondent. La traduction
suivante n'en donne qu'une faible idée :

> *Cher Monsieur,*
> *Préparez 50 000 dollars, 25 000 en billets de vingt dollars, 15 000 en*
> *billets de dix dollars, 10 000 en billets de cinq dollars. Dans deux-quatre*
> *jours, nous vous informerons où vous portez l'argent. Nous vous*
> *avertissons de ne pas prévenir la police, ni dire rien. Le bébé est en bons*
> *soins. La marque des lettres que vous recevrez de nous est cette signature...*

En dessous du texte figure un dessin bizarre : deux cercles
entrelacés, un bleu et un rouge, et percés de trois trous.

Il n'est pas besoin d'être expert pour supposer que l'auteur de la
lettre est étranger, et vraisemblablement allemand. En effet, pour
dire « bon », au lieu du mot anglais *good,* l'auteur a écrit le mot
allemand *gut.*

Il n'y a pas d'empreintes sur la lettre. Les traces de pas n'offrent
aucun intérêt non plus. Le ou les ravisseurs avaient dû entourer leurs
chaussures avec des bas. En revanche, l'échelle est beaucoup plus
intéressante. C'est un modèle très particulier, démontable en trois
tronçons. Ce n'est pas un article qu'on peut trouver dans le
commerce. C'est une fabrication artisanale d'excellente qualité,
sûrement l'œuvre d'un professionnel. De plus, le sixième barreau en
partant du bas est brisé et, comme le prouvent les traces, l'homme est
tombé sur le sol, occasionnant le bruit qu'ont entendu les Lindbergh
du salon. Enfin, la police retrouve à proximité de l'échelle un ciseau
de menuisier.

Les premiers indices semblent donc désigner un menuisier d'origine allemande. A moins, bien entendu, qu'ils n'aient été laissés là
exprès pour égarer les enquêteurs.

Le lendemain matin, le colonel Lindbergh, pâle, tendu, tient une
conférence de presse dramatique. Il est prêt à se plier à toutes les
exigences des ravisseurs. Il leur donne sa parole qu'ils ne seront pas

inquiétés par la police. Tout ce qu'il veut, c'est serrer de nouveau son enfant dans ses bras.

L'émotion soulevée en Amérique et dans le monde est immense. Dès cet instant, arrivent à Hopewell des milliers de lettres et de télégrammes. Parmi les messages de sympathie, il y a celui du président des États-Unis lui-même et de nombreux chefs d'État étrangers.

Quant à l'opinion publique américaine, elle ressent l'événement comme une injure personnelle. Du jour au lendemain, des milliers de gens vont se transformer en détectives amateurs, la police va être submergée sous les dénonciations et les fausses pistes.

Car, en plus de la personnalité de la victime, il y a la nature même du crime. Le kidnapping est un fait récent qui vient juste d'apparaître dans les années troubles qui ont suivi la grande crise de 1929. D'ailleurs le mot « kidnapping » (c'est-à-dire en français « rapt d'enfant ») n'existe pas encore. Il sera forgé à propos de l'affaire Lindbergh.

C'est dans ces conditions, dans ce climat de désarroi collectif que la police va devoir mener son enquête. Une des plus difficiles de son histoire.

Elle s'oriente d'abord vers le personnel des Lindbergh. Car il lui semble évident que le ravisseur a eu un complice dans la place. Sinon, comment aurait-il connu la chambre du bébé, et surtout comment aurait-il su qu'il était là cette nuit et non chez ses grands-parents ? Mais Lindbergh est sûr de son personnel et il défend qu'on l'interroge. Cette attitude curieuse lui sera beaucoup reprochée par la suite et elle alimentera bien des suppositions.

Pour l'instant, à défaut du personnel, la police s'intéresse à quelqu'un qui le touche de près : un marin norvégien, Henry Johnson, l'ancien chauffeur des Lindbergh et le petit ami actuel de la nurse Betty Gow. Il était venu à la villa le 28 février. Il devait revenir le 1er mars, jour de l'enlèvement, mais dans la soirée il avait téléphoné à Betty pour se décommander, sans autre explication.

C'est assez pour que la police l'arrête dès le 4 mars. D'autant qu'elle découvre deux autres éléments troublants. Des témoins ont vu, le soir du drame, une Chrysler verte à proximité de la villa. Or Johnson possède justement une Chrysler verte et dans un des vide-poches, on trouve... une bouteille de lait.

Un marin qui boit du lait, on ne peut pas y croire un seul instant. C'était pour le bébé. La police interroge Henry Johnson sans ménagement, tandis que, dans la rue, c'est l'émeute. La foule déchaînée essaye de prendre le commissariat d'assaut.

— Pas de procès ! La corde tout de suite ! On va le lyncher !

Il faudra plusieurs charges très violentes pour disperser tout le monde. Heureusement, car le malheureux Johnson n'a rien à voir avec l'histoire. Il a un alibi irréfutable. Il a passé toute la journée et la nuit du 1ᵉʳ mars dans sa pension de famille et plusieurs personnes peuvent le prouver. Quant au lait, c'est tout simplement sa boisson préférée. Henry Johnson était un marin qui buvait du lait et il avait failli le payer cher.

Entre-temps, les Lindbergh reçoivent un second message signé des deux cercles aux trois trous.

Nous vous avons avertis de ne pas prévenir la police. Mais vous l'avez fait, et vous aurez à en subir les conséquences. La rançon est portée de 50 000 à 70 000 dollars.

C'est alors que les policiers voient apparaître une vieille connaissance : Al Capone lui-même.

Le truand est à ce moment incarcéré à la prison de Cook-Country, mais sa réputation reste telle qu'un détective n'avait pas hésité à déclarer à la presse qu'il avait fort bien pu organiser et diriger le rapt depuis sa cellule.

Al Capone saisit la balle au bond. Il écrit au président des États-Unis qu'il sait tout depuis le début et qu'il est prêt à le révéler. Il pose juste deux conditions : sa libération et le maintien de la loi sur la prohibition.

Il ne faut pas longtemps pour se rendre compte qu'Al Capone a bluffé. Il ne sait rien. On le laisse donc dans sa prison et on reprend l'enquête à zéro.

Nous sommes le 8 mars, une semaine après l'enlèvement, et les Lindbergh n'ont même pas pu établir le contact avec les ravisseurs. Désespérés, se rendant compte que chaque journée qui passe est une chance de moins de revoir l'enfant vivant, le couple publie dans la presse une déclaration angoissée :

Nous désirons, Mme Lindbergh et moi, entrer en contact direct avec les ravisseurs de notre enfant. Nous prions instamment ceux qui le détiennent de nommer un représentant afin qu'il puisse rencontrer une personne venue de notre part et agréée par eux, en un endroit qu'ils désigneront.

Maintenant enfin, il va se passer quelque chose.

Mais malgré la plus grande mobilisation policière de l'histoire des États-Unis, malgré les moyens considérables mis en œuvre, la police n'y sera pour rien. Il faudra pour cela l'initiative un peu farfelue d'un simple citoyen américain, qui est le personnage le plus inattendu et le plus extraordinaire de toute cette histoire.

Le professeur Condon est une figure pittoresque, on peut pême dire que c'est une caricature. Pour l'imaginer, il faut se représenter le professeur Tournesol, le professeur Nimbus ou le savant Cosinus. C'est un original, un distrait, un rêveur, un incorrigible optimiste qui pense qu'il suffit d'un peu de bonne volonté pour transformer le monde. A soixante-quatorze ans, il partage ses loisirs de professeur de pédagogie en retraite entre la mystique et la gymnastique. Son entourage l'aime bien mais ne le prend évidemment pas au sérieux.

Comme tout le monde, le professeur Condon a été indigné par l'enlèvement du bébé Lindbergh. Et lui aussi, il veut faire quelque chose. Il habite le Bronx, une banlieue de New York. Il va trouver le journal de son quartier, le *Bronx Home News* et dit aux journalistes :

— Messieurs, publiez que je suis prêt à servir d'intermédiaire avec les ravisseurs. Je m'engage à ne pas les trahir. Et j'ajoute à la rançon 1 000 dollars, les économies de toute ma vie.

On peut imaginer la réaction amusée des journalistes. Les plus hautes autorités du pays, civiles et religieuses, se sont proposées, elles aussi, pour servir d'intermédiaire. Que peut espérer ce vieil original ? Mais décidément, le professeur est sympathique. Il est même touchant : on passera sa déclaration le lendemain, en première page.

Et le jour même de la publication, le professeur Condon reçoit une réponse. C'est une lettre des ravisseurs. A l'intérieur, il y a un message plié en quatre : « A lire à M. Lindbergh. » Le professeur prend son téléphone. Il a beaucoup de mal à obtenir le colonel. Mais finit par y arriver et lui raconte son histoire.

Charles Lindbergh est sceptique. Il y a déjà eu des dizaines d'appels de ce genre, émanant de mythomanes ou d'escrocs, et le vieux professeur ne fait pas sérieux.

— Lisez la lettre.

— « Cher Monsieur, M. Condon peut servir d'intermédiaire. Donnez-lui s'il vous plaît 70 000 dollars. Nous vous mettons en garde contre toute tentative de nous tendre un piège. Quand nous tiendrons l'argent, nous vous dirons où trouver le garçon. »

Lindbergh pose alors une question qu'il sait décisive. Sur sa demande, la police n'a pas révélé à la presse un détail qui ne peut s'inventer.

— Et c'est signé comment ?

— C'est curieux, ce n'est pas vraiment une signature. En bas, il y a un cercle bleu et un cercle rouge, avec trois trous au milieu...

— Louez immédiatement une voiture à mes frais et venez à Hopewell. Faites vite, je vous en supplie !...

Pendant un mois, le professeur Condon mène les négociations, mandaté par le couple... Négociations difficiles, car Lindbergh veut la preuve que l'auteur des messages détient bien l'enfant et s'en tenir à la première somme : 50 000 et non 70 000 dollars.

Quand le professeur reçoit par la poste le petit pyjama du bébé, Lindbergh n'hésite plus. La remise de la rançon se fera dès que possible. Elle a lieu le 2 avril, dans des circonstances telles qu'on la croirait tirée tout droit d'un roman.

A la demande du ravisseur, le rendez-vous est fixé la nuit dans un cimetière de New York. Lindbergh a réussi à convaincre la police de ne pas tendre de souricière, mais la police, de son côté, a exigé de noter les numéros de tous les billets.

L'aviateur et son chauffeur s'arrêtent à l'entrée du cimetière. Et le professeur Condon s'en va tout seul entre les tombes, serrant précieusement contre lui la boîte qui contient 50 000 dollars.

Une ombre s'approche et l'extraordinaire rendez-vous a lieu, entre un vieux professeur au grand cœur et l'un des plus terribles gangsters américains.

Il fait pleine lune. L'homme dissimule ses traits. Il désigne la boîte :

— C'est quoi ?

Il a un fort accent allemand.

— 50 000 dollars.

— Je veux 70 000.

Le professeur argumente. Les Lindbergh ne peuvent pas donner plus. C'est déjà beaucoup.

Finalement, l'échange se fait : 50 000 dollars contre une lettre qui indique où se trouve l'enfant. Au moment de disparaître, l'homme précise de ne pas ouvrir la lettre avant trois heures.

Lindbergh ne respecte évidemment pas le délai. Il déchire l'enveloppe.

L'enfant est sur le bateau Nelly. *C'est un petit bateau de vingt-huit pieds. Deux personnes se trouvent à bord. Elles sont innocentes. Le bateau se trouve entre Horseneck Beach et Guy Head, près d'Elisabeth Island.*

Le père bondit dans un avion et se précipite sur les lieux. Mais là-bas, personne ne connaît de bateau portant le nom de *Nelly*. Lindbergh parcourt en vain le littoral dans tous les sens.

A Hopewell, tout le monde était si sûr de l'heureux dénouement, qu'une fête avait été préparée. Pour la première fois depuis le rapt, la lumière était allumée dans la chambre du bébé. Le berceau était prêt.

Lindbergh rentre tard dans la matinée. Seul…

Le 6 avril, il reconnaît devant la presse qu'il a été trompé, et porte plainte officiellement. Immédiatement, toutes les banques des États-Unis et du Canada reçoivent la liste des billets.

Et pourtant, sur l'un de ces billets, un inspecteur de police sentimental avait épinglé ce message naïf à l'adresse du ravisseur : « La mère du bébé est malade. Elle réclame son enfant. Par pitié, dites-nous où nous pourrons le retrouver. »

Alors Charles Lindbergh se rabat sur une autre piste, ou plutôt, reprend une ancienne piste.

Il s'agit de John Hugues Curtis, un armateur de Norfolk, qui était venu le trouver le 22 mars, accompagné de deux autorités incontestables : le révérend Dobson Peacock, doyen de l'église épiscopalienne de Norfolk, et l'amiral Burnage. Curtis prétendait avoir été contacté au nom des ravisseurs par un mystérieux Sam, qui savait où était l'enfant.

A ce moment, Lindbergh, qui était en pleine négociation par l'intermédiaire du professeur Condon, avait négligé l'information. Mais Curtis et le révérend Peacock avaient depuis multiplié les déclarations à la presse. Il n'était question que d'expéditions mystérieuses menées par les deux hommes. Ils ne pouvaient rien dire de précis, mais ils pouvaient affirmer qu'à chaque fois, ils avaient rencontré les ravisseurs.

Après l'échec de la remise de la rançon, Lindbergh ne peut plus que se poser la question : et si Curtis disait vrai ?

Justement le 18 avril, John Hugues Curtis fait une déclaration sensationnelle qui occupe la une de tous les journaux. Il possède des billets de la rançon. Ils lui ont été remis par les ravisseurs eux-mêmes dans leur repaire, un bateau de pêche vert foncé, ancré dans la baie de Norfolk. Les ravisseurs, des Scandinaves, sont au nombre de cinq : trois hommes et deux femmes. Et Curtis accumule les détails, tous plus précis les uns que les autres. Il donne leur prénom, leur description exacte ; il raconte le scénario de l'enlèvement.

La police ne croit pas un mot de toute l'histoire, mais Lindbergh dont c'est le seul espoir se met, lui, à y croire passionnément. Et le voilà avec Curtis sillonnant en tous sens, à bord d'un yacht, la baie de Norfolk à la recherche d'un bateau de pêche vert foncé.

Après trois semaines sans résultats, le 9 mai, Lindbergh réussit à convaincre le gouvernement : la marine américaine va participer aux recherches.

C'est une véritable opération de guerre qui est montée. Outre le yacht de l'aviateur, il y a trois hydravions, six contre-torpilleurs, treize vedettes armées de mitrailleuses, cinquante garde-côtes, qui vont parcourir la mer pendant trois jours.

Le troisième jour, les affabulations sinistres d'un pasteur névrosé et d'un armateur en quête de publicité, qui avaient raconté n'importe quoi pour se rendre intéressants, s'achèvent dans le drame.

Lindbergh rentre, épuisé, d'une vaine journée de patrouille à bord de son yacht. Sur le quai, un officier de police l'attend, le lieutenant Richard. Il s'approche.

— Mon colonel, il faut abandonner les recherches.

— Pourquoi ? On a retrouvé mon enfant ?

— C'est-à-dire... Il est mort, mon colonel, on vient de découvrir son corps...

En effet, le 12 mai 1932, tout près de la villa de Hopewell, deux camionneurs qui transportaient un chargement de bois ont découvert dans un fourré le cadavre d'un enfant. La nurse a reconnu formellement les vêtements du petit Charles Auguste. C'est fini.

Les premières constatations médicales ne font qu'ajouter encore à l'horreur. L'état du cadavre indique que la mort remonte à deux mois et demi et vraisemblablement à la nuit même du rapt. Tout le marchandage des ravisseurs n'a été, de bout en bout, qu'une odieuse mascarade. L'enfant a un enfoncement de la boîte crânienne, déterminé par un choc très violent qui a causé la mort. Il a été tué dans le bois où on l'a découvert, ou bien il est mort accidentellement dans la chute causée par la rupture de l'échelle...

Inutile de dire que, dans tous les États-Unis, c'est un cri de révolte, de vengeance. Mais maintenant, du moins, la police va pouvoir agir vraiment. Tant que la vie de l'enfant semblait en jeu, elle était contrainte à la prudence ; ce n'est plus le cas.

D'autant que, dans l'émotion indescriptible qui suit la mort du bébé, une loi d'urgence est votée, le « Lindbergh Kidnapp Law », qui donne au F.B.I. la charge d'enquêter dans tous les cas d'enlèvement. Le F.B.I., c'est-à-dire la police fédérale, la police de l'État américain, et non plus, comme c'était le cas jusqu'à présent, la simple police locale.

Le premier élément nouveau survient début juin 1932, avec l'apparition, un par un, des billets de la rançon. Le ravisseur est quelqu'un de prudent, il les lâche au compte-gouttes. De temps en temps, une banque, le soir, en faisant ses comptes, en retrouve un. Mais comment savoir qui l'a apporté ? Et si par hasard on arrive à appréhender la personne qui dépose un billet de la rançon, c'est toujours un honnête commerçant qui ne se souvient pas lui-même qui le lui a remis.

Il y a pourtant un détail qui frappe les policiers : la plupart des banques qui signalent les billets de la rançon sont situées à New York dans le Bronx. Or, le Bronx est précisément le quartier qu'habite le professeur Condon. Et c'est dans le journal local qu'il a lancé son appel au ravisseur. Il y a donc toutes les chances pour que ce dernier habite le Bronx.

Mais cette piste, qui semble évidente et facile, pose d'insurmontables difficultés. D'abord il y a des centaines de milliers de personnes qui vivent dans le Bronx et des milliers qui répondent au signalement du ravisseur présumé. Ensuite, il est très délicat d'enquêter auprès des minorités aux États-Unis, qu'il s'agisse d'Italiens, de Chinois ou d'Allemands. Ils ont tendance à se protéger entre eux et il est bien rare qu'on y dénonce un suspect.

La police suit donc une autre voie et en revient à sa première idée : trouver un complice dans le personnel des Lindbergh. Très vite, elle croit bien l'avoir découvert en la personne de Violette Sharp, une ravissante brune de vingt-sept ans, la femme de chambre de Mme Lindbergh. Après vérification, elle est sortie toute la nuit du rapt et n'a pas d'alibi. On l'interroge sans ménagement. Il faut dire que l'attitude de la femme de chambre est pour le moins bizarre. Elle affirme avoir été ce soir-là avec quatre jeunes gens, mais refuse obstinément de donner leurs noms. Tout ce qu'elle veut bien dire c'est que l'un d'eux se prénomme Ernest.

Or la police vient justement d'arrêter un certain Ernest Brinkert en qui elle croit tenir le fameux inconnu. Mise en présence de la photo de celui-ci, Violette éclate en sanglots. Est-ce un aveu ? Comme il est tard, les policiers décident de remettre la suite de l'interrogatoire au lendemain.

Mais le lendemain, ils n'apprendront rien. Dès les premières questions, Violette Sharp demande à se rendre aux toilettes. Elle est retrouvée morte quelques instants plus tard ; elle s'est empoisonnée au cyanure. Est-ce une preuve posthume de sa culpabilité ? Ou est-ce que ce ne sont pas plutôt les méthodes trop brutales d'interrogatoire qui ont eu raison d'une jeune fille à l'équilibre fragile ?

En attendant, les choses se présentent mal pour Ernest Brinkert : il n'a pas d'alibi et le professeur Condon, sans le reconnaître formellement, déclare qu'il pourrait bien être l'homme du cimetière.

Ernest Brinkert sera sauvé tout simplement... par le véritable Ernest, Ernest Miller, qui vient trouver spontanément les policiers. Il a effectivement passé la soirée avec Violette et un couple d'amis, ce qui les met tous les quatre hors de cause. Il ne peut donner aucune explication sur le suicide de son amie. Et la police doit relâcher les deux Ernest.

C'est alors qu'on voit apparaître un vrai personnage de roman. Arthur Barry est l'Arsène Lupin américain. Son incroyable audace a fait les beaux jours de la presse... N'a-t-il pas dérobé, au cours d'un bal et dans des conditions rocambolesques, une fortune de bijoux à l'un des plus riches banquiers du pays ?

Or la nuit du rapt il avait loué une villa tout près de celle des Lindbergh. Pourquoi ? Il faut qu'il s'explique. Alors, devant la gravité exceptionnelle de l'accusation et le spectre de la chaise électrique, Barry avoue son alibi. « Avoue » est le mot juste, car son alibi n'est pas comme les autres : il s'agit d'un vol.

La nuit du rapt, Arthur Barry effectuait une « visite » dans une maison de Concordia à une centaine de kilomètres du lieu de l'enlèvement. Il donne de tels détails et de telles précisions techniques qu'on est bien obligé non pas de le relâcher, mais de l'inculper pour vol. Il s'en tirera avec cinq ans de prison...

Nous sommes alors en octobre 1932. Une à une, toutes les pistes ont échoué. La plus formidable mobilisation policière jamais réunie dans une affaire criminelle n'a abouti à rien.

L'année 1933 se passe : toujours rien. Lindbergh et sa femme, désespérés, brisés, abandonnent la belle villa de Hopewell qui devait être le nid de leur bonheur. Ils en font don à l'état du New Jersey ; elle deviendra une crèche pour les enfants pauvres.

Les journaux ne parlent plus de l'affaire qu'épisodiquement. Les neuf premiers mois de 1934 s'écoulent à leur tour. Et l'affaire rebondit enfin à cause d'une circonstance absolument imprévisible. Ce sont en effet des facteurs de haute économie qui en sont l'élément déterminant.

Jusqu'à la grande crise de 1929 une partie des billets américains étaient convertibles en or ; on les appelait « certificats-or ». N'importe qui pouvait aller à la banque et demander en échange la somme d'or correspondante. Mais en 1933, pour redresser l'économie, le gouvernement décide de renoncer à la convertibilité en or. Les « certificats-or » n'auront plus cours et devront être échangés contre des billets non convertibles. Et une bonne partie de la rançon Lindbergh est justement constituée de ces « certificats-or ».

Le 15 septembre 1934, donc, un homme s'arrête chez un pompiste du Bronx pour faire le plein. Il paye avec un billet de dix dollars. C'est un certificat-or. Comme le pompiste lui fait remarquer que théoriquement les certificats-or n'ont plus cours, l'homme réplique :

— Plus cours, plus cours ? T'en fais pas. J'en ai encore une bonne pile chez moi !

L'individu n'a pas l'air commode et le pompiste n'insiste pas. Mais il note le numéro de la voiture et remet le billet à la police. Il fait partie de la rançon.

La police n'a aucun mal à identifier l'automobiliste. Il s'appelle Bruno Hauptmann, il habite 22ᵉ Rue dans le quartier du Bronx. C'est un menuisier d'origine allemande...

Après une filature de quatre jours qui ne donne rien, la police se décide à l'arrêter et Bruno Hauptmann devient du jour au lendemain l'homme le plus célèbre des États-Unis.

Il est né en 1899 à Kamenz, en Allemagne. Durant la guerre de 1914-1918 il se conduit en héros ; mais, retourné à la vie civile, il n'arrive pas à s'adapter. Après de nombreux vols, il est condamné à quatre ans de prison et vingt ans d'interdiction de séjour. Aussi, il émigre clandestinement aux États-Unis pour commencer une nouvelle vie. Au début il y réussit. C'est un menuisier habile : il trouve une bonne place. Quelques années plus tard, il épouse une compatriote, Anna Schoeffler. Ils s'installent ensemble dans une petite villa du Bronx. Ils ont un bébé.

En apparence Hauptmann semble donc s'être rangé, être devenu un homme tranquille. Il y a toutefois un détail curieux : en 1932, il abandonne son emploi de menuisier à la National Lumber Company ; et, bien qu'il soit désormais au chômage, son niveau de vie s'élève. Le couple prend des vacances en Floride et il achète même une voiture neuve.

Dès la première perquisition chez lui, les policiers découvrent la rançon cachée sous une planche dans le garage. Les interrogatoires se succèdent. Mais Hauptmann nie tout et trouve réponse à tout.

— D'où viennent les billets ?

— Un ami qui m'a remis une boîte avant de repartir en Allemagne. Je savais pas ce qu'il y avait dedans.

— Comment s'appelle-t-il cet ami ?

— Fisch. Isidor Fisch.

— Et où peut-on le trouver ?

— Il est mort.

— Comme c'est commode !

— Je n'y peux rien, ce n'est pas moi qui l'ai tué. C'est après sa mort que j'ai ouvert la boîte et que j'ai trouvé les billets. Vu qu'il n'avait pas d'héritier, je les ai dépensés.

Renseignements pris, Isidor Fisch a bien existé. Tuberculeux, il est rentré en Allemagne et il est mort à son arrivée. En partant, il a effectivement laissé une partie de ses biens à Hauptmann. L'histoire n'est donc pas absolument invraisemblable. Il faut d'autres preuves.

L'échelle de l'enlèvement va en apporter d'accablantes. L'enquête, menée par l'expert en bois Koehler, reste un modèle du genre, un chef-d'œuvre de déduction scientifique. Bien avant l'arrestation de Hauptmann, M. Koehler avait déterminé que le bois de l'échelle ne pouvait provenir que d'une seule menuiserie, la National Lumber Company, là où travaillait Hauptmann.

Maintenant, il va pouvoir être beaucoup plus précis. Un des montants porte quatre trous carrés. Or on découvre chez Hauptmann quatre clous qui s'emboîtent exactement. D'autre part l'échelle ne peut avoir été rabotée que par le rabot de Hauptmann. En effet, la lame est usagée et laisse sur le bois d'imperceptibles rainures aussi caractéristiques et aussi irréfutables qu'une empreinte humaine.

Et puis, il y a également ce ciseau de menuisier qui avait été retrouvé sur les lieux du drame. Or, dans l'outillage de Hauptmann, il manque justement un ciseau de menuisier.

Ce n'est pas tout. En fouillant la maison de plus près encore, la police découvre derrière la porte d'un placard un numéro de téléphone, celui du professeur Condon. Hauptmann tente bien de se justifier :

— Je m'intéressais à l'affaire Lindbergh comme tout le monde. J'avais lu le numéro et je l'avais noté.

Malheureusement pour lui, les journaux n'ont jamais publié le numéro de téléphone du professeur Condon.

Hauptmann continue à nier farouchement mais l'enquête est terminée. Il est officiellement inculpé, son procès va pouvoir commencer.

Il s'ouvre le 2 janvier 1935 à Flemington dans le New Jersey. C'est un procès à l'américaine, c'est-à-dire gigantesque, démesuré. Plus de douze cents journalistes venus du monde entier s'entassent dans la petite ville. Pour eux, les postes ont prévu un réseau téléphonique sans précédent, capable de véhiculer trois millions de mots par jour.

L'accusation et la défense réunissent les ténors, les célébrités de l'époque. Du côté de l'accusation, le procureur général Willentz dont l'éloquence impitoyable est devenue légendaire. Du côté de la défense, il n'y a pas moins de quatre avocats, dirigés par Edward Reilly, le plus célèbre criminaliste des États-Unis, un juriste aussi brillant que retors.

La foule surchauffée s'entasse dans la salle trop petite pour contenir tout le monde. Le premier témoin est Mme Lindbergh. Dès qu'elle arrive à la barre, un grand silence se fait.

D'une voix ferme, malgré la violente émotion que l'on devine, elle répète, à la demande de l'accusation, les circonstances de l'enlèvement. Quand on la prie de reconnaître les pièces à conviction, dont le petit pyjama de laine de l'enfant, Mme Lindbergh s'évanouit.

Sagement, la défense renonce à son droit de contre-interrogatoire et chacun laisse la mère à sa douleur.

Et voici maintenant Charles Lindbergh. Il a toujours cet air de grand collégien, avec ses yeux un peu perdus et ses cheveux embroussaillés. Il ne paraît pas ses trente-deux ans. Peut-être seulement le regard est-il devenu un peu plus grave, un peu plus dur aussi...

Il répète le récit de sa femme sur les circonstances de l'enlèvement. Quand il aborde la remise de rançon, la tension monte. Car il était là. A distance, mais il était là. Il décrit le trajet nocturne dans les rues désertes de New York, l'arrivée au cimetière, le professeur Condon s'éloignant dans le noir avec la boîte sous le bras. C'est alors qu'il entend une voix dans le lointain :

— Par ici, par ici, professeur !

Le procureur Willentz se tourne vers Lindbergh :

— Avez-vous entendu cette voix depuis ?

— Oui, je l'ai entendue.

— A qui appartient-elle ?

— C'est la voix de Bruno Hauptmann.

La déposition de Lindbergh fait, bien entendu, une impression considérable. Pourtant, ce n'est rien à côté de celle qui va suivre, celle que tout le monde attend, celle de l'unique personne qui ait parlé avec le ravisseur, le témoin numéro un...

Le professeur Condon dépose le 9 janvier. La curiosité du public est telle que la police a dû demander des renforts.

La démarche sportive, alerte malgré son âge et ses cheveux blancs, le professeur s'approche de la barre. Il relate avec précision l'entrevue du cimetière. Maintenant, c'est le procureur qui l'interroge.

— Quel était cet homme avec lequel vous vous êtes entretenu ?

Condon se tourne vers l'accusé, le regarde droit dans les yeux et dit d'une voix ferme :

— C'est Bruno Hauptmann !

Puis c'est le tour des experts. Et leurs dépositions continuent d'accabler l'accusé. On entend d'abord le graphologue Albert Osborn, une autorité mondiale. Ses conclusions s'appuient sur trente pièces écrites : quatorze lettres de rançon envoyées aux Lindbergh et au professeur Condon et seize autres documents rédigés par Hauptmann avant et après son arrestation. Il est formel :

— Toutes les lettres de rançon ont été écrites par le même homme. Cet homme c'est Bruno Hauptmann.

Il cite une quantité de preuves irréfutables. Outre les fautes d'orthographe et de grammaire, il y a la façon de former les lettres et les chiffres. Aucun doute n'est possible.

On revoit aussi le fameux expert en bois, M. Koehler, qui refait pour les jurés son impeccable démonstration. Il est certain, il est scientifiquement établi que ce sont les outils trouvés chez Hauptmann qui ont servi à fabriquer l'échelle du rapt...

La défense laisse passer ces témoignages trop précis et s'en tient au seul domaine qui lui soit favorable : les complices possibles de Hauptmann. Car il est invraisemblable qu'il ait agi seul. Il fallait bien que quelqu'un l'ait renseigné dans la place.

D'ailleurs l'attitude de Lindbergh, qui a défendu qu'on interroge son personnel, n'est-elle pas étrange ? Ne veut-il pas couvrir quelqu'un ? Et la défense cite les complices : Isidor Fisch bien sûr, l'ami de Hauptmann, qui lui aurait remis les billets de la rançon avant de s'en aller mourir en Allemagne ; Violette Sharp, celle qui s'est suicidée, et le maître d'hôtel des Lindbergh, décédé depuis peu... Il est vrai que tous trois sont morts et n'iront pas dire le contraire.

Mais l'avocat Reilly va plus loin. Il met en cause la nurse Betty Gow. N'avait-elle pas tous les moyens de favoriser l'entrée du ravisseur ? Et le professeur Condon lui-même n'échappe pas au bouillant avocat. Comment se fait-il qu'il ait été choisi comme intermédiaire ? C'est louche.

Mais tout cela reste à l'état de pures hypothèses. Parmi les cinquante témoins de la défense (il faut dire que l'accusation en avait cité cent), aucun ne peut apporter un commencement de preuve.

Le procès approche de sa fin. Dans une atmosphère passionnée, le procureur général Willentz conclut son réquisitoire :

— L'assassin est sur ces bancs. Si vous le libérez, il n'est pas une mère américaine qui enverrait demain son enfant à l'école sans ressentir une tragique crainte au fond du cœur. Je demande la peine de mort.

C'est alors que se produit un incident incroyable. Au fond de la salle, une voix s'élève :

— Arrêtez, arrêtez ! Je suis prêtre. Un homme a confessé le crime dans mon église !

Celui qui vient de parler est un pasteur, le révérend Vincent Bruns. On le conduit à la barre. Mais il ne peut prononcer que des paroles inintelligibles. On s'aperçoit qu'il est fou.

Ce fut le dernier rebondissement de l'affaire Lindbergh qui, en raison de l'incroyable publicité qui l'a entourée, a été jusqu'au bout troublée, bouleversée, par des gens qui n'avaient rien à y faire : des escrocs, des mythomanes, des menteurs...

Le verdict est rendu le 13 février 1935 après onze heures de délibération. Bruno Hauptmann est reconnu coupable de crime avec préméditation et condamné à mort.

Mais la chaise électrique est encore loin. On sait qu'aux États-Unis, il y a quantité de recours juridiques qui peuvent retarder une exécution.

D'ailleurs, dans le cas précis, tout n'est pas clair. Il est établi que Hauptmann a pris une part active au kidnapping. Tous les messages sont de lui, l'échelle et le ciseau à bois lui appartiennent, il a détenu seul les billets de la rançon, enfin c'est lui qui a rencontré le professeur Condon.

Mais a-t-il agi seul ? Comment, sans complicité, a-t-il pu savoir que le bébé était chez les Lindbergh le soir du rapt et non chez ses grands-parents où il aurait dû se trouver ? Comment connaissait-il la chambre de l'enfant ?

Et si Bruno Hauptmann n'est pas le seul coupable, quelle est exactement sa part de responsabilité ? Est-ce lui, en particulier, le meurtrier ? On ne peut s'empêcher de se poser ces questions.

Un comité pour la défense de Hauptmann se forme. Sa femme Anna en prend la tête. Elle tient des réunions dans toutes les villes des États-Unis où l'on trouve d'importantes colonies allemandes. A chaque fois le nom de Lindbergh est hué, tandis qu'on acclame Hauptmann. La défense, pendant ce temps, ne présente pas moins de six pourvois... Tous sont rejetés et le président des États-Unis refuse la grâce.

Le 3 août 1936, un an et deux mois après sa condamnation, Bruno Hauptmann est exécuté sur la chaise électrique, ayant jusqu'au bout proclamé son innocence...

Hauptmann était bien coupable. Cela ne fait aucun doute aujourd'hui. Mais était-il le seul coupable ? Il est malheureusement probable qu'on ne le saura jamais.

L'AFFAIRE CHOISEUL-PRASLIN

La monarchie de Juillet vit des heures troublées. Depuis le début de 1847, les remous agitent toutes les classes de la société, le peuple conteste de plus en plus la royauté bourgeoise de Louis-Philippe. Mais si le mécontentement est général, il y a des signes plus inquiétants encore. Le régime semble se décomposer de l'intérieur, les scandales succèdent aux scandales. Il y a quelques mois, c'était Martin du Nord le garde des Sceaux qui, compromis dans une affaire de mœurs, s'était suicidé. Et, en juillet 1847, la Chambre des pairs constituée en Haute Cour de justice juge le ministre des Travaux publics, Teste, et le général Cubières pour corruption. Oui, une atmosphère de fin de règne.

Au cours de ce procès, à côté de Victor Hugo, alors jeune pair de France, qui prêche la modération, on remarque beaucoup un orateur impitoyable, intransigeant, qui multiplie les interventions à la tribune pour réclamer la condamnation des accusés. Il déclare dans une belle envolée :

— Messieurs, plus le poste occupé par un homme est élevé, plus sévère doit être, quand il a démérité, la peine qui le frappe !

L'orateur porte un des plus grands noms de la noblesse : Charles Hugues Théobald, duc de Choiseul-Praslin.

Il ne se doute évidemment pas, tandis qu'il pérore devant la Chambre des pairs, qu'un mois plus tard, c'est lui qui sera accusé devant elle, dans une procédure étrange, unique, moyenâgeuse, crépusculaire, car elle aura lieu après sa mort...

Théobald de Choiseul-Praslin appartient à l'une des plus anciennes familles de France, celle de Choiseul, le ministre de Louis XV. Il a aussi un aïeul plus éloigné qui a laissé son nom à l'Histoire par l'intermédiaire d'un de ses cuisiniers qui a inventé un jour la praline. On a oublié le nom du cuisinier, on a retenu le nom du duc : c'est un peu injuste mais c'est souvent ainsi.

Dans l'illustre famille des Choiseul-Praslin qui sont, depuis quelques générations déjà, propriétaires d'un des plus prestigieux châteaux de France, le château de Vaux, il n'y a pas que des génies politiques ou même des gastronomes raffinés. Il y a aussi des sujets moins brillants. Et c'est bien le cas de Théobald, né en 1805, qui, au physique et au moral, ne présente vraiment aucun intérêt. Il n'y a pas de meilleure description de lui que celle qu'en a laissé Victor Hugo : « Une vilaine bouche, et un affreux sourire contraint ; c'est un blond blafard, pâle, blême, l'air anglais. Il n'est ni gras ni maigre. Il n'y a pas de race dans ses mains qui sont grasses et laides. Il a toujours l'air d'être prêt à dire quelque chose qu'il ne dit pas. »

Oui, c'est vrai au fait, Théobald de Choiseul-Praslin a une particularité étrange : ses mains. Il se trouve que cet aristocrate, plutôt fragile, aux manières raffinées, possède des mains énormes et velues, des mains qui font peur, des mains d'assassin.

En octobre 1824, cet intéressant jeune homme se marie. Il épouse la fille d'un maréchal d'Empire : Fanny Sébastiani, une famille moins prestigieuse que les Choiseul, mais beaucoup plus riche. C'est Fanny, d'ailleurs, qui a tout fait pour se faire épouser. Elle rêvait d'être duchesse de Choiseul et maîtresse du château de Vaux et elle y est parvenue sans trop de peine.

Fanny avait, il faut dire, tous les atouts pour réussir : une beauté éclatante, à la fois naturelle et sauvage. C'était la fille de Corse dans toute sa santé et sa fierté.

Au début, le ménage ne va pas mal du tout. Et pour commencer, il fait des enfants, beaucoup d'enfants. Fanny en met dix au monde, dont neuf survivent. Mais ce sont peut-être ces maternités successives qui vont être la cause de tout. Fanny, la jeune épousée bien en chair, se retrouve, à trente ans, flétrie, déformée par ses dix grossesses : sa tendance à l'embonpoint s'aggrave. Théobald se détache peu à peu d'elle. Il est moins empressé, il la néglige et bientôt la délaisse. Malheureusement, de son côté, elle n'a pas changé dans ses senti-ments. C'est une amoureuse ; son tempérament méditerranéen lui donne une sensualité particulièrement exigeante. Elle réclame son Théobald, elle le veut.

En 1837, après treize ans de mariage — un chiffre fatidique peut-être — se produit le premier incident sérieux. Théobald en a assez des scènes de plus en plus fréquentes de sa femme. Il en a assez de ses exigences qu'il ne veut pas et ne peut pas satisfaire. Il veut rompre. Il s'en ouvre à son père, le vieux duc de Choiseul-Praslin. Le duc n'a qu'une réponse :

— Le château ! Pense un peu au château avant de faire une bêtise.

C'est vrai : le château de Vaux, l'orgueil de la famille, coûte des fortunes à entretenir. En fait, seul l'argent des Sébastiani permet de le garder. Théobald s'incline ; son père a raison, il n'y a pas moyen de faire autrement.

Alors, il tente de prendre des maîtresses. Mais ce n'est pas une réussite. Il est tout le contraire d'un séducteur, il est timide, il n'a pas d'esprit, il est naïf, il est même niais. Fanny est la première et la seule femme qu'il ait jamais connue. Il ne parvient qu'à rendre son épouse jalouse et à se rendre lui-même plus aigri encore.

Le ménage désormais n'est plus qu'une façade qu'il faut se résoudre à maintenir pour le monde. Théobald passe des semaines entières seul dans le château de Vaux, tandis que Fanny reste à Paris à l'hôtel Sébastiani, un ravissant pied-à-terre, 55, rue du Faubourg Saint-Honoré, juste à côté du palais de l'Élysée.

Fanny se morfond. Elle est seule, elle aime toujours son mari et lui envoie des lettres à la fois suppliantes et fiévreuses. C'est une correspondance touchante et pathétique. Elle a des accents de bête blessée : « Reprends ta Fanny, essaye-la encore quelque temps avec affection. Tu verras que tu seras heureux... »

En 1841, tout change brusquement. L'institutrice des enfants ne donnant pas satisfaction, elle est renvoyée. Et voici que, sur la recommandation d'amis, une jeune fille se présente. C'est Théobald qui la reçoit.

Elle s'appelle Henriette Deluzy. Elle a vingt-six ans, les cheveux blond cendré, le nez retroussé, elle est plutôt potelée, mais pas trop, telle que l'était Fanny du temps de sa splendeur. Bref, elle est charmante. De plus, elle a l'air cultivée et elle a d'excellents certificats. Théobald a toutes les raisons de l'engager et il le fait séance tenante, sans même prendre l'avis de sa femme qui ne l'a pas encore vue. Ce n'est que le lendemain que les deux femmes se rencontrent. Tout de suite elles se déplaisent, elles se détestent. L'une a senti une ennemie, l'autre une rivale.

Mais les choses n'en restent pas là. Théobald arrive sur ces entrefaites, sort de sa poche un papier, le déplie et annonce, imperturbable :

— J'ai rédigé un petit règlement pour Mlle Deluzy. Permettez que je vous en donne lecture. A partir d'aujourd'hui, Mme de Praslin est dispensée de l'éducation des enfants. Elle ne les verra jamais seule. Elle n'entrera dans la chambre de l'un d'entre eux qu'en présence de la gouvernante...

Fanny est atterrée, elle proteste. Mais elle sent bien, au ton glacial de son mari, qu'il n'y a rien à faire.

— Ma chère amie, poursuit-il, vous avez les nerfs malades. Vos sautes d'humeur, vos colères étaient pernicieuses pour ces jeunes créatures. Soyez heureuse, vous n'aurez plus désormais qu'à vous gouverner vous-même. C'est à Mlle Deluzy seule qu'incombera l'éducation des enfants.

C'est dit et il n'y a pas à répliquer. Fanny s'incline et Mlle Deluzy essaye de se montrer à la hauteur de la tâche qui lui est confiée. Et elle y parvient. Elle est à la fois énergique et douce, elle est de plus excellente pédagogue. Elle réussit ce tour de force de se faire admettre, puis aimer par ces neuf enfants, six filles et trois garçons qui ont entre un et quinze ans. Tant et si bien qu'au bout de quelque temps, ils en ont oublié leur mère. Ils n'ont plus d'attention que pour Mlle Deluzy qu'ils ont surnommée gentiment « Azelle ».

Contrairement à ce qu'on pourrait supposer, Théobald de Choiseul-Praslin n'est pas son amant. Il est seulement ravi de la présence d'Azelle, comme il l'appelle lui aussi quelquefois. Il se contente de lui parler. Comme tous les maris faibles et timides, il parle de sa femme. Elle ne le comprend pas. Tout allait bien au début de leur mariage, mais maintenant...

Azelle sourit. Elle ne dit rien ; elle écoute. Elle n'a qu'à laisser faire le temps. Le temps, bien sûr, joue pour elle. Le ménage continue à se défaire et Fanny à souffrir. Elle est tout à fait seule maintenant. Non seulement elle n'a plus son mari, mais elle n'a même plus ses enfants. Et Mlle Deluzy prend des libertés. Elle devient arrogante. A table, elle se fait servir la première. Pourtant Fanny espère encore. Elle pense que Théobald va lui revenir. Et elle lui écrit — car ils ne se parlent plus maintenant, ils s'écrivent — « Réagissez, je vous en conjure, écoutez votre femme qui vous aime. Mlle Deluzy règne sans partage. On n'a jamais vu une position de gouvernante aussi scandaleuse. »

Mais Théobald ne réagit pas. Il se complait dans la situation équivoque et intenable qu'il a créée lui-même. Il n'est toujours pas devenu l'amant d'Azelle : il est bien trop timide pour cela. Il continue à l'entretenir pendant des heures de ses états d'âme, de ses difficultés avec sa femme. Azelle écoute avec toujours le même intérêt et le même sourire.

C'est alors que survient une trêve : le vieux duc de Choiseul-Praslin meurt. Théobald devient donc duc et il est nommé pair de France. Tout gonflé de vanité, il ne songe plus qu'à étrenner ses nouvelles dignités. C'est la période mondaine. Le nouveau duc de Choiseul-Praslin n'a plus le temps de penser à sa gouvernante.

Fanny est satisfaite elle aussi, presque heureuse : le duc, son époux, paraît à son bras dans les salons. Le couple s'est reformé parce que le grand monde les réclamait.

Cette unité factice qu'imposent les bals et les réceptions ne dure pas longtemps. La fête passée, les Choiseul-Praslin se retrouvent tous les deux, ou plutôt tous les trois. Mais le grand monde, justement, commence à jaser. La présence de la gouvernante et son rôle sont peu à peu connus. C'est bientôt la réprobation générale, en attendant le scandale.

La duchesse, qui avait décidé d'être patiente, ne peut plus rester passive, elle doit agir. Elle fait intervenir son père, le maréchal Sébastiani.

L'entrevue entre le duc et le vieux soldat est orageuse. Le maréchal, en militaire qu'il est, n'y va pas par quatre chemins :

— Monsieur, dit-il à son gendre, sachez que le respect de l'épouse est la première consigne de l'époux...

La discussion dure plusieurs heures, mais à la fin Théobald n'a pas cédé. Il refuse de renvoyer Mlle Deluzy.

Fanny ne baisse pas les bras. Elle fait intervenir les deux fils du roi, les ducs d'Orléans et de Nemours qui parlent au nom du roi lui-même.

Le duc, encore une fois, ne cède pas. Alors il reste la religion. Fanny supplie son confesseur de parler au duc. C'est un saint homme et Théobald est très croyant : c'est sans doute la seule manière de le fléchir. Mais quand le duc de Choiseul-Praslin quitte l'homme d'Église, il n'a pas cédé. Il garde son Azelle.

Cette fois, il n'y a plus que les grands moyens. Puisque son mari est resté insensible à son beau-père le maréchal, aux deux fils du roi et à son confesseur, Fanny envoie vers lui le seul homme capable de le fléchir : son notaire.

Me Riant est un petit homme courtois et effacé.

— Monsieur le duc, lui dit-il, il va falloir congédier Mlle Deluzy, ou alors vous séparer de la compagne qui porte si dignement votre nom. Cet état de choses, voyez-vous, ne saurait durer et vous pensez que ni la duchesse ni le maréchal Sébastiani n'accepteraient dans ces conditions de subvenir aux lourdes dépenses que nécessite l'entretien du château de Vaux.

Le duc bégaie. Il implore un délai. Mais non, point de délai. Alors il cède, il va renvoyer Mlle Deluzy. La duchesse a gagné.

La gouvernante quitte la famille et le château de Vaux pour s'installer comme professeur dans un pensionnat de jeunes filles à Paris. Chez les Choiseul-Praslin, tout le monde boude : les enfants qui rendent responsable leur mère, le duc qui s'enferme dans son coin, et la duchesse qui se sent accusée et délaissée par tous.

Pourtant, tout contact n'est pas rompu entre Azelle et le duc. Elle lui écrit désormais chaque jour des lettres à la fois dolentes et insinuantes : elle est la victime des gens et en particulier de la duchesse. Comme il l'a mal défendue !

Alors le duc n'y tient plus, il veut la voir à tout prix ; les enfants, eux aussi, la réclament. Un beau jour, ils vont lui rendre visite tous ensemble. Les petits font fête à Azelle, Théobald la prend à part et lui donne rendez-vous le lendemain dans un fiacre. Quand ils se retrouvent, Azelle lui annonce qu'elle est décidée à se marier. Elle va aller en Angleterre et épouser n'importe qui. Ce n'est sans doute pas vrai, mais l'imminence du danger et la jalousie soudaine donnent enfin du courage à Théobald. C'est là, dans ce fiacre aux rideaux tirés, que se passe ce que tout le monde croyait s'être produit depuis longtemps : Théobald de Choiseul-Praslin devient l'amant d'Henriette Deluzy...

Le mois d'août 1847 est torride. La famille Praslin quitte Vaux pour aller en vacances à Dieppe. Toutefois elle passe par Paris. Où Théobald, bien sûr, revoit Azelle au pensionnat. Ensuite, il rentre. Il va retrouver sa femme dans le luxueux hôtel Sébastiani, à côté du palais de l'Élysée. Le soleil se couche, la journée du 17 août 1847 se termine...

La suite, toute la France va l'apprendre horrifiée.

A l'aube du 18 août, les domestiques sont appelés à grands cris par le duc dans la chambre de la duchesse. Ils se précipitent, s'arrêtent, regardent, voient...

C'est une scène à peine descriptible. Tous les objets sont brisés, les meubles renversés, les murs tachés de sang ; la duchesse gît sur sa coiffeuse dans une large flaque rouge. Elle est littéralement criblée de coups, elle a une partie de la tête arrachée. A terre, près d'elle, un revolver à la crosse pleine de sang et un chandelier d'argent où il reste des bouts de chair et des touffes de cheveux. A côté, tout sanglant lui aussi, le livre qu'elle était en train de lire, un livre au titre d'une sinistre ironie : *Les Gens comme il faut.*

Mais ce qui frappe par-dessus tout, ce qui est le plus horrible, c'est que la malheureuse a opposé une résistance désespérée à son agresseur : les murs, les objets sont remplis de ses empreintes sanglantes, elle a plusieurs doigts presque coupés, comme si elle avait pris à pleines mains le poignard de l'assassin. D'ailleurs, Victor Hugo, encore lui, qui visite les lieux le lendemain, note : « Cette chambre fait horreur. On y voit, toute palpitante et comme vivante, la lutte et la résistance de la duchesse. La malheureuse femme, comme les bêtes prises au piège, a fait le tour de sa chambre en hurlant sous les coups de son assassin. »

Le médecin qui arrive à cinq heures et demie ne peut que recueillir le dernier soupir de la duchesse. Théobald se jette sur son corps :

— Qu'allons-nous devenir ? Que feront mes pauvres enfants ?...

Mais — est-ce une impression ? — il semble que ses paroles sonnent faux.

Une demi-heure plus tard, la police arrive à son tour en la personne des commissaires du Roule et des Champs-Élysées, du procureur général Delangle et du préfet de police Allard. Le duc a repris son sang-froid. Il répond avec hauteur aux premières questions et conclut :

— Selon moi, messieurs, il ne peut s'agir que d'un crime crapuleux.

Mais le préfet Allard secoue la tête négativement. Sa conviction est faite. Il se tourne vers le duc et le regarde bien dans les yeux :

— Voyez-vous, monsieur le duc, j'ai une certaine expérience : c'est un homme du monde qui a fait le coup.

En quelques minutes, l'enquête est terminée : toutes les issues étant fermées, personne n'a pu venir du dehors. En revanche, le verrou qui ferme la porte de communication entre les appartements de la duchesse et ceux du duc a été démonté. Sur le trajet qui conduit à la chambre du duc, il y a des traces de sang. Dans sa chambre elle-même on retrouve des cendres encore fumantes : des morceaux de tissu qui achèvent de se consumer.

Alors, les policiers changent d'attitude. Ils commencent une fouille complète. Tous les meubles, les tiroirs sont ouverts. Et malgré ses protestations scandalisées, le duc est prié fermement de se déshabiller. On le fait mettre tout nu, et ce n'est pas inutile car on découvre que ses sous-vêtements sont tachés de sang.

Pourtant le duc est une personnalité trop considérable pour que le préfet de police ose l'arrêter. Il faut des ordres du roi lui-même. En attendant, il est enfermé dans sa chambre. Deux policiers restent en faction devant la porte.

Dehors, la nouvelle se répand ; tout Paris est au courant et personne ne s'apitoie. D'abord les gens plaisantent. Ils inventent même, en l'honneur de l'événement, un néologisme : « Le duc a " prasliné " sa dame. » Mais peu à peu, ils commencent à murmurer, à gronder. Le scandale rejaillit sur le trône.

Au gouvernement, l'émotion est considérable. On sent que le coup peut ébranler le régime, peut-être même l'abattre. Que faire du duc à présent ? Il faut le juger et il est coupable d'un meurtre abominable. On va devoir sans doute guillotiner un duc, pair de France et ami du roi !

Pendant ce temps, devant l'hôtel Sébastiani, la foule s'accumule. Elle réclame la mort du coupable. Mais ce n'est qu'un prétexte. Des cris hostiles, puis séditieux se font vite entendre : « A bas les nobles ! A bas la pairie ! A bas Louis-Philippe ! »

Le 18 août, lendemain du crime, le duc est toujours seul, enfermé dans sa chambre avec deux gardes à l'extérieur. A dix heures du soir, les gardes sont surpris par des cris violents de l'autre côté de la porte. Ils se précipitent. Le duc est livide, il vomit, il ne peut plus parler.

Le médecin qu'on fait venir aussitôt ne s'inquiète pas trop. C'est sans doute un malaise passager dû à l'émotion. Pourtant, le lendemain matin, l'état du duc s'est aggravé. Les vomissements sont de plus en plus violents, tandis que des syncopes apparaissent. Le médecin, appelé de nouveau, est cette fois très inquiet, mais il hésite à croire à un empoisonnement. Il croirait plutôt au choléra, dont les symptômes sont à peu près les mêmes. De toute façon, il ne peut indiquer que des remèdes anodins, car, à l'époque, dans un cas comme dans l'autre, la science est impuissante.

C'est trois jours plus tard, le 21 août, que la Chambre des pairs, qui seule en a le pouvoir, décide enfin l'arrestation du duc de Choiseul-Praslin. Mais c'est déjà un mourant qui est conduit à travers Paris dans une voiture entourée de quarante agents pour le protéger de la foule. Car le peuple gronde. Mille bruits circulent : le duc ne s'est pas empoisonné, il est déjà en sécurité à l'étranger. Et même s'il a bien été arrêté, la Chambre des pairs, composée en majorité de nobles, va l'acquitter !

Au palais du Luxembourg, le duc Pasquier, président de la Chambre, tente d'interroger l'agonisant. Mais Choiseul-Praslin se tait.

— Enfin, oseriez-vous dire affirmativement que vous n'avez pas commis ce crime ?

— Je ne puis pas répondre à cette question...

C'est tout. On n'en saura pas plus. Le duc Théobald de Choiseul-Praslin meurt le 24 août à trois heures quarante-cinq du matin.

La violence des journaux donne une idée de l'opinion générale. *La Démocratie pacifique* écrit : « On guillotine de malheureux affamés et le duc et pair qui a massacré pendant un quart d'heure la respectable femme qui était la sienne, en est quitte pour avaler une petite fiole de poison. » *Le Siècle,* un journal sérieux et modéré, est tout aussi virulent : « S'il avait été question d'un paysan, d'un ouvrier ou d'un simple bourgeois, on aurait pris des mesures pour empêcher l'assassin d'échapper par le suicide à la vindicte publique. »

L'émotion est à son comble. Il faut faire quelque chose. Alors, pour calmer l'opinion, pour sauver le régime, la Chambre des pairs décide de se réunir quand même. Le duc est mort, mais qu'importe !

Et le 30 août 1847, dans une séance absurde, presque irréelle, la Chambre des pairs reconnaît la culpabilité du duc de Choiseul-Praslin, puis, étant donné qu'il est mort, le président ne peut faire autrement que de déclarer l'action publique éteinte.

Henriette Deluzy, arrêtée, fut longtemps interrogée. Elle avait de toute évidence une responsabilité morale dans le crime. Mais on ne trouva aucun écrit, on ne releva aucun témoignage prouvant une véritable incitation au meurtre et elle fut relâchée.

Elle finit d'ailleurs sa vie de la manière la plus édifiante. Elle épousa aux États-Unis un pasteur de l'Église presbytérienne et s'occupa de bonnes œuvres jusqu'à sa mort.

Quant au duc de Choiseul-Praslin et à sa femme, ils reposent dans le caveau de la famille au château de Vaux, côte à côte pour toujours.

SACCO ET VANZETTI

Nous sommes aux États-Unis, le 5 mai 1920. A Bridgewater, une petite ville non loin de Boston, deux hommes de trente ans environ montent dans un tramway. Comme dans les films de Laurel et Hardy, il y a un grand et un petit. Le grand est très brun, avec des sourcils touffus, une moustache épaisse et tombante. Le petit est du genre sec et nerveux, l'air inquiet.

A peine sont-ils assis qu'un homme s'approche d'eux.

— Police ! Je vous arrête !

Le plus petit porte la main à sa poche-revolver. Mais l'homme a vu le geste. Il braque son arme.

— Pas de ça, l'ami ! Laisse tes mains sur les genoux ou je tire...

Au commissariat, après que les deux hommes, qui étaient chacun porteurs d'un revolver de fort calibre, eurent été désarmés, le sergent Stewart procède au traditionnel interrogatoire d'identité.

— Ton nom, demande-t-il au plus petit.

— Nicolas Sacco.

— Et toi ?

— Bartolomeo Vanzetti.

Sacco et Vanzetti, deux petits immigrés italiens, sont en effet soupçonnés d'un crime sordide. Ils auraient participé à deux hold-up.

Le premier s'est passé à Bridgewater même, le 24 décembre 1919. Un camion transporte trente mille dollars, la paie d'une fabrique de chaussures. Il est sept heures du matin, il fait encore nuit et très froid ; les rues sont désertes. Soudain une Buick surgit, double le camion et lui fait une queue de poisson. Trois hommes armés descendent. Le plus grand est très brun et porte une épaisse moustache... Mais le chauffeur du camion en a vu d'autres, il braque à fond, accélère, et parvient à disparaître derrière un tramway qui passait. Les bandits n'insistent pas et s'enfuient.

Le second hold-up est, lui, réussi et sanglant. Il a eu lieu à South Braintree, une autre petite ville proche de Boston. Le 15 avril 1920, deux hommes reviennent à pied des bureaux d'une autre manufacture de chaussures. Ils emportent avec eux la paie des ouvriers, soit trente mille dollars. Ce sont le chef caissier Parmenter et le garde du corps Berardelli. Ils ont le tort de ne pas faire attention à deux passants qui viennent à leur rencontre. C'est très bref, foudroyant. Six coups de feu éclatent, une Buick qui stationnait un peu plus loin surgit, les deux bandits montent et disparaissent avec l'argent. Berardelli a été tué sur le coup, Parmenter mourra en arrivant à l'hôpital.

Quand, le lendemain, le médecin légiste fait l'autopsie des victimes, il marque chaque balle d'un signe distinctif. Sur la seule balle mortelle qui a atteint Berardelli, il trace trois traits parallèles, un III en chiffres romains. C'est sur elle qu'en définitive, tout va se jouer.

L'enquête du sergent Stewart établit très vite que c'est la même Buick qui a servi aux deux hold-up. A Bridgewater un témoin avait pu noter son numéro, et à South Braintree plusieurs personnes avaient constaté qu'elle n'avait pas de vitre arrière. Or, on découvre quelques jours plus tard une Buick abandonnée qui porte le numéro recherché et qui n'a pas de vitre arrière.

Mais pour le reste, c'est la contradiction la plus totale. A entendre les témoins, les agresseurs auraient été deux, trois ou cinq ; tantôt ils étaient grands, tantôt petits, tantôt blonds, tantôt bruns.

L'enquête est en train de piétiner quand le sergent Stewart reçoit un coup de téléphone anonyme :

— Ce sont les anarchistes italiens qui ont fait le coup, dit la voix. Allez voir du côté de Coacci...

Effectivement, Coacci, un dangereux anarchiste, a été récemment signalé dans la région. Steward apprend en outre que, depuis quelque temps, on le voit beaucoup avec un certain Boda, autre anarchiste.

Malheureusement, Coacci vient de s'embarquer définitivement pour l'Italie. On ne le reverra jamais. Mais Boda, lui, n'est pas parti. Il a même laissé sa voiture en réparation dans un garage. Il suffit donc de placer une souricière pour l'arrêter quand il reprendra sa voiture.

Le 5 mai 1920, à la tombée de la nuit, Boda se présente au garage. Il n'est pas seul, deux amis l'accompagnent. L'homme monte dans sa voiture ; quant aux deux autres, ils s'éloignent tranquillement pour prendre le tramway.

Le policier chargé de suivre Boda perd sa trace. On ne le reverra jamais, non plus. En revanche, ses compagnons sont arrêtés et conduits au commissariat. Ce sont eux qui se trouvent actuellement devant le sergent Stewart : Nicolas Sacco et Bartolomeo Vanzetti.

Nicolas Sacco est né en 1891 à Foggia, dans le sud de l'Italie. Contrairement à ce que l'on pourrait penser, il a eu une enfance heureuse. Ses parents n'étaient pas dans la misère, c'étaient même des paysans aisés qui possédaient de belles étendues d'oliveraies et de vignes. Nicolas aurait pu entrer dans l'exploitation familiale, mais comme beaucoup de jeunes Italiens de l'époque, il a un rêve, une fascination : l'Amérique. Et à dix-sept ans, il quitte tout pour faire fortune. En arrivant à New York, il est vite déçu. La vie est sans pitié pour les nouveaux venus. Il doit faire les métiers les plus durs : porteur d'eau, ouvrier soudeur, aide-maraîcher et enfin employé dans la chaussure.

En 1910, il épouse une compatriote, Rosina Zambelli ; en 1911, ils ont un enfant qu'ils prénomment Dante.

Sacco est un bagarreur, un rebelle ; face aux difficultés il se révolte. Il devient très rapidement anarchiste et c'est un des militants les plus actifs et les plus durs du mouvement.

En 1917, quand les États-Unis entrent en guerre, il s'enfuit au Mexique. Il refuse de se battre non par lâcheté, mais par conviction. Lorsqu'il revient, en 1918, il n'a pas changé : c'est toujours un anarchiste convaincu.

L'histoire de Bartolomeo Vanzetti ressemble à celle de Sacco comme une sœur jumelle. Ce sont les mêmes espoirs et la même déception.

Lui aussi est le fils de paysans riches. Il est né en 1888 dans le Piémont. Ses parents cultivent le blé, la betterave et les fruits. Il fait de brillantes études et toute sa vie d'ailleurs, il continuera à lire et à s'instruire. Il se destine à gérer le domaine familial, mais quand sa mère meurt, en 1908, il décide brusquement de tout quitter. Il ira en Amérique pour faire fortune, lui aussi.

Le premier emploi qu'il trouve à New York est celui de laveur de vaisselle dans un restaurant italien. Ensuite, il est successivement tailleur de pierre, garçon d'hôtel, commis, aide-jardinier, employé dans une fabrique de cordages, et même assistant d'une dompteuse dans un cirque.

Ses nombreuses lectures l'ont conduit à l'anarchisme. Il fait la connaissance de Sacco et s'enfuit avec lui au Mexique en 1917.

Quand il rentre, il trouve enfin une activité qui lui plaît. Il devient marchand de poissons ambulant. Ce n'est pas la fortune, mais du moins, il ne dépend de personne. Avec sa petite charrette à bras, il parcourt les rues pour vendre son poisson. Pour un peu, Vanzetti s'avouerait heureux...

Face au sergent Stewart, Sacco et Vanzetti ne cachent pas leur appartenance au mouvement anarchiste, mais ils nient toute participation aux deux hold-up. Faute de mieux, ils sont inculpés de port d'arme.

Le procureur Katzmann est chargé de l'instruction. Cinquante ans, le visage carré, c'est un homme important, imposant même, un colosse à la voix de stentor. Il sera un des personnages marquants de cette affaire. Il commence par vérifier les alibis. Vanzetti n'en a aucun ni pour le premier hold-up, le 24 décembre 1919, ni pour le second, le 15 avril 1920. Sacco, lui, a un alibi irréfutable pour le premier hold-up. Mais pour le second, non seulement il n'en a pas mais, circonstance aggravante, il est établi qu'il ne s'est pas rendu à son travail ce jour-là.

Puis c'est le long défilé des témoins pour identifier les deux hommes. Parmi eux beaucoup ne reconnaissent ni l'un ni l'autre, beaucoup sont hésitants, mais il en reste cinq qui sont affirmatifs. Pour le premier hold-up, trois personnes reconnaissent formellement Vanzetti. Pour le second, un certain Wade affirme que c'est Sacco qui a tiré sur Berardelli et deux gardes-barrière ont vu Vanzetti au volant de la Buick.

Le procureur Katzmann arrête là sa rapide instruction. Pour lui, tout est clair. Il inculpe Vanzetti pour les deux hold-up et Sacco pour le deuxième seulement. Et, le 22 juin 1920, Vanzetti est jugé tout seul pour le premier hold-up ; une répétition générale, en quelque sorte, avant le grand procès.

Le juge Webster Thayer, qui préside, est un magistrat intègre, mais c'est un homme de tradition, issu d'une vieille famille américaine, un puritain peu fait pour comprendre des immigrés encore mal intégrés, des gens qui font du bruit, qui font des gestes, des Latins.

Les témoins à charge répètent ce qu'ils ont dit à l'instruction : ils ont bien vu Vanzetti. L'expert en balistique n'a pas grand-chose à dire. Une seule balle a été trouvée sur la chaussée. Elle pourrait avoir été tirée par l'arme de l'accusé...

Quant aux témoins de la défense, tous italiens, ils sont là pour dire que ce jour-là Vanzetti n'était pas à Bridgewater, sur les lieux du hold-up, mais à Plymouth où il vendait son poisson dans les rues, comme d'habitude, avec sa petite charrette à bras.

Adeladi Bongiovanni en est sûr :

— Mais oui, je lui ai acheté du poisson ! Et si je m'en souviens c'est parce que c'était le 24 décembre, la veille de Noël.

Le témoignage du jeune Beltrando Brini est plus important encore :

— Oui, monsieur le Juge, ce jour-là j'ai aidé Vanzetti à pousser la charrette, comme tous les jours.

Mais le juge n'a pas l'air de les croire. Et pour une raison toute bête. Parce que ces Italiens, qui parlent très mal anglais et qui, de plus, étaient inquiets de paraître au tribunal, ont appris leur déposition par cœur. Maintenant ils la récitent, et même si ce qu'ils disent est vrai, cela sonne faux.

Cette question de langue jouera un rôle capital, aussi bien dans le premier procès que dans le second. Car les accusés, et tous les témoins importants de la défense, seront italiens, tandis que les témoins de l'accusation seront américains.

Le procès du seul Vanzetti se déroule dans l'indifférence. La salle est presque vide lorsque l'accusé est reconnu coupable et condamné à douze ans de prison. Une condamnation qui, comme on peut le penser, fera très mauvais effet sur les jurés du second procès.

Quelques amis de Sacco et Vanzetti ont formé un comité de défense. Et après le premier procès, le comité décide de remplacer l'avocat de Vanzetti, qui s'était montré insuffisant. Tout naturellement, il pense à celui qui dans une série de plaidoiries retentissantes vient de s'imposer comme le défenseur du monde ouvrier : Fred Moore.

C'était là une décision aux conséquences incalculables. Mais personne, à l'époque, ne pouvait le savoir...

A trente-neuf ans, Fred Moore est resté un artiste. Ce Californien affectant une tenue négligée, toujours coiffé d'un chapeau de cowboy, mène une vie désordonnée au milieu des ouvriers qu'il s'est fait une spécialité de défendre. Quand il étudie le dossier de Sacco et Vanzetti, il a brusquement la sensation de détenir l'affaire du siècle et de sa vie. Dans le climat de crise qui règne alors — car c'est l'époque des grandes manifestations anarchistes aux États-Unis —, le procès peut être sensationnel. Il faut lui donner le maximum de publicité.

Et Fred Moore s'y emploie. Il fait déclaration sur déclaration à la presse. Peu à peu, le public commence à parler de Sacco et Vanzetti, il discute de leur cas, il prend position pour ou contre. La machine est lancée, on ne pourra plus l'arrêter. L'avocat a réussi ; pour lui, c'est le commencement de la gloire. Le comité de défense s'en inquiète. Il pense que tout ce tapage ne peut être que nuisible aux accusés. C'est trop tard. Tout ce qu'il peut faire est d'imposer à Moore un second avocat : Jerry Mac Anarney.

Le procès de Nicolas Sacco et Bartolomeo Vanzetti s'ouvre dans la ville de Dedham le 31 mai 1921. Tous les États-Unis ont les yeux braqués sur l'événement et bientôt, ce sera le monde entier.

Autour du palais de justice, c'est un déploiement de force impressionnant : la troupe en armes, des policiers à chaque porte. Tout le monde est fouillé avant d'entrer, même les avocats.

Dans la salle du tribunal, les regards sont d'abord attirés par une cage, la cage grillagée qui figure dans tous les journaux de l'époque, dans laquelle les deux accusés, le grand et le petit, vont s'asseoir côte à côte chaque jour pendant des semaines.

Derrière sa table se tient le juge Thayer, le visage osseux, droit sur son fauteuil, soucieux avant tout de se faire respecter. Plus loin, il y a le procureur Katzmann, ce colosse à la voix redoutable, qu'on sent prêt à bondir à chaque instant. Près de la cage enfin, Fred Moore, l'avocat bohême et fantaisiste. Par provocation ou pour se faire remarquer, plus simplement, il s'est mis pieds nus et en bras de chemise.

Et c'est lui qui commence par tenir la vedette. D'entrée de jeu, il adopte une tactique absolument inattendue et, à vrai dire, incompréhensible. Il décide de refuser systématiquement tous les candidats jurés. Le premier jour, il n'en accepte que trois sur la centaine qui défilent. Et les jours suivants, moins encore.

Cette attitude a le don d'exaspérer le juge Thayer qui ne se gêne pas pour exprimer son sentiment. Moore répond avec ironie... C'est son droit, il fait ce qu'il veut.

Après cinq jours d'audience, le cinq centième juré est récusé à son tour. Ils ne sont que sept à avoir été agréés par Moore. Or la défense a droit à cinq cents récusations et elle les a toutes exercées. C'est la première fois que l'on voit cela. Il va donc falloir mettre en pratique une loi américaine extrêmement ancienne qui fait penser aux temps héroïques du western. Si dans un procès, le nombre suffisant de jurés n'a pu être réuni, le juge doit ordonner à la police de convaincre de force les premiers citoyens qu'elle trouvera.

Dès que le juge Thayer prend cette décision, les rues de Dedham se vident comme par enchantement. Personne ne tient à se mêler d'une affaire aussi grave où il n'y a à gagner que des ennuis.

Finalement, les policiers ramènent au tribunal une centaine d'individus vexés et furieux de s'être laissé prendre, certains à la sortie du cinéma ou du théâtres, d'autres, même, dans une noce.

L'avocat est maintenant bien obligé de faire son choix et le jury est constitué. Mais dans quelles conditions ! On peut imaginer combien de tels jurés doivent porter les accusés dans leur cœur...

C'est le 7 juin 1921 que les choses sérieuses commencent avec l'audition des témoins de l'accusation. Lewis Wade affirme, ainsi qu'il l'a déjà fait à l'instruction, que c'est Sacco qui a tiré sur Berardelli. Il le reconnaît devant les jurés. Deux jeunes femmes, Mary Blaine et Frances Delvin, ont assisté au drame depuis la fenêtre de leur bureau. Toutes deux reconnaissent également Sacco comme l'un des agresseurs. Frances est particulièrement affirmative, elle ajoute même qu'il avait « un beau visage latin ».

Ensuite, c'est le tour de Lola Andrews, dont le témoignage est plus important encore. En effet, elle se trouvait dans la rue quelques minutes avant le hold-up ; elle a croisé les deux hommes et l'un d'eux lui a demandé son chemin.

— Reconnaissez-vous l'homme avec qui vous avez parlé ? demande le juge Thayer.

— Oui, monsieur le Président, c'est Sacco !

Le témoignage a effectivement de quoi impressionner. Mais l'avocat Fred Moore commet alors une erreur incroyable. Il ne pose pas au témoin la seule question qu'il fallait lui poser : Est-ce que l'homme parlait correctement anglais, sans accent italien ? Si c'était le cas, cela ne pouvait pas être Sacco.

Au lieu de cela, l'avocat insiste et s'entête sur des détails sans importance. Il veut essayer de faire se contredire Lola Andrews et n'y parvient pas. Tout ce qu'il obtient, c'est de la rendre plus sympathique aux jurés.

Les témoins suivants, eux, ont reconnu Vanzetti.

Mike Levangie est garde-barrière à South Braintree. Il a vu passer la Buick en trombe. Malgré la vitesse, il est sûr d'avoir reconnu le chauffeur : c'est Vanzetti.

Austin Reed, est également garde-barrière. Lui aussi a vu la voiture : elle se dirigeait à grande vitesse vers son passage à niveau, alors que le train était déjà en vue. Il s'est précipité pour l'arrêter en brandissant son signal « stop ». Une fois le train passé, le chauffeur de la Buick, un homme très brun à la moustache tombante, a rouspété. Et le garde-barrière conclut à l'intention du juge Thayer :

— Cet homme, c'est Vanzetti !

Fred Moore commet alors sa seconde erreur de la journée, bien plus inimaginable encore que la première. Outre qu'il ne se soucie pas de savoir si l'homme dans la voiture parlait ou non un anglais correct, il ne lui vient pas à l'idée de préciser au juge et aux jurés ce détail capital : Vanzetti ne sait pas conduire. Bien sûr, on peut prendre le volant sans avoir son permis. Mais tous les témoins ont été formels : la voiture roulait à toute allure ; c'était un as, un expert qui conduisait. Alors ?...

L'audience suivante est consacrée aux experts en balistique. Il fait une chaleur oppressante, accablante. De mauvaises langues suggèrent que Fred Moore, qui est déjà pieds nus et en bras de chemise, va bientôt se retrouver le torse à l'air.

Les experts, le capitaine Proctor et Charles Van Amburgh, paraissent à la barre. Un grand silence se fait, un silence si total que pendant un moment on n'entend plus que le ronronnement des ventilateurs. Les jurés, le public, les journalistes, ont la sensation que les minutes qui vont suivre seront décisives pour les accusés. Et dans leur cage grillagée, Sacco et Vanzetti, eux aussi, retiennent leur souffle.

Tout de suite, il est question, bien entendu, de la fameuse balle numéro III, la balle qui a tué le garde Berardelli.

Le capitaine Proctor est un homme consciencieux. Il a toujours eu des doutes. Il en a d'ailleurs fait part au procureur Katzmann lors de l'instruction et on peut sentir dans sa déposition une réticence certaine. Le juge l'invite à conclure et à énoncer nettement sa position au sujet de la balle numéro III. Voici textuellement la réponse de Proctor :

— A mon avis, c'est compatible avec le fait qu'elle a été tirée par le pistolet de Sacco.

La phrase est pour le moins confuse et embarrassée. Aussi le public, qui attend évidemment l'intervention des avocats de la défense, n'en revient pas : ni Fred Moore, ni son adjoint Mac Anarney ne réagissent ; ils laissent passer ce point décisif sans rien demander au témoin.

Pourquoi Proctor s'est-il exprimé de cette manière curieuse ? Est-ce qu'il aurait des doutes ? Est-ce que la balle numéro III aurait pu ne pas avoir été tirée par le pistolet de Sacco ? Aucune de ces questions indispensables, dont dépendait peut-être le sort des accusés, n'a été posée. Et les jurés, s'ils ont eu un moment de trouble, l'auront bien vite oublié.

Le second expert, Van Amburgh est plus affirmatif :

— J'incline à croire que la balle numéro III a été tirée par le Colt de l'accusé.

Mais dans ce « j'incline à », il reste quand même une petite place au doute. Une fois encore, les avocats ne l'exploitent pas.

Le jour suivant, l'avocat Fred Moore va essayer de se rattraper. Il va présenter les témoins de la défense. On peut dire qu'il a bien fait les choses ! Trop bien même. Il a décidé de produire un maximum de témoins. C'est un flot ininterrompu, un défilé interminable.

On voit ainsi seize ouvriers qui creusaient une tranchée de canalisation le jour du hold-up ; ils n'ont rien d'intéressant à dire, et pour cause : d'où ils étaient, ils ne pouvaient pratiquement rien voir. Leur font suite huit cheminots, qui affirment avec un bel ensemble qu'ils ont vu passer la Buick et que ni Sacco ni Vanzetti ne s'y trouvaient. A la vitesse où elle roulait, ce n'est pas sérieux. Et ainsi de suite pendant des heures et des heures...

Cette tactique déplorable ne parvient qu'à exaspérer encore un peu plus le juge Thayer et, ce qui est plus grave, les jurés. Car aucun de ces témoignages n'apporte quoi que ce soit de positif...

Après l'audition des témoins, le moment est venu d'entendre les accusés.

Quelques jours auparavant, le procureur Katzmann avait fait une proposition à l'avocat Moore. Si la défense acceptait de ne pas parler politique et de s'en tenir uniquement aux faits concernant le hold-up, l'accusation y renoncerait elle aussi.

C'était pour Sacco et Vanzetti une offre inespérée. Ils avaient tout à gagner à ce qu'on n'évoque pas leur appartenance au mouvement anarchiste, car ce seul mot était capable de dresser contre eux tout le jury. Mais Fred Moore laisse passer cette dernière chance. Sur ses conseils, au cours de l'audience du 5 juillet, Vanzetti se met à parler politique. Il raconte comment, le 15 avril 1920, jour du hold-up, il a déménagé des tracts anarchistes et il en expose le contenu.

C'est fait. La défense a franchi le pas. Elle a abordé le domaine politique. Dans ces conditions, l'accusation va le faire elle aussi et elle ne va pas se gêner.

Le procureur Katzmann décide de pousser son avantage au maximum et d'insister sur le point qu'il sait le plus sensible auprès des jurés : l'attitude des accusés pendant la guerre. Il appelle Vanzetti à la barre :

— Ainsi donc, monsieur Vanzetti, en mai 1917, vous avez quitté Plymouth parce que la mobilisation vous incitait à déserter ? C'est bien cela ?

Vanzetti ne peut que répondre :

— Oui, monsieur.

Katzmann continue :

— Si vous vous êtes sauvé, c'est bien parce que vous ne vouliez pas être soldat ?

Vanzetti a compris qu'il s'agit d'un piège. Il essaye de s'expliquer :

— Si j'ai refusé d'aller à la guerre, ce n'est pas parce que je n'aime pas ce pays. J'aurais refusé même si j'avais été en Italie...

Avec Sacco, c'est bien pire encore :

— Monsieur Sacco, dit Katzmann, vous êtes parti à Mexico pour éviter de servir comme soldat ce pays que vous dites aimer ?

— Oui.

— C'est là votre façon de montrer votre amour pour ce pays ?

Sacco hésite. On sent qu'il est acculé. Il voudrait dire quelque chose, se faire comprendre, se justifier, mais la barrière de la langue est infranchissable. Il ne connaît pas les nuances de l'anglais ; sa langue à lui, c'est l'italien, et tout ce qu'il trouve à répondre, c'est un pauvre « oui ».

Le procureur insiste impitoyablement. C'est le jeu du chat et de la souris.

— Et vous pensez que c'était courageux d'avoir fait ce que vous avez fait ?

Sacco est excédé autant contre lui-même que contre le procureur. Il lance comme un défi un autre « oui !... »

Cela continue encore pendant de longues et de longues minutes. Sacco s'enfonce. Le jeu n'est pas égal, il est perdant à tous les coups.

Le procureur Katzmann a de quoi être satisfait. Désormais, aux yeux de la majorité de l'opinion américaine, Sacco et Vanzetti ne sont que de vils déserteurs, des gens, comme l'écrit le lendemain un journal, « seulement capables de manger le pain de l'Amérique, mais pas de la défendre ! »

Le dénouement approche. C'est le moment des plaidoiries. Au milieu de la tension générale, Fred Moore commence à parler. De l'avis de tout le monde, jamais au cours de sa carrière, il n'a été aussi médiocre, aussi terne. Au lieu d'insister sur les points faibles de l'accusation, il s'en prend à la technique scientifique. D'après lui, les microscopes qui ont servi à analyser la balle numéro III ne sont pas des instruments auxquels on peut faire confiance.

Jerry Mac Anarney, le second avocat, n'est guère plus brillant.

Et puis vient le procureur Katzmann. Lui, au contraire, il est adroit, mordant. Toujours à propos de Vanzetti et de sa conduite au Mexique pendant la guerre, il trouve des formules qui font mouche :

— Cet homme qui se sauvait à Mexico pour ne pas tuer, portait sur lui le jour de son arrestation, un revolver 38 mm chargé, dont chaque balle pouvait être mortelle !...

Le reste est du même style.

Le jury siège tout l'après-midi du 14 juillet 1921. A dix-neuf heures cinquante-cinq, il sort, précédé par son président, un certain Ripley. Quelques minutes plus tard, Sacco et Vanzetti sont introduits dans la salle du tribunal, c'est-à-dire dans leur cage.

Se déroule alors le cérémonial à la fois terrible et théâtral, tel qu'il est fixé par la loi du Massachusetts. L'huissier demande à Ripley s'il est prêt à rendre le verdict, puis il se tourne vers la cage grillagée :

— Nicolas Sacco, levez-vous !

A quelques mètres, au premier rang du public, sa femme Rosina s'est levée aussi. Nicolas la regarde et essaye de lui sourire.

Tout le public retient son souffle. Les journalistes du monde entier sont prêts à bondir vers le téléphone pour annoncer le verdict. L'huissier reprend calmement, en récitant la formule d'usage :

— Levez la main droite, monsieur le Président et regardez le prisonnier. Prisonnier, regardez le président. Qu'avez-vous à dire, monsieur le Président ? Le prisonnier est-il coupable ou non coupable ?

Ripley a la voix étranglée par l'émotion. Il ne peut dire qu'un mot :

— Coupable.

— Coupable de meurtre ? demande l'huissier.

— De meurtre, répond Ripley.

— Au premier degré ?

— Au premier degré.

Puis c'est exactement le même scénario, les mêmes questions et le même verdict à propos de Vanzetti.

Sacco et Vanzetti sont condamnés à mort.

Alors on entend deux cris : Sacco, qui a dû faire tant d'efforts jusqu'ici pour répondre à toutes ces questions, pour chercher ses mots en anglais, se met à crier en italien :

— Je suis innocent !

Et Rosina se précipite en bousculant le cordon des policiers. Elle essaye d'étreindre son mari à travers le grillage de la cage :

— Ils vont le tuer ! Que vais-je faire ? J'ai deux enfants !

Mais le juge Thayer et les jurés ont déjà quitté la salle...

Un peu plus tard, le second avocat de la défense, Jerry Mac Anarney, est en train de ramasser ses dossiers sans faire vraiment attention à ce qu'il fait, quand il aperçoit l'adjoint du procureur Katzmann, nommé Williams. Comme l'exige la courtoisie, il s'avance vers lui, la main tendue :

— Toutes mes félicitations pour cette brillante victoire.

Alors, il remarque avec stupeur que Williams est en train de pleurer, Williams qui parvient juste à prononcer :

— Taisez-vous ! C'est la chose la plus triste qui me soit arrivée de toute ma vie !

Mais l'émotion et la colère ne sont pas limitées à l'enceinte du tribunal de Dedham. Dès l'annonce du verdict, elles gagnent le monde entier. C'est en France que le mouvement est le plus puissant mais il atteint aussi toute l'Europe, la Suisse, les Pays-Bas, la Suède, le Danemark, l'Espagne, le Portugal, et même l'Amérique du Sud...

Une terrible attente commence maintenant.

D'après la loi de l'état du Massachusetts, pour obtenir la révision d'un procès, la défense doit présenter des « motions », c'est-à-dire des témoignages s'appuyant sur des faits nouveaux. Entre juillet 1921 et avril 1923, il n'y en aura pas moins de cinq qui seront déposées sur le bureau du juge Thayer.

La première, dite « motion Ripley », date de novembre 1921. Ripley est le président du jury qui a condamné Sacco et Vanzetti. Or il avoue à un des avocats qu'il avait, de sa propre initiative, comparé cinq cartouches trouvées dans le revolver de Vanzetti, avec d'autres cartouches qu'il possédait personnellement. C'était illégal.

Seconde motion, en mai 1922, la « motion Gould-Pelser ». Gould et Pelser sont deux témoins du hold-up. Gould avait assisté aux faits, mais par la suite il avait disparu et ne s'était même pas présenté au procès. Or, Fred Moore le retrouve, lui montre les photos de Sacco et

Vanzetti et Gould ne les reconnaît ni l'un ni l'autre. Il est prêt à le jurer devant n'importe quel tribunal.

Quant à Pelser, c'était un témoin douteux. Bien qu'il ait affirmé avoir reconnu Sacco, il s'était en fait, dès le début de la fusillade, couché à terre et n'avait rien vu. C'est du moins ce qu'il affirme à Fred Moore. Car quelques jours après, il écrit au procureur Katzmann qu'il était ivre quand l'avocat l'a rencontré, et que tout ce qu'il a pu dire ou signer n'a aucune valeur.

Suivent les motions trois et quatre, les motions « Goodridge » et « Lola Andrews » qui, elles aussi, concernent deux témoins qui se sont rétractés par la suite. Mais la cinquième et dernière motion qui date d'avril 1923 est de loin la plus importante, c'est la « motion Proctor-Hamilton ».

Personne n'a oublié que le capitaine Proctor, expert en balistique, avait déposé, avec un certain embarras, à propos de la fameuse balle numéro III, en chiffres romains. Or, quand Fred Moore, pris d'un scrupule un peu tardif, vient lui demander s'il n'a pas des doutes, Proctor lui déclare tout de go :

— Je suis trop vieux pour souhaiter que deux malheureux aillent sur la chaise électrique, pour un crime qu'ils n'ont peut-être pas commis !

Fred Moore sursaute :

— Mais alors, vous pensez qu'ils sont innocents ?

— Oui, je pense qu'ils sont innocents, répond Proctor.

— Mais pourquoi ne l'avez-vous pas dit au tribunal ?

— Tout simplement parce que personne ne me l'a demandé, pas même vous.

Fred Moore se décide alors à demander une contre-expertise. Il s'adresse pour cela au docteur Hamilton, qui conclut rapidement que la balle numéro III n'a pas été tirée par le revolver de Sacco.

Malheureusement, encore une fois, l'avocat a commis une bévue. Le « docteur » Hamilton n'est en fait que pharmacien : c'est un expert occasionnel et il s'est rendu récemment célèbre pour avoir, à cause d'une de ses expertises, envoyé un innocent à la chaise électrique...

Le 1er octobre 1923, les avocats sont invités à plaider les cinq motions devant le juge Thayer.

Le juge met exactement un an à se décider. Le 1er octobre 1924, il donne sa réponse : c'est « non » aux cinq motions.

A la suite de ce nouvel échec, le Comité de défense de Sacco et Vanzetti prend enfin la décision de se débarrasser de Fred Moore et le remplace par Williams Thomson qui, s'il n'a aucune sympathie particulière pour les accusés, est du moins un avocat sérieux.

Quand, le 8 novembre 1924, coiffé de son éternel chapeau de cowboy, Fred Moore s'en retourne vers sa Californie natale, il n'y a personne pour lui dire « au revoir ». Peut-on s'en étonner ?

Un an se passe encore, mais enfin un événement se produit, un événement inespéré pour les condamnés. Le 18 novembre 1925, Sacco reçoit un message dans sa prison. Il a peine à croire ce qu'il a sous les yeux :

J'avoue par la présente que j'étais dans le crime de la compagnie de chaussures de South Braintree et que ni Sacco ni Vanzetti n'étaient dans ledit crime. Et c'est signé : *Celestino Madeiros.*

Madeiros est un meurtrier qui a déjà été condamné à mort et qui, lui aussi, attend la chaise électrique. Sa confession doit donc être accueillie avec prudence, car, de plus, c'est un mythomane et un épileptique. Mais son récit est intéressant, il est même vraisemblable.

Le condamné à mort met en cause le gang des cinq frères Morelli qui se sont spécialisés dans le vol des usines de chaussures. Or les deux hold-up concernaient précisément des usines de chaussures.

Le nouvel avocat, Williams Thomson, mène son enquête avec énergie. Malheureusement, il ne peut pas réunir les preuves suffisantes. Il rencontre les frères Morelli. Ils savent quelque chose, c'est certain. Mais ils ne disent rien. Et on les comprend, car vraiment quel intérêt auraient-ils à parler ?

Le 12 mai 1926, la Cour suprême du Massachusetts rend son verdict sur l'affaire Madeiros. L'appel est rejeté. Encore une fois, c'est non.

C'était la dernière chance. Toutes les motions ont été repoussées et même les aveux de Madeiros n'ont pas été pris en considération. Maintenant, pour empêcher la chaise électrique, il ne reste plus que la grâce du gouverneur.

Du jour au lendemain, Alban Fuller, gouverneur de l'état du Massachusetts, devient le point de mire du monde entier. Car maintenant tout le monde, ou presque, est derrière Sacco et Vanzetti. Si les États-Unis restent partagés entre deux camps hostiles, en Europe c'est l'unanimité, la mobilisation générale : il faut sauver Sacco et Vanzetti !

Le bureau du gouverneur Fuller est en quelques jours noyé sous des milliers de télégrammes qui implorent la grâce. Ils viennent de partout et de tous les horizons politiques. Si on trouve des personnalités connues pour leurs idées avancées comme Einstein, Thomas Mann, Romain Rolland, Bernard Shaw ou John Galsworthy, il y a des gens aux positions beaucoup plus modérées : le vieux président Loubet, l'ancien Premier ministre Caillaux, l'arrière-petit-fils de La Fayette. Le pape Pix XI écrit lui aussi en faveur de Sacco et Vanzetti.

Et quelques jours plus tard, c'est plus extraordinaire encore : le gouverneur Fuller reçoit un télégramme de Mussolini ; même le Duce demande la grâce des deux anarchistes.

Est-ce à dire que tous sont sûrs de l'innocence des condamnés ? Non, mais les doutes sont trop forts. Et surtout, tout cela a trop duré. C'est le journal conservateur anglais *The Times* qui résume le mieux l'opinion générale en écrivant : « Coupables ou non coupables, chacun perçoit que leur avoir fait subir une succession d'espoirs et de déceptions pendant sept ans pour finalement les exécuter est quelque chose qui révolte l'humanité. »

Face à cette avalanche d'appels, de supplications, le gouverneur Fuller décide... d'attendre. Plus précisément, il nomme une commission de trois membres que va présider Lawrence Lowell, le doyen de la faculté de Harvard. La commission devra décider si oui ou non Sacco et Vanzetti sont coupables. Alors Fuller prendra sa décision.

La commission Lowell a au moins le mérite de faire vite et d'aller droit au but. Puisqu'il s'agit de déterminer la culpabilité des condamnés, il faut revenir à la seule pièce à conviction décisive, la balle numéro III en chiffres romains.

Lowell va trouver le meilleur expert américain de l'époque, le major Calvin Goddard. Il lui donne une mission terriblement précise et redoutable. Répondre par oui ou par non à cette seule question : la balle numéro III a-t-elle été tirée par le revolver de Sacco ?

Le major Goddard est effectivement un spécialiste. C'est même plus que cela. C'est un véritable génie de l'expertise criminelle. C'est lui qui, deux ans plus tard, arrivera à identifier, uniquement par l'examen des projectiles, les auteurs du fameux massacre de la Saint-Valentin à Chicago. Or, il dispose d'un instrument très perfectionné qui n'existait pas six ans auparavant lors du procès : le microscope à image double ou microscope comparatif. Il permet d'examiner en même temps deux objets, puis de superposer leurs images pour voir s'ils sont identiques.

Le jour de l'expertise, il y a foule dans le laboratoire du major Goddard : les trois membres de la commission, le procureur, les avocats et d'autres experts amenés là par la défense.

Imperturbable, absolument insensible à la fébrilité des hommes qui l'entourent, Goddard fait son examen comme à son habitude, avec une minutie de savant. Après un temps qui paraît interminable à tous ceux qui sont là, il se redresse, range ses instruments et déclare :

— Messieurs, la balle numéro III a été tirée par le revolver de Sacco...

La commission Lowell remet son rapport le 27 juillet 1927, et le 2 août le gouverneur Fuller convoque la presse pour lui donner sa réponse, qui ne fait à présent plus de doute. Dès le matin, en effet, dans le plus grand secret, Sacco et Vanzetti ont été transféré dans le « quartier de la mort », à quelques pas de la chaise électrique.

A vingt-deux heures trente la décision du gouverneur est enfin publique : c'est non. La grâce est refusée.

En présence de l'avocat Thomson, la nouvelle est annoncée aux condamnés. Vanzetti craque. Il a une crise de désespoir. Il se frappe la tête contre les murs en criant :

— Appelez les millions d'hommes qui nous ont soutenus ! Appelez-les !

Sacco, au contraire, est très calme. Il se borne à dire :

— Donnez-moi de quoi écrire à mon fils...

Dans le monde, la nouvelle se répand comme une traînée de poudre. Et c'est une explosion de colère, un cri : il faut sauver Sacco et Vanzetti !

L'exécution doit avoir lieu le 10 août. Et le 10 août, alors que la tension est à son comble, on apprend l'incroyable nouvelle : l'exécution n'aura pas lieu. Sacco et Vanzetti sont sauvés ! Le procès va sans doute être révisé !

Non, ce n'était qu'un délai de plus que le gouverneur Fuller, pris peut-être d'un dernier doute, avait accordé : un délai de douze jours.

Le 22 août 1927, à vingt-trois heures quinze, le directeur de la prison pénètre dans le quartier de la mort. Les condamnés ont tout de suite compris...

C'est Sacco qui va passer le premier.

Il n'y a que vingt mètres entre la cellule et la chambre d'exécution. La pièce est violemment éclairée. Au centre, la chaise électrique, toutes courroies défaites. Sacco est très pâle. Il s'assoit seul, sans aide. Il crie :

— Vive l'anarchie !

Puis il regarde tous ceux qui sont là et leur dit calmement en anglais :

— Adieu, messieurs !

Quand le bourreau place sur sa tête le masque noir, il a un dernier cri, en italien cette fois :

— Adieu, maman !

A minuit exactement, Vanzetti arrive à son tour. Il sait que Sacco est mort. Il a vu dans sa cellule l'ampoule faiblir pendant un long moment. Car la chaise électrique a besoin de beaucoup d'énergie et, durant plusieurs minutes, toutes les lumières de la prison se sont presque éteintes.

Il est calme, digne. Il s'adresse au directeur de la prison :

— Je tiens à vous assurer que je suis innocent. Je suis innocent de tout crime, pas seulement de celui-là, mais de tous, de tous. Je suis un homme innocent.

Alors qu'il est déjà attaché sur la chaise, il dit encore d'une voix presque inaudible :

— Je veux à présent pardonner à certains pour ce qu'ils me font...

Le bourreau attendit la fin de sa phrase pour envoyer le courant.

Alors, dans le monde entier, c'est une vague d'indignation et de colère. On manifeste à Boston et à New York bien sûr. Mais aussi à Londres, à Paris où le mouvement a peut-être le plus d'ampleur : il y a des barricades et le lendemain, c'est la grève générale, toute vie s'arrête dans un silence impressionnant.

En Allemagne, les affrontements tournent à l'émeute : il y a un mort à Leipzig et deux à Hambourg. La Suisse pacifique n'échappe pas à la violence générale : à Genève des dizaines de milliers de personnes attaquent le palais de la Société des nations. Mais on se bat aussi dans les rues de Shanghaï, de Pékin, de Tokyo, de Melbourne, de Buenos Aires...

L'affaire Sacco et Vanzetti a quitté le domaine de l'histoire criminelle. Elle est entrée dans celui de l'histoire politique, et même de l'Histoire tout court.

Les funérailles de Sacco et Vanzetti ont lieu à Boston, six jours après leur mort, par un dimanche sombre et pluvieux. La foule est impressionnante, gigantesque, les forces de police le sont aussi. C'est un déploiement comme on n'en a jamais vu.

Vers le milieu de la journée, la police charge brusquement le cortège, sans qu'on ait jamais compris pourquoi. C'est une bousculade indescriptible au milieu des cris et des fleurs piétinées.

Seules cinquante personnes réussissent à suivre jusqu'au bout les deux cercueils...

Sacco et Vanzetti étaient-ils innocents ou coupables ? Pendant des dizaines d'années des polémiques ont opposé partisans et adversaires à ce sujet. Il y a eu des révélations, vraies ou fausses, des expertises, des enquêtes, des contre-enquêtes.

Mais aujourd'hui la réponse est claire. C'est celle que dicte la loi : Nicolas Sacco et Bartolomeo Vanzetti sont innocents. Ils le sont pour toujours. Le 20 juillet 1977, cinquante ans après leur mort, le gouverneur du Massachusetts, Michael Dekakis, a prononcé officiellement leur réhabilitation et proclamé la journée du 20 juillet, jour du souvenir dans tout l'état.

Et il sera, en effet, toujours utile de se souvenir.

LÉONORA CONCINI,
LA GALIGAÏ

C'est l'avant-dernier jour du XVIᵉ siècle, le 30 décembre 1599. Dans une chambre du palais Pitti, la demeure de la famille Médicis, une femme de trente et un ans contemple rêveusement Florence sous la neige. Elle n'est pas belle. Elle est même laide : trapue de corps, noiraude de teint. Il n'y a rien de spécialement distingué non plus dans son allure. Elle a incontestablement quelque chose de plébéien. Mais cette laideur s'oublie presque, tant son regard est vif. On dit que l'intelligence transfigure parfois les êtres et rarement la chose a été aussi vraie.

Pour l'instant, son regard s'est un peu voilé. En cette calme journée d'hiver, la jeune femme médite. Elle pense à l'incroyable chance que lui a réservée le sort. Elle, Léonora, la fille du charpentier Dori, a été choisie avec d'autres pour tenir compagnie à la fille du duc de Toscane, Marie.

Marie de Médicis est de cinq ans sa cadette. Elle est aussi jolie et fine qu'elle-même est mal bâtie et disgracieuse. Mais par un juste retour des choses, comme dans les contes de fées, c'est l'inverse sur le plan intellectuel. Marie ne brille spécialement ni par la subtilité ni par la vivacité. D'abord enfant peu éveillée, elle est restée, pour reprendre l'expression de ses contemporains, une « balourde »...

La jeune femme sourit. Elle n'a eu aucun mal à se rendre indispensable auprès de Marie de Médicis. Elle est à la fois sa femme de chambre habile — la seule qui sache la coiffer —, sa confidente et sa meilleure amie. Bientôt, Marie va se marier. Et elle la suivra à la cour de quelque prince italien... Justement, Marie est en ce moment chez son père le duc. Peut-être est-il en train de lui apprendre le nom de son futur époux ?

Un cri, dans le dos de la jeune femme, la fait se retourner.

— Léonora ! Léonora !

Marie de Médicis, les cheveux défaits, en larmes, se jette dans ses bras.

— Léonora ! Je vais devenir reine de France !

Léonora Dori ne peut à son tour cacher son émotion. Marie, reine de France ! Cela veut dire qu'elle va la suivre elle-même à la cour la plus riche et la plus brillante d'Europe. Pour la deuxième fois, le sort vient de lui accorder une incroyable faveur...

17 décembre 1600. La ville de Lyon, ce jour-là, est le centre de la France. Pour le royaume, le XVIIe siècle s'ouvre sous les meilleurs auspices. Le mariage d'Henri IV, après des années de guerres de religion, semble le symbole même de la paix, et la jeune épousée est ravissante.

Le cardinal Aldobrandini célèbre la messe et, cinq jours plus tard, la nouvelle reine quitte Lyon avec un cortège de deux mille cavaliers. Henri IV, dont la réputation n'est pas usurpée, est déjà parti rejoindre sa maîtresse, Henriette de Verneuil.

Parmi tous les Italiens qui escortent Marie de Médicis, mi-chagrinés, mi-éblouis par cet exil prestigieux auprès du plus puissant monarque du temps, deux personnages sont bien décidés à ne pas laisser passer leur chance : Léonora Dori, bien sûr, mais aussi Concino Concini, gentilhomme florentin d'une trentaine d'années.

Concino Concini est de petite noblesse mais ruiné. D'après ce qu'on sait, il a fait ses études à l'université de Pise et il a eu vraisemblablement une jeunesse orageuse. Port avantageux, élancé, fine moustache, regard noir, il est bel homme et le sait...

Le 8 février 1601, après un voyage triomphal, la jeune reine de France arrive à Paris. C'est le début de l'aventure de Léonora et de Concino. Car la petite femme noiraude et le gentilhomme noceur se sont tout de suite reconnus et appréciés : la même ambition, les mêmes capacités les unissent ; ils sont faits l'un pour l'autre et ils décident de se marier.

Seulement, s'ils se plaisent, ils n'ont pas fait la conquête d'Henri IV, loin de là. Le roi, qui a déjà refusé à Léonora la fonction de dame d'atours de la reine, se méfie des Italiens qui sont arrivés dans le sillage de Marie de Médicis et plus particulièrement de ces deux-là. Quelque chose, l'instinct sans doute, fait qu'il ne les aime pas.

Le couple demande en vain à la reine de plaider sa cause : peine perdue. Plus Marie de Médicis insiste, plus Henri IV se raidit. Mais à l'occasion de cette première épreuve, les deux Italiens montrent qu'ils savent manœuvrer. Ils comprennent que ce n'est pas la reine qui peut leur venir en aide ; c'est à la maîtresse du roi qu'ils doivent s'adresser.

Ils vont trouver Henriette de Verneuil et lui font comprendre que leurs intérêts sont liés. Si elle obtient du roi leur mariage, ils se chargent, en retour, de rendre Marie de Médicis plus complaisante vis-à-vis de son royal époux.

Le couple ne s'était pas trompé. Ce que la reine n'a pas obtenu, la maîtresse l'obtient tout de suite. Le 5 avril 1601, Léonora Dori est nommée dame d'atours de la reine et le 12 juillet de la même année, elle épouse Concino Concini nommé, par la même occasion, gentilhomme de la chambre.

Détail qui ne surprendra personne, quand on connaît le caractère des jeunes mariés et leur réalisme, ils ont passé un contrat de séparation de biens. Pourtant, cette précaution, toute naturelle somme toute de la part de deux complices pour qui le mariage tient plus de l'association commerciale que de l'affaire de cœur, va avoir des conséquences imprévisibles...

Les Concini s'installent à la cour. Léonora emménage dans l'appartement de fonction de la dame d'atours : trois pièces coquettes au palais du Louvre. Le couple est richement doté par la reine. Henri IV, qui ne les aime pas davantage que par le passé, parle toujours de les renvoyer mais Henriette de Verneuil est là, qui fait bonne garde, et leur ascension se poursuit.

Rapidement, Concino est nommé premier écuyer de la reine. Il a le droit de pénétrer dans la cour du Louvre en carrosse, privilège réservé aux princes de sang. « Il y a dans son hôtel particulier, dit un contemporain, abondance et beauté de vaisselle d'argent qui aurait contenté n'importe quel prince. »

Dans son appartement de trois pièces, Mme Concini n'est pas plus mal lotie. Elle possède, selon la description de l'époque, « un lit à colonnes garni de broderies à points d'or, des tapis d'Orient multicolores, des robes et parures diverses semées de perles et de diamants, brodées d'or et d'argent ». Léonora, qui a pris désormais le nom noble de Galigaï, vraisemblablement usurpé, a acheté en outre un hôtel particulier rue de Tournon et le château de Lésigny-en-Brie.

Signe éclatant de leur réussite : en 1608, Henri IV accepte d'être le parrain de leur fille. Malgré son aversion pour eux, le roi sait bien que les Concini sont les seuls qui puissent lui procurer une relative tranquillité avec sa femme...

La fille du charpentier et le noble Florentin ruiné occupent une place enviée à la cour de France. Ils s'enrichissent jour après jour grâce aux pots-de-vin et aux trafics d'influence, chose parfaitement courante à l'époque. Léonora et Concino n'en demandent pas plus. Ils n'ont, en particulier, aucune ambition politique. Les honneurs, l'aisance et presque la fortune : que souhaiter de mieux ?...

Seulement, se produit alors le coup de théâtre, le coup de tonnerre : le 14 mai 1610, Henri IV est assassiné. Or, Louis XIII, son fils, n'a que neuf ans et c'est Marie de Médicis qui est proclamée régente du royaume. C'est elle qui détient maintenant le pouvoir en France. Pour Léonora, c'est le troisième cadeau du destin. Sa petite compagne de jeux de Florence est à la tête du plus puissant royaume du monde.

Du coup, l'ascension des Concini devient vertigineuse. Concino entre d'abord au conseil des Finances. Il est chargé du recouvrement de la gabelle, fonction peu honorifique mais éminemment rentable puisqu'il prélève un pourcentage sur l'impôt qu'il perçoit.

Les honneurs ne tardent pas à suivre. La reine lui accorde le gouvernement de Péronne, de Montdidier et le marquisat d'Ancre « en considération des longs, recommandables et continuels services rendus ». (Ne cherchez pas la ville d'Ancre sur une carte de France. Elle s'appelle aujourd'hui Albert, dans la Somme, du prénom d'Albert de Luynes, l'ennemi mortel de Concini... Mais nous n'en sommes pas là.)

Trois mois après l'assassinat d'Henri IV, les Concini occupent la première place. Les princes les détestent mais Marie de Médicis les soutient sans faiblir. Pour apaiser les principaux courtisans, elle distribue sans compter les donations en puisant à pleines mains dans les réserves que la sage politique financière de Sully avait accumulées. Alors qu'Henri IV accordait six cent mille livres de pensions par an, pour la seule année 1611, Marie de Médicis en verse plus de quatre millions...

Rien ne peut arrêter Concino Concini dans son ambition dévorante. Il se fait nommer par la reine gouverneur de la citadelle d'Amiens. Cet événement soulève un émoi considérable, non seulement à la cour mais dans tout le royaume. La place forte d'Amiens commande en effet le Nord de la France. La donner à un étranger est une décision sans précédent.

Détesté à la Cour, le coupe Concini n'est pas moins haï par le peuple. On accuse Concino d'être l'amant de la reine régente — ce qui est probablement faux. Les murs de Paris se couvrent de graffiti obscènes. Il y en a jusque sur la porte de la souveraine. Un quatrain court dans la capitale :

> *Si la Reine allait avoir*
> *Un poupon dans le ventre,*
> *Il serait bien noir*
> *Car il serait d'Ancre...*

Concini et sa femme se moquent de tout cela. Ils ne craignent pas la cour. Ils savent que Marie de Médicis est toute-puissante et que les courtisans ne peuvent rien contre eux. Ils ne craignent pas non plus le peuple, qu'ils méprisent. Ils ne sont pas dans leur pays et ils n'ont aucun souci d'être populaires.

Léonora Concini est bientôt la femme la plus riche de France et Concino Concini le maître du royaume. Ils dilapident les biens de l'État, ils mènent une politique conforme à leurs seuls intérêts... Que devient la France dans tout cela ? Ce n'est certainement pas leur problème... Et ce n'est vraisemblablement pas non plus celui de la reine régente, car Marie de Médicis n'est pas plus française qu'eux...

Pourtant, Léonora et Concino, ces intrigants si habiles, ont commis une faute de tactique énorme, élémentaire. Ils ont négligé un enfant, orphelin de père à neuf ans, un gamin sombre, renfermé, à l'air peu éveillé et pas spécialement intelligent, qui s'appelle Louis.

Il faut dire que le petit Louis XIII ne paie pas de mine. C'est le mal-aimé de sa mère, qui lui a toujours préféré son frère cadet Gaston. Elle le tient à l'écart d'une manière à peine concevable. Non seulement il n'est informé de rien de ce qui touche le royaume, mais pas une fois, il n'aura le droit d'assister au conseil des ministres. Le duc de Rohan écrit à ce sujet : « Le mépris de la reine-mère envers son fils était inimaginable. »

Toujours seul, sans compagnon de jeu, abandonné à ses précepteurs, le jeune Louis XIII s'ennuie. Il s'occupe comme il peut. On le voit se promener aux Tuileries, faisant du jardinage et portant des brouettées de terre. Son caractère, renfermé au départ, devient taciturne. Bref, c'est un gamin terne au possible.

Les Concini, influencés par le jugement de Marie de Médicis, méprisent ferme le jeune roi. « C'est un imbécile », dit Concino. « C'est un idiot », dit Léonora... En brillant causeur, en séducteur né qu'il était, Concino aurait pu aisément faire la conquête de l'enfant. Il ne s'est pas donné cette peine. Alors quelqu'un d'autre va s'en charger à sa place.

Albert, duc de Luynes, ancien gentilhomme ordinaire d'Henri IV, a trente ans quand il entre dans la maison du dauphin. Lui, il perçoit tout de suite la volonté qui se cache dans ce garçon apparemment apathique, et les qualités de roi derrière l'ingratitude du caractère. Albert de Luynes remarque aussi la vive passion qu'a le jeune souverain pour les oiseaux. Alors, il agit. Il s'occupe d'installer dans les appartements de Louis XIII une volière particulière. Il se documente sur l'ornithologie et fait profiter le roi de sa science toute neuve. Louis XIII est ébloui, émerveillé. C'est la première fois que quelqu'un s'intéresse à lui. Il est disposé à croire tout ce que lui dira le duc de Luynes. Et le duc ne lui dit pas du bien des Concini...

Pendant ce temps, Léonora, dont la santé n'a jamais été brillante, devient de plus en plus malade. Elle a d'incessantes douleurs de ventre, elle s'évanouit pour un oui ou pour un non. En fait, elle est sans nul doute hystérique. Mais à l'époque, on ne sait rien de ce mal mystérieux. Elle a recours aux praticiens de l'époque, qui tiennent en même temps du docteur, du religieux et du charlatan. Un médecin juif portugais, du nom de Montaldo, lui procure quelque temps un réel soulagement, mais il meurt et elle fait appel, pour le remplacer, à des moines italiens. Les uns comme les autres accompagnent leurs traitements d'exorcismes, comme il est normal en un siècle dominé par la superstition. Pourtant, c'est un fait qui va peser lourd par la suite...

En 1616, Concino Concini est nommé par Marie de Médicis maréchal de France. Ils se font désormais appeler, sa femme et lui, le maréchal et la maréchale d'Ancre...

Dans le pays, l'impopularité des Concini atteint un paroxysme. Le Parlement de Paris dénonce au roi les « personnes introduites à la Cour non par leurs mérites et services rendus, mais à la faveur de ceux qui veulent y avoir des créatures ».

Les princes se révoltent, mais Concini s'en moque. Il est au sommet de sa puissance. Il veut être connétable, la plus haute distinction française, que la monarchie n'accorde pas tous les siècles. Il a une garde personnelle de quarante gentilhommes qu'il paie mille livres par an. Il équipe à ses frais plusieurs milliers d'hommes de troupe qui peuvent constituer une menace pour l'armée royale elle-même.

Concino Concini est le véritable maître de la France. Il gouverne à la place des ministres. C'est lui qui reçoit les ambassadeurs étrangers, et encore quand il le veut bien. Il exige des marques de respect invraisemblables de la part des plus grands personnages. Il fait emprisonner arbitrairement n'importe qui. Il frappe les villes d'impôts spéciaux, afin qu'elles assurent l'entretien de ses troupes personnelles.

Quant à Léonora, c'est toujours l'argent plus que le pouvoir qui l'intéresse. Mais dans ce domaine, elle va aussi loin que son mari. Elle accumule, en diamants principalement, une fortune de quinze millions de livres. C'est une somme absolument inimaginable pour des biens particuliers. On ne peut la comparer qu'au budget d'un État et, précisément, quinze millions de livres représentent le budget annuel du royaume. Léonora Concini, dite la Galigaï, est aussi riche que la France !...

1617. Le sort de la France est en train de se jouer dans une volière, celle que le duc Albert de Luynes, qui a acheté la charge de grand fauconnier, a fait installer dans les appartements du roi. Là, celui qui a su devenir le confident et le conseiller indispensable du jeune souverain, excite sa colère contre Concini et sa femme. Luynes est, de toute évidence, animé par des ambitions personnelles mais, en l'occurrence, ses intérêts se confondent avec ceux de l'État et Louis XIII commence à avoir le sens de l'État.

Luynes se fait l'écho auprès de lui des protestations de la noblesse. Il lui lit quelques-uns des innombrables pamphlets qui circulent à Paris. La plupart en appellent à Louis XIII. Ils l'invitent « à parler en roi, à sauver le royaume de la domination des étrangers »...

— Vous n'avez qu'à agir, dit le duc au jeune souverain, et tous les princes se rallieront à vous, et le peuple vous acclamera.

Louis XIII finit par en être persuadé. Mais pour cela, il faut se débarrasser d'une manière ou d'une autre des Concini, et ce n'est pas facile. Louis XIII hésite tandis que, soir après soir, près de la volière, Luynes revient à la charge...

Les entretiens du duc avec le jeune roi ne passent évidemment pas inaperçus. Mais la réputation de médiocrité de Louis XIII est telle que personne n'y attache d'importance. Certes, les Concini savent bien qu'ils ont en la personne d'Albert de Luynes un ennemi juré. Léonora lance un jour au grand fauconnier :

— Luynes ! Luynes ! On te rognera les ailes !...

Mais dans l'ensemble, personne n'est fâché de voir le roi s'intéresser aux oiseaux plutôt qu'aux affaires. Le rôle de Luynes auprès de lui est presque considéré comme celui d'un bouffon.

— Il y a si loin de M. de Luynes à moi, dit un jour Concini, que nous n'avons pas de sujet de nous craindre...

Près de la volière, les choses avancent rapidement, au contraire. Le complot — car c'est un véritable coup d'État légal que prépare Louis XIII — commence à s'organiser. Luynes tente de persuader le roi qu'il faut arrêter Concini. Mais comment ? L'Italien, qui est méfiant, ne se déplace jamais sans sa garde personnelle de gentilshommes armés jusqu'aux dents. Louis XIII décide de faire une dernière tentative par la manière douce.

Le 17 avril 1617, il fait dire à sa mère, par l'intermédiaire de plusieurs messagers, son « désir extrême de prendre les rênes de l'État » et lui demande de renvoyer les Concini. La réaction de Marie de Médicis est d'une rare violence. C'est un « non » catégorique et elle alerte immédiatement Concino Concini qui se trouvait alors en Normandie. Celui-ci rentre précipitamment. Il tient des propos fracassants dans lesquels il parle d'exécuter de Luynes et quatre-vingts suspects. Pendant quelques heures, on craint même pour la vie de Louis XIII. Et si on allait le détrôner pour mettre à sa place son frère Gaston d'Orléans, le préféré de sa mère ?

Cette fois, il faut agir vite. La victoire appartiendra à celui des deux camps qui frappera le premier. Pour cette opération risquée, il faut un homme à toute épreuve. Luynes l'a trouvé et le présente au roi le soir même. C'est le capitaine de la garde royale, Nicolas de l'Hôpital, marquis de Vitry. Vitry est un homme énergique, hardi jusqu'à la témérité. Il déteste Concini et son dévouement au souverain ne fait pas de doute. Le dialogue décisif s'engage devant la volière.

Vitry est présenté au roi, qui lui dit aussitôt :

— Monsieur, je vous donne l'ordre d'arrêter Concini.

Le capitaine des gardes hésite. Il se risque à poser la question :

, — S'il se défend, que Votre Majesté veut-elle que je fasse ?

Vitry attend la réponse de Louis XIII qui ne vient pas. Il n'entend que les oiseaux dans la volière... C'est Luynes qui parle à la place du jeune souverain.

— Le roi entend qu'on le tue.

Vitry regarde son roi de seize ans qui, lui-même, regarde les oiseaux sans mot dire. Il s'incline respectueusement.

— Sire, j'exécuterai vos commandements...

Le plan est aussitôt arrêté. Concini se rend tous les matins au Louvre par la rue d'Autriche, en face de Saint-Germain-l'Auxerrois. Il s'agira de refermer la porte extérieure du Louvre dès qu'il sera passé, afin de le séparer de son escorte. Ensuite Vitry n'aura qu'à l'appréhender. L'arrestation est fixée au 23 avril.

Au matin du 23, Louis XIII va entendre la messe. Il manifeste le plus grand calme. Pour tout le monde, il est l'adolescent insignifiant habituel. Quand il quitte la messe, c'est pour apprendre que l'affaire est remise : exceptionnellement Concini n'est pas venu et il n'était pas possible de laisser plus longtemps Vitry et ses hommes en faction. Sans rien marquer de sa déconvenue, Louis XIII va déjeuner. Personne ne se doute de rien. Ce jeune homme qu'on disait faible de caractère vient de manifester une extraordinaire maîtrise de soi. Et elle lui est plus que jamais nécessaire : l'arrestation est remise au lendemain 24 avril.

A dix heures du matin, Louis XIII joue calmement au billard. Au même instant, Vitry, qui est en embuscade avec dix-huit de ses hommes, est prévenu que Concini arrive, accompagné de soixante-dix gentilshommes de sa suite. Le voici, en effet. D'une main il tient un bouquet, de l'autre une lettre qu'il est en train de lire. Il est semblable à lui-même avec sa haute taille, sa moustache et sa barbiche en pointe à la mode du temps, ses manières dédaigneuses. Il est vêtu avec son élégance coutumière d'un haut-de-chausses en velours gris, d'un pourpoint de toile noire brodé d'or et d'un manteau en velours noir garni de passementerie de Milan.

Dès qu'il a pénétré dans le Louvre, les hommes de Vitry referment les portes sans se soucier des protestations de sa garde. Concini, qui continue à lire sa lettre ne s'est aperçu de rien ; Vitry s'approche de lui.

— De par le Roi, je vous arrête !

Concini lance en italien :

— *A me ?*

Il recule de quelques pas et pose la main à son fourreau...

— Oui, à vous ! s'écrie Vitry.

Il n'a pas le temps d'en dire plus, ni même de lancer un ordre. En voyant le geste de Concini, cinq de ses hommes ont fait feu en même temps. Deux balles se sont perdues, mais les trois autres n'ont pas manqué leur cible : l'une a frappé sous l'œil gauche, la seconde entre les deux yeux, la troisième à la gorge. Concini s'écroule, tué net.

Vitry et ses hommes, qui le croient seulement blessé, le lardent de coups d'épée en criant :

— Tue ! Tue !

— Vive le Roi !

Les coups de feu ont mis le Louvre en émoi. Quand Louis XIII les entend, il est en compagnie de Luynes. Il dégaine alors et court sur les lieux. Il est arrêté par d'Ornano, le colonel de la garde corse :

— Sire, lui dit-il, c'est fait !

Louis XIII a un cri de joie et va ouvrir une fenêtre. Dans les jardins, la foule des courtisans s'interroge avec inquiétude. Louis XIII leur crie :

— Merci, grand merci à vous ! A cette heure, je suis roi !

La cour a aussitôt compris. Et c'est une véritable clameur qui répond :

— Vive le Roi !

Louis XIII harangue alors les gardes françaises :

— Aux armes ! Aux armes, compagnons !

Si jamais les hommes de Concini avaient eu quelque velléité de résistance, ce n'est désormais plus possible. La remarquable présence d'esprit du roi a définitivement assuré son coup d'État légal.

Louis XIII envoie aussitôt un messager dire à sa mère qu'il lui retire la régence et qu'il prend en main le gouvernement. Marie de Médicis ne veut pas y croire. Elle dépêche son premier écuyer demander une audience à son fils. Le messager revient peu après avec la réponse suivante :

— Le roi a trop à faire. Ce sera pour une autre fois.

Et, au même moment, douze archers du roi viennent remplacer la garde personnelle de la reine mère. Deux autres hommes d'armes ont mission d'arrêter Léonora Concini. Quand elle les voit, elle leur demande, l'air inquiet :

— Des coups de feu ont été tirés. C'est contre mon mari ?

L'un des hommes répond :

— En effet, madame. Et il y a une mauvaise nouvelle : votre mari est mort.

— C'est le roi qui l'a fait tuer ?

— Oui, madame...

Léonora n'a pas un cri, pas une larme. Elle demande si elle peut voir Marie de Médicis. La réponse est non. Elle ne comprend pas encore qu'elle est prisonnière dans ses appartements, tout comme la reine mère elle-même. Les hommes d'armes s'éloignant un instant, elle court chercher ses bijoux et les cache dans son matelas. Précaution puérile : d'autres gardes arrivent peu après, procèdent à une fouille systématique et découvrent les pierres précieuses. Il y en a une quantité fabuleuse et, dans l'inventaire qui est dressé sur-le-champ, il est noté que Léonora portait à ses doigts des bagues appartenant à la Couronne...

A quoi pense la Galigaï, en cette soirée du 24 avril 1617, regardant les jardins du Louvre à travers les fenêtres de ses appartements qui lui servent de prison ? Par trois fois — lorsque le duc de Toscane l'a appelée auprès de Marie, lorsque Marie de Médicis est devenue reine de France et lorsque le poignard de Ravaillac a fait de celle-ci la régente du royaume — le sort lui a accordé ses faveurs. Est-ce que tout cela ne serait qu'une apparence ? Est-ce que tout cela ne serait que le prélude au malheur ?

Léonora ne veut pas y croire. On va tout au plus lui confisquer ses biens et la renvoyer dans son pays. Elle aura eu de beaux souvenirs et la douleur de perdre un être qu'elle aimait parce qu'il lui ressemblait.

Elle ignore qu'au même moment le cadavre de son mari, enterré en hâte dans le cimetière de Saint-Germain-l'Auxerrois, est déterré par le peuple qui est en train de le traîner dans les rues de Paris, avant de le dépecer et de le jeter aux chiens !...

Les choses vont vite.

Le 4 mai, Léonora Concini est enfermée à la Bastille. Et le 22, après une instruction rapide, elle est traduite devant le Parlement de Paris.

Où est-elle, celle qui se faisait appeler la Galigaï ? Celle qui se promenait couverte des bijoux de la Couronne de France ? La femme qui paraît devant ses juges n'a plus rien à voir avec la dame d'atours de Marie de Médicis. C'est une malade aux traits creusés ; elle est vêtue de la seule et pauvre robe qu'on lui a laissée dans sa prison.

Pourtant, Léonora Concini est toujours riche et c'est même tout le problème. Pendant les années de la régence, elle a accumulé des sommes inimaginables. Or c'est ici qu'intervient le contrat de séparation de biens qu'elle a passé lors de son mariage... L'assassinat de Concini n'a rien réglé par rapport à la fortune de Léonora. Elle lui appartient à elle et à elle seule. Et, selon la loi de l'époque, il n'existe qu'une seule possibilité de récupérer la fortune d'un condamné : qu'il soit frappé de la peine capitale.

Condamner à mort Léonora Concini-Galigaï ? Mais sur quel chef d'accusation ? Si le détournement des deniers publics est évident, il n'est pas passible de la peine capitale. C'est pourquoi il faut trouver autre chose. Le procès de Léonora va devoir, dans ces conditions, bien peu à la justice et beaucoup à la raison d'État.

Les juges du Parlement de Paris tentent d'abord de prouver que Léonora aurait été, avec Concini, complice de Ravaillac dans l'assassinat d'Henri IV, accusation entraînant effectivement la mort mais purement gratuite. Car, si le meurtre du roi a, de toute évidence, profité au couple, il n'y a pas la moindre preuve. Surprise et effrayée par les questions, Léonora n'a aucun mal à les déjouer.

Cette première tentative était vouée à l'échec, et les membres du Parlement de Paris sont des juristes trop avisés pour insister. Aussi décident-ils de passer au seul autre chef d'accusation qui soit passible de la mort : la sorcellerie...

Le prétexte est habile. Léonora Concini, affligée d'effroyables douleurs nerveuses, avait fait appel à toutes sortes de médecins qui étaient en même temps religieux et exorcistes. Donc la Galigaï est une sorcière. Et, en ce début de XVIIe siècle, on brûle les sorcières...

Les juges espèrent avoir trouvé la faille. C'est un véritable harcèlement, qui dure un peu plus de quinze jours. Mais sur la question de la sorcellerie, comme sur celle du chimérique complot contre Henri IV, les juges doivent, à la longue, renoncer. Les réponses de l'accusée sont parfaitement claires : elle n'a fait que se soigner comme le faisaient toutes les dames fortunées de l'époque, en mêlant les prières aux remèdes matériels...

Alors, Léonora va-t-elle avoir la vie sauve ? C'est oublier que nécessité fait loi...

Le 8 juillet 1617, le Parlement de Paris condamne Léonora Concini à mort pour impiété et entreprise contre l'État. L'accusation de sorcellerie, jugée trop invraisemblable, n'a pas été retenue et celle qui a été finalement choisie n'entraîne pas la mort. C'est donc un verdict illégal. C'est ce qu'on appelle la raison d'État...

L'exécution a lieu le jour même, à cinq heures du soir. Léonora Concini traverse les rues de Paris dans la charrette des condamnés, au milieu des cris de haine de la foule, une haine que rien n'a désarmée. Son mari a déjà été donné en pâture aux chiens de la capitale, et la ville d'Ancre, dont elle avait porté le nom comme marquise et maréchale, sera débaptisée et nommée Albert, du prénom du duc de Luynes, pour effacer cette honte. Mais ce n'est pas suffisant pour le peuple. Rien ne doit rester de ce qu'elle a été, pas même son corps qui sera jeté aux flammes après qu'elle eut été décapitée...

Au fond, le destin avait été sans doute trop généreux avec Léonora. Pour la fille du charpentier de Florence, devenir la seconde dame de France, c'était trop. L'enfant noiraude et contrefaite n'aurait jamais dû aller dans le palais des Médicis. Côtoyer des gens qui ne sont pas de votre monde finit souvent par vous tourner la tête et, parfois, par la faire tomber sous l'épée du bourreau.

URBAIN GRANDIER

Loudun, 11 octobre 1632. Dans le couvent des ursulines, une scène étrange est en train de se dérouler. Elle a pour acteurs un homme et une femme. L'homme est un prêtre : c'est le père Mignon, confesseur du couvent. La femme, sœur Jeanne des Anges, est la supérieure de la communauté. Jeanne des Anges est de petite taille ; son visage ingrat sue à grosses gouttes, elle respire bruyamment. Le père Mignon s'approche d'elle.

— Dis-moi ton nom !

Sœur Jeanne des Anges se rejette brusquement en arrière. Elle tombe à la renverse et se met à se tortiller sur le sol. Le prêtre se penche sur elle et la secoue avec violence :

— Dis-moi ton nom ! Par le Christ, je l'ordonne !

Il se passe alors quelque chose d'extraordinaire. Sœur Jeanne des Anges répond. Ou plutôt ce n'est pas elle qui répond, c'est quelqu'un ou quelque chose d'autre, qui parle avec une voix d'homme effrayante, caverneuse :

— Je suis l'ennemi de Dieu...

Le père Mignon agrippe la religieuse aux épaules :

— Nomme-toi ! Nomme-toi, créature immonde !

Jeanne des Anges est agitée de convulsions épouvantables, ses yeux roulent dans tous les sens. Elle hoquette et lance enfin de la même voix d'outre-tombe :

— Belzébuth...

Belzébuth, le diable. Ce 11 octobre 1632, le diable vient d'entrer à Loudun. Et il n'est pas près d'en sortir...

En 1632, Loudun, qui n'est aujourd'hui qu'un modeste chef-lieu de canton de la Vienne, est une ville relativement importante. Elle a été terriblement éprouvée, au siècle précédent, par les guerres de religion et elle est restée une place forte protestante. En cette année 1632, un autre fléau l'a frappée, le plus terrible de tous à l'époque : la peste. L'épidémie qui vient de quitter Loudun a été particulièrement meurtrière : quatre mille morts sur quatorze mille habitants.

Dans cette ville traumatisée, on comprend qu'une scène de possession comme celle qui est en train de se produire puisse avoir lieu. Et en particulier, au couvent des ursulines...

Ce n'est pas la foi qui fait entrer les ursulines au couvent. Il ne s'agit pas d'un ordre contemplatif, mais pratique, se consacrant à l'éducation des jeunes filles. En fait, ce sont les familles qui pourvoient au recrutement. Elles y envoient celles de leurs filles qui n'ont pas trouvé de parti. Venues sans vocation, obéissant avec résignation, les ursulines sont des victimes. Elles sont vouées à une vie d'ennui et livrées à tous les phantasmes et refoulements que provoque l'abstinence.

Quant à la supérieure, sœur Jeanne des Anges, c'est peut-être la plus exaltée de toutes. Ce sont d'ailleurs ses penchants marqués pour les humiliations qui, passant pour des marques de piété, l'ont conduite à la tête de la communauté...

Dans la cellule de sœur Jeanne, l'extraordinaire dialogue continue. Le père Mignon a réussi à faire dire son nom au démon, mais il reste maintenant à savoir le principal : l'identité du sorcier qui a fait entrer Belzébuth dans le corps de la religieuse. Il brandit son crucifix.

— Comment es-tu venu ?

Sœur Jeanne des Anges — ou plutôt le démon — a abandonné la voix caverneuse. Elle — ou il — s'exprime maintenant d'une voix sifflante.

— Par une piqûre de rose.

— Qui a envoûté ces roses ?

La supérieure s'agite frénétiquement.

— Je ne le dirai pas. Laisse-moi en paix !

— Qui est-ce ?

— Un prêtre.

— Quelle dignité ?

— Curé.

— Quel curé ?

Sœur Jeanne des Anges ouvre et referme plusieurs fois la bouche comme si deux forces contradictoires luttaient en elle. Elle lance enfin :

— Urbain...

Le père Mignon ne lâche pas sa proie.

— Quel Urbain ?

— De Saint-Pierre-du-Marché.

— Dis-moi son nom propre !

— Urbain Grandier...

Voilà... Un homme vient d'être accusé du crime le plus terrible qui soit au xviie siècle : la sorcellerie. Mais qui serait surpris du nom que vient de prononcer sœur Jeanne des Anges ? Personne. Il y a tellement de raisons, à Loudun, d'accuser Urbain Grandier...

A quarante-deux ans, Urbain Grandier ne correspond pas à l'image traditionnelle qu'on se fait du curé. Grand, les yeux immenses, le nez sensuel, les lèvres épaisses, la barbe taillée en pointe et les moustaches relevées en croc, c'est le portrait du parfait séducteur de l'époque. Et il n'y a pas que l'aspect physique. A tout points de vue, Urbain Grandier n'est pas n'importe qui.

Sur le plan intellectuel, il est remarquablement doué. Ordonné prêtre à vingt-cinq ans, il est nommé curé de la paroisse Saint-Pierre-du-Marché et chanoine de la cathédrale Sainte-Croix de Loudun, à vingt-sept ans. C'est une promotion foudroyante, d'autant qu'un poste en pays protestant est éminemment délicat.

A Loudun, l'arrivée de cet ecclésiastique au physique avantageux et à l'esprit brillant ne passe pas inaperçue. Les meilleures familles se le disputent, ce qui provoque la jalousie des autres religieux.

D'autant que Grandier ne se gêne pas pour dire ce qu'il pense d'eux. Il se moque publiquement des pères carmes qui prétendent avoir dans leur couvent une statue miraculeuse. Il attaque tout aussi cruellement les capucins. En chaire, il invite ses paroissiens à ne plus se confesser dans les couvents, mais auprès de lui.

En fait, le curé de Saint-Pierre-du-Marché est sincèrement croyant, mais la conception qu'il a de la foi est plus haute, plus exigeante que celle de la plupart des hommes d'Église. En combattant les diverses manifestations de la superstition, c'est la vraie religion qu'il veut défendre... En attendant, il s'est fait des ennemis qui ne demandent qu'une occasion de prendre leur revanche.

Des fautes, Urbain Grandier en commet d'autres. Il avait les qualités voulues pour faire une grande carrière dans les ordres. Il va tout compromettre par intransigeance, par vanité et par égoïsme. Sa première faute est en apparence la plus anodine, mais c'est pourtant la plus lourde de conséquences.

Au début de 1618, il conduit une procession à Loudun. En tant que chanoine de Sainte-Croix, il a le droit de préséance sur le prieur de l'abbaye de Coussay, qui est présent. Mais le prieur de Coussay est également évêque de Luçon, et la courtoisie voudrait qu'un simple curé cède la place à un évêque. Pourtant, ce n'est pas dans le caractère de Grandier. Il décide la stricte application de l'étiquette et prend la tête de la procession.

L'évêque de Luçon ne fait pas la moindre remarque. Urbain Grandier, d'ailleurs, n'accorde aucune attention à cet homme de trente-trois ans, titulaire d'un des diocèses les plus misérables de

France. Le prieur de Coussay, évêque de Luçon, n'est pourtant pas, lui non plus, n'importe qui. Il a, entre autres qualités et défauts, une ambition dévorante qui va le mener loin, et une rancune tenace qui ne lui fait jamais oublier un affront reçu. Il s'appelle... Richelieu.

La deuxième faute du curé de Saint-Pierre-du-Marché, ce sont tout simplement les femmes. Urbain Grandier n'a pas seulement l'apparence d'un séducteur, il l'est bel et bien. Il se pavane dans les rues en lançant des œillades effrontées. Ce n'est un secret pour personne que ses pénitentes — les veuves et les jeunes filles surtout — résistent rarement à ses avances. Mais tout cela, à l'époque, est relativement courant et ne choque pas la majorité de l'opinion. Seulement, Grandier va beaucoup plus loin. Il séduit la fille du procureur du roi, Trincant, qui le recevait régulièrement à sa table. Il la met enceinte et l'abandonne aussitôt. Car Urbain Grandier est plus qu'un amateur de femmes, c'est un véritable Don Juan. Dès que la proie convoitée a cédé, elle ne l'intéresse plus. Il va ailleurs, cyniquement, sans remords.

Tout Loudun répète que la fille du procureur du roi a un enfant du curé de Saint-Pierre. Le magistrat ne sait comment cacher sa honte. Grandier s'est fait un autre ennemi de taille. Et il va apprendre qu'un père déshonoré est autrement dangereux qu'un mari trompé.

C'est à la même époque qu'il fait la conquête d'une jeune orpheline de la haute noblesse, dont il a la charge spirituelle, Madeleine de Brou. Mais il se passe alors quelque chose d'imprévu : Urbain Grandier, pour la première fois de sa vie, tombe amoureux. Il est amoureux à sa manière : absolue, démesurée, folle. Grandier devient fou, et Madeleine de Brou aussi. Il lui propose, et elle accepte, de l'épouser secrètement.

Le mariage a lieu au cours d'une cérémonie extraordinaire, où Grandier joue à la fois le rôle du marié, du prêtre et du témoin... C'est pour Madeleine, également, qu'il écrit un *Traité contre le célibat des prêtres,* où il dit notamment : « Ce n'est pas une chose moins cruelle d'empêcher un homme de se marier que de lui interdire le boire et le manger... »

Cette fois, la coupe est pleine et les ennemis de Grandier se coalisent pour l'abattre. Pourtant, le curé de Saint-Pierre-du-Marché sort victorieux de cette première attaque. Arrêté et suspendu de ses fonctions pour débauche notoire, il fait appel et gagne son procès.

Urbain Grandier vient d'éprouver l'acharnement de ses ennemis ; il devrait désormais faire preuve de prudence. Mais c'est mal connaître sa vanité, son désir de revanche. Il fait sa rentrée à Loudun à cheval, tenant une branche de laurier à la main en signe de triomphe, et va rejoindre Madeleine de Brou, sa femme, que tout le monde ne croit être que sa concubine.

C'est à ce moment que survient la peste, la calamité des calamités, celle qui ne peut s'expliquer que par la colère divine. Grandier, qui ne manque ni de courage ni de générosité, se dévoue corps et âme auprès des malades. Mais quelle importance cela peut-il avoir ? Si Dieu a décidé de châtier Loudun, il n'est pas difficile de deviner à cause de qui...

Voilà pourquoi, lorsque les Loudinois apprennent que Grandier est soupçonné d'être sorcier et d'avoir envoûté les ursulines, personne n'est vraiment surpris. Il y a pourtant une autre raison à l'accusation de sœur Jeanne des Anges. C'est la troisième faute d'Urbain Grandier, la plus excusable...

Dans leur solitude interminable, les ursulines s'ennuient à mourir. Leur seule distraction est d'écouter les ragots de la ville qui leur sont apportés par leurs jeunes élèves. Et, bien entendu, c'est Urbain Grandier qui tient la vedette. Ce curé irrésistible qu'elles n'ont jamais vu, condamnées qu'elles sont à rester cloîtrées, elles en rêvent toutes, elles ne parlent que de lui.

Or, fin 1631, le confesseur des ursulines meurt. Sœur Jeanne des Anges propose aussitôt la place au curé de Saint-Pierre. Elle le fait sans hésitation, avec ferveur. Elle est prête à tout, comme les autres, et elle est sûre de la réponse. Le confesseur a seul le droit d'entrer dans les cellules des nonnes. Comment Grandier refuserait-il une pareille aubaine ?

Et pourtant, il refuse ! S'il n'avait tenu qu'à lui, il aurait sans doute accepté. Mais Madeleine de Brou est là qui veille. Elle est bien trop lucide pour permettre une pareille chose. Alors Grandier, le prêtre marié amoureux de sa femme, dit non. Et l'on peut deviner le dépit, l'humiliation, la fureur de sœur Jeanne des Anges. A sa place, elle nomme confesseur le père Mignon, ami du procureur Trincant dont Grandier a déshonoré la fille. Mignon, qui lui aussi est un ennemi juré du curé de Saint-Pierre, écoutera avec complaisance toutes les accusations...

C'est ainsi qu'Urbain Grandier, n'ayant pas voulu pénétrer au couvent des ursulines, qu'il a méprisées, dédaignées, y est entré tout de même et malgré lui, sous la forme du diable...

Janvier 1633, trois mois se sont passés et plus personne ne parle plus à Loudun des accusations de sœur Jeanne des Anges. L'affaire a tourné court. Des médecins, envoyés par l'archevêque de Bordeaux, l'ont examinée et leur diagnostic a été formel, il ne s'agissait pas d'envoûtement mais d'hystérie. Du coup, les symptômes ont immédiatement cessé et le père Mignon a même été prié de quitter ses fonctions.

Une nouvelle fois, Grandier triomphe. Ses adversaires sont atterrés. Quant à lui, il continue à s'afficher avec sa femme et à tenir le haut du pavé. C'est alors qu'il va commettre sa quatrième faute, la dernière, la plus impardonnable, car celle-là est politique.

Depuis peu, un important et inquiétant personnage est arrivé à Loudun. Il se nomme Jean de Laubardemont et il est l'envoyé spécial du tout-puissant cardinal de Richelieu. On ne peut pas dire que ce soit quelqu'un de plaisant : il est grand, maigre, avec quelque chose d'hypocrite. Mais M. de Laubardemont n'est pas là pour séduire. D'ailleurs sa réputation est bien établie et elle n'est pas précisément celle d'un tendre. Il s'est rendu célèbre quelques années auparavant dans le Béarn, en faisant torturer, et brûler pour la plupart, cent vingt sorcières, ou prétendues telles. Il a l'habitude de dire, pour résumer ses méthodes : « Donnez-moi une ligne de l'écriture d'un homme et j'y trouverai de quoi le faire pendre. »

A Loudun, Jean de Laubardemont a été chargé par Richelieu d'une mission bien précise : abattre la forteresse et les murailles de la ville. Car Richelieu est un homme prudent. Loudun, ville protestante, ne doit plus avoir de remparts, ce serait un trop grave danger pour Sa Majesté catholique. Et il n'a peut-être pas oublié un affront qu'il a subi là-bas, de la part d'un curé insolent, alors qu'il n'était qu'un médiocre évêque de province.

Tout cela, Urbain Grandier le sait, ou devrait le savoir. Et pourtant, cela ne le retient pas. Il entend défendre Loudun, lui qui n'est pas de la région ; il entend défendre des privilèges protestants, lui, un prêtre catholique. En chaire, du haut de son imposante et harmonieuse stature, barbe en pointe et moustache en avant, il tonne :

— Ceux qui veulent abattre nos murailles, je les appelle des « raseurs » ! M. de Laubardemont n'a pas le droit de s'attaquer à nos privilèges. Car nos privilèges, ce sont nos libertés. C'est la liberté que je vous invite à défendre avec moi...

Les paroissiens de l'église de Saint-Pierre-du-Marché se délectent en entendant ces sermons. Décidément, le curé Grandier a de l'aplomb, mais ils sentent confusément qu'il va trop loin. Après ce qui s'est passé, c'est de la folie de ne pas se taire.

C'est effectivement de la folie et, de plus, complètement inutile. Les murailles de Loudun sont rasées et les éclats d'Urbain Grandier parviennent aux oreilles du Cardinal... Ce petit curé qui lui avait pris la place à la procession s'oppose à son pouvoir, eh bien, tant pis pour lui : il va payer ! Pour cela, c'est tout simple : il suffit que les accusations de sœur Jeanne des Anges reprennent...

Et comme par enchantement, sœur Jeanne des Anges, qui depuis que les médecins l'avaient déclarée hystérique s'était tue, recommence à se tordre dans sa cellule. Elle hurle, avec la voix caverneuse du démon :

— Grandier, Grandier ! Je suis à toi !...

M. de Laubardemont vient l'écouter, fait son rapport au roi et le 30 novembre 1633, Louis XIII décide l'arrestation du curé de Saint-Pierre-du-Marché. L'instruction judiciaire commence aussitôt, une instruction très particulière, qui repose sur les exorcismes...

Les exorcismes, tels qu'ils se pratiquent au xviie siècle sont quelque chose de difficilement concevable aujourd'hui ; ils tiennent à la fois de la cérémonie religieuse et du spectacle pornographique. Freud a écrit qu'ils étaient pour la psychanalyse comme des carrières à ciel ouvert. Ils se déroulent en public, dans les églises. Devant l'autel, est dressé un tréteau recouvert d'un matelas pour que la possédée ne se blesse pas. Elle y est attachée, la tête reposant sur un oreiller.

Les exorcismes de Loudun sont menés par deux capucins, ceux-là même que Grandier avait cruellement ridiculisés en chaire quelques années plus tôt : les frères Lactance et Tranquille.

Devant une foule partagée entre la crainte religieuse et la curiosité salace, le spectacle commence donc. Sur l'injonction des frères Lactance et Tranquille, les démons parlent... Ils sont maintenant bien connus des exorcistes. Ceux de la supérieure Jeanne des Anges sont sept, pas un de moins : Léviathan, logé au milieu du front, Aman et Iscaron, sous la dernière côte du côté droit, Balam, sous la seconde côte du côté gauche, Grésil, Asmodée et Belzébuth, dans l'estomac.

Tandis que la possédée prend, en rugissant, des poses grotesques ou obscènes, les deux frères se relayent pour l'interroger sans ménagements. Par moments, le procédé n'est pas loin de la torture pure et simple. L'un des deux exorcistes donne de violents coups de pied dans le ventre et la poitrine de la possédée.

— Parle ! Parle !

Si elle ne parle pas, il va chercher une chandelle de soufre, l'allume, tire par les cheveux la tête de la malheureuse et la place contre la fumée suffocante :

— Nomme-toi, créature immonde !

— Je suis Belzébuth !

— Qui est ton maître ?

— Urbain Grandier...

Sœur Jeanne des Anges et, à sa suite, les autres religieuses qui se révèlent possédées, elles aussi, accusent donc Grandier d'être sorcier. Mais pour le commissaire du Cardinal, Laubardemont, ce n'est pas suffisant ; il faut des preuves matérielles...

Selon la démonologie, la science des diables, à laquelle de savants personnages consacrent à l'époque de volumineux ouvrages, Satan marque ses serviteurs de stigmates : ce sont de petits points du corps qui ont la particularité d'être insensibles à la douleur. Il faut donc chercher les stigmates d'Urbain Grandier.

C'est un certain Maunoury, chirurgien, un des nombreux ennemis de Grandier — pour une histoire de femme, bien entendu —, qui est chargé de l'opération. Elle a lieu le 26 avril 1634 dans la cellule du prisonnier, en présence des frères exorcistes.

L'ancien curé de Saint-Pierre-du-Marché est ligoté, nu comme un ver, les yeux bandés, les cheveux, les cils, les sourcils et tous les poils rasés, car les diables ont, paraît-il, l'habitude de se cacher dans le système pileux.

Le chirurgien Maunoury, qui tient à sa merci l'ancien prêtre maintenant déshonoré et défiguré, profite sauvagement de sa vengeance. Armé d'une longue aiguille, il pique de toutes ses forces, transformant l'épreuve en un véritable supplice. Urbain Grandier pousse des cris tellement épouvantables qu'on les entend de la rue. Ce qui n'empêche pas les capucins de déclarer doctement à l'issue de l'opération, qu'il présente cinq points insensibles, situés dans les parties intimes de son corps...

Voilà pour les stigmates. Maintenant, toujours selon la démonologie, il faut rechercher la seconde preuve, la plus irréfutable : le pacte avec le diable.

En perquisitionnant chez Grandier, Laubardemont n'a, bien entendu, rien trouvé de tel. Le seul écrit condamnable était le *Traité contre le célibat des prêtres,* texte impie, sacrilège mais non diabolique. Ce n'est pourtant pas un problème : le pacte va apparaître... grâce au diable lui-même.

17 mai 1634. Le frère Lactance interroge de nouveau Jeanne des Anges en l'église Sainte-Croix. Pour l'instant c'est Léviathan l'un de ses sept démons, celui du milieu du front, qui s'exprime.

— Où est le pacte ?

Et Léviathan répond :

— Sous la soutane de Monseigneur.

Étonnement, stupeur ! L'évêque de Poitiers, qui assistait à l'exorcisme, se lève... Mais oui, prodige ! Une boule de papier est là, par terre. Le frère Lactance la déplie. C'est bien le pacte avec le diable — ou plutôt son double — car, comme chacun sait, l'original est conservé en enfer. Et dans l'église, d'une voix solennelle, le frère Lactance donne lecture de la preuve irréfutable de la sorcellerie d'Urbain Grandier :

Monseigneur et Maître, je vous reconnais pour mon Dieu et je vous promets de vous servir tant que je vivrai. Dès à présent, je renonce à Jésus-

Christ, à Marie, à tous les saints du Ciel et à l'Église catholique apostolique et romaine. Je vous promets de faire hommage au moins trois fois par jour, de faire le plus de mal que je pourrai et d'attirer au mal autant de personnes qu'il me sera possible. Je vous donne mon corps, mon âme et ma vie à jamais sans vouloir me repentir. Signé : Urbain Grandier, avec mon sang.

La dernière pièce vient d'être versée au dossier et le procès en sorcellerie va pouvoir commencer. Pourtant, l'exorcisme de ce 17 mai 1634 n'est pas encore terminé. Le frère Lactance recommence à interroger le démon de Jeanne des Anges et Léviathan, décidément très en forme ce jour-là, termine sa prestation par un vibrant éloge du cardinal de Richelieu.

— Que dis-tu, demande Lactance, du grand Cardinal, protecteur de la France ?

Réponse du démon, par la bouche de sœur Jeanne des Anges, d'une voix sifflante :

— C'est le fléau de mes bons amis les hérétiques.

— Et qu'y a-t-il d'héroïque dans sa personne ?

Sœur Jeanne s'agite. On sent que le démon voudrait se taire. Mais l'exorciste est le plus fort. La voix reprend :

— Ce qu'il y a d'héroïque en lui, c'est le travail qu'il prend pour soulager le peuple, le don qu'il a reçu de Dieu pour le gouvernement, l'amour qu'il a pour la paix et la personne de son roi...

A la suite de cette mémorable séance du 17 mai, Louis XIII accorde aux frères exorcistes quatre mille livres tirées de sa cassette personnelle.

Tout cela, Urbain Grandier l'ignore. Depuis son arrestation, il est au secret le plus rigoureux. Mais maintenant que son sort est joué, il va pouvoir sortir pour le dernier acte : la confrontation avec celles qu'il a envoûtées.

Le 23 juin 1634, il est conduit à l'église Sainte-Croix... Où est-il le curé irrésistible qui faisait son entrée à Loudun à cheval, une branche de laurier à la main ? Où est-il le Don Juan à la barbiche en pointe et aux moustaches en crocs qui, d'un regard, tournait la tête aux femmes ? Il est entièrement rasé. Les moustaches et la barbe ont disparu en même temps que les cheveux, les cils et les sourcils. En le voyant passer enchaîné, tiré par ses gardes, les uns éprouvent une joie mauvaise, d'autres de l'indignation, mais tous de la peur.

Grandier arrive dans l'église. Lactance brandit le pacte.

— Reconnais-tu ceci ?

— Non...

Alors, le frère Lactance lit. Quand il a terminé, Urbain Grandier pousse un cri de désespoir : il a compris qu'il est perdu. Lactance veut se donner une apparence de générosité.

— Exorcise tes victimes ! C'est ta dernière chance !

Sur un signe de lui, les gardes font entrer les ursulines et, dans l'église pleine à craquer, c'est un spectacle hallucinant. Neuf femmes échevelées se précipitent en rugissant d'allégresse. Elles hurlent :

— Mon maître ! Mon maître ! Prends-nous !

Grandier recule d'horreur devant ces furies qui, maintenant, se mettent à se tordre sur le sol comme des serpents. Lactance désigne du doigt sœur Jeanne des Anges :

— Exorcise-la !

Grandier tente sa chance, même si c'est sans espoir. Il s'adresse à la religieuse en grec, car il est admis que les démons comprennent toutes les langues même si la personne possédée ne les connaît pas. Si sœur Jeanne ne peut pas répondre, ce sera la preuve de la supercherie. Mais elle déjoue le piège. Elle a un sourire.

— Ah, que tu es fin ! Tu sais bien que c'est une des premières conditions de notre pacte de ne pas nous parler en grec.

Cette fois, Urbain Grandier a définitivement perdu. Il dit aux capucins en soupirant :

— Je suis un grand pécheur, mais je n'ai pas signé de pacte. Je crois en Dieu et en Jésus-Christ...

La parole est maintenant aux juges. Le 26 juillet 1634, les magistrats désignés par M. de Laubardemont se réunissent pour la première fois. Le 16 août, le procès en sorcellerie d'Urbain Grandier commence. Il dure trois jours. Et, le 18 août 1634, après des débats qui ont lieu en l'absence de l'accusé, M. de Laubardemont rend le verdict :

— Nous déclarons Urbain Grandier dûment atteint et convaincu du crime de magie, maléfice et possession, arrivés par son fait aux religieuses ursulines de la ville de Loudun. Pour réparation de ces forfaits, nous condamnons Urbain Grandier à faire amende honorable devant la principale porte de l'église Saint-Pierre-du-Marché, puis à être conduit à la place Sainte-Croix, pour y être attaché à un poteau sur un bûcher et son corps brûlé vif. Avant l'exécution du présent arrêt, nous ordonnons que ledit Grandier sera soumis à la question ordinaire et extraordinaire.

Urbain Grandier est tiré de sa cellule. Il n'y a pas de temps à perdre car la sentence est exécutoire le jour même. Il est rasé de nouveau et revêtu d'une blouse grise. Le bourreau avait également reçu l'ordre de lui arracher les ongles, car les diables auraient pu se glisser en dessous, mais il n'a pas eu le courage de l'exécuter.

A travers les rues de Loudun, remplies d'une foule énorme,

Grandier est conduit au tribunal pour entendre le verdict. On le force à s'agenouiller devant les juges. Les frères Lactance et Tranquille l'exorcisent à l'eau bénite et le greffier lit l'arrêt de mort.

L'ancien curé entend l'horrible sentence avec calme. Il déclare :

— Grand Dieu, secourez-moi et donnez-moi les forces nécessaires pour subir ces peines.

Puis il s'adresse directement à ses juges :

— Je vous supplie qu'on m'étrangle avant d'être brûlé afin que je ne prononce pas de blasphèmes qui m'empêcheraient d'aller au paradis.

Laubardemont lui répond :

— Il ne tient qu'à vous, si vous signez vos aveux.

Les aveux de Grandier, le commissaire du roi y tient, en effet, par-dessus tout. Même si le roi est tout-puissant, même si la justice expéditive du Cardinal peut se permettre à peu près n'importe quoi, la condamnation d'Urbain Grandier risque de révolter une partie de l'opinion. S'il avouait, tout serait différent. Et pour cela, Laubarde-mont compte bien sur la question extraordinaire...

La question extraordinaire n'est appliquée qu'avant l'exécution d'une sentence capitale car elle est mortelle à brève échéance. Il s'agit du supplice des brodequins, avec enfoncement de huit coins. A l'issue de cette torture, les jambes sont irrémédiablement détruites, les os broyés, les muscles déchirés, les chairs éclatées.

Les frères Lactance et Tranquille s'affairent. Ils exorcisent la chaise, les planches qui enserreront les jambes, les cordes, les coins, le maillet. Car si le diable s'y logeait, il rendrait le condamné insensible et la torture n'aurait aucun effet.

A la vue de ces affreux préparatifs, Urbain Grandier défaille. Il crie :

— Mon Dieu, ne m'abandonnez pas ! Jésus ayez pitié de moi !

Mais il se ressaisit vite et se laisse attacher sans mot dire à l'instrument de supplice. Le bourreau enfonce un coin, puis deux, puis trois. Au troisième, les os des deux jambes se brisent. Les frères Lactance et Tranquille, de chaque côté de la chaise, pressent de questions le condamné.

— Avoue ! Avoue ! Parle !

Urbain Grandier a un grand cri.

— J'ai agi contre le sixième commandement. J'ai commis le péché de luxure. J'ai écrit contre le célibat des prêtres, mais je n'ai rien fait d'autre...

Le bourreau enfonce les derniers coins. Lactance répète si fort « Tu parleras ! » que la foule l'entend par la fenêtre ouverte. Pourtant, Urbain Grandier ne parle pas. Les huit coins sont enfoncés, ses jambes ne sont plus qu'un amas sanglant, mais il nie toujours. Il prie...

Si la justice a limité à huit le nombre de coins, ce n'est pas par un geste humanitaire. C'est qu'au-delà, il y a un risque de mort immédiate pour le supplicié. Aussi le bourreau est-il stupéfait quand il entend Laubardemont, qui est blême de rage, lui ordonner :

— Continue !

— Mais, monsieur, je n'ai plus de coins...

— Va en chercher !

Le bourreau revient peu après avec deux autres coins et les frères capucins reprennent leur place à côté de la chaise. Lactance est hors de lui. Il hurle au bourreau :

— Cogne ! Cogne !

Et à Grandier :

— Parle !

Pour toute réponse, Urbain Grandier murmure :

— Ah ! mon père, où est la charité de saint François ?...

C'est fini. Urbain Grandier n'a pas avoué. Laubardemont ordonne immédiatement le supplice. Il faut faire vite, sinon le condamné sera mort avant d'arriver au bûcher.

Il fait une chaleur moite. Urbain Grandier est conduit dans un tombereau à travers les rues de Loudun. La foule est énorme : quinze, vingt mille personnes, qui sont venues de toute la France et même de l'étranger pour assister au supplice...

Grandier doit d'abord faire amende honorable devant Saint-Pierre-du-Marché, l'église dont il fut le curé. Il devrait normalement s'agenouiller en tenant un cierge allumé à la main, mais il n'a plus de jambes. Il s'effondre sur les marches. Le frère Lactance, qui est là pour l'assister, s'approche de lui. Grandier détourne la tête avec mépris.

Le curé est hissé de nouveau dans le tombereau et conduit à la place Sainte-Croix où a été dressé le bûcher. Il ne s'agit pas, comme on pourrait l'imaginer, d'une sorte d'estrade faite de fagots. En fait, le poteau se trouve placé au centre d'un amoncellement de bois et de paille, qui forme une sorte de cabane sans toit. Mais pour qu'on puisse voir le condamné, une chaise a été fixée à mi-hauteur sur le poteau.

Le supplicié est attaché. Lactance et Tranquille font une dernière tentative :

— Avoue que tu es magicien, avoue ton crime !

Grandier se tait. Les religieux, fous de rage, le frappent avec leur cifix monté sur un bâton.

— Avoue !

Grandier n'avoue pas. Alors la foule voit cette chose inimaginable :

les frères Lactance et Tranquille vont arracher chacun une torche au bourreau et mettent eux-mêmes le feu au bûcher. Urbain crie :

— Etranglez-moi !

La foule, bouleversée, crie à son tour au bourreau :

— Etrangle ! Etrangle !

Celui-ci se lance vers les flammes. Mais trop tard. Le feu fait une barrière infranchissable. On entend Urbain Grandier prier en latin, puis un cri, puis plus rien...

Urbain Grandier, personnage scandaleux et cynique, se moquant de la morale de son siècle, Urbain Grandier, victime héroïque de la superstition, du fanatisme et du pouvoir absolu, appartient à l'Histoire, et le bûcher de Loudun peut nous sembler aujourd'hui bien loin.

Pourtant, depuis sa mort, on n'a jamais cessé de parler de lui. On ne compte pas les ouvrages qui ont été écrits sur le curé de Saint-Pierre-du-Marché dans tous les pays. On lui a même consacré un opéra.

Faut-il s'en étonner ? Le procès et la mort d'Urbain Grandier sont l'exemple même d'une monstruosité qui est de toutes les époques, même de la nôtre, bien entendu.

DAMIENS

Versailles, 5 janvier 1757. Il est près de six heures du soir et la nuit est déjà tombée. Il fait très froid, le sol est recouvert de neige. Devant le palais, des courtisans grelottent en se réchauffant les mains comme ils peuvent dans leur manchon de fourrure.

Ils attendent l'arrivée du roi, qui s'est rendu au château pour visiter sa fille souffrante. Ensuite, il montera en carrosse pour se rendre au Trianon, où la cour a élu domicile depuis quelques semaines...

Voici justement le roi Louis XV. Il s'avance au milieu d'une haie de laquais portant des torches qui jettent une violente lumière au milieu de l'obscurité environnante... Tout va très vite. Un homme fend la file des laquais, pose une main sur l'épaule du souverain, le frappe de toutes ses forces du côté droit et disparaît dans la nuit...

Cela a été si rapide que personne n'a bougé. Louis XV porte la main à sa poitrine.

— Cet ivrogne m'a donné un coup de poing en passant !

Il s'aperçoit alors qu'il saigne et se met à crier d'une voix blême :

— Je suis blessé ! C'est ce coquin ! Qu'on l'arrête mais qu'on ne le tue pas.

Le coquin en question ne s'est pas enfui. Il est là, à contempler le spectacle. Il se laisse maîtriser. Dans ses poches il a un canif à deux lames et trente-cinq louis d'or. Il ne fait aucune difficulté pour dire son nom : il s'appelle Robert François Damiens...

C'est l'émoi à Versailles. Transporté dans sa chambre, Louis XV n'a qu'une pensée, qu'un cri :

— Un confesseur !

Louis XV se confesse donc, et ce n'est qu'ensuite que les chirurgiens examinent sa plaie. C'est à peine plus qu'une égratignure : la lame a pénétré d'un centimètre environ, entre la quatrième et la cinquième côte. S'il le voulait, le roi pourrait se lever tout de suite après avoir été pansé. Comme l'a dit son ministre Choiseul :

« Une telle blessure n'aurait pas empêché l'homme au courage le plus médiocre d'aller souper normalement le soir même... »

Mais dans la chambre du roi, le mélodrame continue. Louis XV fait venir sa femme et son fils. A l'arrivée de la reine, il s'écrie :

— Je suis assassiné, madame !

Il promet solennellement de mettre fin à sa vie dissolue, c'est-à-dire à sa liaison avec Mme de Pompadour, puis ce sont les ultimes recommandations au dauphin qu'il prononce d'une voix mourante...

Le roi garde la chambre dix jours et puis, comme les médecins lui disent qu'il est décidément guéri, il oublie sa terreur. Le 15 janvier, Louis XV rejoint les appartements de Mme de Pompadour et signe le décret traduisant Robert François Damiens devant le Parlement de Paris pour crime de régicide...

Damiens, qui vient de rééditer avec moins de succès le geste de Ravaillac, a quarante-deux ans. Il est originaire d'une famille nombreuse de l'Artois, le huitième de dix enfants. Son père était d'abord fermier, mais ayant mal géré son domaine, il est devenu journalier agricole, puis gardien de prison.

Dire que le petit Robert François est un garçon difficile est au-dessous de la vérité. Il est absolument insupportable. Ses parents ainsi que ses frères et sœurs l'ont surnommé « Robert le diable ». Son père le corrige sans faiblesse, en le battant suspendu par les pieds, mais rien n'y fait.

La mère de Robert François meurt quand il a seize ans. Il est alors recueilli par un oncle qui essaie de lui donner un minimum d'éducation : peine perdue, encore une fois, l'enfant n'apprend rien ; en tout et pour tout il saura signer.

Damiens se marie ; il a des fils qui meurent en bas âge, puis une fille. Faute de mieux, il se fait domestique. C'est un instable qui ne peut pas rester dans une place plus de quelques mois. C'est un étrange personnage aussi : d'une piété fervente, il tient les discours religieux les plus exaltés. A côté de cela, il est ivrogne et prend des colères épouvantables après ses beuveries. Et puis, du jour au lendemain il s'en va, il quitte tout le monde sans demander ses gages. Bref, de l'avis de tous ceux qui l'ont approché, Damiens est un peu fou...

De place en place, Damiens arrive à Paris. Le hasard le fait servir chez des magistrats du Parlement. Et c'est là que celui qui aurait dû normalement finir dans un asile rencontre son destin.

Le Parlement de Paris est alors en lutte ouverte contre Louis XV. Dans les hôtels particuliers des magistrats parisiens, on parle beaucoup contre le roi. Damiens entend tout cela dans les antichambres ou à travers les portes. Comment pourrait-il mettre en doute ce que disent ces importants personnages ? Le roi est mauvais, entouré de méchants conseillers. Le roi fait le mal, le roi est le mal...

Un incident dramatique l'impressionne particulièrement : en pleine nuit, un de ses maîtres est arrêté à la suite d'une lettre de cachet. Une phrase lui revient alors, une phrase qu'il a entendue à plusieurs reprises dans les conversations : « Tout irait mieux si on pouvait toucher personnellement le roi... » Dès lors il a compris ce qu'il doit faire : toucher personnellement le roi...

Septembre 1755. L'état mental de Robert François Damiens s'est aggravé. Maintenant, il parle seul pendant des heures et se promène des nuits entières par tous les temps. Il est alors domestique chez une demi-mondaine qui a la manie des horoscopes. Par jeu, par désœuvrement, elle lui fait les lignes de la main et lui prédit qu'il sera rompu vif ou brûlé. Cette fois, pour Robert François, il n'y a plus de doute possible. Même les astres l'affirment : sa mission est de tuer le roi.

Il ne l'exécute pourtant pas immédiatement. En juillet 1756, il s'enfuit de chez son maître du moment après lui avoir volé deux cent quarante louis. Pourquoi ? Il ne le sait sans doute pas lui-même. Il a obéi à une impulsion incontrôlable. Mais il est en danger de mort. A l'époque, le vol des domestiques est très sévèrement puni : c'est la torture, suivie de la pendaison.

Damiens va se réfugier dans sa famille, à Arras. Il se cache. Il reste ainsi six mois, échappant aux gendarmes. Pourtant, il y a toujours ces conversations qu'il entend sans les comprendre. Le conflit entre Louis XV et le Parlement de Paris s'est envenimé. Les esprits sont échauffés, les propos sont exagérés. Mais comment Damiens pourrait-il s'en rendre compte ?

— Le roi va finir par couper la tête aux magistrats !

— Il faudrait que quelqu'un l'en empêche !

C'est un rappel à l'ordre. Pour Damiens, sa mission est devenue plus forte que la peur des gendarmes. Il se rend chez une « marchande clinquallière », comme l'on dit alors. Il lui achète pour vingt-quatre sols un couteau de Namur à deux lames rentrantes, une grande et une petite, et il prend la direction de Paris, où il arrive le 31 décembre.

Il est à Versailles le 4 janvier 1757. A l'hôtel où il est descendu, il est dans un état second. Pourtant, l'après-midi du 5 janvier, il a comme un éclair de lucidité. Il fait une dernière tentative pour empêcher l'inévitable. Il appelle la patronne. Il est congestionné, il a les yeux hagards.

— Faites venir un médecin. Je veux une saignée !

La patronne ne le prend pas au sérieux.

— Une saignée, par une température pareille ? Prenez plutôt un coup de vin, cela vous réchauffera.

Damiens prend donc son coup de vin et part dans la direction du château avec son couteau de Namur en poche.

Il entre sans problème. Il cause familièrement avec les postillons et les gardes. Chacun s'imagine qu'il fait partie de l'innombrable domesticité de Versailles. Il se mêle à la foule des courtisans, profitant de l'obscurité. Et c'est l'arrivée du roi au milieu de ses laquais porteurs de torches. Il bondit...

Si, après le coup de canif, le roi est en proie à la panique, il en est de même de ceux qui ont arrêté son agresseur. Damiens est conduit dans une pièce du palais, entouré de soldats. Le garde des Sceaux, Machaut d'Arnouville, arrive aussitôt. Et ce haut personnage, ministre de la Justice, devient fou furieux. Il hurle :

— Qu'on aille me chercher un fer rouge !

Interloqués, les soldats s'exécutent. Ils reviennent avec un brasero et une barre de fer. Machaut d'Arnouville fait déchausser le prisonnier.

— Qui sont tes complices ? Qui t'a payé ?

La question peut se poser en effet. Qu'un homme aussi pauvrement vêtu ait trente-cinq louis d'or dans sa poche fait penser au salaire versé à un assassin. Le garde des Sceaux ne peut pas savoir qu'il s'agit en fait du reliquat du vol qu'il a commis. Damiens est étrangement calme.

— J'ai agi seul. Personne n'était au courant de mon projet.

Machaut d'Arnouville hausse encore le ton.

— Pourquoi as-tu voulu tuer le roi ?

— Je l'ai fait pour Dieu et pour le peuple. Parce que la France périt, parce que la misère est dans les trois quarts du royaume.

Brusquement, Damiens se reprend :

— Non, je n'ai pas voulu tuer le roi. Sinon, j'aurais frappé avec la grande lame, non avec la petite...

C'est parfaitement exact, Damiens a frappé avec la petite lame de son canif, une lame de quelques centimètres, absolument incapable d'occasionner une blessure mortelle, tandis que la seconde, beaucoup plus longue, était autrement redoutable. Pourquoi l'a-t-il fait, alors que son intention était bien de tuer Louis XV ? C'est illogique. Mais y a-t-il une logique chez Damiens ?

Le garde des Sceaux, lui, ne se pose pas de questions sur l'état mental du coupable. Ivre de fureur, il fait signe à un soldat. Celui-ci se saisit de la barre de fer chauffée à blanc. Il y a une atroce odeur de chair brûlée, un cri affreux, mais le prisonnier fait toujours les mêmes réponses : il n'a pas de complice, il a agi pour le bien du pays...

Cet étonnant interrogatoire s'arrête enfin. Damiens est conduit dans la prison de Versailles, puis le 15 janvier, après que Louis XV eut signé l'ordre de comparution devant le Parlement de Paris, il est emmené à la Conciergerie, dans la cellule de la tour Montgomery, celle qui avait servi à Ravaillac...

Jamais, sans doute, un tel luxe de précaution n'a été pris pour empêcher un prisonnier de s'évader. Damiens est enfermé au deuxième étage, le premier étant occupé par un corps de garde qui ne comprend pas moins de cent hommes. Sa cellule n'a d'autre ouverture que deux étroites meurtrières de vingt centimètres de large. Mais de toute manière, comment pourrait-il les atteindre ? Il est attaché sur un lit par des sangles qui lui enserrent les jambes, les bras et le torse. Elles sont si serrées qu'il en a la fièvre. De plus, quatre gardes, relayés d'heure en heure, se tiennent à ses côtés.

Les interrogatoires se succèdent dans sa cellule, mais ils sont tout aussi négatifs que celui qu'avait improvisé le garde des Sceaux. Damiens a agi seul. Personne n'était au courant de son projet...

Le 26 mars 1757 au matin, Robert François Damiens comparaît devant la Grand-Chambre du Parlement de Paris. C'est l'assemblée la plus prestigieuse qui ait été réunie pour un procès. Tout ce que la France compte de noms illustres est là : cinq princes du sang, les vingt-deux pairs du royaume, les douze premiers présidents et les principaux conseillers du Parlement de Paris.

L'accusé n'est nullement intimidé. Il dévisage la cour sans crainte, avec curiosité même. Il pointe le doigt vers plusieurs magistrats chez qui il a été employé comme domestique :

— Mais je vous reconnais, monsieur ! J'ai eu l'honneur de servir chez vous... Et chez vous aussi, monsieur...

La procédure utilisée est celle de la justice d'exception, c'est-à-dire qu'elle est particulièrement expéditive. Le soir même, le verdict est rendu en l'absence de l'accusé. Le premier président Maupeou en donne lecture :

— Robert François Damiens est condamné à la question extraordinaire. Il fera ensuite amende honorable devant la principale église de Paris, en chemise, tenant une torche de cire ardente du poids de deux livres. Et quand il aura demandé pardon à Dieu, au roi et à la justice, il sera conduit en place de Grève pour y être écartelé par quatre chevaux... En outre, sa maison natale sera rasée avec interdiction de construire sur son emplacement, et sa famille sera bannie de France avec défense d'y retourner sous peine d'être pendue et étranglée sans autre forme de procès...

Le lendemain 27 mars est un dimanche. Aucune exécution ne peut avoir lieu le jour du Seigneur. C'est donc le lundi 28 mars que

Damiens est tiré de son cachot et conduit dans une autre tour de la Conciergerie, celle qui abrite la salle des tortures. Là, selon l'usage, il se met à genoux pour entendre la sentence. Lorsque le greffier a achevé l'horrible menu des supplices, Damiens se relève et dit, pour tout commentaire :

— La journée sera rude !...

Pour l'instant, c'est l'heure de la question extraordinaire, le supplice des brodequins. Damiens est placé dans l'horrible instrument destiné à lui broyer les jambes. Il est incroyablement calme. Il n'a pas l'air de se rendre compte de quoi que ce soit. Il aperçoit un des officiers chargés de le surveiller qui sort de sa poche une tabatière en or et s'écrie admiratif :

— Monsieur, vous avez là une belle tabatière !

Le premier président Maupeou, qui préside le supplice, n'a pas entendu et croit à une révélation de dernière heure :

— Qu'avez-vous dit ?

— J'ai dit que cet officier a une belle tabatière en or !

C'est la seule déclaration que fera Robert François Damiens sous la question. Et pourtant, ses juges ont pris leurs dispositions pour qu'elle soit la plus horrible possible. Entre chaque coin enfoncé entre les planches pour écraser les jambes, le bourreau a ordre d'attendre un quart d'heure afin que les nerfs retrouvent leur sensibilité. Chaque fois que le maillet s'abat, le supplicié pousse un grand cri. Et puis il se tait. Il regarde autour de lui. Il attend...

Deux heures et quart se sont écoulées. Le bourreau vient d'enfoncer le huitième coin. Les médecins décident d'arrêter le supplice, non par charité mais parce que, sinon, la vie du condamné serait menacée. Damiens est autorisé à se confesser, puis à se reposer. Il est quatorze heures. C'est le dernier acte qui commence. Il va être insoutenable. Jamais, peut-être, des hommes n'auront infligé une pareille chose à un autre homme dans le cadre de la justice légale...

Robert François Damiens, revêtu d'une chemise, est hissé sur un tombereau recouvert de paille. On lui met sa torche de deux livres dans les mains ; à ses côtés, deux prêtres récitent des prières.

De la Conciergerie à Notre-Dame, le chemin n'est pas long. Le condamné aux jambes broyées est traîné sur les marches de la cathédrale. Il est mis tant bien que mal à genoux et il récite le texte de l'amende honorable :

— J'ai méchamment commis le très abominable et très détestable parricide et blessé le roi d'un coup de couteau dans le côté droit, ce dont je me repens et demande pardon à Dieu, au roi et à la justice...

Damiens est de nouveau hissé sur le tombereau qui repart en grinçant vers sa dernière étape : la place de Grève. Les préparatifs du supplice ont été faits bien avant la condamnation. Un carré de trente-trois mètres de côté est délimité par des palissades. Au milieu, l'échafaud, c'est-à-dire une estrade de bois de deux mètres trente sur un mètre quinze, s'élevant à quatre-vingts centimètres de hauteur. Le supplicié doit s'y allonger, les bras et les jambes en croix fixés par des attaches en fer. Plus loin, le bûcher...

Damiens est placé sur l'estrade, La foule est immense. Ce ne sont pas seulement les gens du peuple qui ont voulu assister à ce spectacle sans précédent depuis Ravaillac. Les courtisans se sont disputé à prix d'or les places de choix : les balcons et les fenêtres avoisinantes. Les dames en robe d'apparat, les messieurs en habit et perruque poudrée échangent des mots d'esprit en buvant des vins fins et en mangeant des mets délicats.

Enfin, le spectacle commence... Il est assuré par l'élite des bourreaux de France qui sont venus de toutes les grandes villes du royaume.

Le bourreau de Paris s'approche d'abord de la main droite de Damiens, y place le couteau avec lequel il a frappé le roi et verse lentement du soufre en fusion. Damiens pousse un grand cri et puis se tait, regardant sans mot dire sa main brûler.

La deuxième opération est réservée au boureau d'Orléans. Celui-ci, avec des tenailles d'acier, lui arrache le gras des jambes, des cuisses des bras et des mamelles.

Ensuite, le bourreau de Lyon arrive avec un pot de grès où il a fait bouillir un mélange de poix, de soufre, de cire, de plomb fondu et d'huile et il en verse de grandes louches sur chaque plaie.

Quatre chevaux s'avancent ; ils sont attelés par des chaînes aux bras et aux jambes, et, cette fois, c'est la fin, ou du moins ce devrait l'être, car on va dépasser maintenant les limites du supportable. Les chevaux ne parviennent pas à écarteler Damiens. Malgré les coups de fouet, ils s'échinent en vain. Cela dure plus d'une heure. Tantôt le supplicié pousse des cris épouvantables, tantôt il regarde le spectacle et recommande à ses bourreaux de ne pas jurer contre les bêtes.

Les jambes de Damiens cèdent enfin, mais sans se détacher, ce qui fait que les deux chevaux qui les tiraient font demi-tour et les rabattent dans le même sens que ceux qui tirent les bras...

Cette fois, il faut en finir. Les bourreaux coupent rapidement les tendons et les quatre membres partent d'un seul coup. Deux heures et quart se sont écoulées depuis le début du supplice en place de Grève.

Et lorsque les bourreaux jettent au bûcher ce qui reste de Damiens, tout le monde constate avec horreur qu'il vit encore : sa poitrine se soulève, ses yeux bougent, ses lèvres s'agitent...

Si certaines personnes de la bonne société ont goûté le spectacle du supplice, il n'en a pas été de même de la majorité de l'opinion. La popularité de Louis XV, déjà bien entamée, ne s'est jamais remise du supplice de Damiens. Cette cruelle, inhumaine vengeance exercée par le roi contre un être irresponsable, ce supplice médiéval au siècle des Lumières, au siècle de Rousseau et de Voltaire, a profondément choqué l'opinion en France et dans l'Europe entière..

Un jour glacial de janvier 1757, un illuminé, un pauvre fou, a, sans le vouloir, sans le savoir, avec un petit canif de quincaillerie, porté le premier coup à la monarchie absolue et annoncé la Révolution.

Derniers

RAOUL VILLAIN,
L'ASSASSIN DE JAURÈS

Paris, 31 juillet 1914, dix-neuf heures trente. Malgré l'heure avancée, il fait une chaleur accablante. L'atmosphère est électrique, irrespirable. Trois hommes remontent en taxi les Grands Boulevards. Celui qui est assis à l'arrière, du côté du chauffeur se remarque aisément par un physique qui sort de l'ordinaire : il est d'une taille moyenne mais d'une carrure imposante, avec de petits bras, un gros cou et une tête massive ornée d'une barbe de sapeur d'un blond fauve qui commence à blanchir. L'homme n'est pas élégant ; il est même négligé : un pantalon fatigué, une chemise gris ouvrier, une cravate noire élimée — un de ces modèles économiques avec nœud tout fait qu'on trouve pour quarante-cinq centimes dans les magasins populaires — et un veston déformé par un nombre incroyable de livres et de brochures.

Un peu après la Madeleine, le taxi est arrêté par un attroupement. Un groupe de jeunes gens s'en prend à un homme d'une trentaine d'années qui se défend comme il peut. Les coups pleuvent, les cris fusent.

— C'est un Allemand ! A mort l'espion !

L'homme proteste :

— Laissez-moi. Je ne suis pas allemand...

Le taxi parvient à se frayer un passage. Mais d'autres jeunes gens viennent à sa rencontre, drapeau tricolore en tête. Ils agitent joyeusement leurs canotiers. Ils lancent des sourires aux filles.

— A Berlin ! On les aura ! On va couper les moustaches au Kaiser !...

Dans le taxi, l'homme prononce d'un ton grave, avec un accent rocailleux du Sud-Ouest :

— Il faut éviter l'horreur de cette guerre !...

La guerre... Ce 31 juillet 1914, elle n'a jamais semblé plus proche. L'Autriche a mobilisé. L'Allemagne et la Russie l'ont fait partiellement. La France s'apprête à les suivre. Que peuvent les ultimes tentatives diplomatiques ? Rien, sans doute. La guerre est plus que proche, elle est souhaitée. Les journaux français regorgent de déclarations belliqueuses : « La guerre est d'essence divine. Elle possède une valeur éducative indéniable », vient d'écrire Paul Bourget dans *Le Gaulois*. Et Abel Bonnard a renchéri dans *Le Figaro* : « Il faut embrasser la guerre dans toute sa sauvage poésie. »

Pourtant, l'homme qui se trouve en ce moment dans le taxi n'est pas de cet avis. La guerre, il ne l'imagine pas fraîche et joyeuse, se faisant la fleur au fusil et *La Marseillaise* à la bouche. Il vient d'écrire : « Qu'on se représente l'Angleterre, l'Allemagne, la France, la Russie, l'Italie et l'Autriche-Hongrie aux prises : des millions et des millions d'hommes se détruisant, les ressources vitales des nations dévorées jour après jour par le service de la mort. Que de douleurs, que de barbarie ! »

Cette guerre qu'il pressent horrible, ce barbu fagoté à l'accent du Tarn veut à tout prix l'empêcher et il en a peut-être les moyens. Il ne fait pas partie des puissants de ce monde. Il n'est même pas ministre ; il est tout juste député et directeur de journal et pourtant, sa voix a presque autant de poids que celle du tsar, de l'empereur d'Allemagne ou du Premier ministre français ou britannique. L'avant-veille, à Bruxelles, il a été acclamé par les socialistes allemands aux cris de « Vive la France ! » Pour tous ceux qui croient encore à la paix, il est le dernier rempart, l'ultime espoir...

Le taxi pile dans un crissement de pneus. Un fiacre, gêné par les manifestants, vient de lui couper la route. Le chauffeur lance à la portière :

— Et alors, vous voulez nous tuer ?

Le cocher ne répond pas. Il vient d'apercevoir le passager assis sur la banquette arrière. Il retire sa casquette d'un geste déférent :

— Mille excuses, mais il n'y a pas de danger. On ne tue pas le citoyen Jaurès !...

Le « citoyen Jaurès » se rend à son bureau, à *L'Humanité*, le journal qu'il a fondé. Il va écrire encore un article pour empêcher la catastrophe. Son sort à lui, il n'y pense pas. Il y a longtemps qu'il a accepté tous les risques. Il a déclaré la veille :

— Cette guerre va réveiller toutes les passions bestiales qui dorment au cœur de l'homme. Il faut nous attendre à être assassinés au coin des rues...

Vingt heures. Un jeune homme remonte, lui aussi, mais à pied, les Grands Boulevards. Il a vingt-neuf ans. Il est petit, chétif, son visage est banal, inintéressant au possible. Il se nomme Raoul Villain. Originaire de Reims, il s'est installé depuis peu à Paris, rue d'Assas, et il vient juste d'obtenir un diplôme d'égyptologie à l'École du

Louvre. Un diplôme qui ne doit pas valoir grand-chose, car Raoul Villain est aussi défavorisé sur le plan intellectuel que sur le plan physique. Pire même. Il y a quelque chose en lui qui ne tourne pas rond, surtout lorsqu'il est question de guerre ou de patriotisme. A ce moment-là, il se lance dans de grands discours enflammés et pas très cohérents...

Raoul Villain serre nerveusement dans sa poche le revolver Smith et Wesson qu'il vient d'acheter. Il y a longtemps qu'il se sent désigné pour accomplir une grande mission, un peu comme Jeanne d'Arc, son modèle...

Tuer Jaurès ? Ce n'est pas la première idée qu'a eue Villain. Il avait d'abord pensé assassiner l'empereur d'Allemagne, Guillaume II. Et puis il a changé d'avis. Pourquoi ? Il suffit pour cela d'écouter ce que disent les gens, de lire les journaux. Raoul Villain a rapidement été convaincu. C'est Jaurès qu'il faut tuer et non Guillaume II. Guillaume II n'est qu'un ennemi ; mais Jaurès, « Herr Jaurès » comme on dit si souvent, est un traître !

Vingt heures trente. La salle de rédaction de *L'Humanité*. Jean Jaurès met le point final à son éditorial. Il l'a intitulé : *SANG-FROID NÉCESSAIRE.*

Toute chance d'arrangement pacifique n'a pas disparu. Le plus grand danger est dans l'énervement qui gagne, dans les impulsions subites qui naissent de la peur. Pour résister à l'épreuve, il faut une raison ferme, claire et calme... Là est la vraie sauvegarde, là est la garantie de l'avenir.

« L'avenir »... L'article de Jaurès se termine sur ce mot qui résume toute sa pensée. Il est vingt heures quarante-cinq. Dans la salle de rédaction bourdonnante, une voix s'élève :
— Allons manger au *Coq d'Or*.
Jaurès secoue la tête :
— Non. Il y a de la musique et des femmes. Allons au *Café du Croissant,* nous serons de retour dans trois quarts d'heure.

Vingt et une heures. Raoul Villain arrive en face de l'immeuble de *L'Humanité*. Il n'éprouve aucune hésitation devant le geste qu'il va commettre. Tuer Jaurès, celui que Maurice Barrès appelle « la fille vendue à l'Allemagne », est une nécessité, un acte de salubrité publique. Villain l'a lu partout, dans tous les journaux qui lui sont tombés sous la main. Car la presse nationaliste s'est déchaînée ces derniers temps contre le grand tribun.

Léon Daudet, dans *L'Action Française :*

Nous ne voulons déterminer personne à l'assassinat politique, mais que Monsieur Jaurès soit pris de tremblement. Il est capable de suggérer à quelque énergumène le désir de résoudre par la méthode expérimentale la question de savoir si rien ne serait changé après sa mort.

Urbain Gohier, dans *La Sociale* :

A la veille de la guerre, le général qui commanderait à quatre hommes et un caporal de coller au mur le citoyen Jaurès et de lui administrer à bout portant le plomb qui lui manque dans la cervelle, ferait son plus élémentaire devoir.

Et Charles Péguy lui-même réclame à grands cris la mort de son ancien camarade socialiste :

Dès la déclaration de guerre, la première chose que nous ferons sera de fusiller Jaurès. Nous ne laisserons pas derrière nous ces traîtres...

Toutes ces déclarations, Villain ne les a peut-être pas entièrement comprises. Il est vrai que quelquefois les idées se brouillent un peu dans sa tête. C'est depuis toujours. Lorsqu'il était bébé, sa mère l'a fait tomber par maladresse de son berceau. Elle l'a aussitôt ramassé mais ce fut pour le jeter par la fenêtre. A la suite de cela, elle a été internée et elle est morte à l'asile. Son père est plus équilibré, mais il aime un peu trop l'absinthe. Et puis, il y a la grand-mère, une femme squelettique qui est restée enfermée dans sa chambre plus de trente-cinq ans. Elle répétait au petit Raoul :
— Je ne mourrai jamais. La Sainte Vierge m'emmènera par les chevaux jusqu'au ciel. Ce jour-là, regarde bien en l'air. Tous ceux qui pourront témoigner du miracle recevront quarante mille francs de mon notaire...
La grand-mère est morte la semaine dernière. Raoul est arrivé trop tard pour voir la Sainte Vierge. Mais l'événement l'a fortement ébranlé. C'est un signe supplémentaire : plus que jamais, il doit tuer Jaurès !...
La concierge de *L'Humanité*, auprès de qui Villain s'est poliment renseigné, vient de lui répondre que ces messieurs dînaient au *Café du Croissant*.
Raoul Villain part après avoir remercié, les deux mains dans les poches. Au cas où son Smith et Wesson s'enrayerait, il a un second revolver...

Vingt et une heure trente. La rédaction de *L'Humanité* s'est installée sur une banquette du *Café du Croissant* près de la fenêtre.

Comme il fait très chaud, les vitres ont été ouvertes et seul un rideau de dentelle sépare les dîneurs de la rue. Jaurès est au milieu de la table, tournant le dos au trottoir. Un employé du journal vient de lui apporter une dépêche. Il commente :

— Lord Asquith a parlé devant la Chambre des Communes. L'Angleterre refuse de se prononcer avant lundi. Mais lundi, il sera trop tard !...

Dehors, quelques badauds s'arrêtent. On sait bien, dans le quartier, que Jaurès a ses habitudes au *Café du Croissant* et il y a toujours des curieux qui stationnent sur le trottoir. Pourquoi ferait-ils attention à ce jeune homme insignifiant qui vient de se mêler à eux ?

Le dîner s'achève. Pour détendre un peu la tension insupportable, un des journalistes tend à Jaurès une photo en couleurs.

— C'est ma petite fille. Comment la trouves-tu ?

Jaurès sourit pour la première fois depuis le début du repas.

— Elle est ravissante. Quel âge a-t-elle ?

Le rideau de dentelle s'écarte brusquement. Une main apparaît, armée d'un revolver. Il y a un éclair, un coup de feu, puis un deuxième, suivi d'un bruit de vaisselle et du cri strident d'une femme.

— Jaurès ! Ils ont tué Jaurès !...

Le député du Tarn s'est affaissé doucement sur l'épaule de son voisin de gauche, les yeux fermés, sans cesser de sourire. Un médecin, présent dans le café, se précipite vers le blessé qu'on installe tant bien que mal sur une table, et l'ausculte. Le cœur bat encore, en raison d'une vigueur physique exceptionnelle, mais il n'y a aucun espoir : la balle, qui a pénétré sous l'oreille droite, s'est logée dans l'hémisphère cérébral gauche. Trois minutes plus tard, le médecin, qui prend toujours le pouls du blessé, annonce :

— Jaurès est mort.

Dehors, l'assassin, qui n'avait pas cherché à fuir, est sur le point d'être lynché par la foule lorsqu'un agent survient et le conduit au poste.

Aussi vite que le peuvent les moyens d'information de l'époque, la nouvelle se répand sur les Grands Boulevards, puis dans Paris, puis dans la France, puis dans l'Europe entière :

— Ils ont tué Jaurès !

« Ils ont tué Jaurès », cela signifie que le dernier obstacle à la guerre a disparu. Maintenant, qu'on s'en réjouisse ou qu'on s'en désespère, il faut partir...

Devant le *Café du Croissant,* une ambulance vient d'arriver. Les amis de Jaurès ont arrangé comme ils pouvaient ses vêtements fatigués ; ils ont remonté sur ses jambes ses pauvres chaussettes à treize sous, en éloignant de leur mieux les inconnus en larmes qui tentaient de couper des mèches de ses cheveux...

La poétesse Anna de Noailles qui viendra peu après s'incliner devant le corps a rendu hommage à celui qui fut le premier tué de la Première Guerre mondiale :

J'ai vu ce mort puissant le soir d'un jour d'été...
Ce dormeur grave en qui s'engloutissait la paix...

24 mars 1919, neuf heures du matin. Le président Boucard agite sa sonnette. Au palais de justice de Paris, s'ouvre le procès de Raoul Villain, accusé d'homicide volontaire sur la personne de Jean Jaurès.

Tout à changé depuis la torride soirée d'été du 31 juillet 1914 et le drame du *Café du Croissant*. Entre les faits et le jugement, il s'est creusé un abîme : près de cinq ans, cinquante-deux mois de guerre, cinq millions de victimes, dont un million trois cent mille Français, douze millions de blessés dans l'un et l'autre camp...

Raoul Villain est assis calmement dans son box. Il est toujours le même, c'est-à-dire neutre, insignifiant. Il faut dire que les années horribles qui viennent de s'écouler, il les a vécues à l'intérieur de sa prison. Verdun, le Chemin des Dames, les mutineries de 1917, la fièvre espagnole, il n'a pas connu. Les autorités avaient décidé de remettre à après la guerre un procès qui risquait, selon elles, de diviser les Français...

La défense est assurée par Me Zevaes, ancien député exclu du Parti socialiste, qui plaidera le côté politique, tandis que l'autre avocat, Me Henri Géraud, se réservera le dossier mental.

Pour la partie civile, deux représentants également : Mes Paul Boncour et Ducos de la Haille. Ils ne demanderont pas la mort ; ce serait faire injure à la mémoire de Jaurès, qui a été toute sa vie un adversaire de la peine capitale. Mais ils réclameront une condamnation sévère. Comment, d'ailleurs, pourrait-il en être autrement ? Il y a un peu plus d'un mois, l'anarchiste Émile Cottin a tiré sur Clemenceau sans l'atteindre et, jugé sur-le-champ, il a été condamné à mort. Il vient de bénéficier de la grâce présidentielle, mais lui, il n'avait pas tué, ni même blessé...

Le jury est désigné. La défense ne fait pas d'objection. Pourtant, il ne représente guère la moyenne nationale. Sur les douze hommes, il n'y a qu'un seul salarié. Les autres sont artisans, petits patrons ou rentiers.

Les débats commencent. Raoul Villain répond poliment aux questions du président Boucard, qui ne se montre pas particulièrement agressif à son égard — c'est le moins que l'on puisse dire.

— Expliquez-nous pourquoi vous avez commis ce geste.

— J'ai des sentiments très religieux, monsieur le président, et pourtant aucune objection ne s'est présentée à ma conscience au moment où j'ai tiré. Je ne pensais qu'à la patrie.

— Au fond, vous avez agi dans un moment de colère patriotique.

L'accusé s'empresse de se raccrocher à cette excuse qu'il n'aurait sans doute pas trouvée lui-même.

— Oui, c'est cela, monsieur le président. C'est tout à fait cela.

Viennent ensuite les docteurs Briand et Dupré, psychiatres. Ils déclarent que la responsabilité de l'accusé est largement atténuée. Qui, d'ailleurs, pourrait prétendre le contraire ? Une mère folle, un père alcoolique, une grand-mère mystique : tout cela s'appelle en termes médicaux un terrain et l'équilibre mental de Villain s'est gravement ressenti de cette hérédité...

Mais le tournant du procès a lieu avec le défilé des témoins de la partie civile. Les amis de Jaurès commettent une lourde erreur. Alors que les débats auraient dû rester sur le pur terrain criminel, ils veulent en faire une affaire politique. Les députés et anciens ministres socialistes qui se succèdent à la barre font l'éloge du dirigeant disparu. Ce n'est certainement pas adroit devant ce jury bourgeois à une époque où, avec la Chambre bleu horizon, la France allait se donner une des majorités les plus conservatrices de son histoire.

27 mars 1919, quatrième journée du procès. Mᵉ Paul Boncour prononce le premier, pour la partie civile, un discours modéré :

— Je ne crois pas que la mémoire de Jaurès serait mieux vengée si une tête tombait et si un peu de sang coupable s'ajoutait à tant de sang héroïque qui a coulé sur le sol de la France...

Quant à Mᵉ Ducos de la Haille, il persiste dans son erreur, en se plaçant d'emblée sur le terrain politique.

— Ce procès est celui de Jaurès, celui du parti, de notre conception...

Suit l'éloge du disparu, visiblement mal accueilli par le jury.

La parole maintenant est au ministère public. Et, cette fois, c'est la sensation. Alors que le représentant du gouvernement avait requis dans les termes les plus durs contre l'anarchiste Cottin coupable d'avoir manqué Clemenceau, l'avocat général Beguin fait preuve d'une remarquable modération contre l'assassin de Jaurès :

— Il faut condamner cette homme, mais avec indulgence, en raison des éléments de son équilibre. Je vous demande un verdict de condamnation, mais de condamnation atténuée. Ce qui m'importe, messieurs, c'est que vous rendiez un verdict de justice...

A la suite du procureur, les avocats de la défense n'ont plus qu'à réclamer l'acquittement pur et simple, aux applaudissements du public, très favorable à l'accusé...

29 mars 1919. Dernier jour du procès de Raoul Villain. Le jury se

retire pour délibérer. Il doit répondre à deux questions : Villain est-il coupable d'avoir, le 31 juillet 1914, commis un homicide volontaire sur la personne de Jean Jaurès ? Ledit homicide volontaire a-t-il été commis avec préméditation ?

Le jury revient après une demi-heure de délibérations seulement. Son président énonce les réponses d'une voix forte : c'est « non » aux deux questions.

Le public se regarde... Même s'il était favorable à l'accusé, il ne s'attendait pas à cela. La justice vient de décider que Villain, qui n'a cessé de revendiquer hautement son crime, n'avait pas tué Jaurès. Jaurès est donc mort d'une balle dans le cerveau, tirée par on ne sait qui...

Le président Boucard prononce la sentence qui s'impose logiquement : Raoul Villain est acquitté. Conformément à la loi, Mme Jaurès, partie civile, est condamnée aux dépens. C'est elle qui paiera les frais du procès...

Raoul Villain, après son acquittement, a choisi de ne pas rester en France. Il s'est mis à voyager dans toute l'Europe. Et on peut le comprendre. En France, il se serait sans doute trouvé quelqu'un pour accomplir un geste que Jaurès n'aurait pas approuvé, mais que beaucoup considéraient comme la réparation d'un scandale judiciaire.

De pays en pays, Villain a fini par trouver son asile. En 1933, il s'est fixé aux Baléares, dans l'île d'Ibiza. Il s'y est fait construire la maison de ses rêves : une bâtisse tarabiscotée, délirante, surmontée d'une croix. C'est là que le destin l'attendait...

Le 13 septembre 1936, deux mois après le début de la guerre d'Espagne, les Républicains ont pris le contrôle de l'île. Ils ont été directement vers la maison de « l'étranger », dont ils connaissaient depuis longtemps l'identité et ils ont réglé sans hésiter un vieux compte.

Le lendemain, on a retrouvé le corps de Raoul Villain, abattu de deux balles, une dans la gorge et l'autre dans la poitrine. Vingt-deux ans après sa victime, le meurtrier avait été tué par ses adversaires politiques... C'était peu de temps avant une autre guerre, mondiale elle aussi.

LA RONCIÈRE

En cette première partie du XIXᵉ siècle, Saumur serait une cité particulièrement ennuyeuse, comme bon nombre de villes de province, si ce n'était la présence de l'École de cavalerie. Saumur n'est, en effet, pas une ville de garnison ordinaire : les fringants officiers de l'École constituent une élite choisie dans toute la France ; beaucoup d'entre eux portent le nom des plus grandes familles et, à l'époque, le prestige de l'uniforme est quelque chose qui compte.

La réception qui est donnée ce 15 août 1834 est en relation directe avec la vie militaire, puisqu'elle a lieu chez le général-baron Charles Robert de Morell, directeur de l'École de cavalerie. Les jeunes gens en grand uniforme se succèdent devant l'hôtel particulier des Morell, situé à l'angle de la rue Royale et du quai sur la Loire. C'est une belle nuit chaude. Des accords de musique douce s'échappent des fenêtres.

Le général de Morell est à l'entrée du grand salon pour accueillir ses invités. A quarante-six ans, il est bel homme. Issu de la petite noblesse normande, il a entamé sa carrière à la fin de l'Empire et il a connu une ascension rapide sous la Restauration et la monarchie de Juillet. A ses côtés, sa femme, née Mornay. Le général doit beaucoup à ce mariage, non seulement à cause de la fortune considérable de sa belle-famille, mais surtout parce qu'elle est apparentée au maréchal Soult, président du Conseil.

A quarante ans, Mme de Morell est ravissante. On sent, à sa grâce et à son élégance, la grande dame habituée à la vie du Paris romantique. C'est d'ailleurs à Paris qu'elle vit, dans son hôtel de Saint-Germain-des-Prés, en compagnie de ses enfants. Elle ne rejoint Saumur et le général que pendant les mois d'été.

Marie de Morell, fille aînée du couple, se tient un peu en retrait de ses parents. C'est en son honneur qu'a lieu la réception. Elle a seize ans et ce 15 août, jour de la Sainte-Marie, est sa première sortie dans le monde. Incontestablement, Mlle de Morell est ravissante. Elle a ce charme délicat qui est si fort à la mode : cheveux châtain foncé coiffés en bandeaux, peau très blanche, traits fins, une grâce naturelle dans le maintien. Il est dommage que cette harmonie soit un peu gâchée par le mouvement des lèvres. Marie affecte en permanence une moue dédaigneuse. Elle a l'air absent, comme étrangère, même en cette soirée qui devrait être une des grandes dates de sa vie.

Il faut dire que Marie de Morell est d'un tempérament étrange. Elle parle en dormant ; elle est sujette à des crises de somnambulisme. Il lui arrive même de tomber de catalepsie. De plus, il semble que, depuis quelque temps, elle soit victime d'une mystérieuse persécution. Il y a six mois, à Paris, elle a été la cible d'une série de lettres anonymes, portant la curieuse signature : « Société des Bras-Nus ». Et lorsqu'elle est arrivée à Saumur, les billets l'ont poursuivie. On en a trouvé dans les endroits les plus saugrenus de la maison : sous les meubles, accrochés aux rideaux. Ils portaient la même signature et s'en prenaient à elle en des termes grossiers...

A côté de Marie de Morell, une femme un peu plus âgée qu'elle : Miss Allen, trente ans, sa gouvernante. Il est difficile de dire quoi que ce soit sur cette Irlandaise au demeurant parfaitement stylée. Elle communique peu avec les gens de la maison. En fait, Marie et elle ne se quittent guère et doivent avoir en commun bien des secrets.

Les uns après les autres, les jeunes officiers de cavalerie viennent présenter leurs respects au général et à sa famille. Émile de la Roncière, vingt-neuf ans, lieutenant au 1er régiment de lanciers, détaché à Saumur en 1833, tente de dissimuler son émotion : c'est la première fois que le général de Morell lui fait l'insigne honneur de le recevoir chez lui.

A vrai dire, cet honneur se justifie. Émile de la Roncière porte un nom tout aussi prestigieux dans le domaine des armes que celui des Morell. Son père, le général-comte François de la Roncière, a été un grand soldat de l'Empire. Le général de Morell, de quinze ans son cadet, a même servi sous ses ordres.

Pourtant, Émile n'a pas eu les débuts qu'il pouvait espérer. Il n'était pas l'enfant préféré de son père, qui s'est marié deux fois, et qui a toujours privilégié les rejetons de son second mariage. Entre le général et lui, les relations ont été froides, distantes. Émile, être fier et hypersensible, n'a pas voulu s'abaisser à demander une faveur : il s'est engagé en 1821 comme simple soldat et il a prétendu gagner ses galons par son seul mérite.

Seulement, ce n'était pas si simple. Son père lui avait coupé les vivres. Et le jeune La Roncière ne voulait à aucun prix paraître inférieur à ses camarades plus fortunés. Il a joué, et pour jouer il a fait des dettes. Il a multiplié les conquêtes féminines, ce qui lui a coûté peut-être plus cher encore. Bref, il a mené une vie tapageuse et dissolue, tant et si bien que son père a fini par sévir : si Émile continuait, il lui ferait infliger par ses relations un an de prison militaire. Terrorisé, La Roncière a promis de s'amender et il a tenu parole. Il a depuis soigneusement évité tout scandale.

Le jeune lieutenant quitte la famille Morell et se dirige vers le salon. Il est soulagé. Le général lui a adressé quelques paroles aimables. Mme de Morell lui a fait un sourire, Marie s'est même départie un instant de son air pincé. La Roncière est heureux. Pour la première fois depuis longtemps, l'avenir lui semble prometteur. Finies les frasques de jeunesse. A près de trente ans, il a suffisamment de plomb dans la cervelle. Que son séjour à Saumur continue à se passer ainsi et sa carrière prendra un nouveau départ...

Il parcourt le grand salon avec assurance. Il sait qu'il ne manque ni de charme ni de prestance avec sa haute taille, ses yeux assez grands, profondément enfoncés sous un front intelligent, sa bouche sensuelle soulignée par une petite moustache brune comme ses cheveux.

La Roncière se détourne... Il vient d'apercevoir Octave d'Estouilly, vingt-neuf ans et lieutenant, lui aussi. D'Estouilly, issu d'une famille fortunée, est un parent éloigné de Mme de Morell. Nul ne sait pourquoi La Roncière et lui se sont détestés la première fois qu'ils se sont vus. C'est sans doute une de ces antipathies instinctives, épidermiques, comme il en arrive parfois.

D'Estouilly affiche peu après une vilaine grimace. A sa stupéfaction, La Roncière et Marie de Morell se sont installés sur un canapé. Ils causent, comme s'ils étaient les plus vieux amis du monde. Lorsque la soirée se termine, quelques heures plus tard, d'Estouilly en repart très fâché et La Roncière fort satisfait. L'un et l'autre ont tort. Ils l'apprendront bientôt...

Le lendemain matin, dans le même salon rendu à la vie domestique, Mme de Morell est au piano tandis que Marie chante une romance. Elle s'interrompt soudain.

— Maman, savez-vous ce que m'a conté le lieutenant de La Roncière lorsque nous étions ensemble ?

— Non, ma chérie.

— Eh bien, il m'a montré votre portrait au mur et m'a dit : « Vous avez là une mère charmante. Vous êtes bien malheureuse de lui ressembler si peu. »

Mme de Morell ne répond rien. Elle ne semble ni choquée ni flattée de cette déclaration franchement invraisemblable. Car il faut être le dernier des goujats et des imbéciles pour tenir de tels propos.

Si Mme de Morell ne s'émeut pas pour l'instant, elle va avoir d'autres occasions de le faire. Le jour même, elle reçoit une lettre. Elle a été expédiée par la « petite poste ». Outre le courrier ordinaire, il existe en effet à Saumur un service pour les lettres voyageant à l'intérieur même de la ville : c'est ce qu'on appelle « la petite poste ». La missive n'est pas datée.

> *Madame,*
> *Je tremble de désir de vous faire connaître le nom de celui qui vous adore. C'est le premier sentiment doux qui ait rempli mon cœur. J'espère bien que tout ce que j'ai écrit à Mademoiselle votre fille ne vous a pas mécontentée* [...] *Avant de le faire, j'ai pris toutes les informations possibles pour savoir si vous l'aimiez, et ce n'est qu'après avoir été persuadé du contraire que j'ai commencé à la tourmenter* [...] *J'ai écrit plus de trente lettres anonymes sur elle à Paris* [...] *Je serai aujourd'hui tout autour de votre maison. Si je vous vois sortir, permettez-moi de croire que vous accepterez l'hommage de l'amour respectueux de votre obéissant serviteur.*
>
> *É. de la R.*

La lettre est un défi au bon sens. La signature « É. de la R. » est aussi claire que si elle était complète. Courtiser ainsi au grand jour la femme de son général est la dernière des folies. Et en admettant même que l'amour ait fait perdre la tête à La Roncière, pourquoi parlerait-il de sa fille à Mme de Morell ? Pourquoi s'intéresserait-il si fort au fait qu'elle ne l'aime pas ? Enfin comment le lieutenant pourrait-il être au courant des lettres anonymes qui sont arrivées à Paris six mois plus tôt ? Il ne connaissait pas la famille de Morell à cette époque et l'affaire avait été tenue secrète par tout le monde...

Marie est là quand sa mère reçoit ce courrier. Elle la voit lire en silence.

— Qu'arrive-t-il, maman ? Une mauvaise nouvelle ?

— Non, rien d'important...

« Rien d'important » : c'est la seule réaction d'une femme à qui un jeune homme avoue sans détour une passion incongrue tout en couvrant sa fille de sarcasmes. Mme de Morell range la lettre et n'en parle à personne. Peur du scandale ? Peut-être. A moins qu'il n'y ait une autre raison...

Toujours est-il que les lettres, qu'on ne peut qualifier d'anonymes tant la personnalité de leur auteur est transparente, ne vont pas s'arrêter là.

Le 21 août, Marie de Morell vient trouver sa mère dans la plus grande agitation. Elle semble morte de terreur.

— Maman, regardez ce que j'ai trouvé dans le piano !...

Mme de Morell a l'air vivement contrarié. Elle lit :

Mademoiselle,

Comme je ne sais si Madame votre mère vous a fait part des lettres qu'elle reçoit, je m'empresse de vous dire que je vous ai voué une haine que le temps ne pourra affaiblir. Si je pouvais vous hacher, vous tuer, je le ferais. Plus tard, ma haine aura des résultats qui ôteront tout bonheur, toute tranquillité à votre vie. Ce n'est pas une personne qui est gagnée dans votre maison, mais trois. Je sais tout ce qui s'y passe. Vous avez trouvé une lettre dans les rideaux, vous trouverez celle-ci dans le piano [...] Non, tout ceci n'est pas une plaisanterie. La mort serait pour vous d'un grand bienfait car votre vie sera toujours misérable et tourmentée.

Et c'est signé : « R... »

Faut-il renvoyer des domestiques puisque, d'après la lettre, trois d'entre eux sont achetés ? C'est la question que se pose Mme de Morell après sa lecture. Elle avoue ses doutes concernant deux d'entre eux : Samuel Gilliéron, un valet de chambre suisse et Julie Grénier, camériste de Marie. Mais pour le reste, elle ne fait pas de commentaires.

L'auteur des lettres doit être furieux d'être ainsi dédaigné car, dans les semaines qui suivent, il se déchaîne. Outre Mme de Morell et sa fille, tout le monde à l'hôtel reçoit son courrier. Ainsi, Miss Allen, la gouvernante de Marie :

On m'a dit que vous étiez une personne bien estimable, toujours la Bible à la main. Avertissez donc chrétiennement Mlle de Morell qu'elle est la personne la plus désagréable du monde. Je ne connais rien de plus bête et de plus commun. Quant à la mère, c'est l'idéal du charme. Quelle ravissante femme ! Mon Dieu, quel contraste ! La fille a le front ridé et l'air d'avoir dix ans de plus que sa délicieuse mère [...]

Mais le plus grave est la lettre qui parvient au général de Morell :

Général,

J'ai voulu mettre le trouble et la discorde chez vous. Je crains de n'y être pas parvenu et j'en suis malade de rage. Je ne veux pas pourtant que vous me croyiez homme à me contenter pour ma vengeance des lettres insignifiantes que vous avez reçues [...] Sur ce, votre serviteur. Merde !

É. de La R.

Cette fois, c'est grave. Le général, qui avait été jusqu'ici tenu à l'écart, est atteint de plein fouet. L'injure qui lui est faite ne peut pas rester sans conséquence. Va-t-il se précipiter à la caserne, faire mettre aux arrêts l'officier coupable d'un tel manquement à la discipline, en attendant de le traduire en Conseil de guerre ? Eh bien, non ! Comme sa femme, il ne fait rien pour l'instant. Il convoque Samuel Gilliéron et tâche de savoir s'il ne serait pas coupable de complicité. Le domestique nie farouchement et le général s'en tient là.

Singulière modération de la part d'un responsable militaire à qui on vient de dire « merde » !... Que se passe-t-il dans son esprit et dans son cœur en ces instants ? Prête-t-il attention à l'en-tête de la lettre ? L'auteur a écrit : « Général ». C'est ainsi qu'une femme appelle un officier. Un homme dit : « Mon général ». Est-ce une impertinence volontaire de plus ?...

Le mystérieux correspondant ne s'en tient pas là. Il écrit, non plus chez les Morell mais à la caserne, au lieutenant d'Estouilly, ce jeune homme qui a si peu d'affinités avec La Roncière. La lettre est signée encore une fois : « É. de La R. »

Marie de Morell vous adore ; je l'ai vue hier, cachée à la fenêtre à onze heures du soir, dans l'espoir de vous voir encore une fois [...] Mais ne vous bercez pas d'illusion : dans quelque temps, cette jeune fille ne sera plus qu'une pauvre créature dégradée, objet de pitié pour tout le monde. Si vous en voulez comme cela, on vous la jettera dans les bras, ses parents étant trop heureux de s'en débarrasser. Elle sera innocente et pure, c'est la seule chose que je ne puisse lui ôter, mais aux yeux de tous elle sera coupable [...]

Le lieutenant d'Estouilly n'est pas précisément un être nuancé. Le discernement n'est pas non plus sa qualité dominante. Il ne se pose pas de questions sur cette extravagante littérature. Il ne lui vient pas à l'esprit de vérifier l'écriture. Il se précipite à l'hôtel de Morell et montre la lettre à la générale qui lui apprend qu'il y en a déjà eu d'autres, mais le prie de ne rien dire...

21 septembre 1834. L'incroyable remue-ménage autour de la famille de Morell dure depuis plus d'un mois. Ce soir-là, les élèves de l'École sont invités par le général à une soirée musicale. Émile de La Roncière s'y présente comme les autres, en grande tenue. Il est souriant. Il a toujours en mémoire l'excellent accueil qu'il avait reçu le 15 août, lors de la fête de Marie. Car il n'est au courant de rien. D'Estouilly a tout raconté à ses camarades. Mais personne n'est allé avertir La Roncière. Une conspiration du silence s'est formée autour de lui...

Le lieutenant arrive devant le général qui se tient à l'entrée du grand salon, avec sa femme et sa fille. Il claque des talons, salue. Mais à sa stupéfaction, il entend :

— Lieutenant, j'ai de fortes raisons pour ne pas vous garder chez moi. Je vous prie de ne plus vous y représenter.

La Roncière frémit, mais ne dit mot. Il salue de nouveau et fait demi-tour...

Le lendemain matin, bien entendu, il se renseigne auprès de ses camarades. Et il apprend ce que tout le monde sait déjà. Il ne comprend rien à cette histoire de lettres anonymes qu'il décide de traiter par le mépris. On peut le comprendre : d'abord, il n'en connaît pas la gravité ; ensuite, il trouve tout cela trop absurde pour aller bien loin.

Les faits semblent lui donner raison. Deux jours plus tard, le 23 septembre, La Roncière se retrouve en présence du général de Morell lors d'une soirée de gala. Ce dernier ne le fuit pas ; au contraire, il lui rend son salut et lui adresse quelques mots aimables.

Pourtant, le drame va éclater quelques heures plus tard.

Le 24 septembre 1834, à l'aube, Mme de Morell fait irruption dans la chambre du général :

— Venez vite ! Marie !

— Quoi, Marie ?

— Miss Allen vient de me prévenir. Elle a été attaquée cette nuit. Un homme !

Tous deux se précipitent. La chambre de Marie de Morell est au deuxième étage. Elle est attenante à celle de Miss Allen. La porte de communication se ferme par un verrou situé dans la chambre de Marie.

Mlle de Morell est très calme. Il n'y a aucun désordre ni dans la pièce ni dans ses vêtements. Elle regarde d'un air lointain par la fenêtre, d'où l'on aperçoit le pont sur la Loire, gardé nuit et jour par un factionnaire en armes. Le général crie :

— Que s'est-il passé ?

— C'était vers deux heures. J'ai été réveillée par un bruit de carreau cassé. Un homme est entré.

— Quel homme ?

— Il était vêtu d'une capote de cavalier. Il avait un foulard de soie noire qui lui cachait le visage. Il est allé fermer le verrou de Miss Allen et il a dit très fort : « Je vais me venger. » J'ai pris une chaise et je l'ai lancée vers lui, mais cela ne l'a pas arrêté. Il s'est jeté sur moi, m'a attachée, m'a bâillonnée et m'a frappée. C'est à ce moment que Miss Allen s'est réveillée...

La gouvernante irlandaise prend le relais :

— J'ai entendu Marie parler. Je me suis levée et quand je me suis rendu compte que la porte était fermée, j'ai tambouriné.

Marie reprend :

— L'homme a pris peur. Il a dit : « En voilà assez pour une fois. » Il s'est enfui par la fenêtre. Je l'ai encore entendu dire : « Tiens ferme ! »

Marie de Morell garde un instant le silence et dit à mi-voix :

— C'était le lieutenant de La Roncière.

Telles sont les circonstances de l'attentat. Le général n'a pas le temps de se remettre de ses émotions car, à neuf heures du matin, une lettre lui parvient. Elle a été expédiée par la « petite poste », donc de Saumur :

Malheureux père, je suis entré dans la chambre de votre fille ; j'y suis entré sans le secours de personne, par la fenêtre. Le bruit que j'ai fait en cassant le carreau l'a réveillée et jetée à bas de son lit. Je me suis jeté sur elle, je l'ai presque étranglée avec un mouchoir. La douleur l'a fait tomber par terre, sans connaissance, couverte de sang. J'avais soif de son sang et de son honneur. J'ai eu tout. Après l'avoir rendue un objet de réprobation, je m'en suis allé sans être vu de personne. Ah, quelle nuit ! Me voyez-vous, flétrissant une jeune fille évanouie et froide de la mort ? Dans la chambre à côté, une femme tapait à se tuer le corps contre la porte que j'avais fermée au verrou, en me criant des malédictions [...].

Le récit reprend presque textuellement celui qu'a fait Marie de Morell, sauf qu'il est plus explicite et laisse clairement entendre qu'il y a eu viol. La lettre n'est pas signée mais elle est de même écriture que toutes les autres ; donc de La Roncière.

Cette fois, il ne s'agit plus d'agression purement verbale, mais d'un crime au sens pénal du terme et d'un des plus graves. Le général Morell va-t-il se précipiter à la police ? Ou bien préférera-t-il laver lui-même son honneur ? S'il allait abattre sur-le-champ l'ignoble individu, il serait acquitté par n'importe quel jury...

Eh bien, non, il ne bouge pas. Il reste seul dans le bureau de son hôtel particulier. Il ne fait rien. Il semble comme accablé... Charles de Morell a, tout au long de sa carrière, fait preuve de beaucoup de jugement. Peut-il s'empêcher de se poser ces questions de simple bon sens : où est le sang dont parle la lettre ? Marie n'avait même pas une égratignure... Comment se fait-il que sa fille, attaquée à deux heures du matin, ait attendu l'aube avant d'envoyer Miss Allen vers eux ? Comment se fait-il que personne dans la maison, ni lui, ni sa femme, ni les domestiques, n'ait rien entendu : les cris, le bruit de la chaise lancée, la gouvernante tambourinant contre la porte ? Et surtout comment comprendre la conduite aberrante et suicidaire du jeune homme ? La Roncière est-il fou ?... Non pas, le général le connaît bien, comme tous ses hommes. Il a des défauts, certes. Il est dépensier. Il a eu autrefois une conduite dissolue, mais il n'est pas fou... La folie dont toute cette histoire est empreinte depuis le début vient d'ailleurs... Le général de Morell se tait...

Mais les événements vont s'exprimer à sa place. Au même moment, le lieutenant d'Estouilly reçoit une nouvelle lettre.

Vous êtes un misérable, un lâche. Un autre que vous, après la lettre que je vous ai écrite, serait venu m'en demander raison. Au lieu de cela, vous avez préféré aller me dénoncer au général [...] Recevez l'assurance de mon mépris. Au reste, un jour, je vous appliquerai sur la face le sceau de l'infamie. Nous verrons ce que vous ferez ensuite.

Émile de La Ron...

C'est l'injure caractérisée ! D'Estouilly, qui est plus impulsif que réfléchi, choisit deux témoins et provoque La Roncière en duel. L'affrontement a lieu le jour même. Il est bref. Dès la première reprise, Émile de La Roncière blesse gravement son adversaire.

Mais l'affaire est sérieuse. Un duel entre officiers est un manquement caractérisé à la discipline. La Roncière risque gros, surtout avec ses antécédents. Le spectre du scandale réapparaît à ses yeux, et avec lui la figure de son père, qui l'avait déjà menacé d'un an de prison militaire... Lui pardonnera-t-il cette fois-ci ? Est-ce que sa carrière n'est pas définitivement ruinée ?

D'Estouilly, humilié et souffrant le martyre, sait parfaitement l'état d'esprit de son adversaire. Et il en profite. La Roncière voit venir le camarade qui lui a servi de témoin. Il le croit son ami, alors que, dans le fond, il n'a aucun ami à l'École.

— L'affaire est très mal engagée pour toi. D'Estouilly va porter plainte et tu vas au-devant de graves ennuis.

— Je le sais, mais que faire ?

— J'ai parlé avec ses témoins. Il accepte de tirer un trait si tu lui avoues par écrit que tu es l'auteur des lettres.

— Mais ce n'est pas moi.

— Cela ne fait rien. Il est furieux. Donne-lui satisfaction.

— Et il se taira ?

— Tu as sa parole.

Alors, sous la dictée de son camarade, Émile de La Roncière écrit l'incroyable confession suivante :

Monsieur,
Je déclare être l'auteur des lettres anonymes qui sont parvenues au général, à Mme de Morell et à Mlle Marie [...] Je viens de faire demander un congé et je quitte l'École cette nuit. Après cela, j'ai lieu de penser que vous êtes satisfait et que, loin de chercher à nuire davantage à ma malheureuse famille, vous ferez votre possible pour que l'on parle de cette affaire le moins possible. J'ai l'honneur de vous saluer.

É. de La Roncière.

Après avoir terminé, il conclut :

— Je pars pour Paris. J'espère que maintenant il me laissera tranquille.

C'était se tromper lourdement. D'Estouilly se hâte de faire porter la lettre au général de Morell. Celui-ci, qui a toutes les preuves en main, ne fait toujours rien. Et à Paris, où il arrive le 29 septembre, à bout de nerfs, La Roncière tente d'oublier son cauchemar. Il pense qu'à Saumur les choses sont en train de s'arranger... Erreur ! L'auteur anonyme va enfin contraindre le général à agir.

Le 12 octobre, Mme de Morell reçoit *par la « petite poste »* une lettre signée « É. R. » :

Quinze jours de tranquillité vous font peut-être croire que je suis repentant, confus, et que jamais vous n'entendrez parler de moi ? Détrompez-vous. Je sais tout ce qui se passe dans votre intérieur. Je connais toutes les souffrances de votre fille [...]

C'est vrai. Depuis l'attentat, la santé de Marie décline rapidement. Elle présente des symptômes qui déroutent et inquiètent au plus haut point les médecins. Elle s'avanouit pendant des heures. Le 20 septembre, elle se rend à son cabinet de toilette et en ressort en hurlant. Sa mère la trouve par terre, prise de convulsions. Elle tient à la main un papier froissé.

Pendant que vous vous croyez en sûreté, les plus grands malheurs se préparent pour vous. Ceux que vous aimez le plus au monde : votre père, votre mère et M. d'Estouilly n'existeront plus dans quelques mois. Vous m'avez refusé, je m'en vengerai d'abord sur lui.

É. R.

L'état de Marie de Morell est si alarmant qu'on lui donne l'extrême-onction. Elle reste prostrée trois jours, privée de sensibilité dans les jambes et dans les bras. Lorsqu'elle se lève enfin, c'est pour découvrir un nouveau billet dans son cabinet de toilette. Il est adressé à sa mère :

La méchanceté avec laquelle on me poursuit sera punie cruellement. Je connais toutes vos manœuvres perfides. Je m'en garantirai [...] Il n'y a plus d'arrangement possible et ce n'est pas la peine de dissimuler. Je n'ai pas fait autre chose que d'assassiner votre fille. Mon intention était de lui donner une maladie affreuse qui l'eût fait succomber. Je lui ai donné dans certaines parties d'affreux coups de couteau. Elle ranimait mon courage par ces mots :« Si ma pauvre mère m'entendait ! »

Le général de Morell se décide enfin. L'aggravation de la santé de sa fille ne lui laisse plus le choix. Si cela continue, elle va mourir. Et puis la vie est devenue impossible à Saumur. Il se rend à Paris le 27 octobre. Il va trouver directement le garde des Sceaux. Celui-ci n'a rien à refuser à un parent du maréchal Soult. La plainte est enregistrée, non pour tentative de viol, mais — par pudeur sans doute — pour « tentative d'assassinat ».

Émile de Roncière est arrêté le lendemain, en compagnie de Samuel Gillérion et Julie Grénier, les domestiques que les Morell suspectent de complicité, et incarcéré à la prison de La Force.

C'est là que le lieutenant apprend du juge d'instruction dans quelle situation il se trouve.

— Mais enfin, pourquoi m'a-t-on arrêté ? Je n'ai pas écrit ces lettres.

— Il ne s'agit pas seulement de lettres mais de tentative d'assassinat sur la personne de Marie de Morell...

L'instruction dure neuf mois. La Roncière est au secret. Il ne sait que par bribes ce qui se passe au-dehors. Et pourtant certains faits ne sont pas ordinaires.

Par exemple, début décembre, Octave d'Estouilly reçoit à Saumur, toujours par la « petite poste », une lettre dans laquelle le prisonnier lui fait des aveux complets :

Du fond de ma prison, sous le poids d'une accusation qui mène à l'échafaud, j'ai osé compter encore sur votre pitié et je viens vous la réclamer à genoux. Je vous conjure, au nom de ce qu'il y a de plus sacré, de me ménager dans votre déposition... etc.

Il y en a plusieurs pages et c'est signé : « É. de La Ronsière », avec un « s ».

L'opinion publique a connaissance de cette lettre, comme d'une bonne partie du dossier. Car elle a découvert l'affaire La Roncière et elle s'est passionnée pour elle. L'opinion publique est souvent sans nuance. Elle a pris fait et cause pour Marie de Morell. Comment s'en étonner en cette période romantique où l'on ne peut imaginer la victime que sous les traits de la fragilité et de la pureté ?

Fragile, Mlle de Morell l'est de plus en plus. Sa santé décline encore. Elle n'a plus que quelques heures de lucidité par jour, ou plutôt par nuit car elle ne sort de sa torpeur qu'après le coucher du soleil.

Pourtant, dans le cauchemar qu'il est en train de vivre, Émile de La Roncière a une consolation, celle à laquelle il s'attendait le moins : son père, le général François de La Roncière dont l'image redoutable a tant pesé sur lui, ne croit pas un instant à sa culpabilité. Il vient le voir à La Force et le lui dit. Il va mettre tout en œuvre pour le sauver et son poids est considérable.

Cet affrontement entre deux des plus prestigieuses familles militaires françaises est une raison supplémentaire de se passionner pour le public. Et c'est à tous points de vue un procès hors du commun qui s'ouvre le 29 juin 1835 devant les Assises de Paris. Les gloires du barreau de l'époque vont se livrer à un duel sans merci : Mes Odilon Barrot et Berryer pour la partie civile ; Me Chaix-d'Est-Ange pour la défense.

Le président Ferrey marque, dès le début, une nette prévention contre l'accusé.

— Dès votre premier régiment, vous êtes mal noté. Je lis pour septembre 1822 : « Manque de zèle et d'instruction. Oublie ses devoirs envers ses subordonnés et ses chefs. »

La Roncière ne peut le nier. Sa conduite passée va peser lourd dans les débats. Evidemment, tout cela n'a aucun rapport avec les faits, mais les jurés pourront-ils faire la différence ?

D'ailleurs, La Roncière se défend mal. S'il est innocent comme il l'a toujours prétendu, il devrait avoir un cri du cœur, un mouvement d'indignation, un élan. Mais non. Il répond d'un ton calme, presque morne. A aucun moment, il n'a l'air de s'étonner de ce qu'on lui reproche. Le président donne lecture des innombrables lettres reçues par les Morell. A chaque fois, c'est la même réplique neutre :

— Cette lettre n'est pas de moi.

L'interrogatoire roule ensuite sur la nuit du 23 au 25 septembre 1834, c'est-à-dire l'attentat. Là encore, le lieutenant répond sans émotion et le public lui trouve même un certain cynisme.

— Je suis étranger à tous ces faits. Je ne puis donner aucune explication.

— Comment Mlle de Morell a-t-elle pu alors vous reconnaître ? demande le président.

— Je l'ignore.

— Pourquoi a-t-elle persisté dans ses déclarations si ce n'était pas vous ?

— Je ne peux pas vous le dire.

Après les interrogatoires de Samuel Gilliéron et Julie Grénier, co-accusés de La Roncière, mais qui n'ont de toute évidence joué aucun rôle dans cette histoire, le président annonce la comparution de la famille Morell. Et, sensation, vu son état de santé, Marie sera entendue à minuit ! Cet extraordinaire procès aura donc une séance aux chandelles...

Pour l'instant, c'est l'audition du général et de son épouse. Le public, tout à l'attente du témoignage exceptionnel qui va suivre, ne prête pas grande attention à ce qu'ils disent. Et pourtant, ce père et cette mère bafoués, qui sont de surcroît des personnages considérables, ont une bien étrange contenance à la barre. Ils sont hésitants, confus. Ils n'osent pas regarder l'accusé. Ils répondent rapidement aux questions, comme s'ils avaient hâte que cela finisse.

Mais voici enfin le grand moment. Il est minuit. Un fauteuil Voltaire est installé face aux juges. Le président Ferrey prend la parole d'un ton solennel :

— Nous allons introduire Mlle de Morell. Nous demandons aux personnes qui assistent à cette audience de ne pas faire le moindre mouvement quand elle rentrera. Nous espérons que la curiosité cèdera, dans cette circonstance, au respect que doit inspirer sa position.

La jeune fille fait son entrée, d'une démarche de fantôme. Elle est affreusement pâle. Les marques de sa terrible maladie se lisent sur son visage. Le public serre les dents. Personne ne doute que ce ne soit la conséquence de l'odieux attentat. La Roncière, quant à lui, ne manifeste aucune émotion.

Visiblement mal à l'aise et avec d'infinies précautions, le président Ferrey finit par demander à Marie de Morell si elle a été violée.

« Non », répond-elle. Elle ne peut d'ailleurs faire autrement, l'expertise médicale qui a eu lieu au cours de l'instruction ayant établi qu'il n'y avait pas eu viol.

Marie répond aux questions d'une voix faible... Les détails de l'agression ? Elle ne se souvient plus... Pourquoi elle n'a pas crié ? Pourquoi elle a attendu le lendemain pour prévenir ses parents ? Elle a eu peur. Le président la prie de se tourner vers La Roncière :

— Mademoiselle, êtes-vous bien certaine que l'individu qui est entré chez vous est l'accusé ici présent ?

— J'en suis sûre, c'est lui.

— Comprenez-vous la responsabilité terrible que cette déclaration fait peser sur l'accusé ? insiste le président. Comprenez-vous toute la portée de votre déposition ?

Marie de Morell répond d'une voix froide :

— C'est bien lui.

La Roncière tente de protester, mais sans conviction apparente. Son avocat préfère se taire. Il sent bien que s'il s'en prenait à l'accusatrice, il ne ferait que rendre son client plus odieux encore...

Le tournant du procès a lieu le 1er juillet, lors de la troisième audience. Le lieutenant d'Estouilly paraît le premier à la barre. Sûr de lui, paradant dans son uniforme, il accable son ancien camarade de ses sarcasmes. Pour la première et la dernière fois, La Roncière sort alors de sa réserve. Il ne peut tolérer de perdre la face vis-à-vis d'un autre militaire. Il réplique vertement à d'Estouilly et, satisfait de lui, se rassied pour entendre d'un air morne la suite des débats.

Elle est pourtant fort intéressante. Elle est consacrée aux experts.

Le premier, un certain Girault, architecte à Saumur, commence par faire une description minutieuse de l'hôtel particulier des Morell. Il était impossible, explique-t-il, de s'introduire dans la chambre de Mlle de Morell par le toit. La seule solution consistait à monter par la façade depuis la rue. Encore cela n'allait-il pas sans problème. La chambre étant située au deuxième étage, il fallait, pour y parvenir, une échelle de quatorze mètres. Vu son poids, celle-ci aurait dû être manœuvrée par trois hommes au moins. De plus, une telle échelle aurait obligatoirement laissé des traces sur la façade ; or, on n'en a retrouvé aucune. Enfin, rappelle l'architecte, tout cela se passait par une nuit très claire de pleine lune. Comment expliquer alors que la sentinelle du guet, qui se trouvait sur le pont de la Loire, juste en face, n'ait rien vu ? La conclusion s'impose d'elle-même : personne n'est jamais entré dans la chambre de Mlle Marie de Morell...

Le vitrier Jorry vient ensuite à la barre. C'est lui qui a réparé le carreau cassé la nuit de l'attentat. Chacun sait que lorsqu'on brise une vitre de l'extérieur, les débris tombent dans la pièce. Or, quand le vitrier est arrivé, il n'y avait pas le moindre éclat par terre. Il y avait seulement un trou dans le coin à gauche du carreau, en bas.

— Pouvait-on, en passant la main, ouvrir l'espagnolette ? demande le président.

— Non, monsieur. C'était beaucoup trop loin.

Dans le public, il y a un flottement. Pour la première fois, les faits en apparence si clairs, semblent prendre une tournure que personne n'avait imaginée. Mais les dépositions suivantes vont aller bien plus loin. Ce sont celles des graphologues. Le premier, un nommé Houdard, a comparé quatorze lettres anonymes avec des échantillons d'écriture de l'accusé. Ses conclusions sont formelles :

— J'ai trouvé des dissemblances non seulement dans la forme et l'assemblage des lettres, mais dans le caractère de l'écriture. Il est démontré pour moi que ces lettres anonymes ne sont pas de La Roncière.

La déposition du second graphologue est plus sensationnelle encore. M. Durnerin a été chargé de comparer l'écriture des lettres avec celle de Marie de Morell. Et il affirme de la manière la plus nette, la plus péremptoire, que c'est la jeune fille qui en est l'auteur. Il n'y a aucun doute à ce sujet.

Alors, tout est clair ! Émile de La Roncière est innocent. Il est la victime de Marie de Morell, qui a tout inventé depuis le début. Il va être acquitté.

C'est compter sans le talent de Me Odilon Barrot, l'avocat de la partie civile, qui entame aussitôt après sa plaidoirie. Homme politique autant qu'avocat, et particulièrement retors, Odilon Barrot a su changer de cap suivant les régimes : il a été préfet de police en 1830. D'abord libéral, il a suivi Louis-Philippe dans son évolution vers un conservatisme de plus en plus marqué. Un tel homme est trop intelligent pour ne pas sentir la faiblesse du dossier. C'est pourquoi il préfère insister sur des faits qui n'ont rien à voir avec l'affaire : la jeunesse tumultueuse de La Roncière, ses maîtresses, ses dettes.

Mais il va plus loin : si La Roncière est innocent, cela veut dire que Marie de Morell ment ; cela veut dire qu'elle est coupable et qu'il faut alors la condamner. Est-ce qu'entre La Roncière et elle, les jurés peuvent hésiter ?

Cet argument est la négation même de l'idée de justice, dans la mesure où il fait passer les conséquences de la vérité avant la vérité elle-même, mais il est terriblement habile. Comment hésiter, en effet, entre cette frêle jeune fille à la pâleur tragique, qui porte sur elle les stigmates de la maladie, et cet homme sans chaleur, sans élan, qui semble se désintéresser de sa propre cause ? D'autre part, les Morell sont apparentés au maréchal Soult, président du Conseil. Va-t-on condamner une parente du maréchal ?

Odilon Barrot a parlé quatre heures et demie. Quand il a terminé, les membres de la famille Morell, en larmes, viennent le féliciter.

Me Chaix-d'Est-Ange, l'avocat de la défense, demande la parole. Ce n'est pas pour sa plaidoirie, c'est pour produire un témoin de dernière minute : M. de Montgolfier, descendant des aéronautes et fabricant du papier à Annonay. Et ce que vient dire le témoin, c'est que le papier des lettres anonymes, un papier de luxe très rare et fort cher, est le même que celui de Marie de Morell...

Avant-dernière audience le 3 juillet. Le réquisitoire de l'avocat général ne fait que reprendre la plaidoirie d'Odilon Barrot. Et c'est enfin à Me Chaix-d'Est-Ange de parler. Il est plus que brillant : il est convaincant. Il faut dire qu'il n'a qu'à citer des faits pour que tout le roman s'effondre de lui-même. Il insiste pourtant sur le point le plus gênant pour la défense : les aveux écrits de La Roncière. Il montre comment ce dernier voulait éviter les conséquences d'un duel qui aurait compromis son avancement et provoqué la colère et le désespoir de son père. C'est d'ailleurs ce que le lieutenant n'a cessé de répéter depuis : « Je n'ai avoué que pour ne pas affliger la vieillesse de mon père. »

Alors, que s'est-il passé ? Car les lettres anonymes et les témoignages contre La Roncière sont bien réels. L'avocat ne se dérobe pas devant la question. Avec mesure, mais avec fermeté, il met en cause Marie de Morell :

— Est-ce donc la première fois que des accusations enfantées par une imagination malade ont tenté d'égarer la justice ? Nos enceintes judiciaires n'ont-elles pas déjà cent fois entendu de ces récits de femmes exaltées, qui n'ont pu s'expliquer que par des hallucinations ?

Et Mᵉ Chaix-d'Est-Ange demande, bien entendu, l'acquittement de son client.

Pendant tout le procès, le président Ferrey n'a marqué aucune sympathie pour l'accusé. Son résumé des débats, le 4 juillet, est à l'avenant. Il reprend le point de vue de l'accusation et s'appesantit sur le passé tumultueux de La Roncière. Quant aux arguments de la défense, ils ne sont qu'esquissés, cités pour mémoire.

C'est encore sous l'influence de son intervention que les jurés se retirent pour délibérer. Six heures plus tard, ils reviennent avec leur verdict. A la majorité requise de sept voix, Émile de La Roncière est déclaré coupable de tentative de viol sur la personne de Marie de Morell. Il bénéficie des circonstances atténuantes. Les complices, Samuel Gilliéron et Julie Grénier, sont acquittés.

Dans le public, il n'y a aucune réaction. Rien qu'un silence pesant, un malaise. La cour se retire à son tour pour fixer la peine. Un quart d'heure plus tard, le président Ferrey annonce la condamnation : dix ans de prison. Il est tout de même épargné au condamné la dégradante épreuve de l'exposition, alors en vigueur, qui consiste à être attaché à un poteau sur la place du palais de justice, livré aux sarcasmes de la foule.

Émile de La Roncière n'a pas un cri, pas un mot pour clamer son innocence, mais son visage se décompose. C'est un homme anéanti qu'emmènent les gardes...

Les choses, toutefois, n'en restent pas là. Tout de suite après le procès, l'opinion publique, par un de ces revirements dont elle est coutumière, prend fait et cause pour le condamné. L'erreur judiciaire est manifeste. Il faut la réparer.

La Roncière se pourvoit en cassation. Mais le 20 août 1835, la Haute Cour rend un arrêt négatif. Les débats ont été parfaitement réguliers. Aucun vice de forme ne permet l'ouverture d'un second procès.

Les années passent, mais l'on n'oublie pas le condamné. Des médecins publient des articles dans la presse. A l'audience, les psychiatres avaient présenté les symptômes de Marie de Morell comme les conséquences de l'agression. Or, la jeune fille était malade bien avant. Elle est, à l'évidence, atteinte d'hystérie, maladie qui s'accompagne toujours d'une tendance aux affabulations les plus extravagantes. Était-elle en réalité — et sans le savoir — jalouse de sa mère et amoureuse de La Roncière ? Toujours est-il que l'alternative dans laquelle Odilon Barrot avait réussi à enfermer les jurés — ou vous condamnez La Roncière, ou vous condamnez Marie de Morell

— était fausse. La jeune fille n'est pas plus coupable que le lieutenant. C'est une malade. Elle n'a pas calomnié La Roncière pour assouvir on ne sait quelle vengeance. Elle a obéi à un besoin irrésistible, pathologique, de mentir.

Peu à peu, d'autres voix s'élèvent dans le même sens, et non des moindres. Odilon Barrot lui-même fait part de ses doutes et le président Ferrey déclare en privé : « J'aurais mieux fait de me couper la main plutôt que de signer l'arrêt de condamnation. »

Mais, malgré tous les efforts du général de La Roncière, père du condamné, le roi Louis-Philippe refuse d'agir. La famille de Morell est parente du maréchal Soult. La compromettre serait un scandale intolérable.

Ce n'est qu'en 1842 que Louis-Philippe se décide enfin à gracier La Roncière. Une faveur pour le moins modérée : le lieutenant avait déjà fait huit des dix années de prison auxquelles il avait été condamné. Bien des remises de peine sont plus généreuses que cela...

Un dernier mot sur le destin des personnages. Marie de Morell s'est rapidement rétablie après le procès. Elle a fait un peu plus tard un beau mariage en épousant le marquis d'Eyragues, qui lui a donné quatre enfants. Elle est morte en 1894, à soixante-seize ans, apparemment sans avoir éprouvé le moindre remords.

Son père n'a pas eu cette chance. Le général de Morell, prématurément vieilli, miné par le chagrin, avait démissionné de l'armée dès la fin de 1834. Il ne s'est jamais remis du drame.

Et La Roncière ? En ce qui le concerne, tant que durait la monarchie de Juillet, la situation était bloquée. Mais à la révolution de 1848, tout change. La IIe République vote en effet une loi donnant au ministre de la Justice le pouvoir de réhabiliter n'importe quel condamné sans passer par la Cour de cassation. Cette mesure était, dans l'esprit des législateurs, destinée aux condamnés politiques, mais le dossier La Roncière arrive, lui aussi, sur le bureau du ministre.

Et, le 6 mars 1849, le ministre de la Justice signe le décret réhabilitant officiellement Émile de La Roncière. Le ministre n'a eu aucune hésitation quant à son innocence. Il faut dire que ce politicien habile, qui savait s'adapter à tous les régimes, connaissait bien l'affaire, puisqu'il avait tenu la partie civile lors du procès. Il s'appelait... Odilon Barrot.

CHARLOTTE CORDAY

La Révolution française a quatre ans. Demain, le peuple de Paris fêtera l'anniversaire de la prise de la Bastille. Mais ce ne sera pas avec le faste de la première célébration, celle de la fête de la Fédération. Ce sera une simple commémoration, sans plus.

C'est qu'il s'en est passé des choses en quatre ans : la France est en guerre contre l'Europe entière et contre une partie d'elle-même en Vendée ; le roi Louis XVI a été condamné à mort et exécuté le 21 janvier. Non, l'heure n'est pas aux souvenirs, si glorieux qu'ils soient. Les problèmes présents accaparent toute l'attention. Et en premier lieu, la lutte sans merci que se livrent les montagnards et les girondins. Les amis de Robespierre semblent triompher puisque la Convention a décrété la mise hors la loi des girondins le 31 mai 1793. Mais ceux-ci se sont réfugiés dans leurs provinces et tentent de les soulever contre Paris et la dictature jacobine. La partie est loin d'être jouée. Les deux factions rivales de la Révolution, opposées sur la conception même de l'État, vont-elles s'affronter dans tout le pays ? La France va-t-elle devenir une gigantesque Vendée ?...

Ce samedi 13 juillet 1793, une jeune femme se promène sous les arcades du Palais-Royal ou plutôt du Palais-Égalité, comme il s'appelle depuis peu. C'est le matin. Le ciel est radieux et la journée s'annonce torride. Elle est habillée avec élégance d'une robe brune rayée et d'un chapeau à rubans verts. Elle est blonde, admirablement faite, son teint très blanc est d'une transparence éblouissante, elle est belle plutôt que jolie, d'une beauté froide. Elle a vingt-cinq ans ; elle est à Paris seulement depuis la veille et c'est la première fois qu'elle quitte sa Normandie natale. Elle s'appelle Charlotte Corday.

Elle pousse la porte d'une quincaillerie, comme il y en a beaucoup sous les arcades. Elle en sort avec un petit couteau de table à manche de bois qu'elle a payé quarante sols et prend la direction de la rue des Cordeliers. Elle s'arrête devant le numéro 20.

La concierge, Mme Pain, lui barre le passage.

— Que veux-tu, citoyenne ?

— Voir Marat.

— Le citoyen Marat ne reçoit personne. Passe ton chemin !

La jeune fille s'éloigne, mais elle ne va pas loin. Elle surveille l'entrée de l'immeuble et, dès qu'elle voit la concierge disparaître, se glisse dans l'escalier. Sur le seuil de l'appartement, une autre femme s'interpose. C'est Catherine Evrard, la sœur de la compagne de Marat. Elle lui oppose un refus catégorique : il est malade.

Charlotte Corday retourne à son hôtel. Elle griffonne un billet qui devrait l'aider à se faire ouvrir la porte :

Citoyen Marat,
Je viens de Caen. Votre amour pour la patrie doit vous faire désirer connaître les complots qu'on y médite.

Elle retourne rue des Cordeliers, remet la lettre à un gamin et revient une heure plus tard. Cette fois, elle se heurte à la compagne du député elle-même, Simone Evrard, qui l'éconduit avec autant de détermination que sa sœur. Mais Charlotte est décidée à tenir tête. Elle insiste. Le ton monte. C'est alors qu'une voix se fait entendre dans la pièce à côté :

— Que se passe-t-il ?

— Une jeune femme qui ne veut pas s'en aller.

— Que veut-elle ?

Elle prétend qu'elle a des révélations à faire.

Il y a un moment de silence et la voix finit par dire :

— Qu'elle entre...

La jeune femme pousse la porte. La pièce est sombre. Marat est dans sa baignoire sabot. On ne voit de lui que la partie haute du buste et son visage : une tête large au teint plombé, aux yeux gris fiévreux, au nez écrasé, aux lèvres minces et grimaçantes ; son front est entouré d'un foulard sale. A côté de lui, sur un écritoire, les épreuves de son pamphlet quotidien le *Journal de la République française,* qu'il est en train de corriger. Il demande de nouveau :

— Que veux-tu ?

— Je viens dénoncer les girondins réfugiés à Caen.

— Dis-moi leurs noms.

Charlotte Corday les cite. Le tribun sourit :

— C'est bien ! Dans quelques jours, je les ferai tous guillotiner.

La jeune fille sort alors le couteau de son corsage et le plonge entre les côtes, à l'endroit du cœur. Il y a un cri, suivi d'un râle. La baignoire est rouge de sang. Les deux femmes font irruption dans la pièce et se mettent à hurler. Les voisins arrivent. Un homme prend une chaise et en assène un coup à la meurtrière. On l'entraîne dans le salon. On lui lie les mains dans le dos. L'arrivée des gendarmes empêche qu'elle soit lynchée. Il est huit heures du soir. Marat est mort...

L'assassinat de Marat par Charlotte Corday, tous les écoliers le connaissent. Il fait partie de la mémoire collective des Français au même titre que l'assassinat d'Henri IV ou la bataille de Marignan. Pourtant, on mesure rarement à quel point cet acte est extraordinaire. Car c'est, par rapport à son but, l'erreur à l'état pur, l'aberration, l'absurdité la plus totale.

Et le plus étonnant, c'est que ce n'est pas la folie qui l'a inspiré. Alors que tant de déséquilibrés, comme Damiens ou Villain, dont il est question dans ce livre, ont réussi sans le vouloir, Charlotte Corday, qui a porté le coup fatal à la cause qu'elle voulait défendre, était parfaitement saine d'esprit. Et même tout à fait douée sur le plan intellectuel.

Marie-Anne Charlotte Corday d'Armont est née le 27 juillet 1768 aux Champeaux, une commune de l'Orne actuelle, près d'Argentan. Sa famille est de petite mais authentique noblesse ; elle est apparentée au grand Corneille dont elle est l'arrière-petite-nièce.

Jacques-François Corday, son père, est un modeste propriétaire terrien et la vie est loin d'être aisée. Charlotte est envoyée tout enfant chez son oncle, l'abbé de Corday, qui lui apprend à lire dans Corneille. Est-ce à cette occasion que l'enfant découvre la tentation de l'héroïsme et du sacrifice ? Peut-être...

A treize ans, en 1782, elle rentre chez elle. C'est pour assister aux derniers moments de sa mère qui meurt en donnant naissance à son sixième enfant. Son père l'envoie alors continuer ses études au couvent de l'Abbaye-aux-Dames. Elle y reste neuf ans. Au début, elle fait preuve d'une certaine ferveur religieuse, mais celle-ci se refroidit vite. Elle se tourne vers la lecture des philosophes : Voltaire, Rousseau. C'est à cette époque, celle de ses vingt ans à peu près, qu'elle commence à s'intéresser à la politique. Malgré ses origines nobles et son éducation, Charlotte Corday n'est ni royaliste ni mystique. Au contraire, elle est une admiratrice des idées nouvelles. Elle dira elle-même, lors de son procès : « J'étais républicaine bien avant la Révolution. »

En 1790, elle quitte le couvent et s'installe à Caen chez une vieille tante, Mme de Bretteville. Elle se passionne pour les événements parisiens, dévore les innombrables brochures et pamphlets qui paraissent.

Si Charlotte est une femme de tête, sa vie affective semble étrangement vide. Elle n'a pas d'aventure ni même de liaison platonique. Elle a des admirateurs mais leurs hommages la laissent insensible. Une seule chose l'intéresse, et de plus en plus : la politique. Or, avec l'évolution de la situation, elle change peu à peu d'opinion vis-à-vis de la Révolution. Comme les girondins, elle condamne les massacres de septembre et l'exécution du roi. Les débuts de la Terreur la plongent dans l'horreur. De pensée et de cœur, elle est incontestablement girondine.

Or les girondins arrivent justement à Caen le 2 juin 1793, après avoir été proscrits par l'Assemblée. La ville, comme toute la Normandie, est très hostile aux montagnards et les accueille à l'hôtel de l'Indépendance. Charlotte Corday va les voir et les entendre. Ce sont des personnages illustres dont elle a lu cent fois le nom dans les brochures. Il y a là Pétion, l'ancien maire de Paris, Louvet, un romancier, Guadet, l'avocat bordelais, et Barbaroux, un Marseillais beau comme un dieu grec.

Les proscrits discutent beaucoup. Ils tiennent des propos passionnés. Surtout Barbaroux, charmé d'avoir un aussi agréable auditoire. Il vitupère contre Robespierre, Danton, mais surtout contre Marat. Marat, l'homme des massacres de septembre, Marat, le « tigre assoiffé de sang », Marat, la « bête féroce qui dévore la France », Marat, le plus acharné des ennemis de la Gironde...

Charlotte approuve, s'enflamme. Mais les députés girondins ne la prennent guère au sérieux. Ils se moquent gentiment de la « jolie petite aristocrate », qui s'insurge :

— Vous me jugez aujourd'hui sans me connaître, leur dit-elle. Un jour, vous saurez de quoi je suis capable !

Le temps passe... Et sans qu'on sache exactement à quel moment — car elle n'a jamais rien dit à personne — Charlotte Corday prend sa décision. Le 5 juillet 1793, elle va trouver Mme Gautier de Villers, une parente éloignée, lui fait ses adieux, lui disant qu'elle part en voyage, l'embrasse et s'enfuit en courant. Elle écrit ensuite une lettre à Barbaroux — « Adieu, mon cher Député, je pars pour Paris. Je veux voir les tyrans en face... » — et le 9 juillet, elle prend la diligence.

A Paris, elle va rue Saint-Thomas-du-Louvre trouver le député Lauze de Perret, un ami de Barbaroux. Son intention est d'assassiner Marat en pleine Convention. Mais pour cela, il lui faut une carte d'entrée, et elle compte bien que Lauze de Perret la lui donnera.

Pas un instant, la jeune fille ne se rend compte que cette visite, qui a des témoins, est effroyablement compromettante pour le malheureux député. Elle est d'ailleurs inutile. Lauze de Perret est déjà suspect ; on lui a retiré le droit de délivrer des cartons d'invitation.

Un peu désappointée, Charlotte Corday retourne à son hôtel. Tant pis pour le geste spectaculaire. Elle ne tuera pas Marat à la

Convention ; elle le tuera chez lui. Elle rédige une *Adresse aux Français*, sorte de testament politique, dans lequel elle explique pourquoi elle a résolu de supprimer la « bête féroce engraissée du sang des Français ». Demain, elle ira acheter son couteau ; en attendant, elle se met au lit et s'endort...

Dimanche 14 juillet 1793. Ce qui aurait dû être un jour de fête est un jour de deuil. Jour de deuil pour les montagnards, les sansculottes, qui ont perdu le plus populaire de leurs chefs. Mais jour de deuil aussi pour les girondins. Car c'est pour eux une véritable catastrophe. L'assassinat de Marat les prend totalement à contrepied, ruine leurs projets. Marat était un symbole de la Révolution. Maintenant, les montagnards pourront sans mal les assimiler à des contre-révolutionnaires, à des royalistes. Le poignard de Charlotte Corday les a frappés tous aussi sûrement que sa victime. C'est ce que déclare, avec un stoïcisme désabusé, Vergniaud, un des chefs de la Gironde.

— Elle nous tue, mais elle nous apprend à mourir...

D'autres, notamment les girondins exilés à Caen, font preuve de moins de philosophie. Ils critiquent amèrement ce geste insensé :

Si elle nous eût consultés, écrit Louvet, *est-ce donc sur Marat que nous eussions voulu diriger ses coups ? Ne savions-nous pas bien qu'il était alors tellement dévoré d'une maladie cruelle, qu'il lui restait à peine deux jours d'existence ?*

Eh oui, un acte aberrant ! Si l'on voulait frapper à la tête, c'est Robespierre qu'il fallait viser. C'est lui qui, à l'époque, dirige réellement la Révolution et la France. Au lieu de cela, Charlotte Corday a été tuer Marat ! Et, comble de l'ironie, c'est un moribond, un homme qui allait sous peu mourir de mort naturelle qu'elle a tué ! Marat était en effet atteint d'une grave maladie de peau qui progressait rapidement. Depuis quelque temps déjà, il ne pouvait plus sortir de chez lui ; il était obligé de prendre en permanence des bains de lait pour soulager ses douleurs intolérables.

En période révolutionnaire, il suffit de peu de choses pour changer le cours des événements. Marat devenu martyr de la Révolution et les girondins éliminés, la Terreur jacobine va pouvoir se donner libre cours. La Révolution va s'orienter vers un centralisme étatique dont l'empreinte sur la France restera indélébile...

Pauvre Charlotte ! Elle n'a aucune conscience de cet invraisemblable gâchis par rapport à ses idées. Enfermée à la Conciergerie, elle rédige une lettre à son père :

Pardonnez-moi, mon cher Papa, d'avoir disposé de mon existence sans votre permission...

Et elle cite un vers de son arrière-grand-oncle Thomas Corneille :

Le crime fait la honte et non pas l'échafaud.

Elle se fige dans la solitude et l'héroïsme et elle va conserver cette attitude pendant le peu de jours qu'il lui reste à vivre.

Son procès s'ouvre le mercredi 17 juillet, à huit heures du matin, par une chaleur accablante, dans la salle de l'Égalité au palais de justice de Paris. Charlotte fait son entrée, habillée avec soin, dans une salle archicomble. Elle est accueillie par un murmure de curiosité de la part du public. Ce n'est pas la virago qu'on attendait ; non, c'est une simple jeune fille au visage aimable et doux.

Elle s'installe sur le siège des accusés, une sorte de chaise en fer surélevée, d'où on peut la voir de partout. Devant elle, le président Montané et les douze jurés ; sur sa gauche, l'accusateur public Fouquier-Tinville ; à sa droite, un banc vide : celui de la défense. Charlotte Corday avait pressenti comme avocat Me Doulcet. Elle déclare d'un ton un peu triste :

— J'avais choisi un ami, mais je n'en ai point entendu parler depuis. Apparemment, il n'a pas eu le courage d'accepter ma défense...

Le président Montané commet alors d'office Me Chauveau-Lagarde, venu en curieux dans le public. Une simple formalité, on s'en doute.

L'interrogatoire commence. Charlotte Corday parle d'une voix enfantine, mais ses répliques ne touchent nullement le public. Au président qui la presse de nommer ses complices, elle affirme qu'elle a agi seule. Quant à son action, elle la revendique hautement.

— Quelles étaient vos intentions en tuant Marat ?

— De faire cesser les troubles et de passer en Angleterre si je ne fusse point arrêtée.

— Mais que saviez-vous de Marat ?

— Je savais qu'il pervertissait la France. J'ai tué un homme pour en sauver cent mille !

Le président Montané insiste :

— Croyez-vous avoir tué tous les Marat ?

— Celui-ci mort, tous les autres auront peur... peut-être.

Ce « peut-être » sera le seul instant de doute dans l'esprit de Charlotte au cours du procès. A-t-elle eu, dans une vision fugitive, la révélation des conséquences réelles de son acte ? En tout cas, cela ne dure pas. L'accusée retrouve vite son assurance, sa sérénité, sa certitude du devoir accompli.

Le réquisitoire et la plaidoirie sont rapidement expédiés, la délibération des jurés également : Charlotte Corday est condamnée à mort. Comme toutes les décisions du tribunal révolutionnaire, elle est exécutoire le jour même.

Charlotte est reconduite en prison. Elle reçoit la visite d'un prêtre et refuse son ministère. Tout de suite après, une autre personne entre dans sa cellule. C'est un peintre allemand nommé Hauer, qui avait commencé son portrait à l'audience et qui vient lui demander la permission de le terminer. La jeune fille accepte avec bonne grâce, elle arrange sa chevelure et prend la pose. De temps en temps, elle se lève, jette un coup d'œil sur la toile et fait rectifier un détail.

La conversation est tranquille. Elle explique à l'artiste que les préparatifs de son exécution doivent être en train de se faire, puisque celle-ci est prévue pour cinq heures de l'après-midi. Elle est parfaitement calme, parfaitement sûre d'elle. Hauer la regarde et l'écoute, fasciné, en songeant que ce beau corps et cette tête gracieuse seront dans si peu de temps séparés et ne formeront plus qu'un cadavre...

Cinq heures. La porte s'ouvre brutalement. Sanson, bourreau de Paris, fait irruption. Pour la première fois, Charlotte Corday a une expression d'épouvante, un cri lui échappe :

— Quoi, déjà !

Mais elle se reprend aussitôt. Au dos de l'acte d'accusation qu'on lui remet, elle écrit quelques mots de reproche qu'elle demande d'envoyer à l'avocat Doulcet. Le bourreau lui coupe les cheveux. Elle en prend une mèche et la donne en souvenir au peintre. Elle interroge Sanson :

— Croyez-vous que Marat ira au Panthéon ?

De nouveau, une fugitive intuition des conséquences de son geste...

— Je ne sais pas, répond Sanson, pour ne pas lui faire de peine.

En réalité, le corps de Marat s'apprête à être inhumé en grande pompe au Panthéon...

Conformément à la sentence, ayant frappé un des « pères de la Patrie », elle doit revêtir la robe rouge des parricides. C'est une espèce de sac empesé dont la couleur souligne la blancheur de son teint.

Dans la cour de la Conciergerie, la charrette est là qui l'attend. Par extraordinaire, Charlotte Corday est la seule condamnée de la journée. Elle ira donc seule à la mort. Elle prend place sans faiblir. Sanson dira plus tard :

— Depuis le chevalier de La Barre, je n'avais jamais rencontré autant de courage pour mourir.

Dehors, la foule est énorme. Elle crie sa haine, rendue plus agressive encore par la chaleur électrique. Charlotte a l'air de ne rien entendre. Elle a refusé de s'asseoir. Elle se tient debout, attentive à garder son équilibre au milieu des cahots. Soudain, l'orage éclate et l'averse fait partir l'amidonnage de sa robe qui moule à présent ses formes. Le trajet est très long et le ciel bleu est revenu lorsqu'on arrive place de la Révolution. Par humanité, Sanson se place devant elle pour lui cacher la vue de la guillotine. La jeune fille proteste :

— Laissez-moi ! Je n'en ai jamais vu. J'ai bien le droit d'être curieuse...

Mais l'aspect de l'horrible engin la fait défaillir... C'est passager. Elle retrouve ses forces, gravit seule les marches de l'échafaud et se laisse emmener...

Charlotte Corday est morte avec un incontestable courage, mais elle est restée, si l'on peut dire, une héroïne dans le vide. Personne, en effet, ne l'a revendiquée. Les royalistes ne pouvaient pas faire une sainte martyre de cette républicaine. Les girondins et leurs successeurs ne pouvaient lui pardonner d'avoir si mal servi leur cause. En fait, les seuls qui auraient eu des raisons de lui être reconnaissants étaient ses ennemis jacobins.

Charlotte Corday, qui a agi seule, qui a été emmenée seule dans la charrette, est restée seule dans l'histoire.

LES ROSENBERG

Depuis la fin de l'année 1949, le F.B.I., la police fédérale américaine, est sur les dents. Son patron, John Edgar Hoover, a donné des consignes impératives à tous ses services : priorité absolue à la chasse aux espions.

Les espions sont la hantise, le cauchemar de l'Amérique en cet après-guerre. Le 23 septembre 1949, les Russes ont fait exploser leur première bombe atomique. De l'avis de tous les experts, la chose était impossible sans qu'ils aient bénéficié de renseignements venus de l'Occident. Il y a donc des traîtres au sein même du pays. Il faut les traquer, les découvrir et les châtier.

C'est ce langage que tient un homme politique naguère inconnu, le sénateur du Wisconsin Joseph McCarthy, devant des foules de plus en plus nombreuses et de plus en plus fanatisées : « Surveillez vos voisins ! Dénoncez-les ! » En quelques mois, toute une nation aux traditions démocratiques pourtant bien établies a cédé à la panique et à la folie collective. La « chasse aux sorcières » est commencée.

Le F.B.I. est une organisation dont l'efficacité a été maintes fois prouvée. Il cherche des espions et il en trouve. En mai 1950, il arrête Harry Gold. C'est du gros gibier. Harry Gold reconnaît être l'un des chefs de l'espionnage soviétique aux États-Unis. Il comprend la gravité de sa situation, il comprend aussi que sa seule manière de s'en sortir est de dire tout ce qu'il sait. Alors il parle.

— J'ai été à plusieurs reprises en contact avec le docteur Fuchs...

Harry Gold dit certainement vrai ; mais cet aveu n'intéresse pas les policiers. Le docteur Fuchs, un savant atomiste anglais qui a livré des secrets à l'Est, a été démasqué et arrêté en février précédent. Si Gold veut prouver sa bonne volonté, il faut autre chose : du neuf, du décisif.

— En juin 1945, j'ai rencontré à Albuquerque un technicien de la base de Los Alamos...

Là, on arrive au cœur du sujet. Le centre de Los Alamos, au

Nouveau-Mexique, est l'endroit où furent construites les premières bombes atomiques, celles d'Hiroshima et de Nagasaki.

— Vous savez son nom ?

— Oui, David Greenglass.

Le F.B.I. vérifie fébrilement dans ses fichiers. Effectivement, David Greenglass y figure. Il effectuait en 1945 son service militaire à Los Alamos. Des vols d'uranium avaient eu lieu dans son service et il avait été interrogé à plusieurs reprises à ce sujet. L'enquête était toujours en cours...

Le 15 juin 1950, une armée d'agents fait irruption dans le petit appartement new-yorkais de David Greenglass et de sa femme Ruth. David Greenglass, vingt-huit ans, est un homme sans caractère, au visage mou, à la silhouette adipeuse. Il contemple, les yeux écarquillés, cette invasion policière. Il comprend qu'il doit s'agir de tout autre chose que de cette vieille histoire d'uranium.

— Qu'est-ce qu'il vous prend ? Qu'est-ce que vous avez à me reprocher ?

— Harry Gold, cela vous dit quelque chose ?

— Non. Qui est-ce ?

— Un espion russe.

— Un espion russe ?... Je ne vois pas le rapport avec moi...

— Vous n'avez jamais été inscrit aux Jeunesses communistes, monsieur Greenglass ?

La chose est parfaitement exacte et prouve à quel point les policiers se sont renseignés. Greenglass pâlit. Il bafouille :

— Oui, mais c'était simplement pour faire partie d'une équipe de base-ball... Simplement pour ça, je vous jure !

La fouille de l'appartement est terminée. Le butin est maigre, mais il y a tout de même quelque chose : plusieurs feuilles remplies de formules mathématiques. Un des Fédéraux les brandit sous le nez de David Greenglass.

— Et ça ? Qu'est-ce que c'est que ça ?

Greenglass est décomposé. De grosses gouttes de sueur lui dégoulinent sur le visage.

— Je ne sais pas...

— Alors qu'est-ce que cela fait chez vous ?

— Attendez. Je me souviens : c'est à Julius Rosenberg.

— Qui est Julius Rosenberg ?

— Mon beau-frère, le mari de ma sœur Ethel

— Et ils sont communistes, les Rosenberg ?

— Oui, je crois... Enfin, oui, ils le sont...

David Greenglass est arrêté. Le nom des Rosenberg a été prononcé pour la première fois, d'une manière presque détournée. Et pourtant, c'est d'eux qu'il va être question désormais. Jusqu'au bout...

Julius et Ethel Rosenberg, trente-quatre et trente-deux ans, sont tous deux issus d'une famille d'émigrants juifs. Avant de se connaître, ils ont eu une jeunesse aussi misérable l'un que l'autre.

M. Greenglass, le père d'Ethel, était réparateur de machines à coudre. Son travail n'a jamais marché. Sa fille a été obligée d'arrêter ses études pour travailler. Elle n'a trouvé qu'un emploi de sténodactylo à sept dollars par semaine, une misère. Malgré ses efforts, elle ne trouvera jamais autre chose par la suite.

Julius n'a pas été plus favorisé. Son père était ouvrier de confection. Malheureusement, il était en même temps délégué syndical, ce qui signifiait pratiquement le chômage permanent. C'est la mère qui a dû faire vivre le foyer en cousant des boutons onze heures par jour. Malgré cette pauvreté, et bien qu'il ait eu quatre autres frères, Julius a réussi à faire des études. Il a même commencé un diplôme d'ingénieur électricien à l'Université de New York ; mais il n'a pas eu la possibilité de le terminer.

Ethel et Julius se rencontrent au réveillon de 1936, dans une soirée donnée pour les grévistes new-yorkais. Ethel, qui a été la première syndiquée de son entreprise, est venu chanter bénévolement. Entre eux, c'est le coup de foudre.

Le même idéal les réunit. Ils militent pour les républicains espagnols, contre les nazis. En juin 1939, ils se marient. Ils habitent d'abord chez la mère de Julius, puis dans des hôtels et des meublés. La guerre survient. Julius n'est pas mobilisé en raison de l'emploi qu'il occupe dans les transmissions civiles. En 1942, le couple trouve enfin un deux-pièces à Knickerbocker Village, un quartier de New York, celui des Italiens, des Irlandais et des juifs pauvres.

En 1945, Julius est accusé d'être membre du Parti communiste. Il perd son emploi. En 1946, il s'associe avec David Greenglass et Bernard, le frère de ce dernier, dans une entreprise de surplus militaires. L'affaire végète et finit par battre de l'aile. Les deux Greenglass décident de se retirer, mais Julius veut continuer seul. Les mois passent, David se dispute de plus en plus violemment avec son beau-frère à qui il reproche de ne pas lui avoir remboursé ses parts d'associé. En ce mois de juin 1950, il a pris un avocat et s'apprête à lui faire un procès. Ses relations sont on ne peut plus tendues avec le couple, d'autant que sa femme Ruth a toujours éprouvé une antipathie instinctive pour Ethel.

David Greenglass est donc arrêté. Il choisit comme défenseur John Rogge, un homme de gauche en théorie, ancien militant du mouvement de la Paix. Mais Rogge va se comporter uniquement en avocat. Il s'emploie à convaincre son client.

— La loi de l'état de New York vous offre une chance. Mais pour cela, il faut collaborer avec la police. Il faut dénoncer les coupables...

Ruth est plus précise encore :

— Tu dois dire que Julius et Ethel sont des espions. Il n'y a pas de raison que tu payes à leur place. Il ne faut pas leur faire de cadeau !

Alors David Greenglass se décide. Quelques jours plus tard, lorsque les hommes du F.B.I. l'interrogent de nouveau, il parle :

— Je connais Harry Gold, c'est vrai. Je l'ai bien rencontré en juin 1945 à Albuquerque. Mais j'avais des ordres, des ordres de Julius Rosenberg.

— C'était votre chef ?

— Oui. C'est lui qui m'a obligé à voler des secrets atomiques pour les Russes. Et une fois, cela s'est même passé chez lui.

— Sa femme était là ?

— Oui. C'est en 1945, au cours d'une de mes permissions. J'ai déjeuné chez eux. Sur la table de la salle à manger, j'ai fait de mémoire le plan de la bombe. Ensuite, j'ai écrit une douzaine de pages pour expliquer son fonctionnement. C'est Ethel qui les a tapées. C'est normal, elle est dactylo.

Cette fois, les policiers tiennent enfin un élément solide. Car il faut préciser que l'indice qui les avait mis sur la piste des Rosenberg n'avait aucune valeur. Les calculs manuscrits retrouvés chez les Greenglass ont été examinés par des scientifiques. Ils n'ont aucun rapport avec un quelconque espionnage : ce sont des notes qu'avait prises Julius lors d'un cours à l'Université.

Pourtant, si le témoignage de David Greenglass est accablant pour les Rosenberg, il a l'inconvénient d'être le seul. Si quelqu'un pouvait le confirmer, ce serait tout différent.

— Vous avez eu des contacts avec d'autres espions ?

David Greenglass acquiesce. Il lance deux noms :

— Max Elitcher, Morton Sobell...

Renseignements pris, Elitcher et Sobell sont deux anciens camarades d'études de Julius Rosenberg. Pour l'instant, Sobell se trouve au Mexique, mais Elitcher est aux États-Unis et il est arrêté séance tenante.

Max Elitcher est employé dans l'administration. Il a appartenu jadis au Parti communiste. Comme tous les fonctionnaires américains, il a dû, au moment de son engagement, signer une déclaration sur l'honneur affirmant qu'il n'avait jamais été communiste. Ce parjure risque de lui coûter cher. Aussi, il n'hésite pas à collaborer de son mieux avec le F.B.I. Il apporte contre Julius Rosenberg d'autres précisions accablantes.

— Il est venu me voir en juillet 1944. Il m'a demandé de lui fournir des renseignements d'ordre militaire. Bien entendu, j'ai refusé. Je l'ai revu une dernière fois fin 1946. Il m'a de nouveau parlé d'espionnage en faveur des Russes. Mais quand il a vu que je n'étais pas d'accord, il n'a pas insisté...

17 juillet 1950. Julius et Ethel Rosenberg sont dans leur petit appartement de Knickerbocker Village, en compagnie de leurs deux fils : Michaël, six ans, et Robert, deux ans. Les hommes du F.B.I. carillonnent à leur porte. Ils s'y attendaient, mais que faire ? Une fuite aurait été un aveu. Mieux vaut se défendre et prouver l'inanité de ces accusations... Les policiers n'arrêtent que Julius. C'est déjà cela ; même si la séparation leur est aussi pénible à l'un qu'à l'autre.

Car, vu le ton de la presse et l'état de l'opinion, il n'y avait aucune illusion à se faire. Cette arrestation tombe au pire moment pour quelqu'un ayant les idées de Julius Rosenberg. Il y a trois semaines, le 25 juin, en Corée, les troupes du Nord ont déclenché une offensive de grande envergure, infligeant aux Américains une des reculades les plus humiliantes de leur histoire.

Si les États-Unis étaient seuls à posséder la bombe atomique, écrivent les journaux, répètent les radios et la télévision naissante, leurs adversaires n'auraient jamais osé. Seulement, voilà les Russes l'ont aussi ! Et tout cela par la faute de qui ? De ces Rosenberg que viennent de dénoncer David Greenglass et Max Elitcher... Des communistes ! Le sénateur McCarthy avait raison. Il y a bien des traîtres au sein de la nation américaine. Une contre-offensive occidentale a été déclenchée en Corée, mais on risque à présent la guerre nucléaire par la faute des Rosenberg ! New York et les grandes villes américaines risquent d'être anéanties, entraînant la mort de milliers et de milliers de victimes innocentes, par la faute des Rosenberg !...

Pourtant, est-ce bien certain ? Les Rosenberg sont-ils les criminels que désigne l'opinion américaine unanime ? Si l'on y réfléchit en faisant abstraction des passions, un homme, un seul, peut répondre à cette question : il s'agit d'Harry Gold, qui a été entre-temps condamné à trente ans de prison, et que tout le monde a oublié... Harry Gold est, lui, un authentique dirigeant de l'espionnage soviétique. Il l'a avoué et il est en train de payer pour cela. Alors, si Julius Rosenberg est un autre dirigeant de l'espionnage russe, il y a toutes chances pour qu'il le sache.

Bien entendu, le F.B.I. interroge Harry Gold dans sa prison, pratiquement sûr du résultat. Gold a tout avoué jusqu'à présent, ce qui lui a valu l'indulgence du tribunal. Son intérêt évident est de continuer dans la même voie. S'il charge Rosenberg, il peut espérer une libération anticipée.

Eh bien, non ! Harry Gold refuse. Il a des principes. Mentir sur le dos d'un autre, il ne veut pas :

— J'aimerais bien vous dire que Rosenberg est un espion, mais ce n'est pas vrai.

Les policiers insistent. Dans sa frénésie d'aveux, David Greenglass a déclaré que Julius, lui aussi, avait rencontré Gold à Albuquerque. Les deux hommes auraient eu comme signe de reconnaissance les deux moitiés d'une boîte de conserve découpée irrégulièrement. Mais rien à faire. L'espion russe dément avec énergie.

— C'est une pure invention ! Je n'ai jamais rencontré Julius Rosenberg, ni entendu parler de lui.

Cela n'empêche pas Ethel Rosenberg d'être arrêtée à son tour, le 11 août 1950.

Désormais, un seul des personnages mis en cause par Greenglass est en liberté : Morton Sobell, le second condisciple de Julius. Et pour cause : il est toujours à Mexico. Qu'à cela ne tienne, le F.B.I. ne recule pas devant l'illégalité. Le 16 août 1950, un commando le kidnappe dans la capitale mexicaine et le ramène à New York. Les policiers espèrent recueillir un nouveau témoignage contre les Rosenberg, mais ils doivent déchanter.

— M. Greenglass affirme que vous avez communiqué aux Rosenberg le mécanisme d'implosion du détonateur de la bombe A.

— C'est faux !

— Vous avez même fait un croquis...

— C'est une absurdité !

— Pourtant vous êtes un savant, monsieur Sobell.

— Oui. Mais je suis spécialiste en radars, pas en bombe atomique.

Cette fois, l'enquête est terminée. Malgré tous leurs efforts, les hommes du F.B.I. n'obtiendront pas de charges supplémentaires contre les Rosenberg. Leur procès s'ouvre le 6 mars 1951 devant le tribunal fédéral du district de New York. Max Elitcher ne figure pas au nombre des accusés. En considération de ses déclarations contre Julius, il ne sera pas poursuivi. David Greenglass non plus, enfin pas tout de suite. Bien sûr, il est de son propre aveu un espion ; bien sûr il a de son propre aveu fourni des renseignements secrets à Harry Gold. Mais pour la justice, il est avant tout celui qui a dénoncé les Rosenberg. Il sera présent à leur procès, mais en tant que témoin à charge. Il sera ensuite jugé tout seul par le même tribunal.

Entrent donc dans le box, ce 6 mars 1951, Ethel, Julius Rosenberg et Morton Sobell, les trois qui n'ont rien dit. Le tribunal est présidé par le juge Irving Kaufman ; le ministère public l'est par le commissaire du gouvernement Irving Saypol. Tous deux sont juifs et cette circonstance apparemment sans intérêt va avoir des conséquences considérables.

Dès leur entrée, Ethel et Julius se précipitent dans les bras l'un de l'autre. Il y a neuf mois qu'ils sont séparés dans des cellules différentes de la même prison, alors que, depuis dix ans de mariage, ils ne s'étaient pas quittés un seul jour. Leur physique n'a rien de particulier. Ils sont bruns tous les deux. Lui, porte des lunettes ; elle, a un visage émouvant dans sa banalité même. C'est un couple ordinaire de juifs new-yorkais comme il y en a des dizaines et des dizaines de milliers ; un couple qui s'aime et qui ne pense qu'aux retrouvailles au moment où va se décider son sort. A leurs côtés, leur avocat, Me Emmanuel Bloch, qui s'est dépensé sans relâche pour eux.

Ethel et Julius Rosenberg se séparent. Ils reprennent leur place et contemplent le prétoire où les enquêteurs ont réuni les pièces à conviction. Elles ne sont pas moins de trente-deux. Il y a là : le règlement de sécurité du centre de Los Alamos, des photos d'amis des Rosenberg, la photo du docteur Fuchs, le savant atomiste anglais, la photo des Greenglass, un bulletin de commande d'une paire de lunettes, signé par Morton Sobell, quatre montres à bon marché trouvées chez les Rosenberg, une table-console à double fond, trouvée chez eux également, et un tronc ayant servi à quêter en faveur des républicains espagnols.

Ethel et Julius n'ont pas de réaction particulière. Ils sont déjà habitués à l'absurdité et à l'invraisemblance des moyens employés contre eux. Les journalistes américains présents dans la salle ne s'étonnent pas non plus. La console à double fond produit même une vive impression. Elle leur semble à tous terriblement compromettante. Et les quatre montres ? La chose est moins évidente, mais les montres ont une histoire. Elles ne sont banales qu'en apparence. L'accusation a percé leur secret : c'est le prix de la trahison. Elles ont été remises aux Rosenberg par les Russes en paiement de leurs services.

Le président Irving Kaufman ouvre les débats.

— Julius Rosenberg, plaidez-vous coupable ou non coupable ?

— Non coupable, Votre Honneur.

— Ethel Rosenberg, plaidez-vous coupable ou non coupable ?

— Non coupable, Votre Honneur.

Le public écoute, les journalistes notent sur leurs blocs. Personne n'a l'air d'être surpris que les espions qui ont vendu la bombe atomique aux Soviétiques, changeant ainsi le cours de l'Histoire, aient été payés par quatre montres de supermarché...

Mais voici le principal témoin, celui sans qui les Rosenberg ne seraient pas là, le héros de l'opinion américaine bien qu'il ait avoué être un espion : David Greenglass.

Greenglass recommence son récit : le fameux déjeuner chez les Rosenberg en 1945, le croquis de la bombe atomique qu'il a tracé sur la table ; les notes qu'il a écrites et qu'Ethel a dactylographiées. Tout cela semble précis et terriblement accablant. Pourtant, Me Bloch va prouver en quelques questions que c'est tout simplement impossible.

— Monsieur Greenglass, comment avez-vous eu ces renseignements ?

— Eh bien, à Los Alamos, dès qu'une conversation s'engageait, j'écoutais. Je questionnais même de temps en temps les ingénieurs.

— Et vous compreniez ce qu'ils vous disaient ?

— Oui.

— Monsieur Greenglass, avez-vous des notions de calcul différentiel ?

— Non.

— De thermodynamique ?

— Non.

— De physique nucléaire ?

— Non.

— De physique des quantas ?

— Non.

La démonstration est sans réplique. David Greenglass, petit technicien appelé du contingent, était incapable de comprendre le fonctionnement d'un mécanisme comme celui de la bombe atomique et à plus forte raison de le retracer de mémoire. Les savants qui ont construit la bombe sont tous de cet avis, et ils viendraient le confirmer à la barre si c'était possible. Mais ils en ont reçu l'interdiction pour des raisons de sécurité.

Cela ne les empêche pas de dire ce qu'ils pensent dans la presse. Le professeur Urey, celui qui a découvert l'eau lourde et le deutérium, prix Nobel de chimie en 1934, un des pères de la bombe A, écrit dans le *New York Times* :

Des données détaillées sur la bombe atomique comme celles que prétend avoir fourni Greenglass, demanderaient quatre-vingts à quatre-vingt-dix volumes imprimés serrés et que seul un ingénieur serait capable de lire.

Albert Einstein confirme publiquement ce point de vue. Et d'autres personnalités insoupçonnables viennent le répéter à la barre : il est impossible que Devid Greenglass ait pu livrer la bombe atomique aux Rosenberg. Par exemple le colonel Lansdale, responsable de la sécurité de la base de Los Alamos :

— A Los Alamos, chaque employé portait un insigne de couleur différente selon le service auquel il appartenait. David Greenglass n'aurait jamais pu avoir des conversations avec des employés ne portant pas le même insigne que lui. De plus, il était impossible de circuler de laboratoire en laboratoire. En fait, l'espionnage n'était possible qu'au niveau des savants eux-mêmes.

Mais personne, ni au tribunal ni dans la presse, n'a l'air de prêter attention à ces déclarations. Celles de Ruth Greenglass font au contraire les gros titres. Elle parle longuement de la table à double fond. Est-ce que ce n'est pas une preuve d'espionnage, ça ? Est-ce que des gens honnêtes ont une pareille chose chez eux ?... Nul ne songe à la contredire. Et pourtant, quoi de plus normal que cette pauvre cachette quand on mène des activités politiques interdites par la loi ? Si la table à double fond a servi à dissimuler des tracts, est-ce que cela prouve qu'elle ait abrité les plans de la bombe ?

Les débats se poursuivent pendant tout le mois de mars 1951. Le juge Irving Kaufman ne cesse de se montrer particulièrement incisif, particulièrement agressif vis-à-vis des accusés. Et, si l'on y réfléchit bien, son origine juive doit y être pour quelque chose. Le juge Kaufman, qui va prier à la synagogue entre les audiences pour y puiser l'inspiration morale, est le point de mire de toute l'Amérique. Dans son esprit, comment ne naîtrait-il pas une terrible crainte ? Ethel et Julius Rosenberg sont à la fois juifs et communistes. Si lui, en tant que coreligionnaire, leur montrait une quelconque indulgence, la vague d'anticommunisme portée par le sénateur McCarthy ne se transformerait-elle pas en antisémitisme ?

Contre cet évident parti pris, ils sont bien peu à réagir. Le professeur Urey, dont il a déjà été question, vient assister à l'une des audiences du procès. Il en repart indigné. A la sortie, il apostrophe le reporter du *New York Times* :

— Ce qui me frappe le plus, lui dit-il, c'est le rôle que joue la presse. Le juge Kaufman est de toute évidence prévenu contre les accusés. Je vous ai observés, vous les journalistes, et je n'ai pas noté chez vous une lueur d'indignation ni d'inquiétude. Quand cesserez-vous d'agir comme un troupeau de moutons apeurés ?

Et le professeur Urey ajoute :

— Avant de venir ici aujourd'hui, je n'avais que de graves doutes quant à la conduite du procès. Maintenant que j'ai vu ce qui se passe au tribunal du juge Kaufman, je suis persuadé que les Rosenberg sont innocents. En regardant ce tribunal, je n'ai pas vu Kaufman, mais McCarthy !

5 avril 1951. C'est le dernier jour du procès d'Ethel et Julius Rosenberg. Mᵉ Emmanuel Bloch se lève pour sa plaidoirie. Mais si son dévouement aux accusés a été et demeurera digne de tous les éloges, il n'est pas certain qu'il se montre à la hauteur de sa tâche. Ce qu'il devrait, c'est démontrer l'inanité grotesque des preuves de l'accusation. Au lieu de cela, il brosse un tableau idyllique de la vie en Union Soviétique et tente d'émouvoir les jurés sur le sort de ses clients.

Le jury se retire pour délibérer. Il revient peu après avec le verdict : les trois accusés sont coupables ; Ethel et Julius Rosenberg sont condamnés à mort, Morton Sobell à trente ans de prison.

Conformément à la loi de l'état de New York, le juge Kaufman annonce au couple la date de son exécution : le 21 mai suivant. Mais ce n'est pas tout : il tient à dire publiquement aux condamnés ce qu'il pense d'eux.

— Votre crime est pire qu'un meutre. En remettant entre les mains des Russes la bombe A, des années avant que, selon nos meilleurs savants, la Russie ne puisse la construire, vous avez causé, à mon avis, l'agression communiste en Corée...

Rien que cela ! Et l'invraisemblable discours de ce président d'assises qui accable les condamnés en plein tribunal après le procès se poursuit :

— Qui sait combien de millions d'innocents paieront le prix de votre trahison ? En vérité, par votre perfidie, vous avez sans doute changé le cours de l'histoire au détriment de notre pays. Nous avons tous les jours autour de nous la preuve de votre infamie puisque, dans le pays tout entier, les activités de la défense civile visent à nous préparer à une attaque par la bombe atomique.

L'opinion américaine unanime applaudit et, curieusement, en Europe, les réactions sont quasi inexistantes. Les journalistes du vieux continent n'ont pas pris la mesure de l'événement. *Le Monde* titre simplement : « Deux des espions atomiques sont condamnés à la chaise électrique. » Et *L'Humanité* est tout aussi laconique : « Aux États-Unis, les espions qui s'étaient emparés du secret de la bombe atomique ont été jugés et condamnés à mort. »

Le juge Irving Kaufman, qui vient de conduire avec tant de fougue le procès Rosenberg, n'en a pas encore terminé car, dès le lendemain 6 avril 1951, il préside le même tribunal fédéral du district de New York pour juger David Greenglass.

Le beau-frère de Julius Rosenberg paraît aux côtés de son avocat John Rogge. Il se fait aussi petit que possible, l'air contrit. Mais David Greenglass aurait tort de s'inquiéter outre mesure. L'attitude du juge Kaufman et du commissaire du gouvernement Irving Saypol n'est plus du tout la même. Leurs visages se sont détendus. Aux coups d'œil indignés ont succédé des regards compréhensifs et parfois bienveillants. D'ailleurs, le procès n'est prévu que pour durer une seule journée. N'est-ce pas dire que tout a été arrangé d'avance ?

En fait, il n'y a même pas de procès Greenglass. Après un réquisitoire remarquablement modéré du commissaire du gouvernement Saypol et une plaidoirie de John Rogge qui ressemble à une formalité, le juge prononce la sentence : quinze ans de prison.

Irving Saypol intervient aussitôt au nom du gouvernement :

— Je suis d'accord pour que la peine soit ramenée à cinq ans.

Avec la prison préventive qu'il a déjà faite et compte tenu de sa bonne conduite, David Greenglass peut donc espérer rentrer chez lui très prochainement. Mais son procès éclair n'est pas encore terminé. Comme la veille, le juge Kaufman tient à ce que tout le monde connaisse son opinion sur le condamné... Quelle différence de ton ! C'est celui d'un directeur de collège s'adressant à un écolier turbulent :

— Le fait que je vous montre quelque considération, commence Irving Kaufman d'une voix qu'il veut sévère, ne veut pas dire que je vous pardonne vos actes. Ils ont été odieux. Je dois cependant reconnaître l'aide que vous avez donnée pour appréhender et livrer à la justice les criminels endurcis qui sont la clé de voûte de cet abominable procès : Julius Rosenberg et sa femme Ethel Rosenberg. Du moins n'avez-vous pas ajouté à vos péchés en commettant le crime de parjure. Vous avez avoué, vous avez tout raconté sur cette affaire et cela a été d'un grand secours au gouvernement.

Et le juge Kaufman termine son amicale réprimande à celui qui a reconnu lui-même avoir donné le secret de la bombe atomique à des espions travaillant pour l'U.R.S.S. :

— Comme beaucoup d'autres dupes, vous avez cru que la Russie était l'utopie. Cependant, vous avez retrouvé votre chemin avant que le rideau ne soit tombé sur votre vie. Vous vous êtes repenti et vous avez livré à la justice ceux qui vous ont enrôlé pour cette cause...

Ethel et Julius Rosenberg sont seuls. Seuls au milieu d'une opinion américaine unanime dans sa bonne conscience, à d'infimes exceptions près ; seuls face à l'indifférence du reste du monde qui, inexplicablement, les ignore. Seuls et séparés. Ils sont pourtant à quelques pas l'un de l'autre, de chaque côté d'un couloir, dans deux cellules de condamnés à mort de la prison de Sing-Sing, tout près de la chaise électrique. Pour communiquer pendant l'interminable attente qui va suivre, ils vont devoir s'écrire.

La loi de l'état de New York, comme celle de presque tous les états américains, permet toutes sortes de recours pour retarder l'exécution. Et Me Emmanuel Bloch, l'avocat du couple, commence un combat acharné contre la mort.

Il fait appel, ce qui suspend automatiquement l'exécution. L'appel est rejeté plus de six mois plus tard, le 25 février 1952. Nouvel appel devant la Cour suprême, rejeté à son tour le 13 octobre de la même année. Le juge Kaufman fixe la nouvelle date de l'exécution au 12 janvier 1953. Me Bloch lui demande une commutation de peine. Kaufman refuse le 2 janvier 1953. Un nouveau sursis est refusé par la Cour d'appel le 5 janvier. Le 11, le président Eisenhower refuse la grâce. Tout est-il perdu ? Non. Une nouvelle date est fixée pour l'exécution : ce sera le 9 mars.

Le 17 février, la Cour d'appel ordonne un sursis. Pour les condamnés, c'est enfin l'espoir. Mais tout recommence comme avant. Le 25 mai, la Cour suprême refuse la réinstruction du procès et le juge Kaufman fixe l'exécution pour la semaine commençant le 15 juin 1953.

Le 11 juin, la Cour d'appel refuse un nouveau sursis. Le 15, la Cour suprême refuse à son tour par cinq voix contre quatre. Le 16 juin, Mᵉ Bloch introduit une nouvelle demande auprès du juge Douglas, un des membres de la Cour suprême qui s'était prononcé pour le sursis. Douglas accepte le lendemein. Mais le 18 juin, la Cour suprême, qui s'est réunie de nouveau, annule le sursis du juge Douglas. Lorsqu'elle rend sa décision, c'est la nuit. Le matin du 19 juin 1953 est arrivé. Cette fois, tous les recours légaux ont été épuisés. Il ne reste plus que la grâce du président Eisenhower. S'il la refuse une seconde fois, les Rosenberg seront exécutés dans les heures qui suivront.

Que va faire le président Eisenhower ? Va-t-il écouter les innombrables appels à la clémence sous lesquels croule la Maison-Blanche ? Car cette fois enfin, l'opinion internationale a découvert les Rosenberg. Et à la différence des Américains, qui n'ont toujours pas changé d'avis, elle a pris fait et cause pour eux.

« Il faut sauver les Rosenberg ! » C'est le cri que répètent les manifestants à Londres, à Amsterdam, à Vienne, à Rome. Les ambassadeurs américains en Europe occidentale mettent en garde le secrétariat d'État contre les répercussions graves qu'aurait une exécution pour le prestige des États-Unis. Le pape Pie XII, pourtant peu suspect de communisme, demande au président Eisenhower la grâce des Rosenberg..

Comme lors de l'affaire Sacco-Vanzetti, c'est en France que le mouvement a le plus d'ampleur. L'importance et l'activité du Parti communiste y sont bien sûr pour quelque chose. Mais on ne peut réduire cette protestation à une opération politique destinée à contrebalancer l'effet du procès de Prague qui vient d'avoir lieu. C'est une mobilisation générale, un tollé unanime. Tout le clergé prend position en faveur des Rosenberg : les cardinaux, Mgr Feltin en tête, le grand rabbin, les responsables protestants. Les petits-enfants de Dreyfus implorent la grâce du président Eisenhower. On ne compte plus les grèves et les manifestations. Le meeting du 18 juin au vélodrome d'Hiver réunit tout ce que le pays compte d'artistes et d'intellectuels : François Mauriac, André Maurois, Jean Cocteau, Jacques Prévert, André Breton, Georges Duhamel, Maurice Druon, Henri Georges Clouzot, etc.

L'émotion est à son comble. Car, outre la certitude d'une erreur, d'un crime judiciaire. il y a la personnalité des condamnés qu'on découvre en même temps. La presse est remplie des lettres qu'échange le couple depuis maintenant deux ans, des deux côtés du couloir de la mort.

Julius à Ethel, le 10 avril 1951, juste après leur condamnation :

Ethel, ma chérie, tu es vraiment une femme de grand caractère, digne et délicieuse. J'ai les yeux remplis de larmes en essayant d'exprimer mes sentiments sur du papier. Je peux seulement dire que la vie a valu la peine d'être vécue parce que tu as été à mon côté.

Ethel, à Julius, le 19 mai 1951 :

Mon chéri adoré, trois jours seulement se sont écoulés depuis que j'ai vu cet être aimé depuis longtemps, curieusement familier, curieusement étranger, à côté de qui j'ai reposé pendant tant de nuits [...] Ici, à Sing-Sing, soudé dans la brique, le ciment et l'acier, notre amour fera jaillir des racines tenaces et une tendre floraison.

Julius, à Ethel :
Mon cœur est déchiré pour nos enfants, Michaël et Robert. Malheureusement, ils sont trop âgés pour qu'on puisse les empêcher de savoir et j'ai beau essayer de me dominer, mon cerveau vacille quand je songe à leur terreur.

Julius, à Ethel, le 1er juin 1953 :
Que dire à sa bien-aimée quand on se trouve devant cette dure réalité : dans dix-huit jours, le quatorzième anniversaire de notre mariage, nous serons mis à mort. Le moment le plus sombre de notre épreuve approche. Le grave péril qui nous menace nous commande d'employer tous nos efforts pour éviter aussi bien la crise de nerfs que l'attitude héroïque. C'est calmes et recueillis que nous devons envisager le plus crucial de nos problèmes [...].
Mon amour, je crois qu'il faut garder toute notre force pour nous-mêmes. A mon avis, c'est la meilleure façon que nous ayons de prendre soin des intérêts de nos enfants. Mon ange, le numéro de dimanche du New York Times publiait un excellent éditorial sur la venue du mois de juin, en mettant particulièrement l'accent sur la beauté de la campagne qui nous entoure. Ce mois-là est à nous parce que c'est en juin que nous sommes devenus mari et femme et que nous avons trouvé la joie infinie d'un amour magnifique et vivace. Précieuse femme, noble femme, jusqu'à la fin, je te serai dévoué corps et âme. Tout l'amour dont je suis capable est à toi.

19 juin 1953, quatorzième anniversaire de mariage d'Ethel et Julius Rosenberg. L'après-midi, le président Eisenhower rejette la demande en grâce présentée par Mᵉ Bloch.

Onze heures du soir. Ethel Rosenberg est exécutée la première. Julius le sait en voyant l'ampoule de sa cellule faiblir. Son tour arrive. Tout comme Ethel, il proclame son innocence et c'est le même supplice qu'a déjà subi sa femme. Car, contrairement à ce qu'on pense, la mort sur la chaise électrique n'est pas instantanée. Les décharges font bouillir le sang et le condamné se tord dans d'effroyables convulsions pendant plusieurs secondes.

Les Rosenberg étaient-ils coupables ou innocents ? En décembre 1975, le F.B.I. a levé le secret sur les dossiers de l'affaire et les historiens ont pu examiner la question. Deux ouvrages américains ont paru à ce sujet, tous deux hostiles aux condamnés.

Dans le premier, fait à partir de quarante mille pages de notes conservées dans un meuble dont Edgar Hoover avait personnellement la clé, on apprend que Julius Rosenberg s'était confié à un « mouton », Eugène Tartakow, dans la prison de Sing-Sing. Il lui a dit qu'il avait donné onze dollars à un photographe pour faire établir rapidement des photos d'identité pour lui-même, sa femme et ses enfants. C'était peu avant son arrestation et il voulait se faire faire des passeports pour fuir à l'étranger. Le photographe a été retrouvé par le F.B.I. et il a confirmé les faits.

Évidemment, c'était là une preuve de faiblesse, mais de culpabilité, c'est autre chose. Étant donné la campagne qui se développait contre eux à la suite des accusations de Greenglass, Ethel et Julius pouvaient légitimement penser que, même innocents, ils ne s'en sortiraient pas. La preuve...

Les feuillets du F.B.I. apprennent en revanche avec certitude que Julius et Ethel Rosenberg auraient eu la vie sauve s'ils avaient avoué. Le 2 juin 1953, le directeur des services pénitentiaires John Bennet est venu trouver Julius, lui garantissant la grâce « s'il acceptait de collaborer pleinement ». Au moment de l'exécution, des agents spéciaux avaient été dissimulés dans la salle de la chaise électrique sur ordre d'Edgar Hoover. Ils devaient arrêter l'exécution à tout instant, au cas où l'un ou l'autre aurait manifesté la moindre velléité d'avouer.

En 1983, deux historiens américains : Ronald Radosh et Joyce Milton ont publié une étude plus fouillée, résultat de quatre ans de recherches et du dépouillement de deux cent cinquante mille fiches du F.B.I. Leurs conclusions sont également défavorables aux condamnés.

Selon Radosh et Milton, Julius Rosenberg était certainement coupable et Ethel sans doute pas. Julius était bien à la tête d'un réseau d'espionnage soviétique et il a réellement fait parvenir aux Russes des renseignements capitaux sur la bombe atomique. Ethel était vraisemblablement étrangère à ses activités.

Le F.B.I. le savait. Mais il a fait pression pour que tous deux soient condamnés afin d'exercer un chantage sur Julius. Celui-ci adorait sa femme et la police était certaine qu'il avouerait pour lui épargner la chaise électrique. Seulement, c'était sous-estimer son fanatisme politique. Par idéologie, Julius Rosenberg n'a pas hésité à sacrifier la vie de sa femme et la sienne.

La thèse est séduisante, mais c'est une affirmation sans preuve et, surtout, il faut en revenir à la réalité des faits.

Que Julius et Ethel Rosenberg aient trahi par conviction politique, c'est parfaitement admissible, seulement, ce n'est pas cela qui a été dit au procès. On a dit qu'ils l'avaient fait pour deux montres chacun ; on a dit que leur table à double fond était une preuve accablante contre eux. On n'a pas dit que Julius Rosenberg s'était procuré les secrets de la bombe d'une manière inconnue, on a dit que c'était à la suite du déjeuner avec David Greenglass, qui n'avait ni les connaissances suffisantes ni les moyens matériels pour transmettre un pareil renseignement. C'est sur la foi du bric-à-brac des pièces à conviction du prétoire et du témoignage de Greenglass qu'ont été condamnés les Rosenberg. Et c'est là le point essentiel.

Car la question n'est pas de savoir si les Rosenberg sont coupables dans l'absolu. Elle est de dire s'ils pouvaient être déclarés coupables par rapport aux preuves qu'a apportées l'accusation. Et la réponse est sans discussion : non.

Ce n'est pas tout. En admettant même que Julius et Ethel aient été de vrais espions sans qu'on ait pu le prouver, ils ne méritaient pas la peine de mort ni à plus forte raison l'exécution. Harry Gold, authentique dirigeant de l'espionnage soviétique — le crime précis qu'on reprochait aux Rosenberg —, a été condamné seulement à trente ans de prison. Notons au passage qu'il a été libéré au bout de seize ans, alors que Morton Sobell a dû, lui, attendre dix-huit ans et demi.

Condamnés après un procès inique sur des preuves inexistantes et sous la pression d'une opinion fanatisée, Julius et Ethel Rosenberg ont été et demeureront l'exemple même des victimes de l'intolérance, qui est malheureusement de toutes les époques et de tous les pays.

JACK L'ÉVENTREUR

Martha Turner est accoudée à une table crasseuse du pub *L'Ange et la Couronne* devant un verre de mauvais gin. Elle soutient avec peine sa tête aux joues creuses, au regard fiévreux. Elle a trente-cinq ans mais elle en paraît quarante. Ou plutôt, elle n'a plus d'âge ; elle respire la misère, la déchéance, le désespoir, la mort...

Martha Turner se tourne vers l'homme assis à ses côtés. Un soldat.

— Tu m'en payes un autre ?

— Non. On a dit un verre, pas deux. Et puis, il va être une heure et demie. Il faut que je rejoigne ma garnison à la tour de Londres.

C'est vrai. Il n'est pas loin d'une heure trente, ce 6 août 1888, et la tour de Londres n'est pas tout près du pub *L'Ange et la Couronne*, situé dans le quartier de Whitechapel, le plus pauvre de Londres...

En cette fin du xixe siècle, jamais peut-être les inégalités sociales n'ont été aussi criantes. Et l'Angleterre victorienne, qui est alors le pays le plus puissant du monde, ne fait pas exception à la règle, bien au contraire. Sa prospérité économique, l'éclat de son industrie, de son commerce et de son empire colonial, ont pour sinistre contrepartie les bas-fonds de Londres et des grandes villes industrielles.

A Whitechapel, comme dans certains quartiers de Liverpool ou Manchester, la vie ressemble à un enfer. Ce sont des rues aux briques sales, où se côtoient les marins, les chômeurs, les mendiants, les prostituées et les assassins. A la tombée de la nuit, les pères jettent à la rue leurs filles de onze ans en les menaçant de les battre le lendemain matin si elles ne rapportent pas quelques shillings. Chaque nuit, il y a des rixes mortelles au sortir des bouges où l'on sert de l'alcool frelaté...

Cinq heures du matin. John Reeves, portefaix, rentre dans la chambre de bonne qu'il habite dans George Yard Building. Il est ivre et bute contre une forme écroulée dans l'escalier. Il se penche et constate qu'il s'agit d'une femme assassinée.

La police, qui vient faire ses constatations, ne marque guère plus d'émotion que le portefaix. L'inégalité sociale se manifeste également devant le meurtre. L'identité de la victime est rapidement établie : Martha Turner. Et l'enquête s'arrête pratiquement là. La mort d'une prostituée n'intéresse personne : les journaux n'en parlent pas. En bas du mince dossier, on écrit : « Meurtrier inconnu », et tout est dit.

Pourtant, le meurtre de Martha Turner a quand même frappé les policiers. Oh ! bien sûr, tout cela n'a guère d'importance, mais il est rare de voir un tel acharnement : trente-neuf blessures, faites par deux armes, un couteau à lame très longue et un instrument chirurgical ; neuf coups ont été portés à la gorge, dix-sept dans la poitrine et treize dans la région abdominale. Alors, une vengeance ? Un fou sadique ? C'est sans doute l'un ou l'autre, mais l'insignifiance de la victime enlève son intérêt à la question...

31 août 1888, trois heures et quart du matin. William Cross, un charretier qui se rend à son travail, se trouve dans Bucks Row, une rue de Whitechapel, lorsqu'il aperçoit une bâche qui traîne sur le trottoir. Il arrête son véhicule.

— Ça, c'est une aubaine !

Il s'empare de la bâche et constate qu'il y a une femme couchée en dessous. Pensant à une ivrogne, il lui donne sans ménagement un coup de pied.

— Allez, réveille-toi !

Mais la femme ne se réveille pas et William Cross manque de s'évanouir... Jamais il n'aurait imaginé voir un jour une telle horreur. La malheureuse a été égorgée ; son cou est tranché d'une oreille à l'autre. Mais ce n'est pas tout. Elle a également été éventrée ; les viscères pendent, l'abdomen est incisé en plusieurs endroits, comme à la suite d'une opération chirurgicale. Le cadavre est encore chaud.

Cette fois, la police prend l'affaire au sérieux. Non pas à cause de la personnalité de la victime : il s'agissait de Mary Ann Nichols, quarante-deux ans, mère de cinq enfants, qui vivait dans une maison infestée de rats, et qui se prostituait pour se payer de l'alcool. Mais c'est évidemment la nature des blessures qui attire son attention. D'après le médecin légiste, « elles ont été faites avec un couteau à lame exceptionnellement longue. Elles dénotent une grande habileté et de réelles connaissances anatomiques. »

Le sang-froid de l'assassin est également remarquable. Il a exécuté son coup dans la rue et, malgré l'heure tardive, les passants ne manquaient pas. A deux heures trente, Mary Ann Nichols a pris congé d'une de ses collègues en lui disant :

— Pas de chance ce soir !...

Elle a pourtant rencontré par la suite un client ou quelqu'un qui se prétendait tel. Mais vers les quatre heures et demie, une demi-heure avant la découverte de son corps par William Cross, elle était encore vivante. Un passant l'a formellement reconnue.

Du coup, la presse se met à parler de l'événement. Le *Times,* en particulier, se passionne pour l'assassin inconnu qu'il appelle pour l'instant, faute de mieux, « le tueur de Whitechapel ».

Une semaine a passé. C'est le matin du 8 septembre 1888. Il est six heures. Comme de nombreux policiers, l'inspecteur Joseph Chandler a patrouillé toute la nuit dans les rues de Whitechapel. Il passe à la hauteur du 29 Hanbury Street, tout près de Bucks Row où a été découverte la seconde victime, lorsqu'il entend des cris sortir de l'immeuble.

— Au secours ! Au secours !

Il pénètre dans un porche conduisant à une courette. Un des habitants de l'immeuble, qui sortait de chez lui, lui désigne en tremblant une forme plaquée contre le mur visqueux. C'est une femme, ou plutôt ce qu'il en reste. Sa tête a été coupée puis replacée sur le cou et maintenue en place à l'aide d'un fichu de couleur rouge. Une fois sa victime décapitée, l'assassin l'a éventrée et lui a retiré les ovaires et un rein.

La morte, Ann Chapman, dite « Annie la Brune », avait quarante-sept ans. Après s'être mariée à un vétérinaire, dont elle avait eu deux enfants, elle a connu une rapide déchéance. Elle s'est mise en ménage avec un fabricant de passoires, puis elle a vendu des fleurs, puis elle s'est prostituée. Depuis quelques mois, rongée par l'alcool et la tuberculose, elle ne quittait plus guère l'hôpital. Le soir du 7 septembre, épuisée, malade, elle avait voulu passer la nuit à l'hospice, mais on l'avait mise dehors parce qu'elle n'avait pas d'argent.

L'autopsie précise que le meurtrier « possède de grandes connaissances en anatomie et s'est servi d'un instrument tel qu'en emploient les chirurgiens ». Le médecin légiste, le docteur Philips, affirme qu'il n'aurait pas fait lui-même des ablations avec plus de précision et qu'il lui aurait fallu plus d'un quart d'heure. Cette fois, dans l'opinion anglaise, c'est la sensation et, à Whitechapel, la terreur.

Tout le monde se pose immédiatement la même question : que fait la police ? Les trois meurtres ont eu lieu dans un rayon de deux cents mètres seulement ; la nuit du 7 au 8 septembre des dizaines de policiers étaient sur place pour repérer tout individu suspect et cela ne l'a pas empêché de frapper. L'incurie est évidente.

C'est parfaitement exact. Scotland Yard est, à l'époque, très au-dessous de sa réputation. A sa tête, depuis 1886, se trouve Charles Warren, un général de l'armée coloniale, homme irréprochable, mais militaire et non pas policier. Quant à son adjoint, sir Robert

Anderson, il est en vacances en Suisse et, mis au courant des événements, il ne juge pas bon d'écourter son séjour...

En son absence, ses subordonnés multiplient les actions spectaculaires, à défaut d'être efficaces. Deux cents asiles et dépôts de mendicité londoniens sont perquisitionnés et leurs occupants interrogés, mais sans le moindre résultat. En désespoir de cause, des chiens limiers sont lancés dans Whitechapel. Ils errent pendant des heures dans ce labyrinthe de rues malodorantes sans trouver quoi que ce soit — d'ailleurs qu'étaient-ils censés trouver au juste ? — et finissent par se perdre. En fin de compte, Scotland Yard doit envoyer une circulaire à tous les postes de police de Londres pour leur demander de retrouver ses chiens...

Puisque la police se montre incapable, les principaux intéressés, c'est-à-dire les habitants de Whitechapel, décident de prendre les choses en main, aidés d'autres Londoniens bénévoles, syndicalistes et étudiants pour la plupart. Un Comité de vigilance est créé. Sa tâche consiste à recueillir les renseignements et à organiser des patrouilles chaque nuit.

Le Comité de vigilance tient à faire preuve de mesure face aux innombrables fausses pistes qui lui sont proposées, mais tous n'ont pas la même prudence. Dans l'opinion traumatisée, une image du meurtrier s'impose : c'est un partisan juif. Lorsque, peu après, un cordonnier juif polonais, John Pizer, est arrêté à la suite d'une dénonciation, on assiste même à un début de pogrom. Heureusement pour lui, il a un alibi. Il faut le relâcher et tout repart à zéro.

C'est alors qu'à l'initiative du meurtrier, l'affaire de Whitechapel entre du jour au lendemain dans l'histoire du crime.

Le 12 septembre 1888, une agence de presse londonienne, le Central News Office, trouve dans sa boîte une carte postale écrite d'une belle écriture penchée et commençant en ces termes :

J'ai mis un peu de la substance rouge du dernier travail dans un flacon pour écrire avec, mais elle est devenue épaisse comme de la colle et je ne puis l'utiliser. L'encre rouge convient assez bien, j'espère...

Suit une série de détails prouvant que l'auteur est bien le criminel, des proclamations par lesquelles il affirme sa haine des prostituées et des menaces sans équivoque annonçant son intention de recommencer : « La prochaine fois, je couperai les oreilles de la dame pour les envoyer à la police. »

La carte postale n'est pas anonyme. L'auteur a signé. Pas de son nom, mais du surnom qu'il s'est choisi : « Jack l'Éventreur. »

Si Jack l'Éventreur souhaitait de la publicité, Scotland Yard va aller au-delà de ses désirs. Il fait diffuser le fac-similé de la carte à des milliers d'exemplaires. Du coup, on ne parle plus que de Jack l'Éventreur dans toute l'Angleterre ; même à l'étranger il devient une vedette. Cette nouvelle initiative de Scotland Yard n'aura d'ailleurs pas plus de succès que les précédentes. Dans le tombereau de dénonciations qui vont s'accumuler sur les bureaux de la police, il n'y aura rien d'intéressant, pas le plus petit indice. C'est au contraire Jack L'Éventreur qui, mettant ses menaces à exécution, va frapper de nouveau, avec une audace dépassant tout ce qu'on avait vu jusqu'à présent.

29 septembre 1888, une heure du matin. Louis Diemschutz, colporteur polonais, entre avec sa petite carriole dans la cour du Club éducatif des travailleurs étrangers. Nous sommes dans Berner Street, en plein cœur du périmètre où agit Jack l'Éventreur.

En passant sous le porche, le cheval fait un écart. Louis Diemschutz descend voir ce qui a pu l'effrayer. Il pousse un cri. Il y a là le corps d'une femme égorgée. Elle est grande et décharnée. Elle tient dans la main droite une grappe de raisin, dans la main gauche un sac de bonbons. L'enquête établira qu'il s'agit d'Elisabeth Stride dite « Longue Liz », une prostituée de quarante-cinq ans. La témérité de Jack l'Éventreur est inimaginable. Ce porche, qui conduit au foyer pour émigrés, est très passant. Même la nuit, il y a un va-et-vient continuel. C'est d'ailleurs pour cela qu'on ne retrouve pas sur la victime les mutilations habituelles. Elle a seulement été égorgée et son visage tailladé. De toute évidence, Jack l'Éventreur a été dérangé et vraisemblablement par le colporteur polonais lui-même, car le corps était encore tout chaud.

Mais même si la malheureuse Elisabeth Stride n'a pas été éventrée, son meurtrier ne pouvait être que Jack. D'abord, l'autopsie fera la preuve que l'arme était un couteau à longue lame, et surtout qui d'autre aurait été assez fou pour commettre un tel crime ?

La folie de L'Éventreur n'a pas encore atteint ses limites. C'est maintenant que le plus incroyable se produit. Moins d'une heure plus tard, à Mitre Square, une place située à dix minutes de marche de Berner Street, est retrouvé le corps d'une autre femme. Le meurtre a eu lieu en pleine rue, alors qu'un agent faisait une ronde tous les quarts d'heure et que des policiers patrouillaient sans arrêt, de même que les membres du Comité de vigilance.

Malgré cela, Jack l'Éventreur a pris son temps. Il s'est acharné d'une manière inimaginable, comme s'il voulait se venger d'avoir été dérangé quelques minutes plus tôt. Cette fois, la victime a été éventrée. Ses entrailles ont été sorties et enroulées autour du cou ; son foie placé à côté de la tête ; un rein a été prélevé. Il s'agissait encore une fois d'une prostituée : Catherine Eddowes. Elle avait été arrêtée au début de la soirée pour ivresse sur la voie publique et conduite au commissariat tout proche de Bishopgate. Les agents ne l'ont pas gardée. Ils l'ont relâchée en pleine nuit ou, pour être plus exact, ils l'ont jetée à la rue, alors qu'elle ne tenait pas debout. Une inconscience qui n'est pas loin d'être criminelle...

Dans l'opinion choquée, traumatisée, le scandale atteint des proportions sans précédent, d'autant que Jack l'Éventreur continue à se faire de la publicité à sa manière. Le 16 octobre, il envoie une lettre au président du Comité de vigilance. Elle est accompagnée d'un paquet contenant la moitié d'un rein. La lettre précise : « Il n'y a que la moitié du rein, car j'ai fait frire et mangé l'autre partie. »

On veut croire à une plaisanterie de carabin. Mais non : le médecin légiste précise qu'il s'agit bien du rein prélevé sur le corps de Catherine Eddowes.

De toutes parts, on réclame la démission de Sir Charles Warren, le directeur de Scotland Yard dont la nullité a été patente dans cette affaire. En militaire qu'il est, Charles Warren s'obstine et refuse de démissionner. Il refuse jusqu'au 10 novembre 1888, car là, vraiment, il ne lui était plus possible de rester.

Mary Jane Kelly, vingt-cinq ans, bien qu'habitant et « travaillant » à Whitechapel, n'a rien de commun avec les autres prostituées qui ont formé jusqu'ici l'ordinaire de l'assassin : elle est jolie, elle est même ravissante. Elle a d'abord exercé dans une maison de prostitution de luxe de Londres ; puis elle est venue à Paris, où elle a fait partie de celles qu'on nommait les « demi-mondaines ». A la suite de quel coup du sort s'est-elle retrouvée dans les rues infâmes de Whitechapel ? On ne le saura jamais. Toujours est-il qu'elle s'est installée pour recevoir ses clients dans une chambre sordide sur cour, à Middler's Court, une rue située à l'intérieur du terrain de chasse de Jack l'Éventreur.

Le soir du 9 novembre, une prostituée la voit sortir d'un pub au bras d'un homme corpulent et bien vêtu, portant une moustache rousse. A une heure du matin, des voisins constatent qu'elle est chez elle, dans sa chambre de Middler's Court. Il y a de la lumière derrière les rideaux ; on l'entend rire et chanter.

A neuf heures du matin, le propriétaire de l'immeuble envoie un petit commissionnaire réclamer à Mary Jane Kelly le loyer qu'elle lui doit. Le gamin frappe sans résultat à la porte. Comme il est dégourdi, il arrive, au prix d'un peu de gymnastique, à passer la tête par une lucarne de la cour en montant sur des poubelles... Il jette un œil à l'intérieur et s'enfuit en hurlant. Il dira plus tard au coroner : « C'était l'œuvre d'un dément plutôt que d'un homme. »

Pour la première fois, l'Éventreur opérait dans un lieu fermé. Il a eu tout son temps et n'a pas craint d'être dérangé. Il a donc pu fignoler et dans l'horreur ; le meurtre de Mary Jane Kelly est son chef-d'œuvre.

Elle a été égorgée comme les autres, mais beaucoup plus profondément : le couteau a atteint la colonne vertébrale et l'a laissée à nu. Le corps lui-même ressemble à une carcasse de boucherie. Le nez et les oreilles sont coupés. Les intestins, enlevés et déroulés, ont été accrochés en festons à des clous plantés dans le mur, comme une guirlande de carnaval. Mais c'est surtout sur la table de la chambre que le spectacle est insoutenable : le meurtrier y a déposé, rangés avec une symétrie parfaite, les reins, le cœur et les seins. Il a en outre aspergé les murs de sang, un peu comme un peintre en bâtiment. Sur une chaise, les vêtements de la jeune femme ont été posés, après avoir été soigneusement pliés. Les médecins légistes estimeront que le dépeçage a duré deux heures. Eux-mêmes, pour reconstituer le cadavre, mettront six heures.

Dans l'opinion, c'est une explosion de fureur. Toute l'Angleterre se met à chercher Jack l'Éventreur. Même la reine Victoria participe au mouvement. Elle envoie note sur note au Premier ministre Lord Salisbury, lui enjoignant de réussir coûte que coûte. D'autres perdent carrément la tête : pour certains esprits mystiques, l'Éventreur n'est autre que le bras de Dieu, châtiant les pécheresses.

Scotland Yard, déshonoré, multiplie ses vains efforts. Des dizaines de policiers déguisés en femmes patrouillent inutilement dans Whitechapel. On photographie la rétine des victimes, selon une fausse théorie alors en vogue qui voulait que les yeux des morts gardent la dernière image qu'ils ont vue.

Pendant ce temps, la presse est en ébullition. Elle se pose deux questions. D'abord : comment les victimes se sont-elles laissé approcher avec une telle inconscience ? Chacun y va de sa solution. Pour les uns, Jack l'Éventreur est un policier ; pour les autres, c'est un pasteur ou tout du moins il se déguise de cette manière. En fait, la vérité est sans doute plus simple et plus tragique. Les prostituées, sous peine de renoncer à leur activité, étaient obligées d'accepter de rencontrer des inconnus. Et puis, tenaient-elles tant que cela à la vie dans ces rues lépreuses ? Était-il si grave de hâter de quelques années une mort que l'alcoolisme et la tuberculose rendaient prochaine ? L'une d'elles a répondu à un journaliste : « Eh bien, qu'il vienne donc ! Le plus tôt sera le mieux pour une femme telle que moi. »

L'autre question que se posent les journaux est plus difficile : comment Jack l'Éventreur a-t-il pu tuer et disparaître au milieu des centaines de personnes qui parcouraient le quartier ? On pense aux égouts, aux toits. Conan Doyle, qui vient de publier le premier volume des aventures de Sherlock Holmes, est évidemment mis à contribution. Il trouve une réponse assurément ingénieuse : Jack se déguise en femme.

L'année 1889 vient juste de commencer, lorsque Scotland **Yard**, dont plus personne ne se soucie, provoque le coup de théâtre. Du jour au lendemain, il retire tous les policiers qui patrouillaient dans Whitechapel et cela, sans fournir la moindre explication. On peut imaginer la stupeur puis la panique des gens du quartier qui se trouvent brutalement livrés sans protection aux coups du tueur fou. On peut imaginer l'ahurissement de l'opinion publique. Qu'est-ce que cela signifie ?

Ce que cela signifie ? Un responsable de Scotland Yard l'apprend à un représentant du Comité de vigilance. On ne connaît le nom ni de l'un, ni de l'autre, mais on sait exactement ce qu'ils se sont dit :

— Vous pouvez rentrer chez vous. Vous ne risquez plus rien de Jack l'Éventreur.

— Pourquoi ?

— Parce qu'il est mort. Il s'est suicidé.

— Comment le savez-vous ?

— Nous le savons.

— Vous savez aussi son nom ?

— Oui. Mais nous ne pouvons pas le dire...

Scotland Yard était de toute évidence sûr de lui, mais les habitants de Whitechapel étaient loin de partager cette sérénité. Nuit après nuit, dans les rues lépreuses, ce fut la terreur. Mais les nuits ont passé, puis le mois de janvier 1889, puis les autres mois, et les années... Et plus jamais Jack l'Éventreur ne s'est manifesté.

Scotland Yard avait raison : il était bien mort ou tout du moins dans l'incapacité définitive d'agir. Alors maintenant, on peut se poser la question capitale : qui était Jack l'Éventreur ?

Pour les bourgeois et la bonne société de l'époque, cela ne pouvait être qu'un vagabond, un clochard et, plus particulièrement, un étranger. Un Anglais n'aurait jamais fait une chose pareille. Une telle horreur ne pouvait que provenir du continent. C'était le sentiment de la reine Victoria elle-même, qui avait demandé à son Premier ministre qu'on enquête sur les navires du port. Malheureusement, la police partageait aussi ces préjugés sociaux et raciaux. Elle a refusé systématiquement de suivre les pistes qui conduisaient à des gens honorables.

Pour le peuple, au contraire, aucun doute n'était permis : Jack l'Éventreur, c'était le docteur Jekyll et Mr Hyde, une incarnation vivante du roman de Stevenson qui — par une coïncidence qui n'en était peut-être pas une — avait été monté sur une scène londonienne au mois d'août 1888. Pour les pauvres gens de Whitechapel, de

Manchester, de Liverpool et d'ailleurs, Jack l'Éventreur était un dandy en cape noire et chapeau haut de forme, venant s'encanailler dans les bouges et assouvir ses instincts sanglants. La police avait facilement trouvé sa trace, mais ne l'avait pas inquiété en raison des hautes protections dont il jouissait. Et, comme souvent, c'était le bon sens populaire qui avait raison contre les préjugés bourgeois, même si la réalité n'était sans doute pas aussi caricaturale.

En fait, il existe un témoignage incontestable sur le physique de Jack l'Éventreur, et un seul. Il concerne son meurtre le plus risqué : celui de Catherine Eddowes à Mitre Square, en pleine rue. Un passant, qui a traversé la place dix minutes avant la découverte du corps, a vu la prostituée parlant et riant avec un homme habillé correctement mais sans luxe. C'est peu, on en conviendra, mais cela suffit à exclure un vagabond qui n'aurait pu se procurer des vêtements décents, même modestes.

Mais le meilleur témoignage sur Jack l'Éventreur n'est pas visuel et c'est lui-même qui l'a fourni : il s'agit de ses lettres. Parmi toutes celles qui sont arrivées à la police pendant cette période, trente-quatre doivent lui être attribuées avec certitude et leur analyse graphologique est sans équivoque. La belle écriture penchée dénote une intelligence au-dessus de la moyenne. Le vocabulaire, le style, indiquent une culture étendue. Jack l'Éventreur possède en outre une maîtrise assez remarquable de la langue : par moments, il s'exprime en vers de mirliton avec une certaine aisance. De tout cela, il faut conclure qu'il est obligatoirement anglais et qu'il appartient soit à la bourgeoisie, soit à l'aristocratie. Malgré les préjugés d'une partie de l'opinion, Jack l'Éventreur était, socialement du moins, un gentleman.

Mais quel gentleman précis ? Il y a à ce sujet de nombreuses hypothèses, de la plus farfelue à celle qui est peut-être la bonne.

Citons pour mémoire le pamphlet de G. B. Shaw, paru en 1889 dans le quotidien *The Star*. L'auteur dramatique, qui était alors un polémiste aux idées avancées et à la verve féroce, constate qu'après les meurtres les autorités ont enfin pris des mesures contre la misère des bas-fonds londoniens qu'elles avaient parfaitement tolérée jusque-là. Ce que lui-même et ses amis réclamaient en vain depuis des années, Jack l'Éventreur l'avait obtenu en quelques coups de couteau. Et l'auteur de l'article conclut : « Jack l'Éventreur est un réformateur social indépendant. » Bien entendu, il ne s'agit là que d'une brillante illustration de ce genre littéraire si typiquement anglais qu'est l'humour noir.

La première théorie vraiment sérieuse sur l'identité de Jack l'Éventreur remonte à 1928. Cette année-là, un journaliste, Leonard Matters, publie un livre intitulé *Le Mystère de Jack l'Éventreur*.

Matters appelle l'assassin le docteur Stanley, tout en précisant qu'il a changé son nom, par respect pour sa famille. Il s'agit d'un chirurgien connu dont le fils avait fréquenté Mary Jane Kelly et attrapé la syphilis, dont il était mort deux ans plus tard. Le docteur Stanley serait alors parti dans les rues de Whitechapel pour venger son fils. Il a retrouvé la trace de Mary Jane Kelly en interrogeant plusieurs de ses collègues qu'il a supprimées ensuite parce qu'elles étaient des témoins gênants. Lorsque, le 10 novembre 1888, il a tué Mary Jane, il s'est arrêté puisqu'il avait commis le seul meurtre qui l'intéressait. Il s'est ensuite réfugié à Buenos Aires où il est mort en 1927, après avoir avoué la vérité à Leonard Matters.

Cette version a le mérite d'expliquer le brutal arrêt des meurtres, mais elle se heurte à des impossibilités matérielles. D'abord, la syphilis ne tue pas en deux ans mais en vingt ans au moins. Ensuite, la malheureuse Mary Jane Kelly avait été examinée de ce point de vue au cours de l'autopsie et elle n'avait pas de maladie vénérienne. Enfin, aucun médecin anglais n'est mort à Buenos Aires en 1927.

En 1938, dans *Jack l'Éventreur, une nouvelle théorie*, William Strewart reprend l'idée de Conan Doyle, mais va plus loin : Jack l'Éventreur ne se serait pas déguisé en femme, ce serait une femme, et plus précisément une sage-femme. Elle pratiquait des avortements, mais elle avait été arrêtée et condamnée sur la dénonciation d'une prostituée. Sortie de prison, elle aurait résolu de se venger de cette manière horrible sur l'ensemble d'entre elles.

L'hypothèse est ingénieuse ; elle explique en particulier pourquoi les victimes ne se sont pas méfiées. Elle concorde aussi avec les connaissances anatomiques que possédait l'assassin. A part cela, il n'y a rien à dire, sinon, justement, qu'il s'agit d'une hypothèse que rien, dans les faits, ne vient appuyer.

Si l'on pouvait accorder quelque crédit à cette version, la suivante est, en revanche, totalement invraisemblable. En 1959, Donald Mac Cormick a publié un nouvel ouvrage : *L'Identité de Jack l'Éventreur*. D'après lui, il s'agirait d'un médecin auxiliaire de l'armée russe : Alexandre Pedachenko. Sa folie meurtrière aurait été découverte par la police secrète tsariste, qui l'aurait fait conduire à Londres et lâcher sur la ville, afin de nuire à l'Angleterre.

Il n'y a rien de sérieux dans cette thèse qui reprend les a priori xénophobes de l'époque. L'Angleterre et la Russie n'étaient pas en si mauvais termes en 1888 et, d'ailleurs, deux nations, même au plus mal dans leurs relations, n'auraient jamais recours à un procédé aussi bizarre. Enfin — faut-il le répéter ? — ses lettres l'ont prouvé : Jack l'Éventreur était anglais.

Pour en revenir aux Anglais, un certain nombre de criminels arrêtés à l'époque pour d'autres affaires ont été suspectés. L'un d'eux même, Frederick Deeming, meurtrier de ses deux épouses et de ses quatre enfants, a avoué en 1892 être Jack l'Éventreur. Mais ce n'était qu'une tentative désespérée pour retarder son supplice et il a été pendu sans délai. Malheureusement pour lui, il avait un alibi : en 1888, il était en prison.

On a parlé aussi comme Éventreur de Neil Cream, médecin écossais pendu en 1892, et de George Chapman, pendu en 1903. Tous deux étaient effectivement des monstres, mais ils avaient empoisonné leur femme, ce qui ne cadre pas avec les méthodes de l'assassin de Whitechapel.

C'est en 1970 que la revue *The Criminologist* a avancé l'une des hypothèses les plus sérieuses et celle qui est de loin la plus sensationnelle. Elle est due à Ch. Stowell qui aurait reçu les confidences de Sir William Gull, médecin de la famille royale à la fin du XIXᵉ siècle. Jack l'Éventreur aurait été ni plus ni moins que le duc de Clarence, petit-fils de la reine Victoria et héritier de la couronne d'Angleterre.

Homosexuel notoire, le duc de Clarence avait contracté la syphilis en 1880 à l'âge de seize ans, avec un marin. Devenu fou en 1888, il aurait commis les premiers meurtres. Mais, arrêté par la police et interné dans le plus grand secret, il se serait échappé le 9 novembre et aurait assassiné Mary Jane Kelly. Il aurait été repris et interné, cette fois définitivement, jusqu'à sa mort en 1902.

La thèse est évidemment très séduisante. Malheureusement, le duc de Clarence a, lui aussi, un alibi, du moins pour le dernier meurtre. Le 9 novembre 1888, il se trouvait au château de Sandringham où son père le prince de Galles fêtait son anniversaire. L'alibi a-t-il été monté de toutes pièces par la famille royale ? Rien ne permet de l'affirmer.

C'est une version assez proche, mais beaucoup plus compliquée que Stephen Knight a donnée dans son livre *Jack l'Éventreur : la solution finale,* en 1976. Les personnages sont les mêmes, mais il s'agit cette fois d'un véritable roman-feuilleton.

En 1884, la princesse Alexandra, mère du duc de Clarence, lui fait donner des leçons de dessin par le peintre Walter Sickert. Les leçons ont lieu au domicile de l'artiste, à Cleveland Street. Là, le jeune duc, qui change pour une fois son fusil d'épaule, tombe amoureux d'un ravissant modèle : Annie Crook. Ils se marient secrètement devant un prêtre catholique et ils ont une fille : Alice, qu'ils confient à une voisine : Mary Jane Kelly.

La reine Victoria apprend la chose. Le duc est ramené séance tenante à Buckingham Palace ; Annie Crook, déclarée folle grâce à un faux certificat signé par le médecin de la cour, William Gull, est internée et meurt à l'asile ; Alice est confiée à Walter Sickert.

En 1888, Mary Jane Kelly, devenue prostituée, confie son secret à trois de ses collègues : Mary Ann Nichols, Annie Chapman et Elisabeth Stride. Toutes quatre décident alors de faire chanter la famille royale. L'ordre de les faire disparaître est pris par la reine Victoria elle-même. Les exécuteurs seront Walter Sickert, le docteur William Gull et le cocher du duc de Clarence : John Netley. Le scénario est identique dans chaque cas. Sickert va aborder les prostituées et les conduit jusqu'à sa voiture où le cocher Netley les étrangle. Ensuite, le docteur Gull pratique les mutilations pour faire croire à un crime de sadique. Ainsi ont été tuées les quatre prostituées : Martha Turner n'a rien à voir avec l'affaire et Catherine Eddowes a été tuée par erreur.

Par la suite, Walter Sickert a élevé Alice, puis en a fait sa maîtresse et ils ont eu un fils, Joseph. En 1942, sur son lit de mort, à quatre-vingt-deux ans, Sickert a raconté toute l'histoire à Joseph qui l'a lui-même racontée à Stephen Knight, auteur de l'ouvrage.

Que dire ? Sinon que, malgré le titre, ce n'est certainement pas « la solution finale » sur le mystère de Jack l'Éventreur. Mais l'auteur a fait preuve de beaucoup d'imagination et son histoire méritait d'être racontée.

La solution finale a peut-être été révélée en 1965 par deux livres parus coup sur coup : *L'Automne de la terreur,* de Tom Cullen, et *Jack l'Éventreur,* de Daniel Farson. Ces deux ouvrages apportent une révélation sensationnelle : le nom du personnage qui s'est suicidé, celui-là même que Scotland Yard avait refusé de dire. La fuite provient de Sir Melville Mac Naghten, entré à Scotland Yard en 1889. C'est lui qui a été chargé de clore le dossier en 1892. Le dossier existe toujours. Il est conservé dans les coffres de Scotland Yard. Mais selon la loi anglaise, il ne pourra pas être ouvert avant 1992.

Sir Mac Naghten a gardé toute sa vie le secret sur ce qu'il savait ; seulement, il avait pris des notes personnelles. Et, après sa mort, ses descendants les ont retrouvées dans ses papiers. Le personnage en question s'appelait Montague John Druitt.

Issu d'une très bonne famille, Montague John Druitt a trente ans au moment des faits. Il a fait d'excellentes études, d'abord au collège de Winchester, puis à l'université d'Oxford. C'est le type même du parfait Anglais ; il se distingue en particulier par sa force au cricket. En 1882, après avoir terminé ses études de droit, il s'inscrit au barreau de Londres. Mais, en 1888, à la suite d'un événement mystérieux dont on n'a pas retrouvé trace, il abandonne brutalement une carrière aussi bien commencée pour devenir répétiteur dans une école privée.

Tels sont les éléments biographiques qu'ont retrouvés les deux auteurs à propos de Montague John Druitt. Et il faut reconnaître que tout concorde : le niveau d'instruction et la maîtrise de la langue

anglaise, naturels de la part d'un avocat ; le brusque changement
d'existence qui laisse supposer un événement pathologique subit. De
plus, Montague John Druitt, qui avait quitté Londres, avait conservé
un pied-à-terre dans la capitale, à Inner Temple, tout près de
Whitechapel. De plus encore, s'il n'était pas médecin lui-même, il
appartenait à une famille de médecins : son grand-père, son père, son
oncle et son cousin étaient ou avaient été chirurgiens. Enfin, et c'est
évidemment le point capital, Montague John Druitt s'est suicidé peu
après le dernier meurtre de Jack l'Éventreur. Il a disparu le
3 décembre 1888 et son corps a été repêché dans la Tamise le
31 décembre. C'est tout de suite après que Scotland Yard a levé le
siège.

On peut donc imaginer le scénario suivant : après le meurtre de
Mary Jane Kelly, Montague John Druitt a un brusque accès de
lucidité. Il découvre l'horreur et l'étendue de ses crimes et il décide de
se supprimer. Il l'écrit à Scotland Yard. Scotland Yard sait qu'il s'agit
bien d'une lettre de Jack l'Éventreur puisqu'il connaît son écriture,
mais il doit attendre la découverte du corps. Lorsque Montague John
Druitt est retrouvé dans la Tamise le 31 décembre, la police sait qu'il
n'avait pas menti et que Jack l'Éventreur est bien mort.

Reste à savoir pourquoi Scotland Yard a refusé de divulguer le nom
de l'assassin, laissant libre cours à toutes les suppositions. Montague
John Druitt appartenait, certes, à une famille honorable, mais pas
considérable au point de bénéficier de cet extraordinaire anonymat.
Alors, y avait-il une autre raison pour qu'il ait fallu taire son nom ? Et
est-ce bien lui qui figure dans le dossier de Scotland Yard ?

Nous aurons — peut-être — la réponse à ces questions en 1992. Un
peu de patience, ce n'est pas si loin...

L'AFFAIRE PETIOT

Paris, 11 mars 1944. Depuis deux jours déjà, les habitants de la rue Le Sueur, une artère résidentielle près de l'Étoile, sont incommodés par une fumée nauséabonde. Elle s'échappe du 21, un hôtel particulier longtemps abandonné et qui a été acheté récemment.

Deux agents à bicyclette arrivent peu après pour ce qu'ils pensent être un banal feu de cheminée. Devant l'hôtel, ils trouvent porte close. Heureusement, la concierge de l'immeuble d'en face traverse la rue :

— Je connais le propriétaire du 21. Il m'avait confié sa clé mais il me l'a reprise. C'est un docteur, le docteur Petiot. Il habite 66, rue Caumartin. Il m'a laissé son numéro de téléphone : Pigalle 77-11.

L'un des agents va téléphoner de la loge. Il obtient Mme Petiot, puis le docteur.

— Que se passe-t-il ?

— Il y a un feu de cheminée chez vous, rue Le Sueur.

— Est-ce que vous êtes déjà entrés ?

— Pas encore.

— Alors attendez-moi. J'arrive avec les clés.

Mais le docteur tarde et la fumée ne cesse pas. Les agents se décident à appeler les pompiers. Ces derniers s'introduisent dans la maison à l'aide d'une échelle et en brisant une vitre. Les policiers les suivent. Quand ils ressortent, ils sont blêmes. L'un des agents bredouille en se précipitant vers le téléphone de la concierge.

— La cave, la cave ! Pleine de cadavres qui brûlent dans la chaudière !

Ce qu'ils viennent de découvrir dans l'hôtel particulier est en effet insoutenable : un bras sort de la gueule de l'une des chaudières ; tout autour, le sol est jonché de débris humains. Mais ce n'est pas tout : un peu plus loin, dans un débarras, une ancienne fosse d'aisance contient des restes qui baignent dans un magma de chaux vive ; au-dessus, une poulie avec une corde et un crochet ; dans une autre partie du bâtiment, une curieuse pièce triangulaire sans fenêtre, fermant de l'extérieur, avec dans l'un des murs un viseur optique.

En attendant l'arrivée de la Police Judiciaire, les agents montent la garde devant le 21, rue Le Sueur. C'est alors que survient un homme à bicyclette. Il est de taille moyenne, mais son visage est de ceux qui frappent : un front immense encadré de cheveux noirs, des traits extrêmement mobiles et expressifs ; et surtout, un regard d'une intensité peu commune qui a quelque chose de gênant ou de magnétique. Il va directement vers les agents :

— Je suis le frère du docteur Petiot. Je peux entrer ?

Les policiers le laissent passer. Il pénètre dans le bâtiment, découvre l'abominable spectacle sans surprise ni émotion apparente. En ressortant, il baisse la voix :

— Vous êtes de bons Français ?

Les agents acquiescent.

— Ce sont des cadavres de Boches et de traîtres. Avez-vous prévenu la P.J. ?

— Oui.

— Alors, le temps presse. Il faut que je disparaisse. Je suis le chef d'un mouvement de Résistance. La vie de nombreux patriotes est en jeu.

Les agents n'ont pas une seconde d'hésitation.

— Filez vite !

Le cycliste fait un petit salut et disparaît... Si les policiers avaient eu la curiosité de lui demander ses papiers, ils auraient découvert qu'il s'agissait du docteur Petiot lui-même et non de son frère. Leur attitude semble inconcevable, et pourtant, en ce printemps 1944, elle peut s'expliquer. C'est l'époque des règlements de comptes. Chacun sait bien qu'il s'en commet dans l'ombre et, s'il s'agissait dans le cas présent d'exécutions dues à la Résistance, le mieux n'était-il pas de fermer les yeux ?

Toujours est-il que les deux braves agents viennent, par sentiment patriotique, de commettre une lourde erreur. Mais pouvaient-ils savoir que le hasard les avait mis, ce 11 mars 1944, en présence d'un des plus grands criminels de tous les temps ?...

En fait, le chemin qui aboutit au charnier de la rue Le Sueur est à la fois complexe et déroutant, comme la vie elle-même du sinistre héros de cette histoire.

Marcel Petiot naît à Auxerre le 17 janvier 1897. Son père est fonctionnaire aux P.T.T. Sa mère n'exerce pas de profession. Le milieu, quoique modeste, est loin d'être médiocre sur le plan culturel puisque l'un des oncles de Marcel est professeur de philosophie. On a prétendu que, tout enfant, il s'était montré cruel avec les animaux, mais la chose n'a pas été prouvée. Quoi qu'il en soit, il est en avance dans ses études. A sept ans, il a le niveau scolaire d'un enfant de dix. Sa personnalité est étrange dès le début, voire inquiétante. Il est incontestablement pervers : tout jeune, il fait circuler dans sa classe des images pornographiques ; un jour, il tire même un coup de revolver pendant un cours d'histoire.

Le jeune Marcel, qui perd sa mère à quinze ans, est renvoyé de plusieurs établissements successifs en raison de son épouvantable conduite. Cela ne l'empêche pas d'être toujours aussi bon élève. En 1915, il passe son baccalauréat à Paris. Il a dix-huit ans.

Aussitôt, il s'engage comme volontaire. Il est incorporé au 89ᵉ régiment d'infanterie et monte au front. En mai 1917, il est blessé au pied gauche. Soigné, il est peu après réformé définitivement, mais pas en raison de sa blessure, pour « déficience mentale ».

Étonnant diagnostic. En tout cas, il est faux. Si les médecins militaires ont découvert que quelque chose n'allait pas dans le cerveau de Petiot, ce ne sont pas ses facultés intellectuelles. Il reprend en effet ses études, s'inscrit en médecine et obtient, en décembre 1921, son doctorat avec la mention « très bien ».

Au début de 1922, il s'installe dans son pays natal, à Villeneuve-sur-Yonne, un bourg de 4 200 habitants. Rapidement, il conquiert une nombreuse clientèle aux dépens de ses confrères. C'est sans doute parce qu'il est excellent médecin, mais aussi à cause de sa personnalité elle-même. Il y a quelque chose en lui qui subjugue, qui force à le croire quand il vous dit qu'il va vous guérir. Il semble même avoir des dons de voyant ; il donne en effet à des patients qu'il n'a jamais vus des détails étrangement précis sur leur passé ou leur état d'âme. Ceux-ci ne peuvent évidemment pas savoir qu'il a installé un micro dans la salle d'attente et qu'il entend ainsi les conversations. Une bien curieuse initiative, d'autant moins nécessaire qu'il est bon médecin. Mais le docteur Petiot est effectivement un curieux personnage qui mêle en lui les côtés les plus contradictoires.

Ce praticien doué et aimé de ses malades est un voleur. Il est kleptomane, au sens pathologique du terme. Il ne peut s'empêcher de rafler tout ce qu'il voit. Il a les poches encombrées de petites cuillers ; il va vendre à son profit des objets sans valeur appartenant à la maison meublée qu'il a louée.

Mais il y a plus grave. Il a une liaison avec sa bonne, une certaine Louisette, âgée de vingt-quatre ans. Louisette devient enceinte et, à partir de ce moment, on ne la voit plus. Évidemment, on jase à Villeneuve-sur-Yonne. Petiot traite ces racontars par le mépris :

— Elle est montée à Paris. C'est son droit, non ?...

En juin 1927, le docteur Petiot se marie. Une union réussie à tout point de vue. L'épousée, Georgette Leblais, est jolie, douce et riche.

Ses parents tiennent un restaurant rue de Bourgogne, à Paris, fréquenté par les parlementaires du Palais Bourbon tout proche.

Est-ce cette clientèle qui en donne l'idée à Petiot ? Toujours est-il qu'il est soudain saisi par le virus de la politique. Et, tout comme en médecine, il y réussit brillamment. Il a en effet les qualités requises : il est intelligent et même retors ; il est brillant orateur et il a en plus cet ascendant quasi magnétique qui fascine les foules. D'idées, il est résolument progressiste. Aux élections municipales, il prend la tête d'une « liste des Républicains de gauche » et il est élu maire de Villeneuve-sur-Yonne à une confortable majorité. Au conseil municipal, il se comporte en chef incontesté, presque en dictateur. Il prend ses décisions sans consulter personne.

Cette ascension sociale ne le fait pourtant pas renoncer à ses petits travers. Il vole toujours autant et toujours par pure manie. Le goût des images et des propos grivois, qu'il a depuis l'enfance, ne l'a pas quitté. Et il y a toujours à Villeneuve-sur-Yonne des événements étranges ou inquiétants.

Le jour de Noël 1929, une grande croix est arrachée près du cimetière. La rumeur publique accuse Petiot, l'athée, le pourfendeur de curés. Il ne dément pas. Beaucoup plus grave, en 1930, une femme est assassinée dans des conditions sauvages. Un témoin affirme avoir vu le docteur avec elle juste avant le meurtre. C'est l'un des patients de Petiot, qui le soigne pour des rhumatismes. Il meurt d'un arrêt du cœur juste après une piqûre calmante que lui fait le médecin. Marcel Petiot n'est pourtant pas inquiété. Les gendarmes ont évidemment des soupçons. Mais il s'agit du maire et pas de n'importe quel maire : il impressionne, il en impose à tout le monde. Pour agir, il faudrait des preuves. Et il n'y a pas de preuve.

Petiot a quand même des ennuis peu après, pour un enfantillage. Il a été voler deux bidons d'huile de graissage à la gare. La compagnie P.L.M. le poursuit. L'affaire vient sur le plan judiciaire ; il est condamné et déchu de ses fonctions de maire.

Il en faut davantage pour l'abattre. Loin de renoncer à la carrière politique, il se fait élire conseiller général en octobre 1931. Mais encore une fois, il gâche tout pour une bêtise. Il trafique son compteur pour frauder l'E.D.F. De nouveau poursuivi, il est révoqué de son mandat.

Cette fois, il n'insiste pas. Il se rend compte que Villeneuve-sur-Yonne ne lui vaut rien. Il va chercher fortune à Paris. Il s'installe, avec sa femme Georgette et son fils Gerhardt, 66, rue Caumartin, près de la gare Saint-Lazare. Et il réussit instantanément.

Pour cela, il n'hésite pas à employer des moyens peu orthodoxes. Il fait une publicité tapageuse dans le quartier en distribuant lui-même des prospectus dans les boîtes aux lettres. C'est un charabia plus ou moins médical qui relève du charlatanisme, mais qui a un impact certain sur une clientèle très populaire. Le docteur Petiot se prétend en particulier spécialiste dans la désintoxication des drogués.

Le même scénario recommence. Les patients affluent. Le cabinet ne désemplit pas. Quant à lui, il est d'un dévouement admirable, disponible à toute heure et par tout temps. Il soigne gratuitement les pauvres. Il se dépense sans compter pour les prostituées de Saint-Lazare et les drogués, nombreux dans ce quartier mal fréquenté.

Sa kleptomanie ne l'abandonne pas pour autant. En avril 1936, il est arrêté en flagrant délit pour avoir volé un livre à l'étalage de la librairie Gibert, dans le Quartier latin. Conduit au poste, il tient des propos tellement violents qu'on appelle un psychiatre. Celui-ci demande l'internement d'office : « Accès dépressif, déséquilibre, délire d'invention. Le sujet prétend avoir découvert le mouvement perpétuel et une pompe à matières fécales. Était en état de démence au moment de l'action. Doit être tenu pour irresponsable. »

Petiot est interné pendant un mois à la clinique du docteur Delmas, à Ivry. Il proteste comme un beau diable de sa santé mentale. Il exige d'être examiné par des sommités médicales. Et l'examen a lieu. Il est pratiqué par les docteurs Claude, Génil-Perrin et Laignel-Lavastine. Leurs conclusions sont évidemment d'un intérêt décisif compte tenu de la suite des événements. « Individu intelligent, de volonté forte, nettement pervers et amoral, exempt de troubles mentaux, grand illusionniste, très persuasif. Les anomalies psychiques que l'on peut relever chez lui ne sont pas de nature à atténuer la responsabilité pénale. »

Les médecins découvrent d'autres caractéristiques étonnantes chez le patient, notamment une insensibilité anormale à la douleur physique, détail qui ne sera pas sans importance.

L'incident de la librairie Gibert reste une parenthèse dans la vie de Petiot. Son existence reprend comme avant. Sur le plan privé, il n'y a rien de spécial. Il est bon père, bon époux, il ne boit pas, il ne fume pas ; il emmène souvent sa femme et son fils au théâtre et au cinéma.

Sur le plan professionnel, c'est toujours la même réussite, même si sa clientèle est assez particulière. Il soigne surtout des drogués. En 1938, il en a jusqu'à quatre-vingt-quinze en même temps. Pour cette raison, la police le surveille de près, mais ne découvre rien de concluant. Ses activités, en tout cas, payent bien, puisque Petiot déclare 500 000 francs de revenus pour 1938, une somme rondelette.

La guerre arrive. En juin 1940, Marcel Petiot est l'un des rares Parisiens à ne pas se jeter sur les routes de l'exode. Il reste dans la capitale et continue à exercer comme si de rien n'était. La police le surveille de plus près encore. Car, outre ses contacts avec le milieu de la drogue, il y a maintenant l'aspect politique : Petiot, homme de gauche, déteste les Allemands et il ne se gêne pas pour le dire, au mépris de toute prudence.

Le 30 mai 1941, il fait un achat important. Il acquiert pour 495 000 francs un hôtel particulier 21, rue le Sueur. La maison, inoccupée depuis dix ans, appartenait à un prince tchécoslovaque.

Pourquoi cette initiative dont il ne parle à sa femme et à son fils qu'après coup ? Plusieurs raisons peuvent être avancées. D'abord, c'est incontestablement une bonne affaire. L'époque troublée permet de telles aubaines et Petiot n'était pas homme à les laisser passer. Ensuite, il compte certainement s'en servir comme entrepôt. Il a la manie d'acheter des objets. Il hante les salles de vente et en ramène un bric-à-brac pour lequel le 66, Caumartin était trop exigu. Enfin, il songe peut-être à changer de quartier. Un médecin arrivé se doit d'exercer dans le XVIᵉ arrondissement. Après la guerre, il pourra ainsi entamer une nouvelle carrière.

Mais est-ce bien la raison de son achat ? Il entreprend en effet d'étonnants travaux. Une entreprise de maçonnerie de banlieue est chargée de surélever le mur mitoyen. Il fait installer au rez-de-chaussée un petit cabinet médical et, tout à côté, une étrange pièce triangulaire, sans fenêtre et insonorisée, dont l'un des murs est percé par un viseur optique. Le reste, les immenses pièces de cet hôtel particulier de trois cent trente-deux mètres de surface, il ne s'en occupe pas, il le laisse à l'abandon comme si cela ne devait servir à rien...

Premier janvier 1942. Une nouvelle année de guerre commence. Dans Paris occupé, soumis au couvre-feu et à des restrictions de plus en plus impitoyables, la mort rôde. Et pas seulement à cause des uniformes *feldgrau* qu'on voit partout. Elle est dans l'ombre, elle est le fait de ces hommes en civil qui surgissent quand on les attend le moins et dont on ne revoit jamais ceux qu'ils emmènent. Les gens ont peur à Paris, au début de cette année 1942. Certains ont plus peur que d'autres, ils sont même prêts à prendre tous les risques pour se mettre à l'abri. Et le pire c'est qu'ils ont raison.

Joachim Guschinow habite au 69 de la rue Caumartin. Sa boutique de fourrures est frappée de l'étoile de David et de l'inscription « Magasin juif ». Il est né avec le siècle en Pologne, il y a quarante-deux ans. Joachim Guschinow a épousé une Française, une non-juive. Elle ne risque rien. Mais lui, s'il pouvait s'en aller quelque temps et rentrer après la guerre... Seulement, à qui parler ? La moindre imprudence et c'en est fini.

C'est alors qu'il a l'idée de se confier à son médecin, le docteur Petiot qui habite en face, au 66. L'homme lui a toujours inspiré confiance et puis il y a le secret professionnel... Un jour de la fin décembre 1941, Joachim Guschinow se jette à l'eau et, à sa grande joie, Petiot se révèle l'homme de la situation.

— Partir ? Mais bien sûr. Je connais une filière… Que diriez-vous de l'Argentine ? Évidemment, il y a des frais. 75 000 francs. Pas pour moi, pour les intermédiaires…

Et le docteur continue… Il se charge de tout : les faux papiers, les piqûres des vaccins exigés en Argentine. Il conseille au fourreur d'emporter le maximum d'argent sur lui, en billets, en or et en bijoux. Il en aura besoin pour vivre là-bas, mettre sur pied un petit commerce, le temps que la guerre se termine… Et Petiot, qui ne laisse décidément aucun détail de côté, lui conseille même de se badigeonner le visage avec un produit de bronzage et de mettre des lunettes noires pour avoir l'air sud-américain.

Mme Guschinow ne partage pas l'enthousiasme de son mari. Elle a peur. Elle essaie de le dissuader. Mais il ne l'écoute pas. Le 2 janvier, Joachim part avec deux valises contenant deux millions en diamants et en perles. Il a rendez-vous avec Petiot à l'angle de l'avenue de la Grande-Armée et de la rue Pergolèse, dans le quartier de l'Étoile…

L'année 1942 est déjà bien entamée lorsque deux personnages font leur apparition dans la faune louche qui hante les bars et les restaurants parisiens. On y trouve de tout à l'époque : des trafiquants du marché noir, des souteneurs, des mauvais garçons, des agents de la Gestapo, français et allemands, des gens traqués en quête d'une solution miraculeuse à leur problème.

Les deux personnages en question sont ternes au possible. Pintard dit Francinet est un ancien chanteur de café-concert qui a tenu des rôles d'agent de police dans les films muets. Cinquante-cinq ans, toujours à l'affût des conversations, il a l'art de ne pas attirer l'attention. Raoul Fourrier, soixante ans, est posticheur. Une profession qui le rend intéressant à beaucoup, vu les circonstances…

C'est devant un verre qu'a lieu le premier contact. L'un et l'autre ont l'œil pour repérer le client à son air furtif, à sa contenance mal assurée. La conversation s'engage. On parle de voyage et Pintard ou Fourrier finit par répondre à la question prononcée à voix basse :

— Une filière ? Oui, j'en connais une…

Ensuite, un nom, ou plutôt un prénom est murmuré : le docteur Eugène. Un premier rendez-vous est pris…

Eryane Kahan, quarante-huit ans, une Roumaine d'origine juive, est l'une des premières à rencontrer les deux hommes. Elle a beaucoup d'allure et de charme. Elle a beaucoup de cœur aussi. Dans un premier temps, elle souhaitait s'expatrier elle-même, mais lorsqu'elle apprend que le docteur Eugène est à la tête d'un réseau d'évasion, elle décide d'en faire profiter ses nombreux amis juifs. Et c'est elle qui va fournir au docteur la majeure partie de ses clients.

Pendant toute l'année 1942 et une partie de 1943, ils se succèdent dans ce jeu de piste fait de rendez-vous mystérieux, qui aboutit au dernier rendez-vous avec le docteur, avec l'argent du passage et une valise remplie d'or ou de bijoux. Ils partent seuls ou en couple. Ils s'appellent : Wolff, Basch, Stevens, Anspach, Braunberger, Kneller...

Mais d'autres proies plus inattendues ne vont pas tarder à mordre à l'hameçon du docteur Eugène, c'est-à-dire le tandem Pintard-Fourrier. Des personnages qui nous replongent tout droit dans ce que fut le cauchemar de l'Occupation.

Adrien Estebeteguy, dit « le Basque », dit « Main Froide », exerçait avant-guerre l'honorable profession de tueur à gages. Lors de la défaite de 1940, il est en prison à Fresnes. Il fait partie des vingt-huit détenus qu'Henri Lafont libère en juillet 1940 contre l'engagement de former le noyau de la Gestapo française. L'équipe s'installe 93, rue Lauriston, une adresse vite célèbre.

Le Basque est chargé de la récupération des biens juifs. Il s'acquitte de sa tâche avec beaucoup de zèle, d'autant qu'il a droit à vingt pour cent des prises. Mais on ne chasse pas le naturel aussi facilement que cela. Lorsqu'on tient le haut du pavé, lorsque la carte de la police allemande vous donne tous les droits, il est tentant d'en profiter. Estebeteguy commence à voler des bourgeois non juifs qui ont bien trop peur pour porter plainte.

En décembre 1942, il réalise un gros coup en Dordogne avec son homme de main favori, Joseph Réocreux, dit « Jo le Boxeur ». Mais cette fois, il est allé trop loin. L'affaire est parvenue aux oreilles de Lafont et il sait ce qui l'attend. Un autre membre de l'équipe de la rue Lauriston a été liquidé pour une affaire semblable. Il devient urgent de changer d'air.

Au début de 1943, Jo le Boxeur vient trouver Adrien le Basque. Il semble très excité :

— Je crois que j'ai ce qu'il nous faut. J'ai rencontré un gars dans un bar. Il est posticheur. Il a une combine. Si ça t'intéresse, on a rendez-vous avec un autre gars.

— Qui s'appelle comment ?

— Docteur Eugène...

Adrien et Jo se rendent au rendez-vous dans une brasserie. Le contact est on ne peut plus bref. Un homme de taille moyenne, aux cheveux noirs, au front immense et au regard intense, surgit. Il chuchote :

— Cent mille francs par personne. Pas plus de deux voyageurs à la fois. C'est d'accord ?

Estebeteguy est méfiant de nature. Il réplique :

— Faut voir...

Il a en effet un plan. L'un de ses amis est compromis dans une affaire d'un autre genre, mais toute aussi ennuyeuse. C'est un souteneur corse, François Albertini. Adrien le persuade de partir le premier. Dès qu'il sera arrivé à Buenos Aires, il n'aura qu'à écrire.

Albertini est moins méfiant qu'Estebeteguy. Il ne se rend pas compte qu'on lui fait jouer le rôle de cobaye. Il part avec sa protégée préférée, une certaine Lulu.

Le temps passe. Début mars 1943, Pintard fait enfin parvenir au Basque le message tant attendu : « Bien arrivé à Buenos Aires. François. » Personne n'a de doute sur l'authenticité du message et c'est la ruée vers l'Amérique et la liberté. Jo le Boxeur part le premier avec sa compagne, surnommée « la Poute ». Dans ses semelles creuses, il emporte deux millions en or et en diamants. Estebeteguy le suit à quelques jours, en compagnie de Joséphine Grippay, dite « Paulette la Chinoise ». Un quatrième couple est aussi du voyage : Joseph Pireschi, dit « Jo le Marseillais » avec sa maîtresse Gisèle Rosmy.

Nous sommes à la fin de mars 1943. L'identité des derniers clients du docteur Eugène était assez voyante, à la différence des autres. Et leur disparition ne passe pas inaperçue. Mieux, elle arrive aux oreilles de la Gestapo.

Le docteur Yodkum est responsable du service de la Gestapo allemande chargée de la confiscation des biens juifs. C'est lui qui, dans son bureau de la rue des Saussaies, entend le premier parler d'une filière dirigée par un certain docteur Eugène qui fait sortir de France les juifs et les personnes compromises.

Yodkum décide de tendre un piège à son confrère français. Il va lui envoyer un appât. Il choisit Yvan Dreyfus, interné au camp de Compiègne. C'est un résistant juif alsacien. Pourquoi Yodkum le choisit-il, lui, parmi des milliers et des milliers de prisonniers ? Sans doute parce que Dreyfus, vu sa situation, doit se savoir perdu, et sans doute aussi parce qu'il est immensément riche.

Contre la somme fabuleuse de trois millions cinq cent mille francs, il propose à sa femme de le faire évader du camp... Elle accepte. A-t-elle le choix ? En échange de cette fortune, elle peut revoir son mari pendant vingt-quatre heures. Puis elle l'accompagne au rendez-vous avec Fourrier, qui le conduit chez le docteur Eugène. Et là, le piège mis en place par la Gestapo ne fonctionne pas. Le docteur n'est pas arrêté. Pour quelle raison ? Nul ne le sait.

L'affaire n'en reste pas là. La filière Eugène vient à la connaissance d'un autre service de la Gestapo ; la section VI, chargée du contre-espionnage et de la lutte contre la Résistance, dirigée par Friedrich

Berger. Ce n'est pas Yodkum qui a communiqué l'information à son collègue. Comme dans beaucoup d'organisations, les services sont plus ou moins rivaux. Berger a découvert la filière par ses propres moyens. Et il décide d'employer exactement le même moyen que le docteur Yodkum : un appât. Il choisit pour cela son homme de confiance, Charles Beretta.

Beretta est, si l'on peut dire, un traître professionnel. Espion allemand engagé dans la Légion étrangère, il a été démasqué et condamné à mort, mais libéré à l'arrivée des Allemands. Depuis, il se spécialise dans les missions d'infiltration.

L' « appât » prend contact avec Fourrier le 21 mai 1943. Il lui fait part de son désir de rallier la France libre. Le posticheur lui accorde un rabais « compte tenu de ses sentiments patriotiques » : Pour lui, ce sera seulement cinquante mille francs. Le faux résistant sort alors son revolver et conduit Fourrier rue des Saussaies.

Au siège de la Gestapo allemande, Raoul Fourrier parle tout de suite. Il avoue tout ce qu'il sait, et c'est déjà beaucoup : le docteur Eugène s'appelle Petiot. Il habite 66, rue Caumartin.

La police allemande se précipite à l'adresse indiquée. Petiot est là. Il est arrêté et, une heure plus tard, il se retrouve face à Friedrich Berger, spécialiste de l'interrogatoire des résistants.

Petiot refuse de parler. Les coups commencent à pleuvoir. Il se tait toujours. Ce sont alors les tortures véritables. Elles ne lui arrachent aucune révélation.

A un autre étage de la rue des Saussaies, Yodkum apprend que le docteur Eugène, qui lui a échappé, est interrogé par Berger. Il est furieux et parvient à récupérer le prisonnier. Les tortures recommencent avec d'autres méthodes, mais Petiot tient toujours. Il refuse de dire, en particulier, ce qu'est devenu Yvan Dreyfus. Il faut bien s'en tenir là pour le moment. Le docteur est conduit à Fresnes, dans la cellule 440. Il la partage avec deux authentiques résistants, dont Richard Lhéritier, officier français parachuté de Londres en 1942. Dès le lendemain matin, les Allemands reviennent le chercher.

Cette fois, pour l'interrogatoire, Berger et Yodkum se sont associés. Lorsque le docteur Petiot est ramené dans sa cellule, deux jours plus tard, c'est une loque sanglante : on lui a scié les dents, on lui a écrasé la tête dans un étau, mais il n'a pas parlé. Cet étonnant personnage devait certainement posséder un courage incontestable, mais il a sans doute été aidé aussi par son insensibilité anormale à la douleur qu'avaient décelée les médecins.

Ses deux compagnons de cellule s'empressent auprès de lui. Comment douter qu'il soit un résistant, un héros ?... En phrases hachées, Petiot leur confie qu'il est le chef du réseau « Fly-Tox », chargé de liquider les traîtres. Ses codétenus lui révèlent à leur tour une partie de leurs activités. Petiot va apprendre ainsi beaucoup de choses sur les méthodes, l'organisation, le vocabulaire de la Résistance.

La Gestapo ne lâche pas si facilement sa proie. Petiot est livré au pire des tortionnaires, le spécialiste des cas difficiles : Christian Masuy, un Belge qui opère au 101 de l'avenue Henri-Martin. C'est le virtuose de la baignoire.

L'interrogatoire dure deux jours et trois nuits sans interruption. Mais lorsque le docteur Petiot est reconduit à Fresnes, il n'a pas parlé. Cette fois, les bourreaux baissent les bras. Il est inutile d'insister. Il ne parlera jamais. On le laisse donc tranquille dans sa cellule. Il y reste huit mois, jusqu'au 13 janvier 1944, jour où Yodkum le fait libérer contre une caution de 100 000 francs.

On ne peut que s'interroger... Est-ce que la Gestapo a l'habitude de relâcher ainsi quelqu'un qui a sauvé des juifs ? Évidemment non. D'autre part, a-t-elle perquisitionné rue Le Sueur ? Cela semble probable, étant donné que Petiot avait les clés sur lui lorsqu'on l'a arrêté. Alors, qu'a-t-elle découvert là-bas ? Cette libération ressemble fort à un marché. Mais lequel ? Il n'y aura jamais de réponse à toutes ces questions...

Toujours est-il que, pendant la détention de Petiot, il s'est passé des choses. C'est ainsi qu'entre en scène un nouveau personnage : Maurice, le frère de Petiot. Il va jouer dans toute cette histoire un rôle qui ne sera pas clairement élucidé.

Maurice Petiot est loin d'avoir l'envergure de son frère. C'est le cadet, et il a toujours été le second en tout. S'il ressemble physiquement à Marcel, la similitude s'arrête là. Il tient à Auxerre un petit commerce de T.S.F. qui n'a jamais bien marché et qui est en train de couler définitivement.

Le 26 mai 1943, soit cinq jours seulement après l'arrestation de Marcel Petiot, il se rend au 21, rue Le Sueur. Il est le seul avec son frère à avoir la clé. Il a loué un camion de déménagement bâché, avec un chauffeur. Il sort de l'hôtel particulier quarante-sept valises et les fait conduire chez des amis : M. et Mme Neuhausen, qui habitent près d'Auxerre. L'attitude de ces derniers est tout aussi surprenante que celle du frère. Ils ne s'étonnent pas de cet arrivage. Ils ne posent pas de question. Mme Neuhausen choisit seulement quelques pièces qui lui plaisent dans la lingerie de Lulu ou de Paulette la Chinoise...

Dès sa libération, Petiot se rend lui aussi à Auxerre, puis, de là, chez les Neuhausen. Il rentre à Paris début février. Il retourne pour la première fois à l'hôtel de la rue Le Sueur, le 8. Il écrit à son frère de lui envoyer deux cents kilos de chaux vive. Celui-ci lui en expédie quatre cents le 20 février. Pourquoi a-t-il doublé la commande ? Mystère.

Tels sont les événements qui ont précédé la découverte par la police parisienne du charnier de la rue Le Sueur, le samedi 11 mars 1944. Bien entendu, ils ne sont pas encore connus des enquêteurs.

Pour l'instant, la première chose à faire est de poursuivre le sinistre inventaire. Tandis que quatre fossoyeurs du cimetière de Passy sont chargés de la besogne, le chef de brigade Massu, responsable de l'enquête, décide l'arrestation du docteur Petiot. Il n'est pas à son domicile, 66, rue Caumartin, mais on y découvre cinq cents ampoules de morphine et — puisqu'il est dit que l'horreur doit dominer désormais cette affaire — trois sexes humains, deux d'hommes et un de femme, naturalisés.

A défaut du principal suspect, la police arrête les comparses : Georgette Petiot, qui affirme n'être au courant de rien, et son beau-frère Maurice, chez qui elle s'était réfugiée à Auxerre. De là, la police remonte aux Neuhausen chez qui sont saisies les quarante-sept valises qui constitueront la plus volumineuse pièce à conviction de toutes les annales judiciaires. Fourrier et Pintard sont arrêtés en même temps.

Dès le 12 mars 1944, les journaux s'emparent de l'affaire et en font leurs gros titres. Il s'agit bien entendu à cette date d'une presse collaborationniste ou directement allemande. Elle fait du docteur Petiot le type même du criminel en relation avec la Résistance.

Le docteur Paul, médecin légiste, termine pendant ce temps l'inventaire des restes de l'hôtel particulier. Tous les ossements retrouvés sont humains. Ils appartenaient à cinq hommes et cinq femmes. Il y a, en outre, dix-neuf scalps. Le tueur est une personne experte en dissection. Mais il n'a été retrouvé trace d'aucun instrument chirurgical.

En attendant, Petiot court toujours. Après son coup d'audace du 11 mars, lorsqu'il est revenu rue Le Sueur à bicyclette en se faisant passer pour son frère, il est allé beaucoup moins loin qu'on ne pensait. Il s'est réfugié à Paris, rue du faubourg Saint-Denis. Il a laissé pousser sa barbe. Il espère une occasion favorable pour s'en sortir. Et les événements vont la lui fournir.

La Libération est proche. Il le sent et il sort de l'ombre, avec sa barbe noire qui le fait ressembler à Landru. Il s'inscrit aux F.F.I. du Xe arrondissement, sous le nom de Valéry. Avec son brassard frappé de la croix de Lorraine, il participe aux combats de rues dans Paris.

C'est l'euphorie de la Libération. C'est aussi le moment de l'épuration. Tout le monde a oublié Petiot. Il sait que c'est l'instant ou jamais d'en profiter et, avec son sens inné des situations, il saisit la balle au bond. Par l'un de ses camarades de combat, il obtient le nom et l'adresse d'un déporté, le docteur Weterwald. Il se rend aussitôt chez sa mère et la persuade de lui confier ses papiers pour le faire libérer. Avec ceux-ci, il se fait engager dans le 1er régiment de marche de Paris, comme Weterwald, alias Valéry dans la Résistance. Il reçoit le grade de lieutenant et demande à être chargé de l'exécution des traîtres. Pour compléter le tout, il adhère au Parti communiste.

Cette incroyable audace et ce prodigieux sens de l'improvisation vont-ils le sauver ? Eh bien, non. Car Petiot reste Petiot. Et à côté de ses forces, il conserve ses faiblesses. Le 16 septembre, il reçoit mission de liquider un certain Leurogance, suspecté de collaboration. Petiot dirige le commando. L'homme est abattu. Il y a un coffre-fort chez lui. On le fait sauter pour y trouver des papiers. Il n'en contient pas. On y trouve par contre une collection de timbres, qui sera plus tard estimée à cinq millions, et sept millions en liquide. Comment résister à la tentation lorsqu'on s'est déjà fait voleur pour deux bidons d'huile de graissage et un livre à cent sous ? Les timbres et les millions disparaissent...

Les responsables F.F.I. enquêtent. Le lieutenant Valéry se défend mal. On fait pourtant semblant de le croire, le temps de vérifier s'il n'y a pas derrière tout cela des choses plus graves.

Le 31 octobre 1944, à dix-neuf heures trente, le lieutenant Valéry est ceinturé par trois hommes à la station de métro Saint-Mandé-Tourelles. Il les entend lui dire :

— Suivez-nous, Petiot !...

Le docteur Petiot est donc arrêté. Mais l'affaire n'est pas éclaircie pour cela. Au contraire. La vérité va être très difficile à cerner, car, devant la police militaire qui l'a arrêté, Petiot contre-attaque immédiatement. Il faut dire qu'il a en sa faveur un argument de poids : sa détention par la Gestapo pendant huit mois et les effroyables tortures qu'il a subies.

Le docteur prétend aussitôt être un résistant de la première heure. Il a été contacté par un émissaire de Pierre Brossolette qui l'a fait entrer dans le groupe « Arc-en-ciel ». Ensuite, il a fondé son propre réseau, « Fly-Tox », chargé des exécutions. Il donne même des détails.

— Nous avons exécuté soixante-trois personnes et j'ai été présent dans la plupart des cas. Les interrogatoires avaient lieu dans mon hôtel de la rue Le Sueur. Nous procédions à l'exécution soit au revolver, soit à l'aide de mon arme secrète. Les cadavres étaient immédiatement transportés dans la forêt de Marly ou dans les bois de Saint-Cloud.

On lui demande alors le nom des exécutés. Il ne veut en citer aucun, à part celui d'Yvan Dreyfus qui était, selon lui, « un agent provocateur ».

La police militaire décide de se dessaisir du dossier et, le 1er novembre 1944, le docteur Petiot est remis à la Police judiciaire. Il est incarcéré à la Santé. On l'enferme dans la seule cellule disponible à ce moment, qui est celle des condamnés à mort. Il ne proteste pas.

Les interrogatoires ont maintenant lieu devant le juge d'instruction Goletty. Petiot est assisté de Me Floriot, qui était déjà son avocat de longue date. Il continue à développer sa thèse.

Premièrement, il a toujours fait partie de la Résistance, d'abord au réseau « Arc-en-ciel » puis en tant que chef du réseau « Fly-Tox ». Deuxièmement, les cadavres retrouvés rue Le Sueur ne sont pas son fait. Il les a découverts lorsqu'il a été libéré par la Gestapo. Dans ces conditions, il a bien été obligé de les faire disparaître, aidé par des camarades résistants.

— Je les ai sortis un à un de la fosse, explique-t-il. Et j'ai entrepris de les traiter à la chaux vive. Dans le bain où ils se sont mis à tremper, ils ne se décidaient pas à se dissoudre. J'ai dû les déplacer à plusieurs reprises, afin d'obtenir un contact plus intime avec le produit. C'est alors que mes amis ont eu l'idée saugrenue de brûler les chairs rebelles. Comme l'installation de chauffage n'avait pas été utilisée depuis longtemps, le tirage se faisait mal. Il s'ensuivit le feu de cheminée qui alerta les voisins.

Petiot refuse de donner le nom des résistants qui l'ont aidé car « leur vie serait menacée ».

Le juge Goletty est perplexe. Il pense sans doute que Petiot ment. Mais il n'en est pas certain. Il faut comprendre qu'à l'époque, même une histoire aussi épouvantable est possible. La France découvre les plaies de quatre années d'occupation. Un peu partout, des charniers sont mis au jour ; un peu partout, des langues se délient et ce qu'elles disent dépasse l'imagination...

Alors, si le docteur Petiot était vraiment un résistant ? La justice a trop tendance à être expéditive ces derniers temps. Il ne peut pas être mauvais de prendre son temps. Le juge se renseigne donc. Le groupe « Arc-en-ciel » a bien existé. Petiot a cité le nom de son chef : Cumuleau, et c'est exact. Seulement Cumuleau a été tué depuis par la Gestapo. Il a dit aussi qu'en faisait partie une certaine Claire. C'est également exact. Elle s'appelle Claire Davinroy, mais elle est actuellement déportée à Ravensbruck et on ne sait pas si elle est vivante. (En fait, elle reviendra de déportation et dira n'avoir jamais connu Petiot.) Quant au groupe « Fly-Tox », personne n'en a jamais entendu parler.

Le juge Goletty charge deux responsables de la Résistance de se prononcer sur les activités de Petiot. Ils rendent leurs conclusions le 3 mai 1945 : « Nous écartons formellement l'hypothèse d'une participation, même lointaine, de l'accusé avec la Résistance. »

Pour Petiot, c'est un coup terrible. Aux yeux de la justice, il est désormais un criminel de droit commun. Il se rase la barbe et redevient le docteur Petiot. Le lieutenant Valéry a vécu. Dans sa cellule, il fume cigarette sur cigarette, à tel point que ses gardiens le surnomment « le Mégot ».

Pourtant, l'instruction n'est pas terminée. Elle se heurte à une difficulté de taille : les preuves matérielles. Aucun des restes de la rue Le Sueur n'a pu être identifié. Même chose pour le contenu des quarante-sept valises. En désespoir de cause, le juge en fait exposer le contenu dans les locaux de la P.J. L'exposition a un grand succès de curiosité morbide, mais aucun résultat. Personne ne reconnaît les vêtements ou les objets personnels d'un proche disparu.

Le 3 janvier 1946, l'enquête doit tout de même être déclarée close. Les onze coïnculpés de Petiot : sa femme, son frère, Pintard, Fourrier, etc., bénéficient d'un non-lieu. Quant à lui, il est accusé de vingt-sept meurtres : quinze juifs et juives, quatre truands et quatre prostituées, trois de ses clientes droguées du cabinet de la rue Caumartin et, enfin, une victime non identifiée.

Sur ces meurtres, Petiot en reconnaît dix-neuf. Les anciens gestapistes et leurs compagnes qu'il aurait exécutés au nom de la Résistance, et onze des dix-neuf juifs, dont Yvan Dreyfus, qui étaient selon lui des agents allemands. Il nie formellement les huit derniers assassinats, notamment celui de Joachim Guschinow dont il affirme qu'il l'a fait passer en Argentine.

C'est dans ces conditions que s'ouvre son procès, le 18 mars 1946, devant les Assises de Paris. On n'avait rien vu de tel depuis le procès Pétain. La curiosité du public est si vive que des billets sont vendus au marché noir.

Petiot fait son entrée, très à l'aise, mieux même, rayonnant. On le sent sûr de lui lorsqu'il promène son regard magnétique sur le public. Il entend sans doute le subjuguer, comme autrefois il fascinait ses électeurs de Villeneuve-sur-Yonne.

Et c'est vrai. Petiot fascine. Ce front immense qui a abrité tant d'horribles projets et qui cache maintenant tant d'abominables secrets ; ces yeux brillants, étincelants ; cette bouche mobile capable d'exprimer à volonté toutes les mimiques, ne peuvent laisser indifférent.

Il se tient bien droit dans son costume croisé de bonne coupe, sous les éclairs de magnésium de l'objectif des caméras des actualités qui sont admises pour la dernière fois dans un prétoire. Il ne semble nullement gêné par le sinistre entassement qui lui fait face : les quarante-sept valises, pièces à conviction.

Les débats sont dirigés par le président Léser. Petiot est bien entendu défendu par Me Floriot, entouré de trois assistants. Parmi les très nombreux avocats de la partie civile, on distingue surtout

Me Véron, grand résistant, qui plaide pour la famille Dreyfus. L'accusation est tenue par l'avocat général Dupin.

Après la longue et pénible lecture de l'acte d'accusation, suivie de l'appel des quatre-vingt-dix témoins, c'est l'interrogatoire de l'accusé, qui ne va pas durer moins de trois jours.

Il est question d'abord de sa jeunesse : son comportement bizarre pendant ses études, et la période de Villeneuve-sur-Yonne. Tout cela n'est guère concluant et Petiot s'en amuse beaucoup. Il démontre d'ailleurs tout son esprit de repartie, sa verve. Cet homme qui est sans nul doute un monstre parvient à faire rire le public et, par moments, à le mettre de son côté. Le président Léser tente, par exemple, de le mettre en difficulté à propos de la disparition de sa bonne Louisette, mais l'accusé s'esclaffe :

— Mon premier assassinat ! Et bien entendu, vous avez un témoin ? Moi, je peux vous dire qu'elle a épousé un confrère et qu'elle se porte fort bien.

Le président poursuit :

— Vous quittez ensuite Villeneuve-sur-Yonne pour vous installer à Paris. Expliquez-nous pourquoi.

Réponse de l'accusé :

— Je n'ai pas besoin de vous faire un dessin. J'avais contre moi tous les tartufes de la contrée...

— A Paris, vous jouissez rapidement d'une grande popularité. Vous êtes d'ailleurs très séduisant.

— Merci !

— Mais vous utilisez des prospectus de médecin marron...

— Je vous remercie de cette réclame, mais je vous prie de réserver votre opinion !

Le reste est à l'avenant pendant des heures. Il faut pourtant en arriver aux choses sérieuses, c'est-à-dire à l'hôtel particulier de la rue Le Sueur. Le président y vient enfin :

— A quoi servait cette pièce triangulaire aux murs énormes ?

— C'est très simple. C'était pour faire un cabinet de radiothérapie, d'où l'épaisseur des murs.

— Et le trou dans le mur ?

— C'était pour faire passer les fils électriques... Allons, tout ce qu'on a raconté sur moi n'est que mensonge et trahison. C'est la presse boche et la presse de la collaboration qui ont colporté ces calomnies.

— Et les cadavres ?

Petiot lève les bras au ciel.

— Je n'y suis pour rien ! Je sors de Fresnes, où la Gestapo m'avait enfermé, et je trouve des cadavres chez moi. Avouez que c'est trop fort, non !

L'échange se poursuit lors de la seconde audience.

— Petiot, si vous avez été résistant, donnez-moi les noms de vos camarades !

— Ah non ! Vous seriez capable de passer les menottes à ces hommes qui ont supprimé tant de Boches ! Je ne donnerai pas les noms tant que l'épuration ne sera pas faite, tant que tous les mouchards qui ont prêté serment à Pétain ne seront pas sous les verrous !

Petiot fait allusion aux magistrats qui ont, pratiquement dans leur ensemble, prêté serment au Maréchal. Son insolence est décidément sans limite. Mais depuis quelque temps le public ne suit plus. Il semble se rappeler brusquement à qui il a affaire. Un long murmure outragé monte des bancs... Mᵉ Veron, avocat de la famille Dreyfus, saisit l'occasion de contre-attaquer. Car il sort des maquis, où il a été un spécialiste des explosifs.

— Si l'accusé a participé à des actions de la Résistance, comme il le prétend, il doit être capable de nous expliquer comment il manipule le plastic.

Pour la première fois, Petiot est pris de court. Il bredouille :

— On ne peut pas traiter un tel sujet à la va-vite...

— Je sais maintenant, ricane Mᵉ Veron que ce « grand résistant » n'a jamais vu de plastic et ne sait même pas ce que c'est...

L'accusé sent qu'il est en train de s'enliser. Il perd le contrôle de lui-même. Il apostrophe Mᵉ Veron :

— Vous êtes l'avocat des juifs ! Taisez-vous !

Encore une fois le public gronde, tandis que Petiot, en tremblant, se rassied... Peu à peu, le masque tombe. Derrière les effets d'audience du brillant débateur, le monstre est en train de réapparaître. Celui qui prétend avoir sauvé des juifs et non les avoir tués vient d'avouer son antisémitisme. Et ce n'est même pas cela : c'est un désintérêt absolu de tout ce qui est humain. Petiot peut bien essayer encore de parader. Le charme est brisé.

Son interrogatoire continue pendant toute la troisième audience. Il est question précisément des juifs qui sont arrivés un jour rue Le Sueur avec leur valise pleine de linge et de bijoux. Fidèle à son système de défense, l'accusé reconnaît avoir exécuté onze d'entre eux, mais affirme que c'étaient des agents allemands.

Un avocat de la partie civile :

— C'est faux ! Ils se cachaient pour échapper à la Gestapo !

Petiot sourit :

— Bah ! Ils se cachaient comme moi lorsque j'étais jeune marié. Je me mettais sous les draps et je disais à ma femme : « Essaie de me trouver ! »

Il est le seul à sourire... Et il ne sourit plus du tout quand le président Léser lui demande :

— Expliquez-nous pourquoi on a retrouvé dans l'une des valises un pyjama rose d'enfant, marqué aux initiales de la famille Kneller...

Même à propos des anciens gestapistes, les « Adrien le Basque », « Jo le Boxeur », pourtant bien peu faits pour exciter la compassion, Petiot s'attire encore la haine du public... Lorsque le président lui demande :

— Et les maîtresses de ces quatre hommes, fallait-il les exécuter ? De quoi étaient-elles coupables ?

Il laisse tomber pour toute réplique :

— Que vouliez-vous que j'en fasse ?...

22 mars 1946, quatrième journée du procès de Petiot, une journée qui ne ressemble pas aux autres. Il s'agit en effet d'un transport de justice : La cour, les jurés, les avocats et, bien sûr, l'accusé se rendent rue Le Sueur. Petiot est très maître de lui, plus à l'aise que jamais. Il est chez lui et il semble ravi de faire à tout le monde les honneurs de la maison. Dehors, sous une pluie fine, une foule énorme, difficilement contenue par les agents, hurle :

— A mort ! Tuez-le !

Ce qui lui inspire cette seule réplique :

— Silence à l'audience !

Mais pour le reste, la visite de l'hôtel particulier, effectuée dans une improvisation et une bousculade invraisemblables, ne donne rien. On passe en revue la pièce triangulaire, la cave avec ses chaudières, la fosse naguère remplie de chaux. Tout le monde parle en même temps. On ne s'entend plus. Et l'on finit par se demander si tout cela est bien utile. Petiot, d'ailleurs, le dit tout net au président Léser :

— Si je vous disais que je n'ai jamais tué, je comprendrais votre obstination. Mais je reconnais avoir exécuté plusieurs personnes. Alors, que ce soit ici ou là, qu'est-ce que cela peut bien vous faire ?

Pour une fois, il a parfaitement raison et, après cette perte de temps, le procès reprend son cours normal. La parole est aux témoins. Mme Guschinow, toute en noir et toute tremblante, parle des craintes qu'elle avait et des efforts qu'elle a fait pour détourner son mari de son projet. Puis c'est au tour d'un couple, les Cadorel, dont le récit fait rétrospectivement froid dans le dos. Eux aussi voulaient quitter la France. Ils ont rencontré Petiot qui leur a proposé de les faire passer en Argentine moyennant 90 000 francs. Mais au dernier moment, Mme Cadorel s'est méfiée pour une raison imprévisible : Petiot avait les mains sales. Et un médecin qui a les mains sales, c'est louche. M. Cadorel s'adresse à l'accusé :

— Vous deviez nous faire des piqûres destinées à nous soustraire aux yeux du monde. C'étaient vos propres paroles...

On frémit dans le public. A quoi tiennent la vie et la mort ! A un peu de savon. Si Petiot s'était lavé les mains ce jour-là, il y aurait une quarante-huitième valise dans la pile des pièces à conviction...

Le défilé des témoins continue : Mme Dreyfus, très digne, bien que l'accusé traite son mari, héros de la Résistance, d'agent allemand ; Eryane Kahan, la juive roumaine au grand cœur, dont la crédulité a envoyé à la mort tant de personnes... Me Floriot s'acharne contre elle en tentant de la faire passer pour une gestapiste. On comprend mal l'obstination de l'avocat : c'est certainement faux et, de toute manière, ce n'est pas le sujet.

Le sujet, en revanche, c'est la déposition des psychiatres, les docteurs Génil-Perrin, Gourriou et Heuyer. Il est à noter que l'un d'eux, Génil-Perrin, avait déjà examiné Petiot lors de son internement en 1936. Ses conclusions sont sensiblement les mêmes que la première fois...

— Petiot est doué d'une remarquable intelligence, mais c'est un pervers qui a le goût du mal, un simulateur, un être amoral. Il est donc responsable, entièrement responsable.

Les témoins à décharge paraissent à leur tour. Ce sont des anciens malades du docteur qui viennent dire avec quelle efficacité et avec quel dévouement il les a soignés. Pour certains, il l'a fait gratuitement. Bien sûr, cela ne change rien au fond du problème, mais on écoute tout de même, fasciné. C'est tout le mystère Petiot qui s'exprime dans ces témoignages ; la personnalité déconcertante de cet être chez qui le bien et le mal, la folie et la lucidité, l'intelligence et la bêtise, n'ont cessé de cohabiter.

L'émotion est encore plus grande lorsque paraît à la barre le lieutenant Richard Lhéritier, qui a partagé pendant cinq mois la cellule de Petiot à Fresnes, et qui vient de rentrer de déportation. Il a vu le courage, et même l'héroïsme — le mot n'est pas trop fort —, de cet homme indomptable dont les plus abominables tortionnaires n'ont pu venir à bout. Et cela l'a tellement impressionné qu'il ne peut toujours pas croire qu'il s'agisse d'un criminel :

— Mon opinion est que Petiot n'agissait pas seul. C'est un homme qui faisait de la politique : son parti lui donnait des ordres qu'il exécutait à sa façon. Je crois que le docteur Petiot est très capable de se sacrifier pour une cause. Je l'ai vu à l'œuvre.

C'est l'heure des plaidoiries. Parmi les neuf de la partie civile, la plus remarquée est celle de Me Véron. L'accusé somnole — ou fait semblant — pour afficher son mépris. Il a tort : chaque mot porte.

— Il est une légende que vous connaissez, celle des naufrageurs : des hommes cruels qui dressaient sur les falaises des feux destinés à attirer les navigateurs en détresse pour leur faire croire que c'était un phare. Et les navigateurs, confiants, se lançaient sur les récifs et ils se perdaient corps et biens, tandis que ceux qui prétendaient les sauver s'enrichissaient de leurs dépouilles. Eh bien, Marcel Petiot c'est cela : le faux sauveteur ! Il attire les gens sous prétexte de les sauver puis il les assassine après avoir abusé de leur instinct de conservation. Moi, Mᵉ Véron, je demande la tête du naufrageur !

L'avocat général Dupin, dont le réquisitoire s'étale sur deux audiences, n'en dit pas plus. Il conclut par ces mots :

— J'exprime le vœu que Petiot rejoigne promptement ses victimes.

4 avril 1946 : dernière journée du procès. C'est la plaidoirie tant attendue de Mᵉ Floriot. Elle dure sept heures, dans un silence absolu, bien que le public n'ait jamais été aussi nombreux. C'est un grand moment d'éloquence judiciaire. Le talent de l'avocat est immense. Il met en relief les lacunes du dossier, monte en épingle certaines contradictions des témoins, mais qu'est-ce que cela change ? Même si on s'est trompé sur un détail, même si on attribue à tort telle ou telle victime à l'accusé, il y en a tellement d'autres...

Le président Léser demande à Petiot s'il a quelque chose à ajouter pour sa défense. Ce dernier prend la parole d'un ton emphatique, s'adressant aux jurés :

— Vous êtes des Français. Vous savez que j'ai supprimé des membres de la Gestapo. Vous savez aussi ce qu'il vous reste à faire.

Concrètement, ce qu'il leur reste à faire, c'est de répondre par « oui » ou par « non » à cent trente-cinq questions. Il est vingt-deux heures lorsque les sept hommes se retirent ; il est minuit dix lorsqu'ils reviennent. Vu la complexité matérielle de leur tâche, il est évident qu'ils n'ont eu aucune hésitation sur le fond.

C'est « oui » à cent trente-deux des cent trente-cinq questions. Petiot est reconnu coupable de vingt-quatre des vingt-sept meurtres. Le président Léser annonce :

— Petiot, vous êtes condamné à être guillotiné.

Petiot n'a pas de réaction particulière. Il dormait pendant la délibération et il n'est pas encore bien réveillé...

Le pourvoi en cassation est rejeté le 16 mai 1946. Dans l'attente de la décision du chef de l'État provisoire, qui est à cette époque Félix Gouin, on se heurte à un problème matériel inattendu et macabre : il n'y a plus de guillotine. Depuis la Libération, en effet, tous les procès sont politiques et les exécutions ont lieu par fusillade. On finit par en dénicher une dans un entrepôt parisien. Elle est en état de marche.

Petiot a demandé à Mᵉ Floriot de le prévenir vingt-quatre heures avant l'exécution. Il le fait le 24 mai. Le recours en grâce est rejeté. Cela n'empêche pas le condamné de dormir à poings fermés, lorsqu'on vient le réveiller, le 25 à l'aube. Le procureur lui pose la main sur l'épaule :

— Debout, c'est l'heure ! Ayez du courage.

Ce à quoi Petiot répond :

— Tu m'emmerdes !

Il fait ses préparatifs avec le plus grand calme. Il refuse de faire la moindre déclaration de dernière minute. On l'emmène déjà lorsqu'il lance ses ultimes paroles :

— Je vous en prie, ne regardez pas, je crains que ce ne soit pas très beau. Je voudrais que vous gardiez de moi un bon souvenir...

CASQUE D'OR

Le commissaire Deslandes, de la brigade criminelle, entre dans une chambre de l'hôpital Tenon, à Paris. Un homme d'une trentaine d'années, au type méditerranéen prononcé, fine moustache, peau mate, cheveux raides et très bruns, est alité, couvert de pansements. A la vue du visiteur, il a une légère grimace. Le commissaire Deslandes s'assied à son chevet.

— Bonjour, Leca. J'ai des questions à te poser...

Ce n'est pas la première fois que le commissaire Deslandes rencontre Dominique Leca dit « le Corse », souteneur notoire et chef de la redoutable bande de Popincourt qui terrorise Belleville, Montmartre et Ménilmontant. Nous sommes le 9 janvier 1902 et les bandes de jeunes voyous sont en recrudescence en ce début du siècle. Le public, d'ailleurs, n'a pas tardé à leur trouver un nom exotique, venu de la lointaine Amérique : les « Apaches »...

Dominique Leca, dit le Corse, a un sourire contraint.

— Fallait pas vous déranger, monsieur le Commissaire.

Le commissaire Deslandes prend un ton apitoyé :

— Je suis venu aux nouvelles. Deux balles dans le corps, c'est grave.

Dominique Leca bougonne :

— Ça va très bien, merci.

Le commissaire Deslandes change de ton pour en arriver aux choses sérieuses :

— Bon. Cela t'est arrivé comment ?

— Eh bien, avant-hier, je me promenais rue des Haies quand on m'a tiré dessus. J'ai reçu une balle dans le bras et une dans la cuisse. Voilà...

— Tu te promenais ! A deux heures du matin ?

— Ben, oui. On est en république.

— Et tu sais ce que mes agents ont retrouvé sur le trottoir, à part toi ? Deux revolvers de gros calibre, un couteau à cran d'arrêt, un couteau de boucher, une hache et une vingtaine de douilles.

Le blessé ne se démonte pas.

— C'est fou ce que les gens sont distraits...

— Écoute-moi, le Corse, ce coup-ci tu n'as rien à craindre. C'est toi la victime. Alors, parle. Sinon, le jour où on te coincera, cela te coûtera très cher. Avec quelle bande vous vous êtes battus, toi et les Popincourt ? Pourquoi vous avez déterré la hache de guerre ?

Leca regarde le policier de son regard sombre.

— Je ne sais pas de quoi vous voulez parler, vraiment pas...

Le commissaire Deslandes se lève et remet son chapeau melon.

— Cela m'aurait étonné que tu ne respectes pas la loi du milieu. Mais nous trouverons sans toi. Et on aura tous les Apaches, toi y compris.

Le commissaire s'en va en claquant la porte et dans le couloir, il s'arrête malgré lui... Il n'a pas l'habitude de dévisager les femmes, mais là, impossible de faire autrement. Celle qu'il vient de croiser doit avoir vingt-cinq ans. Elle n'est pas spécialement bien faite avec son corps menu de petite fille ; ses traits ne sont pas un chef-d'œuvre d'harmonie, non plus : sa bouche est trop grande, son nez légèrement épaté. Mais sa chevelure est éblouissante, unique. Sa coiffure, très haute, à la mode du moment, met en valeur des cheveux d'une couleur indéfinissable, à la fois roux et blonds, avec des reflets orangés. En plus, la jeune femme dégage on ne sait quoi d'attirant et de trouble : elle a « du chien », comme on dit volontiers à l'époque.

La radieuse apparition ne semble pas avoir remarqué le policier et disparaît dans la chambre de Leca. Le commissaire Deslandes continue son chemin. Elle existe donc cette créature extraordinaire dont lui ont parlé ses informateurs et elle est la maîtresse du Corse.

Oui, elle mérite bien le surnom qu'elle a reçu dans le monde des Apaches : Casque d'Or...

Dans sa chambre de l'hôpital Tenon, Dominique Leca a sauté au bas de son lit. Casque d'Or se précipite pour le retenir, mais le Corse l'envoie promener sans ménagement.

— Donne-moi mes fringues. Je m'en vais !

La jeune femme proteste :

— Tu ne peux pas faire cela !

Leca fait quelques pas en titubant.

— Dépêche-toi, je te dis ! Le commissaire sort d'ici. Ça sent le roussi. Tu vas descendre me chercher un fiacre. Tu m'attendras devant l'entrée.

Casque d'or lui donne en tremblant ses vêtements.

— Ne fais pas cela, Dominique ! Je suis sûre qu'ils sont en bas. En venant, j'ai cru voir le Dénicheur. Manda n'est pas loin.

— Fais ce que je te dis.

On ne discute pas un ordre du Corse. Casque d'Or baisse la tête et s'en va...

A quoi pense Casque d'Or, en trottinant dans les rues de Ménilmontant, à la recherche d'un fiacre ? Sans doute à tous les événements qui ont conduit à cette dramatique journée du 9 janvier 1902...

A sa naissance, dans le XXe arrondissement, en 1878, elle est seulement Amélie Hélie, une pauvre fille du peuple. A l'école, Amélie n'apprend pas grand-chose et, dès qu'elle est en âge, elle se lance dans la profession à laquelle elle se sait destinée : la rue, le trottoir. Elle est moins jolie que d'autres, mais sa flamboyante chevelure attire tous les regards.

Peu après, en 1898, l'année de ses vingt ans, a lieu un événement capital dans la vie d'Amélie Hélie. Le bal du Point du Jour est l'un de ces nombreux bals musettes tenus par les Auvergnats, dans lesquels l'accordéon vient tout récemment de remplacer la cornemuse. Mais le nom de « musette » est resté... Au son de l'accordéon, donc, Amélie danse la nouvelle danse à la mode : la java. Elle a tout de suite compris que c'était lui. Il n'était pas spécialement grand, ni beau. Il avait vingt-deux ans. Il s'appelait Marius Pleigneur.

Marius n'était pas l'un de ces mauvais garçons que l'on rencontre si souvent dans les bals de barrière — ce qui n'aurait guère choqué Amélie — mais un honnête ouvrier polisseur. De son côté, il est tombé fou d'elle. A tel point que, peu après, il lui a donné la plus grande preuve d'amour. Pour la garder, pour continuer de satisfaire ses caprices, il a abandonné sa vie d'honnête homme. Il est d'abord devenu son protecteur. Et puis il a pris d'autres filles sous sa protection, pour devenir enfin le chef de la redoutable bande des Orteaux...

Il n'y a plus désormais de Marius Pleigneur ni d'Amélie Hélie. Lui, se fait appeler Manda ou tout simplement « l'Homme » avec un grand « H » ; elle, c'est Casque d'Or. Elle est heureuse au milieu de tous ces garçons que les bourgeois appellent les Apaches, avec de la crainte dans la voix. De Montmartre à la Bastille, ce sont eux qui tiennent le haut du pavé. Ils sont si sûrs d'eux qu'ils ont adopté la même façon de s'habiller, presque un uniforme : casquette large et molle, fine moustache rejoignant presque les favoris, foulard de couleur vive, blouse déboutonnée, pantalon évasé.

Casque d'Or revoit les membres de la bande à Manda, ces garçons redoutables qui lui parlaient avec le respect dû à la femme du chef : Polly dit « le Dénicheur », une petite canaille à l'audace folle pour qui deux femmes se sont entretuées, Frédo le Balafré, le Jockey, Titine mes Bottes, le Rouget... Tout cela a duré près de quatre ans, et puis, il y a un mois, ce fut un nouveau coup du destin. Ce soir-là, ils dînaient, Manda et elle, dans un bistrot, en compagnie de Dominique Leca, chef de la bande rivale de Popincourt, et de sa maîtresse Germaine La Panthère. Il y a longtemps que Casque d'Or ressentait un penchant pour le beau Corse. Elle a toujours été une passionnée, une instinctive et elle a toujours suivi ses impulsions sans tenter de s'y opposer...

Germaine La Panthère, elle aussi, devait être une instinctive et avoir compris l'état d'esprit de Casque d'Or car, en fin de dîner, elle lui a fait une scène épouvantable. Furieux, Leca l'a renvoyée à son trottoir et s'est excusé platement auprès de Manda.

C'est alors que Manda a eu une fâcheuse initiative. Comme il avait rendez-vous avec sa bande, il les a laissés tous deux finir la soirée en tête à tête.

Casque d'Or n'attendait que cela. Elle a fait comprendre à Leca qu'elle n'était pas insensible à son charme. A sa grande déception, le Corse a repoussé ses avances. Il respectait la loi du milieu. Prendre la femme d'un chef rival, cela ne se fait pas. Mais Casque d'Or a eu une idée diabolique. Elle a dit à Leca :

— De toute façon, Manda n'aurait rien à dire, et la Panthère non plus.

— Et pourquoi ?

— Parce qu'ils sont amants, pardi ! Et ce n'est pas d'hier.

Dominique Leca l'a crue et, le soir-même, il l'enlevait...

Casque d'Or savait ce que serait la fureur de Manda. L'Homme avec un grand « H », la terreur du quartier, ainsi bafoué !

Une semaine plus tard, elle a vu arriver le Dénicheur pour une tentative de conciliation. Elle l'a envoyé promener. Alors, des deux côtés, chacun s'est préparé à la bataille. Elle a eu lieu rue des Haies au petit matin du 7 janvier. C'est là que Dominique Leca a été ramassé par la police avec deux balles dans le corps.

Casque d'Or ne pense rien de particulier de ce drame dont elle est directement responsable. Il y en aura sans doute d'autres. Et après ?... Que peut-elle y faire ? Elle ne sait pas lutter contre son instinct. C'est quelque chose qui la dépasse, qui ressemble à la fatalité...

Casque d'Or retire sa main droite de son manchon pour héler le fiacre qu'elle vient d'apercevoir. Le cocher s'arrête avec empressement devant cette superbe créature à la chevelure flamboyante et, quelques instants plus tard, le véhicule arrive devant l'entrée de l'hôpital Tenon. Casque d'Or descend. Leca est là, soutenu par deux de ses lieutenants. Elle va vers lui pour l'aider à se hisser sur le marchepied, s'installe à ses côtés sur la banquette et c'est alors qu'un cri retentit dans la rue :

— Les Orteaux !...

Casque d'Or se penche à la portière, se retourne. Elle entrevoit le Dénicheur et le Rouget qui courent, un couteau à la main, puis une forme incroyablement agile, qui les dépasse en quelques bonds. C'est lui, c'est l'Homme, c'est Manda... Casque d'Or pousse un cri. Manda, casquette sur la tête, foulard rouge autour du cou, grimace à la vitre ouverte du fiacre, de l'autre côté, du côté de Leca...

Manda lève son bras droit et frappe deux fois. Touché au bras et à la poitrine, le Corse s'effondre en gémissant. Immédiatement, des coups de feu retentissent. Les membres de la bande des Popincourt, surpris par la rapidité de l'attaque, réagissent enfin pour dégager leur chef. Mais Manda et ses deux lieutenants ont déjà disparu...

C'est dans un état lamentable que Leca est reconduit à la chambre de l'hôpital Tenon qu'il avait quittée quelques minutes plus tôt. Vu la gravité de ses blessures, les médecins refusent de se prononcer. Toute la bande, y compris Casque d'Or, est priée de se retirer ; le blessé a besoin du repos le plus absolu...

Pourtant, une personne entre peu après dans la chambre de Leca. C'est le commissaire Deslandes qui est accouru et qui attend pour l'interroger.

Dominique Leca est couvert de sueur. Il bout de fièvre. Long-temps, il reste silencieux, dans un demi-coma, puis il se met à articuler des mots sans suite. Le commissaire se penche sur lui. Il saisit avec peine :

— C'est l'Homme... C'est l'Homme...

Le commissaire croit d'abord que Leca délire, et puis il se souvient que « l'Homme » est le surnom d'un autre chef apache.

— L'Homme, c'est Manda ?

— Manda... Oui, Manda... Casque d'Or...

Cette fois, le commissaire Deslandes tient son inculpation. La fièvre a été plus forte que la loi du milieu. Dominique Leca a donné le nom de son agresseur. Marius Pleigneur, dit l'Homme, dit Manda, est arrêté peu après, et le public de la Belle Époque va découvrir avec surprise et ravissement cette histoire digne de la chevalerie opposant deux mauvais garçons du pavé parisien.

31 mai 1902. Devant la cour d'assises de la Seine, s'ouvre le procès de Marius Pleigneur, dit Manda, chef de la bande de mauvais garçons des Orteaux, accusé d'avoir frappé de deux coups de couteau Dominique Leca, dit le Corse, tout cela pour les beaux yeux d'Amélie Hélie, à qui sa merveilleuse chevelure rousse a valu le surnom de Casque d'Or...

Dominique Leca, d'ailleurs, bien que victime dans cette affaire, a été arrêté à son tour et va bientôt passer en jugement. Après l'inculpation de Manda, il s'est remis rapidement de ses blessures et il a été pris au cours d'une expédition punitive contre les lieutenants de son rival...

Mais pour l'instant, c'est de Manda qu'il s'agit et la foule se presse au palais de justice. Casque d'Or, en effet, est devenue en quelques semaines la coqueluche du Tout-Paris. Les messieurs de la bonne société sont fascinés et émoustillés par l'égérie des mauvais garçons, la reine des Apaches, à la chevelure inimitable. Elle a été engagée, le mois précédent, dans une revue musicale intitulée « Casque d'Or et les Apaches ». Mais la bande de Manda et celle de Leca ayant sorti les couteaux lors de la première, le préfet de police Lépine a interdit les autres représentations.

Qu'à cela ne tienne : voici Casque d'Or à la barre dans un nouveau rôle, celui de témoin principal. Les messieurs rajustent leurs lorgnons, les dames ont des mines d'envie. Jamais elle n'a été aussi éblouissante. Elle est habillée d'une robe verte, la couleur qui met en valeur les rousses, et porte un chapeau aussi minuscule que possible afin de ne rien laisser perdre de son principal attrait.

En présence de l'homme qu'elle a délaissé, Casque d'Or adopte l'attitude de tous ceux de son milieu face à la police et à la justice. Elle nie tout.

— Manda frapper Leca ? Je ne sais pas, monsieur le Président. Je n'ai rien vu. Je ne sais pas qui a pu faire cela.

Le président insiste :

— Mais enfin, Manda et Leca se sont battus pour vous. Tout Paris le sait ! Vous ne pouvez pas dire le contraire !

Casque d'Or agite sa toison rousse dans un geste insolent et répond de sa voix faubourienne :

— Tout cela, c'est des inventions de journalistes ! Les Apaches, ça n'existe pas. On est tous des copains...

Malgré la fière déposition de celle qu'il n'a jamais cessé d'aimer, Marius Pleigneur, dit Manda, est condamné à la peine la plus lourde, compte tenu qu'il n'y a pas eu mort d'homme : le bagne à perpétuité. Avant que les agents ne l'entraînent, il lance au procureur :

— Nous nous sommes battus, le Corse et moi, parce que nous avions la même femme dans la peau. Vous ne savez donc pas ce que c'est que d'aimer une fille ?

Manda a quitté la scène et le dernier épisode juridique s'ouvre le 21 octobre de la même année avec le procès de son rival, Dominique Leca...

Cette fois, Casque d'Or ne paraît pas à la barre. Le nouveau président, sachant par avance ce qu'elle allait dire, n'a pas jugé bon de la faire citer et lui a même interdit la salle d'audience...

D'ailleurs, dans le public, le cœur n'y est plus. Les foules sont versatiles et les Apaches sont passés de mode. C'est presque dans l'indifférence que le tribunal prononce sa sentence : Dominique Leca est condamné à huit ans de bagne...

Manda et Leca se sont retrouvés peu après à Saint-Martin-de-Ré, le port d'embarquement pour Cayenne. Au bagne, Leca fera ses huit ans et, après sa libération, préférera rester en Guyane, où il sera tué peu après, dans une rixe entre chercheurs d'or...

Manda, quant à lui, a subi là-bas une véritable métamorphose. Ayant définitivement perdu celle pour qui il s'était fait mauvais garçon, il est redevenu l'honnête homme qu'il aurait été sans cela ; il a retrouvé sa mentalité de brave ouvrier polisseur dont la carrière s'était brutalement interrompue un jour de 1898, au bal du Point du Jour. Prisonnier exemplaire, se dépensant sans relâche pour soigner ses compagnons, il est devenu infirmier-chef du pénitencier. Libéré pour bonne conduite, il n'a pas quitté Cayenne et il est mort en 1936, usé par les fièvres et le climat...

Et Casque d'Or ?... Après la condamnation de ses deux amants, elle a tenu encore quelque temps le devant de la scène. Elle a eu de riches amants, elle a chanté dans des cabarets, elle a publié ses Mémoires. Et puis, les mondains se sont lassés d'elle. Faute de mieux, elle a accepté la place qu'on lui proposait : elle est devenue dompteuse dans un cirque.

C'est là qu'elle a rencontré une dernière fois le destin. A la sortie d'une représentation, un homme l'attendait, la casquette sur les yeux, un foulard de couleur vive autour du cou. C'était le Rouget, un des lieutenants de Manda. Pour venger son chef, il lui a plongé son couteau dans le corps.

Casque d'Or, grièvement blessée, n'est pas morte. Mais quand elle est sortie de l'hôpital, longtemps après, tout le monde l'avait oubliée. Elle n'était même plus bonne à s'exhiber dans un cirque. Casque d'Or, Manda, Leca, Germaine la Panthère, le Dénicheur étaient définitivement passés de mode...

Définitivement ? Non. Casque d'Or devait connaître la gloire en 1952, avec la sortie du film de Jacques Becker, sous les traits de Simone Signoret.

Et c'est alors qu'il s'est produit quelque chose d'extraordinaire. Un certain M. Nardin a porté plainte pour défendre la mémoire d'Amélie Hélie dont le film retraçait l'existence d'une manière, à son avis, trop romancée.

M. Nardin n'était pas un original ni un fou. C'était un honnête ouvrier parisien. Il s'était marié avec Amélie Hélie le 27 janvier 1917 à la mairie du XXᵉ arrondissement et c'est par lui qu'on a appris la fin de Casque d'Or...

Une fin de vie rangée et tranquille. Pendant des années, celle pour qui s'étaient battus les mauvais garçons de la capitale, a vendu des étoffes et de la bonneterie sur les marchés de banlieue, à Montreuil, aux Lilas.

Elle s'est éteinte à Bagnolet, en 1933, à l'âge de cinquante-cinq ans. Elle était prématurément vieillie. Personne n'a fait attention à la disparition de cette petite femme au corps menu, à la bouche trop grande, au nez légèrement épaté et aux cheveux gris...

Depuis longtemps, Casque d'Or n'était plus qu'Amélie Hélie.

LANDRU

Un petit appartement parisien en octobre 1918. La guerre s'éternise, la vie est dure, même pour ceux qui ne combattent pas. Il y a les restrictions, le couvre-feu, les alertes, la Grosse Bertha, et depuis quelque temps, cette maladie mystérieuse qui commence à faire des ravages et qu'on nomme la grippe espagnole.

La vie n'est pas facile en particulier pour cette mère de quarante ans et quelque, avec ses quatre enfants. Son mari n'est pas là et elle doit se débrouiller seule. Pourtant il n'est pas au front ni dans un cimetière militaire, sous quelque croix anonyme comme tant d'autres. Il est bien vivant. Mais où est-il ? Là est le problème.

— Dis, maman, où est papa ? demandent les enfants.

— Il va venir bientôt, mes chéris. Vous savez bien qu'il vient tous les mois.

— Oui, mais qu'est-ce qu'il fait pendant tout ce temps-là, maman ?

Ce qu'il fait, la femme n'en sait rien et même, elle ne veut pas le savoir. Son mari est un escroc depuis longtemps ; cela, du moins, elle l'a compris et elle s'en est, il faut le dire, très vite accommodée. Avec l'argent qu'il lui apportait régulièrement, la vie était somme toute acceptable, du moins jusqu'en 1914.

Car, à partir de cette date, il est parti, sans l'abandonner complètement, toutefois. D'abord, il a toujours, régulièrement, au début de chaque mois, envoyé un mandat pour le loyer et les enfants. Et puis il vient de temps en temps ; il passe un jour ou deux à la maison. Il apporte même de petits cadeaux : des bijoux, des colifichets, des dentelles. Bien sûr, ce ne sont pas des choses achetées au magasin ; elles ont été portées. Il les a volées, volées à des femmes. Marie-Catherine sait bien que son mari a toujours été un séducteur.

Mais elle préfère ne pas s'en formaliser. Après tout, c'est peut-être un peu pour elle qu'il fait cela. Il a des maîtresses, mais du moment qu'il lui revient et qu'il lui fait cadeau d'une partie de ce qu'il leur a volé, c'est mieux que rien.

Elle repense parfois à son mariage, en 1889 ; c'est loin déjà, cela fait vingt-neuf ans. Elle a épousé son cousin, un jeune homme rangé qui se préparait à devenir architecte. Mais il a mal tourné, comme on dit. Dans le fond, Marie-Catherine Rémy ne regrette pas ce jour de 1889 où, devant M. le maire d'abord, devant M. le curé ensuite, elle a quitté son nom de jeune fille pour devenir Mme Landru.

Henri-Désiré Landru, ce père de famille à éclipses, est né le 12 avril 1869 dans une famille aisée. Son père était un petit industriel, sa mère était couturière.

L'enfance d'Henri-Désiré est un exemple qu'on pourrait donner à tous les enfants. A l'école — une école religieuse, car ses parents ont des moyens et des principes —, il est bon élève et se distingue par sa conduite irréprochable. Il manifeste un net penchant mystique qui fait la joie des bons pères ; il est enfant de chœur et tous les dimanches, il sert la messe. Après l'école, il se spécialise dans le dessin et entre dans un bureau d'architecte. Pour arrondir ses fins de mois, il travaille aussi comme comptable et comme vendeur.

A vingt ans, comme tout le monde, il part pour le service. Là encore, il est bien noté. Ses chefs l'ont en grande estime et il termine sous-officier.

C'est juste après le service militaire qu'il épouse sa cousine Marie-Catherine Rémy. Il faut dire qu'il a une raison, impérieuse même : Marie-Catherine est enceinte. Henri-Désiré, par amour pour sa cousine, s'est laissé aller, lui, si bien élevé, si comme il faut. C'est la première fois. Ce sera aussi la dernière.

Après son mariage, Landru se montre un époux modèle, bon père pour ses quatre enfants, mari attentionné pour sa femme. Jamais un mot plus haut que l'autre ; il ne boit pas, il ne fume pas, il ne fait pas parler de lui. Pour tous ses voisins, c'est un homme charmant et sympathique.

Que pourrait-on d'ailleurs lui reprocher ? Rien, sinon d'être un peu maniaque. Dès cette époque, il a pris l'habitude de noter sur un carnet toutes les dépenses du ménage. Toutes, c'est-à-dire vraiment toutes, sans exception. Si le matin, il achète un journal à cinq centimes, il note le soir : « Journal 0,05 F. » Ce n'est pas bien méchant, c'est un travers qui prête à sourire tout au plus. Et c'est pourtant cette mesquinerie qui va l'entraîner sur la mauvaise pente.

Pour Landru, en effet, il n'y a pas de petits profits. Il ouvre, à cette époque, un cabinet d'architecte. Et d'une manière puérile, il commence à se livrer à d'insignifiantes escroqueries. Par exemple, il fait passer une petite annonce demandant un garçon de courses possédant un vélo. Quand le garçon se présente au cabinet, il l'engage et, deux ou trois jours plus tard, il vole son vélo pour le revendre à un prix dérisoire... L'opération se répète plusieurs fois et ne passe pas inaperçue ; il a quelques petites condamnations : quelques jours de prison, quelques centaines de francs d'amende.

En 1912, les choses deviennent plus sérieuses. Landru achète un garage vingt mille francs et, avant d'avoir versé la moindre somme, il le revend en se faisant remettre un acompte de cinq mille francs. Cette fois, la justice sévit. En juillet 1914, il est condamné à quatre ans de prison, mais par défaut, car il a disparu. Il a franchi le pas. Il a quitté son foyer, sa femme et ses enfants. Il est introuvable.

En fait, Landru est toujours à Paris, où il vit sous des noms d'emprunt. Pendant les cinq ans qui vont suivre, il se fera appeler Diard, Petit, Fremyet, Dupont, Guillet, Forest de Bergieux...

Le voilà donc coupé du monde. Il a rompu avec la société, il se cache. Et c'est alors que lui vient une grande idée. Une idée simple, comme toutes les grandes idées : il va se lancer dans l'escroquerie au mariage.

A cette époque, l'annonce matrimoniale est tout un monde. On y découvre une réalité insoupçonnée et dramatique : la femme seule ; celle qui attend depuis des années l'homme qui va bouleverser sa vie ; celle qui est prête à tout abandonner pour le suivre, à tout perdre pour lui, même la raison ; la femme un peu mûre, qui brode des mouchoirs à ses propres initiales, faute d'un autre nom qu'elle attend de prendre et qui commencerait par une lettre différente ; qui conserve sous une cloche de verre qu'elle époussette soigneusement, sa couronne de communiante, qui regarde de temps en temps ses robes de jeune fille dans l'armoire, au milieu des sachets de lavande.

Une femme qui se prend à rêver à ce jour, il y a trente ans peut-être, où un beau capitaine à la moustache blonde lui a souri dans la rue, mais n'a pas été assez audacieux pour l'aborder. Alors, brusquement, elle se décide, avec un sentiment de honte et de culpabilité. Elle achète le journal et l'ouvre à la page des annonces matrimoniales...

En février 1914, Landru fait passer l'annonce suivante :

Monsieur sérieux, désire épouser veuve ou femme incomprise entre trente-cinq et quarante-cinq ans.

C'est tout. Il ne promet rien, il ne fait miroiter aucun mirage si ce n'est les deux seules choses qui comptent vraiment : le sérieux et le mariage. Et c'est suffisant pour qu'il reçoive des dizaines de réponses. Il les sélectionne méthodiquement, il les classe, il les note et se décide. L'élue se nomme Georgette Cuchet, une veuve de trente-neuf ans.

Pour se rendre au rendez-vous que le monsieur sérieux lui a fixé, Georgette a changé son habituelle robe noire pour une toilette mauve. Elle a mis une voilette et, sur son chapeau, les plumes d'autruche, mauves elles aussi, tremblent un peu. Quand elle entre dans ce café du faubourg Montmartre, avec l'œillet de reconnaissance sur sa poitrine, elle voit se lever un monsieur qui s'approche, s'incline et lui baise la main.

Il est plutôt petit mais très bien habillé. Il est chauve. Il doit avoir une cinquantaine d'années. Il a les yeux noirs profondément enfoncés dans leurs orbites et surtout une magnifique, une énorme barbe noire qui pointe en avant.

Georgette est surprise, elle ne le voyait pas comme cela, mais il a l'air bien élevé et il est très galant.

— Je m'appelle Diard, chère madame, je suis inspecteur des postes. Si je peux me permettre, vous avez là une toilette ravissante. Mais je vous en prie, asseyons-nous. Que prendrez-vous ? Un thé, un chocolat ou peut-être un doigt de porto ?

Georgette Cuchet accepte, en rougissant, un doigt de porto.

De temps en temps, le monsieur soupire :

— Ah ! la solitude, c'est un fardeau bien pesant !...

Georgette soupire aussi et, petit à petit, la conversation glisse vers les confidences. Alors Georgette Cuchet se décide. Elle dit à mi-voix, tout d'une traite :

— Il faut que je vous fasse un aveu, monsieur. J'ai un fils. Un grand fils de dix-sept ans.

— Un fils ? Oh, mais c'est merveilleux, chère madame ! Il a dix-sept ans, dites-vous ? Eh bien je vous promets de lui trouver une belle situation. Fonctionnaire, par exemple. Que diriez-vous de l'administration des postes ?...

Il y a d'autres rencontres. Landru ne fait rien d'extraordinaire, mais à chaque fois, il a ces petites attentions qui font si plaisir : des chocolats, des fleurs. Et puis surtout, il prononce les mots qu'attendent les femmes déçues et blessées par la vie, et le plus magique de tous : le mot « mariage ».

Bien vite, Georgette est séduite, conquise. C'est l'amour, le grand amour, qu'elle avait tant espéré depuis son veuvage. Elle va se marier avec cet homme si bien, si séduisant avec sa belle voix de baryton et, de surcroît, fonctionnaire...

Le couple habite d'abord dans un petit appartement à Chantilly. Georgette Cuchet fait part de son bonheur à sa famille et à ses amis. La sœur de Georgette, qui a été invitée à prendre le thé avec le couple, elle, n'est pas du tout séduite par la voix de baryton. En sortant, elle prend sa sœur par le bras et lui dit à l'oreille :

— Georgette, pars, pars tout de suite ! Cet homme me fait peur. Il a des yeux !...

Mais Georgette est amoureuse et allez dire quelque chose à une amoureuse ! Landru, lui, a compris. Il doit fuir la famille et les amis de sa nouvelle conquête. Un soir, de sa belle voix, il lui dit :

— Ma chérie, cet appartement ne nous convient plus. J'ai trouvé ce qu'il nous faut. Un petit nid, un vrai nid d'amoureux.

Il s'agit d'une villa à Vernouillet, dans la Seine-et-Oise, près de Mantes. Début 1915, Mme Cuchet, son fils et son futur époux partent pour Vernouillet...

C'est tout. On ne reverra jamais ni Mme Cuchet ni son fils. « Ils sont partis pour l'Angleterre », explique Landru à ses voisins. « Je viens de recevoir de leurs nouvelles. Le fils s'est engagé dans l'armée anglaise. Le brave garçon ! »

En juillet 1915, Landru revient passer quelques jours chez lui, dans son foyer légitime. Il est charmant, les siens lui font fête. Il apporte de l'argent, des cadeaux aux enfants et pour sa femme, sa chère femme, une montre et un bracelet en or qui ressemblent à s'y méprendre à ceux que portait, il y a si peu de temps encore, Georgette Cuchet...

Landru a trouvé sa vocation. A partir de ce mois de juillet 1915, tandis que la guerre se déchaîne, il a choisi son destin. Il va rejoindre le nombre restreint des grands, des très grands criminels.

Il publie d'autres annonces matrimoniales qui lui apportent encore des dizaines de réponses. Ces réponses, il les classe méthodiquement dans un fichier, comme un employé de bureau scrupuleux. Il note soigneusement sur chaque fiche tous les renseignements dont il dispose sur la dame : revenus, âge, situation de famille. Il épingle la photo que la plupart ne manquent pas de lui adresser. Et il trie, il classe, il élimine. Les fiches qu'il marque des initiales S.F. (Sans Fortune) ou R.A.F. (Rien A Faire) sont écartées. Pour les autres, il écrit pour avoir des renseignements complémentaires.

Neuf fois, entre 1915 et 1919, Landru va répéter le même et terrible scénario.

La deuxième s'appelle Laborde-Line, c'est une veuve de quarante-six ans. Elle a un beau mobilier et des économies. Landru use de tout son charme. Sa cour est discrète, puis pressante et bientôt passionnée. Au bout d'une semaine, c'est gagné. La dame a été sensible à la belle voix de baryton, si belle en particulier quand elle prononce le mot « mariage ».

Elle annonce à sa famille qu'elle va se remarier avec « un monsieur très bien qui habite la banlieue, qui a une automobile et qui est un malheureux réfugié de Lille ». Car Landru met à profit la situation créée par la guerre. Le Nord de la France est occupé par les Allemands et de nombreuses personnes de la région sont réfugiées à Paris. Elles sont sans famille, quelquefois même sans papiers, sans état-civil. Il ne faut pas oublier, en effet, — et c'est un point essentiel pour comprendre toute l'affaire Landru — qu'elle se déroule en pleine guerre et qu'il y a à Paris à ce moment, une quantité de réfugiés, non seulement des provinces françaises, mais aussi de toute l'Europe. Alors, dans ces conditions, il n'est pas trop difficile de passer inaperçu.

Le 15 juin 1915, le couple part pour Vernouillet. Et c'est alors que, pour la première fois, Landru note sur son carnet, son fameux petit carnet qui ne le quitte jamais et où il consigne toutes ses dépenses : « Vernouillet : un aller et retour : 4,95 F, un aller simple : 3,95 F. »

C'est tout. A partir de cette date, la dame Laborde-Line ne donnera plus signe de vie.

Nouvelle annonce, nouvelles réponses, nouvelle élue : Mme Guillin, cinquante et un ans, pas très belle, très corpulente, portant dentier et perruque. Mais il est vrai qu'elle vient de faire un héritage de vingt mille francs. Landru chante quelques mélodies de sa toujours belle voix de baryton et la dame ne tarde pas à roucouler elle aussi. Le 2 août, ils partent pour Cythère, c'est-à-dire pour Vernouillet. Là encore, il note : un aller et retour pour lui, un aller simple pour elle. Et puis plus rien.

Mme Héon cédera aussi vite que les précédentes. Elle est à la fois séduite et apitoyée par les manières galantes de ce réfugié de Lille qui a tant souffert. Seulement, cette fois, Landru se décide à abandonner Vernouillet où on commence à le remarquer. Ces femmes qu'il amène avec lui et dont on n'entend plus parler, et puis, certains jours, même en pleine chaleur, cette fumée qui sort de la cheminée... Landru change d'air, il loue une nouvelle villa à quarante kilomètres de la capitale, dans un endroit idyllique, à l'écart de tout trafic. La villa, qu'il a louée sous le nom de Dupont, s'appelle *L'Ermitage*. C'est une coquette maison cachée par un grand jardin rempli de lilas. Le village, un petit village sans histoires, se nomme Gambais... Le couple part et, bien sûr, il n'y a que l'homme qui revient, en utilisant le coupon « retour » de son billet.

Voici à présent Anne Collomb, veuve de trente-neuf ans, huit mille francs d'économie. Elle fait quelques difficultés, mais elle part tout de même pour Gambais le 27 décembre 1916, pour fêter le Nouvel An avec son futur époux. Le carnet de Landru mentionne, outre les achats de billets de chemin de fer, une date et une heure : 28 décembre — seize heures. C'est assez sinistre pour se passer de commentaire.

Pour la première fois, la famille de la dame porte plainte. Mais la plainte n'aboutit pas. Car la police, en 1916, a très peu d'effectifs. Beaucoup de ses hommes sont mobilisés et les autres sont employés en priorité à traquer les déserteurs et les espions. Les disparitions passent après...

Andrée Babelay, la sixième, fait figure d'exception. Elle a dix-neuf ans, elle est jeune, jolie, intelligente et sans un sou. En plus, elle n'a pas été recrutée comme les autres par annonce. Landru l'a rencontrée dans le métro. Il a fait sa connaissance en lui cédant sa place.

Le 12 avril 1917, départ pour Gambais. Le lendemain, par un beau jour de printemps, une fumée très noire s'échappe de la cheminée de la jolie villa entourée de fleurs...

Mme Buisson, une belle femme de quarante-six ans qui paraît encore très jeune, a mis deux ans pour céder, de 1915 à 1917. Elle avait des principes. Mais dès qu'elle est séduite, elle se donne tout entière. Elle écrit à sa famille qu'elle a trouvé l'homme de sa vie, « qu'elle va le gâter et lui donner tout son amour ».

Le couple part pour Gambais le 19 août 1917. Sur le carnet, deux mentions : l'aller-retour et l'aller simple et, en dessous : 1er septembre, dix heures quinze.

Mme Jaume, rencontrée en mars 1917, à la suite d'une annonce dans *L'Écho de Paris,* pose à Landru un problème nouveau : c'est une catholique pratiquante et même ardente. Qu'à cela ne tienne, pour elle il sera dévôt. La dame refuse d'abord d'aller à Gambais, mais Landru se fait pressant et puis, il y a la promesse de mariage. Alors, le 25 novembre 1917, ils vont ensemble au Sacré-Cœur pour prier le ciel de bénir leur prochaine union, et c'est le départ pour Gambais. Un aller-retour, un aller simple, une date, une heure et un peu de fumée noire dans le ciel de novembre.

Voici Marie Pascal : jolie, intelligente, un peu légère, du tempérament. Rencontre au début de 1918. Elle aussi cède difficilement, non pas à cause de ses principes, mais d'une intuition... Au fait, c'est la première qui fasse preuve de cette fameuse intuition féminine qui a fait si cruellement défaut aux autres. Elle écrit à sa tante :

Je ne sais pas ce qu'il y a en lui, mais il me fait peur. Son regard effrayant m'angoisse. On dirait le diable.

Mais là encore, le mot magique de « mariage » joue son rôle, et puis Landru fait tout ce qu'il faut. Ne lit-on pas dans son carnet, à la date du 27 mars, la note suivante : « Invitation femme Pascal. Biscuits et malaga : 4,90 F » ?

Départ pour Gambais en avril. Landru note les deux billets, une date : 5 avril 1918 et une heure : dix-sept heures quinze.

Et c'est enfin la dernière, Mlle Marchadier, une ancienne prostituée. Inutile de dire que, quand Landru lui propose le mariage, elle lui saute littéralement au cou. Elle part le 13 janvier 1919 pour Gambais, emmenant avec elle ses trois chiens.

Le surlendemain, Landru, de retour à Paris, va voir Marie-Catherine, sa chère femme légitime, lui apporte des cadeaux et de quoi payer son loyer...

Tel est le bilan : onze disparitions, dix femmes, plus le fils de la première, Mme Cuchet. Nous sommes au début de 1919, la guerre est terminée depuis quelques mois. Les lampions de la victoire se sont éteints, mais le public va bientôt avoir une nouvelle raison de se passionner...

Le dimanche 13 avril 1919, bien peu de gens ont prêté attention à cet humble entrefilet paru dans *Le Petit Journal :*

La première brigade mobile a arrêté hier à Paris un individu élégamment vêtu, presque complètement chauve mais portant une abondante barbe noire. L'individu se cachait depuis plusieurs années sous de faux noms. Il s'appellerait Henri Nandru. Il est actuellement inculpé de vols qualifiés et d'escroqueries, mais des charges plus lourdes pèseraient sur lui.

C'est de cette manière discrète, presque timide, que l'affaire commence sa carrière publique. Car la police s'est mise enfin à s'intéresser à Landru. La guerre finie, elle a retrouvé ses effectifs, elle peut se consacrer à la recherche des voleurs et des criminels, et non plus comme c'était le cas jusqu'à présent, des espions et des déserteurs.

En temps normal, ces disparitions successives auraient rapidement entraîné une enquête, mais il ne faut pas l'oublier, toutes les activités de Landru se sont passées pendant la guerre. La guerre est l'élément capital pour comprendre non seulement pourquoi il n'a pas été inquiété, mais aussi pourquoi il a pu, avec tant de facilité, trouver des femmes disponibles. De 1914 à 1918, l'homme était, peut-on dire, une denrée rare. Des millions d'entre eux étaient au front et des millions de femmes étaient seules : veuves, femmes de prisonniers, ou tout simplement femmes de combattants. A l'arrière, il y avait peut-être un homme pour dix femmes en âge de se marier...

Au début de 1919, Landru est en ménage avec une nouvelle maîtresse : Fernande Segret. Il l'a rencontrée dans l'autobus et lui a cédé sa place, en galant homme qu'il est. Depuis, avec Fernande, c'est le parfait amour et il ne semble pas que, cette fois, Landru ait eu d'arrière-pensée. Avait-il décidé de s'arrêter, de se ranger ? Peut-être, mais nous ne le saurons jamais. Pour lui, Fernande a rompu ses fiançailles. Landru est avec elle toujours poli, aimable, gentil, d'une humeur parfaitement égale, bref, un amant adorable.

Fernande, qui aimera Landru jusqu'au bout, dira plus tard aux juges :

— Il dormait comme un enfant. Combien de fois, je l'ai regardé... Son sommeil était tranquille, sa respiration régulière...

C'est la famille de Mme Collomb, la cinquième dans la liste tragique, qui est à l'origine de tout. Elle écrit au maire de Gambais pour demander des nouvelles de sa parente qui y avait été vue pour la dernière fois chez un M. Fremyet, nom sous lequel Landru s'était présenté à Mme Collomb. Le maire a répondu qu'il n'y avait jamais eu de Fremyet sur sa commune.

Peu de temps après, la famille de Mme Buisson, le numéro sept de la liste, se manifeste à son tour auprès du maire de Gambais. Qu'est devenue leur parente, qui est partie pour Gambais avec son futur époux, M. Dupont ? Cette fois le maire réagit, car c'est sous le nom de Dupont que Landru a loué sa villa *L'Ermitage.* Et il trouve même extrêmement curieux ces deux demandes à si peu d'intervalle. Si Dupont et Fremyet étaient le même homme ? C'est louche. Le maire transmet l'affaire à la police.

La police ne perd pas de temps. L'inspecteur Belin, chargé de l'enquête va trouver la sœur de Mme Buisson. Celle-ci, hélas, ne peut rien lui dire de bien intéressant.

— Il était chauve, monsieur l'Inspecteur, avec une grande barbe noire. C'est tout, mais je suis sûre que je pourrais le reconnaître.

L'inspecteur la quitte en lui laissant son numéro de téléphone :

— Si jamais vous avez du nouveau, appelez-moi.

C'est ici que le hasard, ou le destin, intervient. Le soir même, Mlle Buisson appelle l'inspecteur. Car, par une chance extraordinaire, elle a vu l'homme rue de Rivoli, juste en quittant le commissariat. Il était avec une femme. Ils sont entrés dans un magasin où ils ont acheté un service en porcelaine. Elle a essayé de les suivre, mais les a perdus de vue.

L'inspecteur se précipite au magasin. Sur le livre des commandes, un nom et une adresse : Lucien Guillet, ingénieur, 76, rue de Rochechouart, Paris...

L'arrestation de Landru n'est pas banale. Rien n'est banal, d'ailleurs avec Landru.

Le lendemain matin, à six heures, l'inspecteur Belin frappe à la porte du 76, rue de Rochechouart. Un petit homme maigre, la cinquantaine, chauve et barbu, ouvre. Il est en pyjama.

— Que voulez-vous ?
— Police ! Monsieur Guillet ?
— Avez-vous un mandat ?
— Voici.

L'inspecteur Belin entre. Fernande Segret, qui est à moitié nue s'évanouit. Tandis qu'on la ranime, Landru s'habille. Quand il est habillé, il se tourne vers Fernande et, la main sur la poitrine, à la stupéfaction de l'inspecteur et du policier qui l'accompagne, il se met à chanter, en entier, le grand air de *Manon,* « Adieu notre petite table ». Ce qui permet aux policiers de découvrir qu'il a effectivement une très belle voix de baryton.

Quand il a fini, l'inspecteur Belin se contente de dire :
— Vous avez raison, vous ne reviendrez pas avant longtemps, monsieur Guillet.

Et c'est le lendemain, 13 avril 1919, que paraît dans *Le Petit Journal* l'entrefilet relatant l'arrestation d'un M. Nandru, à qui on reprocherait, paraît-il, des choses très graves.

Ce monsieur Nandru, avec un N, va vite devenir, pour le public, le fameux, le célèbre Landru. Bientôt, les journaux ne vont plus parler que de lui, la France entière et même le monde entier vont se passionner pour lui. Et ce n'est pas tout à fait par hasard. Il faut même dire que Landru tombe à point. Dans un sens, on va parler de Landru pour ne pas parler d'autre chose...

Avril 1919 est le moment des désillusions et de l'amertume. Les accents martiaux de la victoire se sont tus. Les habits noirs des veuves et des orphelins ne se remarquent plus, tant ils sont fréquents dans les rues. C'est le moment où, dans chaque ville, dans chaque village, on grave sur les monuments aux Morts qu'on vient d'ériger, les noms de ceux qui ne reviendront plus. C'est le moment où la France découvre avec effarement qu'elle a payé le retour de l'Alsace et de la Lorraine au prix de plus d'un million trois cent mille morts.

D'autres choses encore troublent les esprits : la conférence de paix à Versailles, qui commence à s'enliser dans les querelles entre alliés ; l'Allemagne, restée intacte malgré sa défaite et dont toutes les usines se remettent à fonctionner. Le Kaiser Guillaume II, qu'on devait juger aux termes de l'armistice comme criminel de guerre, mais qu'on semble laisser tranquille. Villain, l'assassin de Jaurès qui, le mois précédent, a été acquitté...

Alors, si on parlait d'autre chose ? Si on oubliait un peu le Kaiser, Villain et l'Allemagne, pour s'intéresser à ce barbu chauve à l'air si pittoresque ? Si on se passionnait pour onze meurtres, on oublierait peut-être, pendant un moment, un million trois cent mille morts ?...

Dès cet instant, la presse ne va plus parler que de Landru. Elle va faire ses gros titres sur lui. Et elle n'y aura aucun mal, car Landru n'est vraiment pas quelqu'un d'ordinaire.

Les policiers d'ailleurs s'en rendent compte très vite dès le premier interrogatoire. L'inspecteur Belin en a pourtant vu d'autres.

— Avez-vous des papiers d'identité ?

— Je regrette, messieurs, je les ai perdus.

— Nous écrirons à la mairie.

— Je doute qu'elle vous réponde. Je suis né près de Verdun. J'ai appris que la mairie avait brûlé sous les bombardements.

C'est plausible. L'inspecteur passe à autre chose.

— Connaissez-vous les dames Buisson et Collomb ?

— Buisson, Collomb, dites-vous ? Non. Elles me sont inconnues. J'en suis navré, messieurs.

Entre-temps, la police a perquisitionné chez celui qui se fait appeler Guillet. Outre qu'il s'appelle en réalité Landru, elle a trouvé bien des choses intéressantes : le carnet, avec les achats de billets de chemin de fer, les noms des dix femmes et quelques dates, suivies d'une heure, plus le fichier de deux cent quatre-vingt-trois noms de femmes, classés par ordre alphabétique...

Mais Landru continue à nier, avec un calme et un aplomb désespérant et il faut faire vite. Les policiers ont quarante-huit heures pour le faire avouer. Passé ce délai, il faudra soit le relâcher, soit l'inculper ; et dans ce cas, il sera interrogé par le juge d'instruction en présence d'un avocat.

L'inspecteur Belin et ses hommes décident de pratiquer alors ce que font, sans le dire, toutes les polices du monde, et qu'on appelle en argot de métier « la grande musique » : la lampe dans les yeux, les agents qui se relaient pour poser leurs questions, en bras de chemise dans l'atmosphère enfumée. Ce n'est pas très légal, mais quand il s'agit de grands criminels, ce sont des choses qui se font.

Pendant plus d'une journée, cinq policiers interrogent tour à tour Landru sans lui laisser une minute de répit. Dans ces cas-là, les réactions des accusés sont de deux sortes. Les uns craquent et avouent — qu'ils soient d'ailleurs coupables ou innocents ; les autres résistent et hurlent leur innocence. Mais Landru est vraiment différent. Son comportement est unique, incroyable.

Au bout d'une vingtaine d'heures, après avoir répondu poliment mais négativement aux questions, il s'arrête. Il reste un moment la tête penchée sur la poitrine, comme s'il réfléchissait à ce qu'on vient de lui dire. Cela dure plusieurs minutes. L'inspecteur Belin, qui a compris le premier, s'approche de Landru. Il en a le souffle coupé :

— Mais ce n'est pas vrai, il dort !

Et si, c'est vrai ! Landru s'est endormi, il commence même à ronfler. Personne n'a jamais vu cela. Réveillé sans ménagement, il s'excuse poliment :

— Je suis désolé, messieurs, je suis très fatigué et je n'ai vraiment rien d'intéressant à vous dire...

Les policiers se remettent à le questionner, mais le cœur n'y est plus et, toutes les dix minutes environ, Landru s'endort. Belin et ses hommes doivent renoncer : l'homme est vraiment trop fort pour eux. Landru est inculpé le lendemain, sans avoir rien avoué.

Les interrogatoires ont maintenant lieu dans le bureau du juge d'instruction, M. Bonin. Landru arrive, accompagné de son avocat, Mᵉ de Moro-Giafferi, s'assied quand il en a reçu l'invitation. Le juge met ses lunettes et ouvre son dossier ; Landru met également ses lunettes et ouvre également son dossier. Alors commence une discussion courtoise et ferme, comme s'il s'agissait d'une transaction d'affaires.

Le juge a beaucoup de choses à dire à Landru. Que signifient les indications portées sur le carnet : les billets de chemin de fer, un aller et retour, et un aller simple, les dates, les heures ? Il parle, ensuite du résultat des perquisitions. A Vernouillet, dans la première maison de campagne, on a retrouvé des chaussures et des corsets de femme. A Gambais, c'est plus accablant encore : on a découvert dans la cuisinière des os humains carbonisés, provenant de trois crânes, cinq pieds et six mains. En outre, les voisins ont signalé que quelquefois, et même pendant la belle saison, une fumée noire et nauséabonde s'échappait de la cheminée. Et puis il y a aussi ce hangar que possède Landru à Clichy, dans lequel étaient entassés du mobilier appartenant aux dix disparues et les objets les plus hétéroclites : ombrelles, chapeaux, corsets et même perruques et dentelles...

L'instruction dure deux ans et demi. Le dossier, quand il est terminé, comprend sept mille pages. Il a fallu interroger une par une les deux cent soixante-treize femmes qui figuraient au fichier et qui n'ont pas disparu. Pendant ces deux ans et demi, Landru s'est rendu dans le bureau du juge, toujours aimable, poli, saluant dans les couloirs les journalistes, les huissiers, les avocats. A chaque fois qu'il est entré, il a commencé par ôter son chapeau :

— Je suis votre serviteur, monsieur le Juge.

A toutes les questions, Landru a répondu par des demi-sourires, des demi-silences, des formules polies et vagues. A celles qui étaient trop précises, il a rétorqué invariablement :

— Je n'ai rien à vous dire, monsieur le Juge, c'est à vous de prouver...

Il n'y aura pas une faille dans la défense de Landru, pas une faiblesse, pas une contradiction. Le juge Bonin ne pourra réunir que des présomptions, des présomptions accablantes peut-être, mais pas de preuve au sens strict du terme.

Inutile de dire aussi que son procès, qui s'ouvre le 7 novembre 1921 devant la cour d'assises de Versailles, est un procès comme on n'en a jamais vu : cent cinquante témoins, la foule, le Tout-Paris de la littérature, du spectacle et de la politique, la presse de toute la France et même du monde entier. Car, pour le public, Landru est devenu plus qu'un personnage ; c'est un mythe.

Chacun se bouscule pour tenter d'apercevoir le petit homme chauve à l'immense barbe noire qui ne va pas tarder à apparaître entre deux policiers.

— C'est lui, c'est lui !

— Mais poussez-vous donc, on ne voit rien !

On a effectivement du mal à le voir. Landru semble écrasé entre les deux policiers. Il est vraiment tout petit. Physiquement, il faut bien le dire, Landru déçoit. Les élégants et surtout les élégantes qui attendaient cet instant depuis des jours et des jours l'avaient imaginé plus démoniaque. Sa barbe n'est pas tout à fait noire. Elle est légèrement blonde par endroits, et même un peu rousse.

Il n'est pas non plus aussi élégant qu'on le voudrait. Son costume n'est ni de la meilleure coupe ni du meilleur goût. Il n'y a guère que les sourcils en accent circonflexe et le regard qui sont conformes à ce qu'on attendait.

L'assistance est partagée en deux clans : les hommes sont anti-Landru, les femmes sont pro-Landru. Faut-il s'en étonner ? Landru a toujours plu aux femmes et, même criminel, il continue à plaire. Landru c'est le mystère, à la fois troublant, excitant et dangereux. Et qui sait si certaines femmes seules n'envient pas inconsciemment le sort des victimes ? Car elles, du moins, elles ont connu l'amour et, d'une certaine manière, elles sont mortes heureuses...

Après l'accusé, le public s'intéresse aux autres acteurs du procès. Le président Gilbert a un air bonhomme, mais qui ne trompe pas ; l'avocat général Godefroy, impressionne, mais c'est la gloire du barreau, Me de Moro-Giafferi, qui attire tous les regards. Malgré son visage distingué, presque aristocratique, chacun le sent animé d'une flamme, d'une passion qui ne demandent qu'à s'exprimer. Qui mieux que lui pouvait assumer cette tâche écrasante, presque inhumaine : défendre Landru ?

D'abord, c'est le long, l'interminable acte d'accusation lu par le président : la liste, presque ennuyeuse, de ces dix femmes, plus un jeune homme, qui ont disparu dans les mêmes conditions. Mais après cet exposé, qui ne fait que reprendre ce que tout le monde connaît, les choses ne tardent pas à s'animer. Le président Gilbert demande à Landru ce que sont devenues les femmes qu'il a connues. Ce dernier répond avec une grande douceur :

— Voyons, monsieur le Président, est-ce que le juge le plus intègre est capable de dire où sont passées toutes les femmes qu'il a connues ? Alors ne le demandez pas à un accusé !

La réplique est appréciée du public. On rit. D'ailleurs, on rira beaucoup pendant tout le procès Landru. Le président insiste :

— On a découvert dans vos papiers des fiches concernant deux cent quatre-vingt-trois femmes. Deux cent soixante-treize ont été retrouvées en vie. Que sont devenues les dix autres ?

— Ah ! je ne sais pas, monsieur le Président, elles ont peut-être effectivement disparu...

Quand le président lui rappelle qu'il est accusé de onze meurtres, Landru réplique simplement :

— Croyez que je regrette de n'avoir qu'une tête à vous offrir...

Le deuxième jour, il est question du fameux carnet. Le président Gilbert demande à Landru de s'expliquer. Pourquoi ces noms, ces chiffres, ces dates ?

— Ce sont des renseignements commerciaux, monsieur le Président. Ce sont des dames avec qui j'étais en relations d'affaires. Je voulais acheter leur mobilier.

— Et c'est pour cela que vous avez passé des annonces matrimoniales ?

— Petite ruse bien innocente, monsieur le Président. Les femmes qui désirent se marier ont toujours des meubles à vendre. Je voulais entrer en contact avec elles pour leur proposer de vendre moyennant commission.

— Alors vous prétendez que tout ce qu'on a retrouvé dans votre hangar de Clichy, vous l'avez acheté ?

— Acheté ou reçu, monsieur le Président. Certaines de ces dames m'ont fait de petits cadeaux.

— Mais enfin, Landru, ces femmes, vous ne nierez pas qu'elles ont disparu ?

Landru ne se trouble pas :

— Si on ne retrouve pas quelqu'un, cela ne veut pas dire qu'il soit mort. Que la police se donne du mal. Si elle avait fait son travail, on les aurait retrouvées.

— Alors, vous ignorez totalement où sont vos fiancées ?

— Pourquoi le saurais-je, monsieur le Président ? Celles que vous appelez mes fiancées savaient ce qu'elles faisaient. D'autant qu'elles étaient toutes... majeures.

Le public rit... Le président Gilbert est agacé. Mais il est tenace :

— Si ce n'étaient pas vos fiancées, quels étaient vos rapports avec elles ?

Landru se redresse, l'air outré :

— Je suis un galant homme. Je me refuse à faire la moindre déclaration à ce sujet ! Je ne permettrai pas qu'on franchisse le mur de ma vie privée.

Et quand, par la suite, le président ou le procureur, tenteront d'avoir des précisions sur ce sujet, Landru répondra invariablement en levant les yeux au ciel :

— Le mur, messieurs, le mur...

Après ces passes d'armes, ces échanges oratoires qui, on le voit bien, ne mèneront à rien, la troisième journée du procès est comme un retour à la réalité.

Car il y a eu onze meurtres. Les pièces à conviction qui sont exhibées sont là pour le rappeler. Ce sont de pauvres objets ayant appartenu à des femmes, à des vivantes, et qui prennent dans ce cadre un aspect insolite, voire indécent : des robes, des corsets, des dentelles, des perruques, des accessoires de maquillage. Alors, tout à coup, on se souvient que derrière ce petit homme barbu qui plaisante, qui prend des airs mystérieux et outragés, il y a une des pages les plus noires de l'histoire du crime.

Et c'est le long défilé des témoins. La plupart appartiennent aux familles des victimes. Des gens modestes. Landru recrutait ses fiancées dans le peuple ou la toute petite bourgeoisie. Tous ces gens en noir se ressemblent. Ils n'ont pas grand-chose à dire. Un jour, leur parente leur a annoncé qu'elle allait se marier, vivre le grand amour avec un monsieur très bien et ils n'ont plus eu de nouvelles. Ceux à qui le futur mari avait été présenté le reconnaissent au banc des accusés. Et ils se retirent...

Le réquisitoire de l'avocat général Godefroy est terrible. Il faut dire qu'il n'a pas la tâche trop difficile. Tout accable Landru. Il suffit de rappeler les faits. Personne n'est revenu des villas de Vernouillet et de Gambais. Dans la cuisinière de Gambais, on a retrouvé les os calcinés de trois corps humains. Le carnet de Landru contenait des notes qui sont autant d'aveux : billets de chemin de fer, dates et heures qui ne pouvaient rien indiquer d'autre que le moment du crime. Dans le hangar de Clichy, il restait les meubles, les vêtements et même les papiers des disparues.

Et l'avocat général n'a plus qu'à conclure en se tournant vers les jurés :

— J'ai la profonde et inébranlable conviction que Landru est bien le meurtrier de dix femmes et du malheureux André Cuchet. Quel sort peut-on réserver à un homme qui a commis de tels crimes ? Dix femmes et un jeune homme ! Serviteur de la loi, je ne puis que demander la mort.

La fin du réquisitoire a été écoutée dans un silence total. Tout le monde a les yeux fixés sur l'avocat général. Tout le monde, sauf Landru qui, lui, est très occupé à prendre des notes.

Quand Me de Moro-Giafferi se lève, la curiosité est à son comble. Comment va-t-il réussir cette chose qui semble une contradiction dans les termes, tant elle paraît impossible : défendre Landru ?

Mais Me de Moro-Giafferi est brillant, il est même éblouissant. Il emploie tous les arguments, toute sa persuasion, pour introduire le doute dans l'esprit des jurés. Il n'y a pas de preuve ; il y a des présomptions, certes, mais les présomptions ne sont pas des preuves. On n'envoie pas quelqu'un à la guillotine sur des présomptions. D'ailleurs, il n'y a pas de victimes, il n'y a que des disparues ; on n'a retrouvé aucun corps. Tout de même, onze personnes ne disparaissent pas comme cela !

L'avocat termine par un raisonnement très subtil et, somme toute, convaincant :

— Landru, messieurs, aurait gardé dans son hangar de Clichy les vêtements et les papiers personnels de ses victimes ? Mais, messieurs, j'appellerais ça, moi, de la folie ! Jamais un homme réfléchi, raisonnable ne ferait une chose pareille. Ou bien Landru est fou ou bien il n'a pas tué !

Et Me de Moro-Giafferi demande l'acquittement pur et simple.

Le jury se réunit à sept heures du soir. Après deux heures de délibération, il rend son verdict : coupable. Landru est condamné à mort.

Le recours en cassation est rejeté le 2 février 1922. C'est alors seulement que Mme Landru demande et obtient le divorce. Juste à temps pour ne pas devenir la veuve Landru.

En prison, Landru reste semblable à lui-même, c'est-à-dire déroutant. Il a tenu à faire le même travail que tous les prisonniers. Dans sa cellule de condamné à mort, comme les autres, il fabrique des cotillons, des serpentins et des chapeaux pointus. C'est à cela, en effet, qu'on emploie les détenus de la prison de Versailles. Comme Landru est très discipliné, il a obtenu, par faveur spéciale, de porter lui-même chaque soir le produit de sa journée à la manutention. Dans les couloirs, les bras encombrés d'accessoires de carnaval, il s'arrête, sourit, s'excuse de ne pouvoir serrer les mains. Il connaît tous les gardiens, leur situation de famille. Il s'informe de la santé de leur femme et de leurs enfants. Il est courtois, il est impénétrable. Il est Landru...

Le 25 février 1922, à cinq heures du matin, la porte de sa cellule s'ouvre. M. Beguin, substitut de la République, entre le premier. Il tape sur l'épaule de l'homme endormi :

— Ayez du courage !

Landru répond sans faiblir, mais sans affectation, sans grandiloquence :

— Soyez tranquille, j'en aurai.

Il va serrer la main de son avocat :

— Merci, maître. Je vous ai donné bien du mal... Enfin, ce n'est pas la première fois qu'on condamne un innocent.

Puis il ajoute à son intention :

— Voyez-vous, ce qui me ferait plaisir, ce serait que, plus tard, à vos moments perdus, vous puissiez vous occuper un peu de mes petits intérêts.

Et il commence à s'habiller.

Me de Moro-Giafferi dira plus tard : « Voir Landru lacer lentement, soigneusement, ses souliers au milieu de notre silence et de notre angoisse, était une chose prodigieuse. »

Quand Landru est habillé, le substitut Beguin s'approche. Chacun retient son souffle :

— Landru, avez-vous une déclaration à faire ?

Il y a un long silence. Jusqu'au bout imprévisible, Landru dévisage tranquillement le substitut et lui dit simplement :

— A qui ai-je l'honneur, monsieur ?

Ce n'est que quand le substitut eut décliné son nom et ses fonctions, qu'il répondit qu'il n'avait rien à dire. Puis il refusa le verre de rhum :

— Non merci, je ne bois jamais.

Et la cigarette :

— Non merci, je ne fume pas.

A l'aumônier qui lui propose d'entendre la messe, l'ancien enfant de chœur répond, et ce furent ses dernières paroles :

— Non, monsieur l'abbé. Il ne faut pas faire attendre ces messieurs...

Landru était coupable. Cela ne faisait aucun doute pour ses contemporains et cela ne fait aucun doute aujourd'hui non plus.

Mais Landru, dans l'histoire du crime, aura toujours une place à part. Car presque tous les grands criminels avaient quelque chose qui les distinguait des autres : une idée fixe, un déséquilibre affectif, une bizarrerie, même infime, du comportement. Pas Landru. Landru était parfaitement maître de lui, parfaitement équilibré. Il était même banal à force d'équilibre. Et c'est en cela qu'il demeure irritant et inquiétant. Car alors, n'importe lequel d'entre nous pourrait devenir un jour un Landru...

Sans aller si loin, il faut bien se rendre à l'évidence : Landru était un être normal, monstrueusement normal.

LES QUATRE SERGENTS
DE LA ROCHELLE

Le 45ᵉ de ligne, cantonné à Paris au début de l'année 1821, a vraiment mauvais esprit. On ne peut pas dire que ses hommes soient particulièrement attachés à la monarchie de Louis XVIII.

Quand, en janvier 1821, le général-baron Crossard les passe en revue, tout va bien d'abord. Les manœuvres ont lieu sous une pluie battante, mais se déroulent en bon ordre ; l'inspection qui suit est satisfaisante, elle aussi. Le général félicite le colonel, le marquis de Toustain, de la bonne tenue de son régiment et se dispose à partir.

C'est alors que le colonel a une initiative malheureuse. En l'honneur du général, il demande à ses hommes de crier : « Vive le Roi ! »

Il attend, il prête l'oreille... Mais à part le ruissellement de la pluie qui tombe à torrents, c'est le silence le plus absolu. Le général-baron se tourne vers le colonel avec un sourire ironique :

— On dirait, colonel, qu'ils ne vous ont pas entendu...

Le colonel est rouge de confusion. Il s'approche des troupes :

— Allons, mes amis, criez avec moi : « Vive le Roi ! »

Mais il n'y a pas de doute possible ; il n'y a eu d'autre cri que celui que le colonel a poussé lui-même...

Parmi les hommes qui sont là, muets, obstinés, butés, immobiles sous la pluie, il y a quatre sergents de vingt-six ans qui se nomment Bories, Pommier, Goubin et Raoulx, quatre jeunes gens qui sont à la veille d'une tragique aventure qui va s'achever moins d'un an plus tard à La Rochelle.

La fin de l'épopée napoléonienne a été durement ressentie dans l'armée française. Finis les rêves de gloire et d'aventure : on partait simple soldat et, avec un peu de chance, au bout de dix ans on était capitaine, au bout de vingt, général...

Maintenant, plus question de vertigineux avancement : sergent en 1821, cela signifie adjudant-chef en fin de carrière. Et puis, comment l'armée pourrait-elle être royaliste ? Quel attachement peut-elle avoir pour Louis XVIII qui est rentré d'exil avec les envahisseurs étrangers ? De cœur, l'armée est restée bonapartiste.

En ce qui concerne le 45ᵉ de ligne, c'est bien pire. Il faut dire que le 45ᵉ est caserné rue du Foin-de-Saint-Jacques, en plein Quartier latin. Entre les étudiants, qui sont en grande majorité républicains, et les jeunes soldats ou sous-officiers bonapartistes, il se produit ce que les rapports de police appellent des « conversations subversives ». Les uns et les autres se retrouvent dans un cabaret à l'enseigne des *Fils de Mars,* et là, devant un pichet de vin, ils discutent, ils s'enflamment. Ils évoquent les grands principes de 1789, les heures glorieuses de la Révolution et de l'Empire.

Parmi ces jeunes gens, l'un des plus virulents est le sergent-major Bories. Il n'a qu'une idée : conspirer. Et voilà qu'un jour, un de ses camarades lui propose de faire partie d'une société toute nouvelle qui vient juste de se créer : la « Charbonnerie ».

La Charbonnerie est la réplique française d'une société italienne, la *Carbonaria,* qui s'est constituée à Naples pour combattre les Autrichiens. Elle accueille sans distinction bonapartistes et républicains. Il s'agit avant tout de s'opposer à Louis XVIII, après, il sera bien temps d'aviser. Elle est divisée en « ventes », c'est-à-dire en cellules, de vingt membres, coiffées par des ventes départementales et, au sommet, par la Haute Vente qui réunit les grands chefs du mouvement : Dupont de l'Eure, Manuel et le chef suprême Lafayette.

Malgré la gloire posthume qui l'entoure, Lafayette reste un personnage pour le moins discutable. Son rôle dans l'Histoire de France, et dans cette histoire en particulier, a été passablement malheureux. C'est l'historien Lucas-Dubreton qui l'a le mieux défini : « Un incorrigible et néfaste politicien dont la destinée a toujours été de provoquer les événements et d'être dépassé par eux... »

C'est dans les caves de l'*Hôtel de la Paix,* sur la montagne Sainte-Geneviève, qu'a lieu l'initiation du sergent Bories à la Charbonnerie. Les yeux bandés, il jure de garder le silence jusqu'à la mort. Quand le bandeau tombe, il voit ceux qui l'entoure diriger en cercle leurs poignards vers sa poitrine et tracer sur elle une échelle symbolique qui signifie qu'il accepte par avance de monter sur l'échafaud. Ensuite, le nouvel initié est assis sur un drap blanc, symbole de la pureté des mœurs. On lui explique la signification des mots Espérance, Foi, Charité, Honneur, Vertu, Probité, et, plus prosaïquement, on lui demande cinq francs de cotisation.

Bories prend immédiatement son rôle dans la Charbonnerie très au sérieux. Sa première préoccupation est de créer une vente dans son régiment, ce qui n'est pas une tâche impossible, quand on sait l'état d'esprit qui règne au 45ᵉ de ligne.

Bories recrute d'abord le sergent Goubin puis le sergent-major Pommier et enfin le sergent Raoulx. Ils sont jeunes, ils sont pleins d'espérance et de fougue et après eux, d'autres conspirateurs viennent nombreux. Au bout de peu de temps, la vente du 45ᵉ de ligne est constituée autour de ceux que tous leurs camarades appellent les quatre sergents.

Dès ce moment, les choses vont vite. Les responsables de la Charbonnerie de leur côté ont arrêté leur plan : pour renverser la monarchie et Louis XVIII, ils vont faire un coup d'État militaire.

Pour cela, il faut un général. Ils ont choisi le général Berton. C'est un bavard, un impulsif et un faible, mais son bonapartisme est à toute épreuve et, de toute façon, il n'y avait pas le choix ; les autres généraux pressentis — sans doute trop avisés pour accepter — s'étaient dérobés.

Dans tout ce plan, c'est précisément le 45ᵉ de ligne qui va jouer le rôle principal. Car il est cantonné à Paris et c'est de Paris que doit partir le mouvement.

Malheureusement, au début de 1822, un fait nouveau remet tout en cause. Par mesure disciplinaire, en raison de son mauvais esprit, le 45ᵉ de ligne est transféré à La Rochelle.

Mais les dirigeants de la Charbonnerie ne se laissent pas abattre par ce coup du sort. Qu'à cela ne tienne ! L'Ouest est une région très favorable aux bonapartistes, le mouvement aura lieu sur le trajet du 45ᵉ de ligne. D'abord à Thouars, puis à Saumur.

Avant de partir, Bories est présenté à Lafayette, qui le reçoit fort aimablement et lui souhaite bonne chance. Il le soutiendra de toute son influence, en cas de réussite, évidemment. Bories ne dit mot, il écoute, il regarde de tous ses yeux le grand personnage historique, le héros des deux mondes qui lui parle si gentiment.

Ce sont alors les préparatifs fébriles. Ils ont lieu chez un marchand de vin parisien, *A l'Enseigne du Roi Clovis*. Là, devant le pain, le fromage et le vin de Suresnes, chacun y va de son discours : tout est prêt, la France ne demande qu'à se soulever, le général Berton va prendre le commandement de l'insurrection. Derrière, il y a Lafayette et tous les députés libéraux. Le départ du 45ᵉ de ligne pour La Rochelle restera dans l'histoire comme le symbole de la plus grande révolution de tous les temps, la dernière...

La veille du départ, Bories reçoit de la Haute Vente tout le matériel — on devrait dire tout l'attirail — prévu : des foulards de couleur qui serviront de signe de reconnaissance, des moitiés de cartons déchirés, dont des complices sur place auront l'autre partie et aussi des poignards, l'emblème de la Charbonnerie, de très jolis poignards à la lame moitié azur, moitié or.

Le 22 janvier 1822, le 45e de ligne part pour La Rochelle. Et dès le début, les conjurés vont commettre des fautes incroyables, des fautes de collégiens. Avant de partir, le sergent Bories avait bien recommandé à tout le monde :

— Surtout pas de rixe, ne nous faisons pas remarquer.

Or, à la première étape, à Orléans, Bories lui-même se bat avec un garde suisse qui l'invitait à trinquer à la santé du roi. Bories est puni : il sera incarcéré à La Rochelle et d'ici là, surveillé par une garde armée. Cela commence mal et cela va continuer tout aussi mal. Car tous ces jeunes gens, ces conspirateurs enflammés, sont des naïfs, des purs, des idéalistes, et ils vont multiplier, dans les jours qui suivent, les plus folles imprudences.

A Poitiers, l'étape suivante, le sergent Bories, toujours lui, est logé chez un particulier, un ancien officier. Normalement, étant aux arrêts, il aurait dû être conduit à la prison et il ne s'étonne nullement de cette étrange mesure de faveur. Il se met au contraire à discuter avec son hôte qui lui confie tout de suite sa haine féroce des Bourbons. Bories est ravi de trouver en face de lui un homme animé d'aussi sincères sentiments antiroyalistes. Et la soirée se prolongeant, il lui raconte tout le complot...

Bien entendu, l'officier en retraite est un indicateur qui se hâte de répéter ces intéressants propos au général Despinois, commandant la région de l'Ouest.

Enfin, la troupe arrive à La Rochelle et le sergent Bories est conduit sous bonne garde à la célèbre tour de la Lanterne. Il comprend alors qu'il a trop parlé et qu'il est maintenant suspecté de complot. Il faut agir vite.

Décidément, tout, dans cette histoire, semble un peu irréel. Bories parvient à convaincre son geôlier de le laisser partir pour une nuit. Il s'occupe évidemment de faire disparaître le plus compromettant : les poignards azur et or, les foulards, les cartons déchirés. Il donne le commandement à Pommier et, fidèle à sa parole, retourne dans sa prison. Il n'y reste pas longtemps car le lendemain matin, le général Despinois le fait transférer à Nantes.

C'est le même jour que — malgré tous les contretemps et les maladresses — la grande insurrection prévue aura lieu.

A Thouars, les insurgés, une cinquantaine d'hommes sous le commandement du général Berton, se rendent maîtres de la garnison. Il faut dire que la garnison de Thouars comprend en tout et pour tout cinq gendarmes. Au lieu de continuer immédiatement vers Saumur, comme il était prévu, le général Berton s'attarde à célébrer cette brillante victoire. Enfin, il conduit ses troupes à Saumur. Les insurgés se présentent devant la garnison, sortent le drapeau tricolore et crient : « Vive la Révolution ! »

Mais les soldats d'en face ne fraternisent pas, au contraire. Ils pointent leurs fusils et apportent les canons. Les émeutiers se débandent et le général se réfugie à La Rochelle.

Pourtant, même après ce piteux échec, tout n'est pas terminé. L'état d'esprit dans la vente du 45e de ligne reste au beau fixe. En face de La Rochelle, il y a l'île de Ré et ils peuvent, sans l'ombre d'un doute, compter sur les sept cents hommes d'Infanterie coloniale chargés de surveiller les bagnards. A l'*Auberge du Lion d'Or,* où se réunissent les conjurés du 45e, de nouvelles recrues se manifestent, notamment un certain sergent Goupillon qui est de loin le plus exalté. Il parle fort et couvre la voix de tout le monde.

— Je jure, crie-t-il en brandissant son poignard, que je me vengerai de tous ceux qui ont osé arrêter le sergent Bories.

Et il propose son plan d'action qui est simple : mettre le feu à la caserne, égorger le colonel et tous les officiers. Malgré tout, la majorité a la tête mieux posée sur les épaules : elle laisse le sergent Goupillon pérorer dans son coin et se range à un autre avis. L'insurrection aura lieu à La Rochelle, le 17 mars prochain. Une fois que les membres de la Charbonnerie auront pris le commandement du 45e de ligne, le général Berton fera son entrée triomphale dans la caserne, et, de là, déclenchera le soulèvement national, la Révolution...

Malheureusement, tout est reporté pour une cause que nul ne pouvait franchement prévoir : le général Berton a oublié son uniforme à Saumur, où il s'en était débarrassé précipitamment. Évidemment, un général en civil prenant la tête d'un coup d'État militaire, cela ne ferait pas sérieux. Il faut donc attendre que Berton récupère son uniforme...

Mais il ne sera pas possible d'attendre jusque-là. Car ce contretemps a considérablement touché le moral d'un des conjurés, le fameux Goupillon, celui qui était si exalté. Il s'effondre d'un seul coup. Plus question de brûler la caserne, d'égorger les officiers. Au contraire, il va directement chez le colonel et, en larmes, lui raconte tout dans les moindres détails...

Le lendemain, c'est l'arrestation de toute la vente du 45e de ligne : seul le général Berton parvient à s'enfuir avec son uniforme, qu'il vient enfin de retrouver, mais il sera repris. Les quatre sergents et leurs camarades ont échoué. C'est la fin de cette épopée romantique, idéaliste, qui de bout en bout a eu des airs d'opérette.

Malheureusement, il y a deux actes dans cette histoire, et à l'opérette, va succéder la tragédie.

Étant donné que le complot du 45e de ligne a été conçu à Paris, c'est à Paris que les autorités ont décidé de juger les coupables. Elles ont de bonnes raisons à cela. Elles veulent faire un exemple, donner le maximum de retentissement au procès, car l'esprit républicain et bonapartiste est encore actif dans toute la France.

Le 21 août 1822, s'ouvre le procès des vingt-cinq accusés, civils et militaires, du complot du 45e. L'ambiance est curieuse, à la fois dramatique — car on sent que des vies sont en jeu —, et en même temps romantique, presque puérile. On a l'impression que ce sont des enfants qui risquent leurs têtes...

Le jury est présidé par le baron Trouvé, qui a été, selon les régimes, bonapartiste fervent et royaliste convaincu. Le procureur est M. de Marchangy, un poète curieusement, auteur d'un doux recueil, *La Gaule poétique*, qui a eu à l'époque un grand succès. Mais ce poète va se révéler le plus impitoyable des accusateurs.

Il le faut bien d'ailleurs. Car le dossier de l'accusation est inconsistant, il est même nul. Les conspirateurs n'ont commis aucun acte répréhensible. Ils n'ont formé qu'un projet de complot, sans qu'il y ait eu le moindre commencement d'exécution. Or, dans la loi française, on ne peut pas poursuivre quand il n'y a pas eu délit.

Le procureur Marchangy s'applique donc d'entrée de jeu à prouver que le simple fait de faire partie de la Charbonnerie est en soi un délit. La Charbonnerie, affirme-t-il, est un complot permanent contre le trône, contre l'ordre et la propriété. Appartenir à la Charbonnerie, c'est être un bandit, même si l'on n'a fait jusque-là que prononcer des paroles imprudentes.

Et tout aussitôt, M. de Marchangy touche du doigt le fond du problème : il réclame les vrais coupables, les chefs, ces messieurs de la Haute Vente, ceux qui, de loin, ont poussé les exécutants.

— Où sont-ils, s'exclame-t-il, ces seigneurs, qui dans l'insolence de leur turbulente aristocratie, disent à leurs serviteurs : « Allez tenter pour nous les hasards d'une insurrection dont nous sommes les actionnaires. Nous paraîtrons au signal de vos succès et si par malheur vous succombez, nous vous érigerons à grand bruit des tombeaux. »

Sur ce point au moins, le procureur a raison. Car il n'a en face de lui que des exécutants. Les autres, les chefs qui ont pour nom Lafayette, Dupont de l'Eure, Manuel, sont restés bien à l'abri dans leurs fonctions officielles. Ils attendaient de se manifester pour prendre le pouvoir en cas de réussite, et maintenant, devant l'échec de leurs hommes, ils se taisent.

Les quatre sergents de La Rochelle, comme on les appelle désormais, eux aussi, ont décidé de se taire. Ils sont là, silencieux, au banc des accusés. Mais eux, ce n'est pas pour la même raison que leurs chefs. Ce n'est pas par lâcheté, c'est par fidélité à la parole jurée, fidélité à eux-mêmes et à leur idéal. Ils se sont lancés imprudemment dans une aventure folle qui les dépassait, ils se sont comportés comme des enfants, comme des romantiques qu'ils étaient. Maintenant, du moins, ils vont se conduire en hommes, ils iront jusqu'au bout...

A l'instruction, pourtant, on leur a bien fait comprendre que s'ils consentaient à révéler le nom des hauts personnages qui les ont dirigés, ils auraient droit à une certaine indulgence, à la vie sauve en tout cas. Mais ils se sont tus. Et ils se tairont pendant tout le procès.

Le 5 septembre 1822, à dix-huit heures, le jury se retire. Il revient trois heures plus tard. Il fait nuit. La salle est mal éclairée, il faut donner une chandelle au président des jurés pour qu'il puisse lire le résultat de la délibération. La chandelle tremble et c'est dans cette ambiance fantomatique qu'est rendu le verdict. Les quatre sergents Bories, Pommier, Goubin et Raoulx sont coupables sans circonstances atténuantes. C'est la mort. Les autres n'ont que de légères peines de prison.

Le sergent Bories se contente de demander que lui et ses camarades ne soient pas séparés, pendant le court temps qui leur reste à vivre, ce qui est accordé. Il ajoute simplement :

— Nous finissons notre carrière à vingt-sept ans. C'est bien tôt.

Et le sergent Pommier conclut :

— La France nous jugera...

Chez les chefs de la Charbonnerie, chez les messieurs de la Haute Vente, on respire enfin. Ils n'ont pas parlé, ils ne parleront pas. Et le député libéral Manuel a ce mot qui est resté comme le symbole du lâche et cynique soulagement :

— Ils mourront bien !...

Il y a encore un espoir, la grâce royale. Mais quand l'avocat des condamnés reçoit audience auprès de Louis XVIII, le roi se contente de lui demander :

— Quand l'exécution doit-elle avoir lieu ?

— Le 21 septembre, Sire, à cinq heures du soir.

— Eh bien, monsieur, je ferai grâce ce même jour... à six heures du soir...

Le député Manuel ne s'était pas trompé : les sergents de La Rochelle mourront bien. Quand le 21 septembre 1822, à cinq heures du soir, ils sont conduits en place de Grève, ils vont à l'échafaud avec courage et dignité. Ils s'embrassent et, l'un après l'autre, au moment de mourir, ils crient d'une voix forte :

— Vive la liberté !...

Ils étaient quatre, ils étaient jeunes, ils étaient courageux, ils étaient purs : ils avaient tout pour que le peuple en fît ses héros, et le peuple en fit ses héros. Il a oublié, confondu dans le même mépris, tous les grands messieurs de la Haute Vente qui prétendaient parler en son nom pour prendre le pouvoir à leur profit. Mais pendant des années et des années, des mains anonymes ont déposé de pauvres fleurs et de petits bouquets sur une dalle du cimetière Montparnasse qui portait pour seule inscription :

21 septembre 1822, cinq heures du soir.

LA BANDE A BONNOT

La grande vague anarchiste qui a fait trembler la France pendant les années 1890 est bien loin et bien oubliée en 1911.

Beaucoup d'eau a coulé depuis sous les ponts de la Seine : il y a eu l'Exposition universelle de 1900, les fêtes de la Belle Époque. Vaillant et sa bombe, Ravachol et Caserio, l'assassin du président Sadi Carnot, ne sont plus que des souvenirs. Et si l'on devait s'inquiéter, d'ailleurs, ce serait pour des raisons bien plus graves : la tension croissante avec l'Allemagne laisse prévoir des drames autrement redoutables.

De fait, les anarchistes ne sont plus guère nombreux : quelques nostalgiques, quelques attardés qui se réunissent dans les locaux d'un journal appelé justement *L'Anarchie* et que dirigent l'intellectuel russe Kibaltchiche et sa compagne Rirette Maitrejean.

Kibaltchiche est un théoricien, un penseur, presque un philosophe. Plus tard, il prendra part à la révolution d'Octobre et deviendra célèbre comme théoricien trotskyste sous le nom de Victor Serge.

Rirette Maitrejean est une jeune femme aussi jolie que douce, qui s'est donné pour tâche principale d'accueillir les compagnons anarchistes d'où qu'ils viennent sans leur poser de questions.

En cette année 1911, ils sont quelques-uns à avoir cherché refuge au journal *L'Anarchie.* Ce sont des inadaptés, des marginaux, comme nous dirions aujourd'hui. Ce sont ceux que la société a laissés de côté ; car le début du xxᵉ siècle est une période d'intense bouleversement économique et social. Jamais l'industrialisation n'a été aussi rapide. Et tout le monde ne peut pas suivre le mouvement, ni trouver sa place.

Il y a là Callemin, dit Raymond la Science ; petit, très blond, les lèvres minces toujours serrées, il parle beaucoup. C'est un autodidacte, un intellectuel mal formé qui prêche la « reprise individuelle », c'est-à-dire le vol de l'État et des bourgeois pour établir une meilleure distribution des richesses. On dit qu'il ne s'est jamais remis d'un grand chagrin d'amour. Toujours est-il que c'est un misogyne farouche qui fuit les femmes.

Il y a aussi Carouy, énergique et vulgaire. La tête carrée, la moustache épaisse, bâti comme un hercule de foire, il a tout de la brute épaisse. Mais il dépense ses économies pour acheter des oiseaux sur les marchés et leur rendre la liberté. Il ne peut pas supporter la vue d'un oiseau en cage.

Soudy est presque un enfant : il a dix-huit ans ; maigre, rachitique, surnommé par les autres « Pas de chance », il a été abandonné par ses parents à l'âge de onze ans. Par la suite, il a fait des bêtises et s'est retrouvé en prison. Il en est ressorti tuberculeux. Il est plein de haine contre la société, mais il adore les enfants de Rirette. Il les emmène promener le dimanche et leur achète des gâteaux en prenant soin de mettre des gants pour ne pas les contaminer.

Valet, rouquin qu'on surnomme évidemment « Poil de carotte », est peut-être le plus effacé de la bande. Sa seule joie est de lire dans les réunions anarchistes des vers du poète contestataire Jehan Rictus.

Quant à Garnier, un beau garçon, séducteur au type méditerranéen et au physique primaire, il fait un peu peur à ceux qui l'approchent. Lui, n'est pas comme les autres ; lui, on sent qu'il pourrait être dangereux, que c'est un dur, un vrai.

Dernier à avoir trouvé refuge au journal *L'Anarchie* : Dieudonné, qu'on pourrait presque qualifier de brave homme. A vrai dire, ce qu'il y a de plus marquant en lui, c'est sa magnifique paire de moustaches noires en guidon de vélo...

Bien sûr, tout ce monde-là discute, écoute les théories de Raymond la Science sur la reprise individuelle. Tous parlent fort et s'enflamment, mais personne n'agit. Est-ce l'influence apaisante de Rirette ? En tout cas, aucun d'entre eux n'a l'intention de passer à l'action violente. Pour cela il faudrait qu'ils aient à leur tête un homme décidé, un chef...

C'est un soir de décembre 1911 qu'on frappe à la porte de *L'Anarchie*. Dieudonné ouvre.

— Je peux entrer ?

— D'où viens-tu ?

— De Lyon.

— Pourquoi es-tu parti ?

— Les flics.

— Ah !... Entre. Tu t'appelles comment ?

L'homme plisse ses yeux. De tout petits yeux gris.

— Je m'appelle Bonnot, Jules Bonnot...

Jules Bonnot est né en 1876 dans le Doubs. Son père est un brave ouvrier, mais cela n'empêche pas l'enfant de manifester dès le début les plus mauvais penchants. Disons-le, le petit Bonnot est un garnement, un vaurien.

Quand il se marie, tout semble cependant s'arranger. Il aime sa femme et son enfant, et se décide à travailler sérieusement. Mais il est dit que tout doit mal tourner. A l'usine il fait du syndicalisme : il milite avec les anarchistes. Il est successivement renvoyé de toutes ses places. Et peu après, sa femme le quitte pour partir avec un autre homme en emmenant l'enfant. Cette fois, c'est définitif. Ce qui n'était qu'une vague rancune contre la société devient une haine farouche. Bonnot ne se promène plus qu'armé. Il n'a qu'une idée en tête : se venger par tous les moyens.

C'est alors que se produit un événement en apparence minime mais qui va décider de toute la suite.

En 1907, Bonnot est ouvrier chez Berliet. Il faut croire qu'il s'est assagi — du moins en apparence — car son patron lui fait passer aux frais de la maison son permis de conduire.

Maintenant Bonnot sait conduire. Et c'est extrêmement rare à l'époque. La « voiture sans chevaux », comme on dit alors, est plus qu'un luxe, c'est le privilège de quelques-uns. Il y a peut-être en 1911 autant de gens qui savent conduire qu'il y en a aujourd'hui qui savent piloter un avion.

Bonnot rentre à Lyon. Juste avant son départ pour Paris, il noue une idylle peu banale avec Marie Tholon, la femme d'un gardien de cimetière. Les rendez-vous ont lieu parmi les tombes, où ils se promènent en se jurant un amour éternel. C'est d'ailleurs vrai. Bonnot aimera jusqu'au bout Marie Tholon.

La police lyonnaise s'intéresse déjà à lui de très près. Bien qu'il n'ait commis aucun délit majeur, elle l'a classé comme bandit en puissance. La fiche qu'elle a établie sur lui est éloquente : « Très dangereux. En cas d'arrestation, opérer par surprise. Relations suspectes. Conduite des plus douteuses. »

Bonnot se rend compte que pour lui, à Lyon, les choses sentent un peu trop le roussi. Il monte à Paris. Et, bien entendu, il va directement à cette adresse que tous les anarchistes connaissent : Kibaltchiche et Rirette, le journal *L'Anarchie*...

Une fois Bonnot dans la place, les choses changent rapidement. Bonnot n'est pas vraiment un anarchiste. Il a toujours été plus ou moins étranger au milieu. En fait, la théorie, les grandes idées, il s'en moque. Ce qui compte pour lui, c'est agir de la manière la plus rapide et la plus payante. Il a un plan et il l'expose. Et les autres l'écoutent, stupéfaits d'abord, puis admiratifs. Car il faut bien reconnaître que Bonnot est, dans le domaine du crime, une sorte de génie.

— D'abord, dit Bonnot, il faut être puissamment armés, et ne pas hésiter à tirer les premiers. On commence par tuer, on vole après.

Ensuite, et c'est là ce qui est nouveau, extraordinaire, il suggère de se servir d'une automobile. Il suffit d'en voler une et, comme il sait conduire, ils seront pratiquement invulnérables. Les gendarmes, les agents, n'ont que des chevaux ou des bicyclettes. Ils pourront toujours courir !

L'idée est acceptée. Tous ces désœuvrés plus ou moins révoltés vont devenir des bandits, la bande à Bonnot est constituée et elle va se rendre rapidement célèbre.

Le premier coup a pour cadre la rue Ordener dans le XVIIIe arrondissement, devant le 146 exactement, là où se trouve une succursale de la Société générale.

Le 21 décembre 1911, par une matinée sombre et pluvieuse, un convoyeur de fonds de la Société — on disait alors un garçon de recettes — nommé Caby, descend du tramway. Caby porte l'uniforme de tous les garçons de recettes d'alors, qui semble fait exprès pour les désigner à l'attention des bandits : habit à la française bleu ciel, boutons de cuivre et bicorne. Comme tous ses collègues, il n'est pas armé. Dans sa sacoche en bandoulière il a 20 000 francs en titres.

A quinze mètres de l'agence, un homme se précipite sur Caby et lui tire un coup de revolver en pleine poitrine. Caby s'effondre mais tente de résister en s'accrochant aux jambes de son agresseur. L'homme lui tire alors froidement un second coup de revolver, de haut en bas, dans le dos. Le garçon de recettes s'effondre dans une mare de sang. L'homme prend sa sacoche et bondit dans une voiture qui démarre aussitôt. Ses occupants se mettent alors à tirer dans toutes les directions, par bonheur sans atteindre personne...

Le fait divers occasionne une émotion considérable. Car c'est la première fois dans le monde qu'on se sert d'une voiture pour commettre une agression. Le banditisme vient d'entrer dans l'ère industrielle, dans le XXe siècle. Du jour au lendemain, toute la France ne parle plus que des bandits. On ne les appelle pas encore la bande à Bonnot puisqu'on ne sait pas qui ils sont, mais « les bandits en auto ».

L'enquête commence. Par une chance extraordinaire, le garçon de recettes Caby n'est pas mort. Il se rétablit peu à peu de ses blessures. Parmi diverses photos de malfaiteurs, les policiers lui présentent celles des anarchistes fichés. Caby n'a aucune hésitation. Il en désigne une, au bas de laquelle l'employé de police a écrit d'une belle écriture appliquée : Octave Garnier.

D'ailleurs, d'autres témoignages vont dans le même sens. Plusieurs personnes ont décrit l'agresseur de Caby comme un homme plutôt petit, jeune, aux cheveux très bruns, au teint mat, ce qui correspond au signalement de Garnier.

Garnier coupable, c'est bien. Mais le retrouver, c'est une autre histoire.

Le 31 décembre la police fait une descente au journal *L'Anarchie* et arrête tout le monde. Il ne reste plus que des comparses. Bien sûr, il y a sur place Kibaltchiche et Rirette Maitrejean qui, eux, savent. Mais malgré tous les interrogatoires, ils ne donneront pas ceux qu'ils ont hébergés.

Si la police piétine, les bandits ne restent pas inactifs. Le 10 janvier 1912 la bande pille une armurerie du boulevard Haussmann.

Le 28 février, c'est bien autre chose, un drame à grand spectacle qui va faire la une de toute la presse. A sept heures du soir, une voiture descend en trombe la rue d'Amsterdam. Devant la gare Saint-Lazare, elle heurte une femme et passe à gauche d'un refuge au milieu de la chaussée. Un agent siffle. La voiture accélère encore. Mais elle est coincée par un autobus. L'agent accourt. Comme la voiture, qui a de nouveau le champ libre, redémarre, il saute sur le marchepied. Calmement alors, un des passagers que les témoins identifieront comme Garnier sort son revolver et tire trois fois. L'agent s'écroule sur le pavé. Par une coïncidence que noteront tous les journaux, l'agent s'appelait lui aussi Garnier et le restaurant où on l'emporte agonisant et où il meurt peu après a pour enseigne : *Chez Garnier.*

Alors, dans les rues de Paris, commence une folle poursuite digne des films de gangsters. Mais Bonnot est réellement un as du volant. Place de la Concorde, il a disparu.

Dans l'opinion c'est d'abord la consternation : les « bandits en auto » sont invulnérables, insaisissables ; puis la colère : que fait la police ? Que fait le gouvernement ? Les agents ont essayé de suivre cette puissante voiture avec des bicyclettes. C'est ridicule, c'est lamentable !

Dans toute cette affaire, il y a quand même un élément favorable pour les policiers. A sept heures du soir, en plein cœur de Paris, les témoins ont été nombreux. Et les témoignages permettent d'identifier sans aucun doute possible trois des occupants de la voiture : le tueur — Garnier —, le chauffeur — Bonnot — et un des passagers — Callemin dit Raymond la Science.

La police croit même faire un pas supplémentaire en arrêtant Dieudonné. Un indicateur l'accuse d'avoir participé à l'agression de la rue Ordener. Dieudonné a beau dire que ce jour-là il était à Nancy, rien n'y fait. On le met en présence de Caby qui, bien qu'il ait déjà désigné Garnier, reconnaît cette fois Dieudonné comme son agresseur.

L'arrestation de Dieudonné permet à la bande à Bonnot — c'est ainsi qu'on l'appelle désormais — de manifester une fois de plus son incroyable audace.

Garnier écrit au juge d'instruction, au chef de la Sûreté et aux principaux journaux la lettre suivante :

Depuis que la presse a mis ma modeste personne en vedette, à la grande joie de tous les concierges de la capitale, vous annoncez ma capture comme imminente.

Je vous déclare que Dieudonné est innocent du crime que vous savez bien que j'ai commis...

Je sais que cela aura une fin dans la lutte qui s'est engagée entre la société et moi. Je sais que je serai vaincu, je suis le plus faible. Mais j'espère bien vous faire payer cher cette victoire.

Afin d'authentifier sa lettre, Garnier a apposé ses empreintes digitales à côté du post-scriptum suivant : *Bertillon, mets tes lunettes.*

Bertillon, l'inventeur de l'anthropométrie met ses lunettes et reconnaît sans peine les empreintes de Garnier...

Les bandits font à présent de l'esprit, ridiculisent les autorités, c'est un comble ! Les journaux attaquent ouvertement la police et le gouvernement. On parle de rivalité entre le chef de la Sûreté, M. Guichard, et le sous-chef, M. Jouin, d'où une série d'ordres et de contre-ordres et de fausses manœuvres. Il y a même des interpellations à la Chambre...

Mais pour l'instant, c'est encore la bande à Bonnot qui agit et qui réussit son coup le plus audacieux et le plus sanglant.

Le 25 mars 1912, à huit heures du matin, une magnifique de Dion Bouton, roule à petite vitesse dans la forêt de Sénart. Soudain, trois hommes surgissent et font des signes avec leurs mouchoirs. Intrigué, le conducteur stoppe. Il est immédiatement tué par une grêle de balles ; son passager est grièvement blessé.

Trois hommes sortent des fourrés et rejoignent les trois premiers. Tous les six s'entassent dans la voiture, qui prend la direction de Chantilly.

Arrivés devant le siège de la Société générale, la voiture stoppe. Quatre hommes en descendent et s'engouffrent dans la banque. Pas de sommations. Pas de « Haut les mains, tout le monde contre le mur ! » Les bandits vont vers le guichet et tirent presque à bout portant sur les employés. Un des caissiers est tué net, deux autres grièvement blessés.

A l'extérieur, la foule, avec l'inconscience propre aux curieux, commence à s'amasser. Un des bandits resté dans l'automobile prend alors une carabine et, calmement, tire dans le tas. C'est la panique la plus totale.

Les quatre hommes qui étaient entrés dans la banque ressortent avec l'argent et la voiture démarre en trombe. On la retrouvera un peu plus tard à Asnières et elle ne livrera aucun indice.

A Paris, c'est l'affolement. Tout le monde craint pour sa vie. On voit l'auto des bandits partout ; on croit reconnaître Bonnot et ses hommes dans tous les visages qu'on croise dans la rue. Une sorte de légende et de terreur entoure maintenant la bande à Bonnot. On ne peut plus voler un mouchoir dans un magasin sans qu'on pense à eux. Bonnot empêche de dormir les honnêtes gens. Il est devenu le symbole du crime moderne. Fini le xixᵉ siècle ! Ce n'est plus le crime artisanal ; maintenant, c'est le crime à la chaîne.

Le président du Conseil, Georges Clemenceau, convoque le chef de la Sûreté, Guichard, et lui déclare solennellement :

— C'est assez de faiblesse. Il faut en finir. Vous connaissez les noms et les signalements des hommes de la bande. Vous devez les arrêter par tous les moyens !

Et, aidé par M. Jouin — son sous-chef avec lequel il s'entend si mal —, M. Guichard va s'y employer.

A partir d'avril 1912, en effet, il semble que le vent tourne. Un à un la police arrête les membres de la bande. Une dénonciation anonyme permet de mettre la main sur Soudy, le petit Soudy, l'homme à la carabine, celui qui avait tiré sur la foule à Chantilly. Il est arrêté à Berck Plage.

Une autre dénonciation permet d'arrêter à son tour Carouy. Les dénonciations joueront un grand rôle tout au long de l'affaire. Et l'action de la police, si elle est efficace, est, il faut bien le dire, sans gloire. La prime de 12 000 francs offerte par la Société générale pour la capture des bandits, portée à 50 000 francs après l'agression de Chantilly, n'est sans doute pas étrangère à tout cela.

Le 7 avril 1912, la police réussit une plus grosse prise. Le chef de la Sûreté, M. Guichard, arrête Callemin, l'un des trois principaux responsables de la bande. Callemin avait été donné par sa maîtresse. Ce misogyne farouche s'était laissé pour une fois séduire et cela ne lui avait pas porté chance. Au moment de son arrestation, il avait sur lui trois revolvers chargés et cinq mille francs.

Le sous-chef de la Sûreté Jouin arrête à son tour un autre individu dangereux, Monnier, qui lui aussi fait partie de la bande, quoiqu'il n'ait pas été dans l'équipe de départ au journal *L'Anarchie*.

Mais les principaux bandits : Bonnot, Garnier et Valet, courent toujours, et leur capture va être l'une des plus difficiles de toutes celles qu'ait jamais eues à faire la police française. A partir de ce moment, la suite des événements ne sera plus qu'une succession de drames.

Renseigné par un indicateur (encore un), M. Jouin se rend chez un soldeur d'Ivry, qui recèlerait de l'argent volé par les bandits. Accompagné de quatre inspecteurs, il visite la maison de fond en comble. Au dernier étage se trouvent les chambres de bonne.

M. Jouin ouvre une des portes. D'abord il ne voit pas grand-chose à cause de l'obscurité, puis il devine une forme accroupie dans l'ombre à côté du lit. Il a juste le temps de crier à l'inspecteur qui le suit :

— Attention, il est armé !...

Ce sont les derniers mots du sous-chef de la Sûreté française. M. Jouin s'écroule, tué net d'une balle dans la tête.

L'inspecteur Colmar, qui était derrière lui, est grièvement blessé. Dans la fusillade qui a suivi, l'agresseur a été abattu, du moins le croit-on. Aussi les deux autres inspecteurs qui surviennent ne font-ils pas attention à lui ; ils se précipitent vers M. Jouin et l'inspecteur Colmar.

C'est une erreur car l'homme n'est que légèrement blessé. Profitant de la confusion, il bondit et se réfugie dans la chambre de bonne voisine. Il surprend une femme terrorisée. Il lui met le revolver sous le nez et crie :

— Donne-moi tes draps en vitesse.

En quelques secondes, l'homme a noué les draps ensemble, les a attachés à la balustrade et s'est glissé dans la rue.

Bonnot — car c'était lui, la femme le reconnaîtra formellement —, s'échappe encore. Et cette fois il a tué de sa main un des plus hauts policiers de l'État.

Inutile de dire qu'à partir de ce moment, c'est une véritable lutte à mort qui commence. Toutes les forces sont mobilisées pour traquer les trois bandits restant, avec ordre de les retrouver morts ou vifs, quels que soient les moyens.

A l'aube du 29 avril 1912, toujours à la suite d'une dénonciation, M. Guichard, accompagné de plusieurs inspecteurs, se rend à Choisy-le-Roi, chez un garagiste nommé Dubois qui aurait, paraît-il, abrité chez lui des membres de la bande.

Dès qu'il voit les policiers, Dubois sort son revolver et tire. Mais cette fois, les policiers sont sur leurs gardes ; ils ripostent instantanément et abattent le garagiste.

Alors d'autres coups de feu partent du premier étage du garage. C'est un tir terrible et précis. Un des inspecteurs est tué, plusieurs autres sont blessés. A la fenêtre, par instants, les policiers voient paraître un homme, les cheveux hirsutes, l'œil dur, qui tient un revolver dans chaque main. Tous l'ont reconnu : c'est Bonnot.

La fusillade dure des heures. Malgré les balles qui sifflent autour de lui, Bonnot semble invulnérable. Il surgit à une fenêtre, vide son chargeur, disparaît pour reparaître à une autre fenêtre. On dirait un spectre.

Alerté par M. Guichard, le préfet de police Lépine vient en personne diriger les opérations. Il est accompagné d'une véritable armée : des pompiers, des soldats et des gardes républicains.

A midi, il décide de dynamiter la maison. Devant la foule des curieux qui s'amassent, les deux premières tentatives échouent. A la troisième, la masure vole en éclats. C'est l'assaut général.

On découvre Bonnot criblé de balles et agonisant, roulé dans un matelas. Il s'est tiré deux balles dans la tête. Il mourra en arrivant à l'Hôtel-Dieu.

Quelques minutes avant sa mort, il avait griffonné sur un morceau de papier, au crayon d'abord puis, quand la mine s'était cassée, avec son sang, le message suivant : *Dieudonné est innocent.*

Bonnot est mort, mais la bande à Bonnot n'est pas morte, car il reste Garnier et Valet. Et c'est maintenant que va avoir lieu l'épisode le plus sanglant, le plus dramatique de toute l'affaire.

Quelques jours plus tard, le 13 mai 1912, M. Guichard apprend que, dans un pavillon de Nogent-sur-Marne, il y a une femme qui habite avec deux hommes, que ceux-ci ne sortent que la nuit et ne semblent exercer aucun métier. Le 14, cinquante inspecteurs cernent la maison. Deux hommes sont en train de jardiner. Dès qu'ils aperçoivent les policiers, ils rentrent précipitamment et commencent à tirer des fenêtres, faisant, là encore, des morts et des blessés.

Cette fois, Garnier et Valet, les deux derniers membres en liberté de la bande, sont pris au piège. Ils ne s'échapperont pas.

Le préfet de police Lépine et le chef de la Sûreté Guichard arrivent immédiatement. Ce qui va se passer maintenant n'est plus une opération de police, c'est une véritable opération de guerre.

Autour du pavillon de Nogent-sur-Marne, il y a en effet trois cents gardiens de la paix accompagnés de dizaines de chiens policiers, huit cents hommes de troupe dont un bataillon de zouaves qui, installés sur un viaduc de chemin de fer, projettent sur la maison d'énormes pierres. D'un toit avoisinant, d'autres hommes lancent des bombes ; d'autres encore creusent des tranchées, et mettent des mitrailleuses en batterie. La fusillade dure toute la journée...

De temps en temps, d'une des fenêtres part une rafale avec un cri :

— Assassins ! Assassins !

La foule grossit. Aux banlieusards des environs, se sont peu à peu joints les Parisiens qui pique-niquent dans l'herbe roussie et l'odeur de poudre. Le soir, ils sont déjà vingt mille pour assister à la fin de la bande à Bonnot, un beau spectacle qui a le mérite d'être gratuit, avec en plus l'attrait du sang et de la mort.

La nuit, le siège dure toujours. La sortie des spectacles amène les élégants et les élégantes. Les femmes en robe longue et cape de vison, les hommes en habit se passent leurs jumelles de théâtre pour essayer de voir, à l'intérieur de la maison éclairée par des phares d'automobile, un de ces bandits qui leur ont fait si peur.

Il est minuit. Le préfet Lépine, se rendant compte que le spectacle devient indécent, décide d'en finir. Tout doit être terminé avant une heure du matin. Comme pour Bonnot, il ordonne de dynamiter la maison. Il fait mettre en place un projecteur très puissant qui aveugle les assiégés. Un homme se glisse dans la zone d'ombre et dépose la dynamite.

Cette fois, l'opération est réussie du premier coup. C'est une explosion assourdissante, un jet de flammes, une montagne de poussière. Alors, toutes les mitrailleuses se mettent à crépiter en même temps, tandis que les chiens, qui viennent d'être lâchés, bondissent en aboyant.

Quand les hommes s'élancent à leur tour, ils ne découvrent dans les décombres que deux corps déchiquetés, méconnaissables.

Cette fois, c'est bien fini : la bande à Bonnot n'existe plus.

Le procès des survivants s'ouvre le 3 février 1913. C'est évidemment un événement sensationnel, qui attire le Tout-Paris.

Le public ne cesse de dévisager en chuchotant ces hommes qui ont terrorisé la France pendant des mois et qui sont maintenant alignés au banc des accusés : Carouy, Soudy, Monnier, Callemin dit Raymond la Science, Dieudonné. A côté d'eux figurent les patrons du journal *L'Anarchie :* Rirette Maitrejean et Victor Kibaltchiche.

Au début, l'accusation, sûre d'elle en ce qui concerne les principaux accusés, soutient une thèse pour le moins inattendue. Le chef de la bande à Bonnot n'est autre que... Rirette Maitrejean. En effet, les locaux du journal, où se réunissait la bande, étant à son nom, elle est le chef de cette association de malfaiteurs...

Le 27 février 1913, le verdict est rendu dans une atmosphère survoltée. Rirette, qui s'est défendue avec autant d'énergie que de justesse contre l'accusation absurde dont elle était l'objet, est acquittée. Son compagnon Kibaltchiche est condamné à cinq ans de prison. Sa peine purgée, il retournera dans sa patrie, la Russie, et prendra une part active à la Révolution.

Carouy, condamné aux travaux forcés à perpétuité, n'a pas voulu de cette demi-faveur. Il s'est suicidé le lendemain en laissant un mot laconique :

N'ayant jamais connu les joies de l'existence, je quitte sans regret le monde des atomes.

Les quatre autres accusés : Soudy, Monnier, Callemin et Dieudonné sont condamnés à mort.

A l'annonce du verdict, on voit Callemin se lever. Très pâle, il se tourne vers les juges et leur dit d'une voix forte :

— Je suis coupable, c'est vrai, mais Dieudonné est innocent. C'est Garnier qui a tiré sur Caby !

Cette déclaration fait sensation ; plus même, elle jette le doute dans beaucoup d'esprits. Déjà, Bonnot agonisant avait griffonné un mot pour innocenter Dieudonné. Et le garçon de recettes Caby avait d'abord reconnu Garnier avant d'accuser le même Dieudonné.

Tout cela est plus que troublant, mais il est impossible de réviser le procès. Pour cela, il aurait fallu un vice de forme, or il n'y en a pas. C'est pour toutes ces raisons sans doute que le président de la République accorde sa grâce à Dieudonné, et commue sa peine en travaux forcés à perpétuité. Il sera libéré vingt ans plus tard, à la suite d'une énergique campagne de presse animée par le journaliste Albert Londres.

Et, dans les années 1950, certains d'entre vous ont peut-être croisé dans les rues du Marais un vieil ouvrier ébéniste et une femme aux cheveux blancs qui faisait encore des corrections pour un journal du soir : c'étaient Dieudonné et Rirette Maitrejean, les derniers survivants de la bande à Bonnot...

Les trois autres condamnés à mort, eux, ne sont pas graciés.

A quatre heures du matin, le 21 avril 1913, la guillotine est dressée sur les pavés de Paris. Il fait noir, il fait froid, il pleut. Le bourreau Deibler qui, de 1899 à 1939, a procédé à toutes les exécutions capitales, fait les derniers préparatifs.

Ils sont encore nombreux à avoir voulu assister au spectacle. Quelques centaines peut-être.

Et puis dans le silence surnaturel qui précède les exécutions, c'est le bruit attendu : le piétinement des chevaux sur le sol mouillé. La voiture noire apparaît, escortée d'un peloton de gardes républicains. Elle s'arrête. Soudy sort le premier. Il essaie de crâner, il chante *Salut ô mon dernier matin*. Monnier lance :

— Adieu à vous tous, messieurs, et à la société.

Quant à Callemin, dit Raymond la Science, qui descend le dernier, il se tourne vers les badauds et leur jette :

— C'est beau, hein, l'agonie d'un homme ?

Le couperet qui tomba trois fois mit fin définitivement à la bande à Bonnot...

Qu'en reste-t-il aujourd'hui ? Un film, une chanson et surtout un témoignage sur les affrontements d'une période dure, violente, de notre histoire, qu'on s'obstine à appeler aujourd'hui encore la Belle Époque.

LE TRAIN GLASGOW-LONDRES

Cela commence comme dans certains films policiers, par un homme assis vu de dos en gros plan.

L'homme a un rire satisfait... Il vient de mettre au point un plan minutieux, impeccable, infaillible, pour réaliser sans violence le plus grand hold-up du siècle. L'homme n'est ni un bandit ni même un escroc mondain ; c'est un riche bourgeois, sans doute un haut personnage. Il n'a nul besoin d'argent, il ne songe pas à gagner quoi que ce soit avec son plan. Mais c'est un esthète, un théoricien du vol. Ce qu'il veut, c'est savoir si son plan se révélera aussi infaillible sur le terrain que sur le papier.

Son nom, personne ne le connaît et ne le connaîtra vraisemblablement jamais, à part la police anglaise qui n'a jamais voulu le révéler. On sait seulement que l'inconnu a mis au point son plan aux alentours de 1955 et qu'il a commencé à le proposer à plusieurs gangs. Mais aucun n'a accepté : il demandait trop d'organisation, il les dépassait...

Sept ans ont passé, lorsqu'un homme prend à son tour connaissance du fameux plan. Il est en prison et il s'appelle Bruce Reynolds.

A l'époque, c'est-à-dire en 1962, Bruce Reynolds est une figure à part dans le milieu londonien. A trente et un ans, mince, beau garçon, avec ses costumes d'homme d'affaires de la City et ses lunettes d'intellectuel, il en impose à tous ses compagnons et même aux policiers.

Mais il ne faut pas s'y tromper, Bruce Reynolds est un véritable bandit. C'est le chef de la bande du Sud-Ouest de Londres. Il aurait pu réussir dans bien d'autres domaines, mais il a choisi le banditisme. Reynolds d'ailleurs, conçoit le banditisme comme un art. Ce qu'il veut, c'est réussir une fois un gros coup et se retirer sur la Côte d'Azur. Et que rêver de mieux pour cela que le plan du génial cerveau ? Comme tout ce qui est lumineux, il est simple : il consiste à dévaliser le train postal Glasgow-Londres. L'attaque doit rapporter, selon les prévisions, deux millions de livres de l'époque, soit huit milliards de centimes actuels environ. Mais bien entendu, dans la pratique, c'est autrement complexe.

A sa sortie de prison, quelques mois plus tard, Reynolds prend des contacts. Il recrute d'abord les chefs, l'état-major. Son premier co-équipier, Gordon Goody, a trempé dans un nombre incalculable d'affaires louches, mais s'en est toujours sorti, ce qui lui a valu le surnom de « roi de l'alibi ». Il tient alors un des salons de coiffure les plus chics de Londres.

Le second, Charlie Wilson, est officiellement commerçant en fruits et légumes. Père de trois enfants, il a l'air tranquille au possible et il est cardiaque de surcroît. Mais malgré les apparences, Wilson est un des as du milieu. Le troisième, enfin, Buster Edwards, est le chef de la bande rivale, celle du Sud-Est de Londres. Pourtant, il n'a pas hésité à s'associer avec Reynolds pour le gros coup.

Il faut citer également Ronald Biggs, qui ne doit pas théoriquement jouer un rôle de premier plan dans le déroulement de l'opération, mais à qui la suite des événements va, comme nous le verrons, donner une place tout à fait à part.

Une fois l'équipe dirigeante constituée, Bruce Reynolds recrute les exécutants. Ils sont de deux sortes. D'abord les hommes de main, qu'il choisit parmi sa bande, celle du Sud-Ouest de Londres. Mais il est nécessaire également de s'assurer des complicités parmi le personnel des chemins de fer. Bruce Reynolds s'en charge à merveille. Avec ses manières de gentleman, il n'a pas son pareil pour mettre les gens en confiance. Il fréquente les pubs autour des gares, là où se réunissent les employés. C'est devant une chope de bière que tout se joue. Un mot en entraîne un autre et il en arrive aux choses sérieuses, il parle argent. Reynolds promet beaucoup, énormément d'argent. Combien de complices ont été achetés ainsi soit pour une participation active, soit simplement pour leur silence ? On ne le saura jamais, car aucun d'eux ne sera découvert.

Et la préparation va plus loin encore. Sur ordre de Reynolds, plusieurs membres de la bande se font engager pour quelques semaines dans les chemins de fer ou dans les postes afin de voir concrètement comment les choses se déroulent.

Les mois passent et tout prend forme peu à peu. Mais uniquement dans l'esprit des chefs. Car le plan a prévu un cloisonnement rigoureux. Chacun des exécutants connaît uniquement le travail qu'il aura à faire et rien d'autre. Il n'a pas la moindre idée du but de l'opération. Il est précisé d'autre part qu'en cas d'ennui, chacun devra se débrouiller par ses propres moyens.

Mais tout cela est très long. Pour faire patienter les hommes, pour éviter qu'ils ne se fassent prendre en faisant des coups personnels, autant que pour financer l'opération, Bruce Reynolds décide un premier hold-up, qui servira en même temps d'entraînement.

Cette répétition générale est un petit chef-d'œuvre de simplicité et de précision. Le 27 novembre 1962, à l'aéroport de Londres, deux employés transportent la paie de la Compagnie B.O.A.C. : 62 500 livres, 250 millions de centimes environ. Six hommes apparemment parfaitement renseignés et déguisés en employés d'aviation les entourent : un ou deux coups de matraque et c'est terminé. Ils s'enfuient par le parking où les attendent deux grosses Jaguar.

Il se trouve que la police suspectera dans cette affaire Gordon Goody, le roi de l'alibi. Malheureusement pour elle, la police devra relâcher Goody car évidemment, il a un alibi. A cette heure-là, par la plus grande des coïncidences, il se trouvait dans un café de Picadilly Circus et, comble de malchance, en sortant, il a renversé une tasse de thé sur le veston d'un consommateur. Il s'est excusé poliment et il lui a remis sa carte de visite en le priant de lui envoyer la note du teinturier...

Nous sommes au début de l'année 1963. Bruce Reynolds passe maintenant à la préparation sur le terrain. Lui et ses hommes agiront pendant les vacances, au mois d'août.

Reynolds étudie donc les horaires, la voie et les signaux de signalisation. L'endroit de l'attaque est fixé à une quarantaine de kilomètres de Londres, à Bridego Bridge. Par l'intermédiaire d'un complice, il loue une ferme dans les environs, à une demi-heure de trajet.

C'est là que les véhicules qui auront été volés — un camion et deux Land Rover — transporteront les sacs postaux depuis le train. Les futurs conducteurs commencent un entraînement qui dure des semaines sur des engins similaires. Comme tout aura lieu la nuit et qu'il ne serait pas indiqué de se signaler à l'attention par des éclairages intempestifs, ils doivent apprendre à faire le trajet dans le noir et sans lumière en vingt-cinq minutes.

En ce qui concerne les signaux ferroviaires, pas de problème. Il suffira de masquer la lampe verte par un gant noir et de brancher, sur la lampe orange pour un premier signal, et sur la lampe rouge pour un second, une batterie portative. Le train commencera par ralentir, puis s'arrêtera.

A la mi-juillet, toute la bande s'installe dans la ferme, avec un magnifique camion jaune et deux Land Rover. Le nouveau locataire a prévenu le propriétaire qu'il voulait refaire les peintures, arranger la maison pour les vacances. Donc, cette arrivée en force d'une vingtaine d'individus ne surprend personne. C'est le décorateur et son équipe, tout simplement.

L'attaque est fixée au 7 août. Tout est maintenant parfaitement au point. On va voir si le plan du cerveau est aussi génial dans la pratique que dans la théorie.

Un dernier détail encore : depuis quelques jours, les nouveaux wagons blindés, dont les Postes ont fait récemment l'acquisition, sont curieusement immobilisés pour réparation. Ils sont tous en panne et on a dû ressortir les anciens wagons en bois. Les complices cheminots ont fait ce qu'on attendait d'eux...

Le train postal Glasgow-Londres démarre le 7 août 1963 à dix-huit heures trente. Dans les douze wagons, soixante-douze convoyeurs des postes. Seuls les deux premiers wagons sont intéressants. Ils contiennent des sacs de billets que la Banque d'Écosse remet à la Banque d'Angleterre et des objets de valeur en recommandé ; les dix derniers ne renferment que du courrier.

Aux commandes de la locomotive, le mécanicien Jack Mills ; à ses côtés, le mécanicien en second David Whitby.

A deux heures et demie du matin, Bruce Reynolds et sa bande d'une vingtaine d'hommes prennent place près de la voie à Bridego Bridge...

Trois heures. Un des bandits, couché l'oreille contre le rail, se relève :

— Le voilà !

Un ordre bref de Reynolds. Chacun sait ce qu'il a à faire. On obstrue avec un gant la lampe verte du premier feu de signalisation et on allume avec une batterie le feu orange. Cinq cents mètres plus loin, même opération avec le second feu, qui passe du vert au rouge.

Treize masses noires, la locomotive et ses douze wagons, ralentissent puis s'immobilisent dans un sifflement de freins. Un des deux mécaniciens descend ; on le voit se diriger vers le poste de téléphone sur la voie. Il revient au bout de quelques instants. Cela n'a rien d'étonnant, les fils sont coupés.

Maintenant, il y a d'autres hommes sur la voie, en tenue d'ouvriers de réparation, ce qui n'est pas rare, surtout la nuit. Le mécanicien va vers eux :

— Hé ! les gars, y en a pour longtemps ? C'est qu'on n'a pas que ça à faire, nous.

Les « gars » ne répondent pas, ils se rapprochent, ils l'entourent. Ils sont armés de matraques.

— Si tu fais un geste, tu es mort. Alors, pas de blague, hein ?

Aux commandes de sa locomotive, le mécanicien Jack Mills entend un bruit derrière lui. C'est son coéquipier qui revient... Il se retourne. Plusieurs hommes en cagoule... Jack Mills a la mauvaise idée de se défendre. Un choc, une lueur, et il se retrouve à terre, frappé d'un coup de matraque.

Quelques dizaines de mètres plus loin dans la nuit, c'est une autre partie du plan qui s'exécute en silence. Sans faire le moindre bruit, deux hommes détachent le deuxième du troisième wagon.

Dans la locomotive, un des hommes en cagoule relève Jack Mills aveuglé de sang.

— Fais démarrer le train. Allez, mon vieux, courage. Il n'y en a pas pour longtemps. Juste huit cents mètres, jusqu'au pont, là-bas.

A demi inconscient, Mills obéit. Tout doucement, la locomotive et les deux premiers wagons quittent le reste du train pour s'arrêter huit cents mètres plus loin.

A l'intérieur des wagons, aucun des convoyeurs n'a la moindre inquiétude. Les arrêts sont fréquents sur le trajet et celui-ci n'est pas particulièrement long. C'est dire leur saisissement quand, brusquement, les portes, les vieilles portes de bois, volent en éclats toutes en même temps. Huit hommes armés de haches et de matraques surgissent. Il n'y a même pas un geste de défense : les convoyeurs se retrouvent ligotés et bâillonnés.

Pas un coup de feu n'a été tiré. Quelques minutes à peine se sont écoulées depuis le premier arrêt du train. Et dix minutes plus tard, tout est terminé, les deux wagons sont vides. Avant de partir, l'un des hommes en cagoule lance à la cantonade :

— On laisse un gardien à l'extérieur. Ne bougez pas avant une demi-heure. Si vous faites quelque chose, il vous liquide.

C'est la première erreur. Le plan était parfait, mais il n'avait pas tenu compte des hommes. Or les hommes parlent trop. Cette petite phrase lancée comme un défi, alors que personne ne reste en surveillance, est le grain de sable qui va enrayer toute la belle machine.

Mais pour l'instant c'est l'euphorie. Vingt-cinq minutes plus tard, après un trajet sans phares dans la nuit noire, la bande fait ses comptes. Des comptes fabuleux. Les hommes marchent sur un matelas de billets. Ils allument leurs cigarettes avec des coupures de dix livres. Comme c'est l'anniversaire de Biggs, chacun lui offre sur son propre tas, un billet de cinq livres. Car il y a en tout — on le saura plus tard quand les banques écossaises auront fait leurs comptes elles aussi — 2 631 684 livres, soit environ onze milliards de centimes actuels. Le partage est vite fait. Il a été réglé depuis longtemps. Deux cent cinquante mille livres pour chacun des quatre chefs, cent mille livres pour chaque exécutant. Cela fait respectivement, en centimes d'aujourd'hui, un milliard et quatre cents millions de centimes. De quoi rêver...

Les hommes restent encore un jour à la ferme. Mais alors, dans l'ivresse de la victoire, se produit la seconde erreur. Une erreur humaine, comme la première. Jusque-là, ils ont pris des précautions extraordinaires. Ils ont vécu en permanence avec des gants, ils n'avaient le droit de jeter par terre ni mégots ni cendres de cigarettes. Mais maintenant que tout est fini, qu'ils ont réussi, au diable les gants et les précautions ennuyeuses ! D'ailleurs ne leur a-t-on pas dit que quelqu'un viendrait après leur départ pour effacer toutes les traces compromettantes ?

Ce quelqu'un viendra bien. Mais il se contentera d'une inspection générale et surtout il négligera de faire disparaître les empreintes. Quand Reynolds l'apprend, il est furieux. Il décide de retourner lui-même à la ferme et d'employer les grands moyens : il va l'incendier. Trop tard : son poste de radio, qui est branché en permanence sur la longueur d'onde de la police, lui transmet brusquement des ordres excités : la ferme a été repérée et cernée.

Il fallait s'y attendre : c'est la conséquence de la première erreur ; cette phrase malheureuse qu'un des hommes a lancée en s'éloignant : « Ne bougez pas avant une demi-heure. » De là à penser que les bandits se cachaient dans une maison à une demi-heure de route de l'endroit de l'attaque, il n'y avait qu'un pas que tout policier était capable de franchir. Tout de suite ce fut la mobilisation générale : la police locale, la police nationale et une armée de simples citoyens transformés pour la circonstance en détectives amateurs. Il faut dire que la prime offerte par les compagnies d'assurances avait de quoi tenter : trois cents millions de livres.

Dans la ferme, la police trouve plus d'indices qu'elle n'en espérait. Seize hommes avaient habité là pendant plusieurs semaines. Il restait seize tasses à thé et petites cuillères (nous sommes en Angleterre), des caisses de bière, des cageots de pommes de terre, d'oranges et même trente-quatre rouleaux de papier hygiénique. Mais les policiers trouvent aussi les sacs postaux vides entassés dans un coin et surtout les empreintes...

La suite est une simple question de routine. Peu à peu, grâce aux empreintes, les chefs et les hommes sont arrêtés : Biggs, Wilson, Goody et les autres se retrouvent en prison. Seul Reynolds reste introuvable : lui, il est loin, sans doute à l'étranger...

Le procès qui s'ouvre le 20 janvier 1964 près de Buckingham est aux dimensions de cette gigantesque affaire. Devant les douze accusés, il faut dix heures au président pour rappeler les faits. A la fin du procès, il faut encore six jours pour résumer les débats. Enfin, le 23 mars 1964 à quinze heures, le jury se retire pour délibérer. Il délibère exactement soixante-dix heures et cinquante-quatre minutes : un record absolu dans toute l'histoire de la justice anglaise.

Les peines infligées sont très lourdes : quinze à trente ans de prison pour Biggs, Wilson, Goody et leurs principaux complices. Dans le public et dans la presse, c'est la surprise et même la réprobation. Car enfin, il n'y a pas eu mort d'homme. Sans doute le mécanicien Jack Mills a-t-il été frappé d'un coup de matraque, mais il s'est rétabli rapidement.

Il faut peut-être voir précisément dans l'indulgence du public envers ces bandits intelligents et chevaleresques, la raison même de la sévérité des juges. Le grand écrivain Graham Greene n'avait-il pas écrit dans le *Daily Telegraph* : « Je les admire pour leur adresse et leur courage ? » Or pour la loi, le vol reste le vol, un délit reste un délit, même s'il est accompli avec brio et sans violence. C'est cela que les juges ont voulu affirmer face à l'opinion.

Pourtant, le plus extraordinaire reste à venir. Il fallait se douter que les hommes qui avaient été capables d'une telle organisation lors de l'attaque du train, n'allaient pas en rester là...

Charlie Wilson, un des trois adjoints de Reynolds, est enfermé dans la prison de Birmingham, au bloc B, dans la deuxième cour, un endroit particulièrement surveillé. Pour un pareil client, toutes les précautions ont été prises. Dans sa cellule, la lumière n'est jamais éteinte et tous les quarts d'heure un gardien vient jeter un coup d'œil par le judas.

Nous sommes au mois d'août 1964, Wilson s'ennuie depuis quatre mois déjà. C'est la nuit. Tout se déroule avec une admirable simplicité. Quatre hommes franchissent les murs d'enceinte avec des échelles. Ils savent exactement où ils vont, ils sont parfaitement renseignés sur les horaires des patrouilles. Ils ont le double de toutes les clés. Ils entrent dans la cellule, ils remettent à Wilson un uniforme de gardien et tout le monde s'en va. L'évasion ne sera découverte que le matin, sans qu'il soit possible de trouver la moindre piste.

Ce coup de maître n'est pas le dernier. Celui qui va suivre va dépasser en audace et en brio tout ce qui s'était vu jusque-là. Car, un an plus tard, le 8 juillet 1965, c'est au tour de Biggs d'être tiré de sa prison. Pourquoi Biggs, qui ne faisait pas partie du quatuor des dirigeants ? Sans doute parce qu'il est l'ami personnel de Reynolds, et que Reynolds ne laisse pas tomber ses amis.

Un gros camion de déménagement se range contre le mur du pénitencier. De l'autre côté, dans la cour, c'est l'heure de la promenade. Et voici que le toit du camion s'ouvre. Une sorte de plate-forme actionnée par un bras hydraulique s'élève. Elle parvient au sommet du mur. Un homme masqué se tient sur la plate-forme. Il lance une échelle de corde de l'autre côté. Aussitôt Biggs bondit sur l'échelle, tandis que d'autres détenus maîtrisent les gardiens. En quelques secondes, il est sur la plate-forme qui redescend lentement : il est libre.

Encore une fois c'était simple, efficace et sans violence. Après ce dernier exploit les bandits du Glasgow-Londres sont entrés définitivement dans la légende.

Attaqués de tous côtés, ridiculisés, les policiers auront quand même leur revanche. Wilson sera repris trois ans et demi après son évasion. Il se trouvait au Québec où il avait monté un commerce de porcelaine. Le policier canadien à qui échut l'honneur de l'arrêter s'appelait le sergent Laviolette. Wilson, extradé, regagna sa prison où il est sans doute maintenant pour longtemps car il n'a plus son chef pour le délivrer.

En effet, Reynolds a fini par être arrêté à son tour, en novembre 1968. Il était rentré en Angleterre. S'il ne s'est pas vraiment livré lui-même, c'est tout comme.

Bruce Reynolds était las de fuir et de se cacher. A son procès, il plaidera coupable et sera condamné à vingt-cinq ans de prison.

Il ne restait que Biggs en liberté. Et à son tour, en 1974, Scotland Yard le retrouva au Brésil. Mais les Anglais furent maladroits. Leur demande d'extradition, formulée trop brutalement, indisposa le gouvernement brésilien qui accorda le droit d'asile à Biggs. Il s'est marié depuis avec une Brésilienne et exerce le métier de menuisier. Il y a longtemps qu'il a dépensé sa part du butin.

Aujourd'hui, malgré tant d'astuce et tant d'exploits, tous les membres de la bande sauf un sont donc en prison... Un cerveau génial, un mystérieux esthète du vol qui met au point un plan infaillible pour réaliser le hold-up du siècle, mais qui oublie simplement qu'il va être exécuté par des hommes, avec leurs faiblesses et leurs erreurs, c'est toute l'histoire de l'attaque du train postal Glasgow-Londres.

SEZNEC

Tout commence au début de 1923 par un trafic assez sordide. Pendant leurs deux années de guerre à nos côtés, en 1917 et 1918, les Américains ont apporté en France un énorme matériel civil. A leur départ, ils l'ont laissé sur place et vendu à bas prix. La partie la plus intéressante était constituée de voitures de luxe. A cette époque, des centaines de « belles américaines », des Cadillac pour la plupart, dorment dans des garages, un peu partout en France.

Or, les événements internationaux vont déclencher un marché à grande échelle. Des groupes commerciaux, pour la plupart américains, essayent de récupérer ces voitures pour les vendre en Russie soviétique où la pénurie de moyens de transports est alors à son maximum.

Pierre Quémeneur, industriel et conseiller général du Finistère, a tout de suite flairé la bonne affaire. Il sent d'ailleurs toujours les bonnes affaires et c'est ainsi qu'il a fait fortune. Mais Quémeneur appartient à un parti catholique et, à l'époque, livrer des voitures aux Soviets, c'est un peu venir en aide au diable. Il lui faut une couverture, un prête-nom. Et il pense l'avoir trouvé en la personne de son meilleur ami, un petit industriel de Morlaix : Guillaume Seznec.

Seznec a quarante-cinq ans, il est marié, il a quatre enfants. Plutôt bel homme, il est grand, osseux, avec des cicatrices sur le menton, le regard vif, peut-être un peu dur. Il s'est fait tout seul, comme on dit. Il a monté plusieurs affaires qui ont plus ou moins bien marché et il est alors propriétaire d'une scierie à Morlaix. Guillaume Seznec a le goût du gain et du risque. Aussi, il n'hésite pas quand Quémeneur vient lui proposer cette affaire de Cadillac. Et le 23 mai 1923, les deux hommes partent en voiture pour Paris. Dans une Cadillac justement, celle de Seznec. Ils ont rendez-vous avec un certain Sherly, de la Chambre de commerce américaine.

Ce Sherly, que ni l'un ni l'autre ne connaissent, doit leur passer une très grosse commande.

C'est ici que commence le mystère. La voiture n'arrivera jamais à Paris. Seznec rentre seul à Morlaix. A la famille et à l'entourage de Quémeneur, il dit que la Cadillac a eu de nombreuses pannes et que son ami a préféré prendre le train et continuer tout seul. Seznec a laissé Quémeneur à Dreux ou à Houdan, il ne sait plus bien.

Mais ce qui est inquiétant, puis alarmant, c'est qu'à partir de ce moment, plus personne n'entend parler de Quémeneur ; pas de nouvelles, aucun signe de vie. Le 10 juin 1923, la famille prévient la police et l'enquête commence. Elle va durer officiellement plus d'un an et d'une certaine manière, elle n'est toujours pas terminée aujourd'hui.

Comme par miracle, l'ouverture de l'enquête déclenche un fait nouveau : le 13 juin, la sœur de Pierre Quémeneur reçoit le télégramme suivant :

Suis au Havre. Stop. Tout va bien. Quémeneur.

Malheureusement , les policiers, qui se précipitent au bureau de poste du Havre, découvrent que le télégramme était un faux : la signature sur le formulaire est grossièrement imitée.

Cette fois, les choses deviennent graves. Quelqu'un a tenté de faire croire que Quémeneur était vivant, alors pourquoi, sinon parce qu'il est mort ? Et il est même légitime de penser que ce quelqu'un est le meurtrier.

Les choses se précipitent : quelques jours plus tard, toujours au Havre, la police retrouve la valise de Quémeneur. Elle contient, outre ses objets personnels, une promesse de vente concernant la somptueuse propriété qu'il possède à Plourivo.

C'est un document pour le moins curieux. Le domaine de quatre-vingt-dix hectares est vendu trente-cinq-mille francs — un prix dérisoire, il en vaut au moins quatre fois plus — et le bénéficiaire de la transaction n'est autre que Seznec. Quand on sait que depuis longtemps, Seznec convoitait la propriété de son ami, mais que ce dernier avait toujours refusé de la lui vendre, on admettra qu'en quelques jours les enquêteurs ont fait du chemin.

Des enquêteurs dont il faut dire quelques mots, car ils vont avoir dans toute cette affaire un rôle peut-être plus grand qu'on ne pourrait le supposer. Du commissaire Vidal, de la Sûreté, le responsable de l'enquête, il y a peu à dire, sinon du bien. Ce Méditerranéen, originaire de Nîmes, est un homme ouvert, cordial, un policier de bon sens. Mais il y a en revanche beaucoup à dire sur son adjoint, un jeune inspecteur qui se tient pour l'instant volontairement dans l'ombre et qui se nomme Bony.

La trentaine, élégant, ambitieux, Bony est déjà une figure populaire, principalement auprès des journalistes auxquels il raconte toutes ses enquêtes par le menu, en en attribuant à chaque fois tout le mérite à ses chefs. Ce qui fait que les chefs, cités en bonne place à la une des journaux, ne tarissent pas d'éloges sur ce jeune inspecteur si doué qui ira loin.

D'ailleurs c'est vrai, Bony ira loin. Jusqu'à l'affaire Stavisky par exemple où le moins qu'on puisse dire est que son rôle n'est pas clair ; jusqu'à l'occupation allemande, où il se mettra avec un certain nombre d'acolytes aux ordres de la Gestapo pour traquer et torturer les résistants et les juifs. Il ira même encore plus loin : jusque sous les balles d'un peloton d'exécution à la Libération...

Pour en revenir à cette année 1923, dans l'esprit des policiers, le suspect numéro un n'est autre que Seznec. D'autant que sa réputation n'est pas sans tache. On l'a soupçonné en 1913 et 1919 de deux incendies criminels qui avaient détruit un magasin de cyles et une blanchisserie qui lui appartenaient. Curieusement, les deux entreprises étaient au bord de la faillite et la prime d'assurance avait été la bienvenue. A l'époque, le commissaire de police de Morlaix avait fait sur Seznec une fiche qui, pour être brève, en dit long : « Individu rusé, procédurier et de mauvaise foi. »

Le 25 juin 1923, la police attaque sur trois fronts : au Havre où il s'agit de trouver des témoins qui auraient vu Seznec le 13 juin, le jour de l'expédition du faux télégramme ; à Paris où Seznec est convoqué pour s'expliquer ; à Morlaix où une perquisition est ordonnée à son domicile.

Au Havre, l'enquête, placée sous la responsabilité directe de Bony, donne des résultats plutôt satisfaisants. Plusieurs personnes à qui le jeune inspecteur montre une photo de Seznec jurent l'avoir vu en ville le 13 juin. Mais peu à peu tous ces témoins reviennent sur leurs déclarations. Ils ont parlé trop vite, sans doute influencés par l'enthousiasme et la persuasion de Bony. Enfin, tous les témoins sauf un, le plus important : M. Chenouard, commerçant, maintient qu'il a vendu ce jour-là à Seznec une machine à écrire de marque Royal. Or, c'est ce type de machine qui a servi à taper le faux contrat de vente.

A Paris, les choses vont moins bien pour les policiers. Seznec, qui croyait d'abord à une simple convocation de routine, est stupéfait et indigné quand il se rend compte qu'on l'accuse du meurtre de Quéméneur. Et bien sûr, il nie, il nie farouchement. Il a laissé Quéméneur à la gare de Dreux, à moins que ce ne soit celle de Houdan, cela, il ne s'en souvient plus très bien. Quéméneur a voulu continuer en chemin de fer, en raison des nombreuses pannes de la Cadillac. Les policiers insistent : le cric de la voiture a disparu ; qu'est-il devenu ? Un garagiste a remarqué sur un bidon des traces de sang... L'interrogatoire dure cinq jours. Mais malgré leur persévérance, les policiers échouent : Seznec nie tout.

A Morlaix aussi, c'est zéro sur toute la ligne. Les perquisitions tant à la scierie qu'au domicile de Seznec ne donnent rien. Marie-Jeanne Seznec, sa femme, n'en revient pas. Elle s'indigne. Son mari est donc suspect ? Que s'est-il passé ? Les hommes du commissaire Vidal ne lui répondent pas et continuent à perquisitionner. C'est le grand jeu, de la cave au grenier, dans tous les recoins de la scierie. Mais il n'y a rien, pas un indice. Il faut se contenter de mettre les scellés sur la Cadillac, et s'en aller.

Le 1er juillet, Seznec est arrêté. Qu'y a-t-il alors contre lui ? Des présomptions, mais aucune preuve. La promesse de vente de la villa est un faux que n'importe qui aurait pu commettre dans le but de l'accabler. Le papier timbré sur lequel a été tapé le document, provient du bureau de tabac le plus proche du domicile de Seznec, à Morlaix. Mais s'il s'agit d'une machination, comme le prétend Seznec, c'est là, bien entendu, qu'aurait été acheté ce papier.

Il y a évidemment le témoignage du commerçant Chenouard qui affirme formellement que le 13 juin Seznec a acheté une machine à écrire Royal dans son magasin du Havre. Mais après tout, Chenouard a pu se tromper. A part cela, on ne peut retenir contre Seznec que les traces de sang sur le bidon d'essence, le cric qui a disparu et ses déclarations imprécises sur la gare où il aurait déposé Quémeneur : Dreux ou Houdan.

Mais les présomptions s'arrêtent là. Et il n'y a, en particulier, toujours aucune trace de Quémeneur. Malgré toutes les recherches, son corps reste introuvable. Après tout, pourquoi ne pas supposer que Quémeneur s'est caché volontairement pendant quelque temps pour se mettre à l'abri des ennuis qui pourrait lui valoir son trafic de voitures ?

C'est à ce moment que se produit le coup de théâtre. Le 6 juillet, la petite bonne des Seznec voit la police revenir en force au domicile de ses patrons.

— Mais Madame n'est pas là, elle est à Brest...

— Cela ne fait rien. Toutes les pièces sont ouvertes ?

— Oui. Vous serez bien gentils de remettre en place ce que vous bousculerez.

La perquisition recommence. Ce qui, en soi, est étrange puisqu'une fouille complète une semaine auparavant n'avait rien donné. Et il est encore plus étrange qu'au bout de quelques minutes, les policiers reviennent triomphants avec une pièce à conviction. Ils interrogent la bonne :

— Tu vois ce que c'est ?

— Ben, dame, c'est une machine à écrire.

Oui, une machine à écrire. Mais pas n'importe laquelle : c'est une Royal nº 434.080. Celle-là même que Chenouard a vendue le 13 juin. Les policiers ne sont pas satisfaits de la réponse de la bonne. Ils insistent :

— Ne fais pas l'idiote, c'était dans le grenier. C'est la machine de ton patron.

— Ah ça, non, pour sûr ! J'ai jamais vu cet outil-là !

A son retour, Mme Seznec jure également qu'elle n'a jamais vu la machine. Elle s'écrie même :

— Si elle était au grenier, c'est qu'on l'y a mise !...

L'enquête va durer encore plusieurs mois sans rien apporter d'autre. Les seuls éléments nouveaux viennent de l'attitude de Seznec en prison qui, il faut le dire, ne joue pas en sa faveur.

D'abord, il tente de s'évader. D'une manière pas très originale, peut-être, mais qui a fait ses preuves. Jour après jour il descelle ses barreaux, et une nuit il s'échappe de sa cellule avec une corde faite de draps noués. Il est pris par un gardien au moment où il essaye de franchir le mur d'enceinte. Et puis, plus grave encore, il tente d'acheter des témoins pour se procurer de faux alibis. En cela, sans doute, il se comporte selon son caractère qu'avait si bien défini le commissaire de Morlaix : « rusé, procédurier et de mauvaise foi ». Mais ce n'est pas une preuve de culpabilité.

D'ailleurs, les esprits sont troublés. Dans la presse, plusieurs voix s'élèvent en faveur de Seznec. L'acte officiel d'accusation est vivement pris à partie. Il se conclut ainsi :

Quoique le cadavre de Quémeneur n'ait jamais été retrouvé et que l'on ne puisse dire comment Seznec a donné la mort à sa victime ni comment il a fait disparaître le corps, l'information n'en a pas moins apporté avec éclat la preuve de sa culpabilité.

« Avec éclat ? » C'est tout le contraire. Seznec va être jugé pour meurtre alors qu'il a toujours proclamé son innocence et que la victime n'a pas été retrouvée. En droit français, c'est une chose possible. Il y a même un précédent célèbre et qui remonte alors à moins de trois ans : Landru. Dans d'autres pays, en Angleterre, par exemple, ce serait totalement exclu. Mais nous sommes en France, et Seznec va être jugé pour le meurtre de Pierre Quémeneur...

Le procès s'ouvre devant les assises de Quimper, le 24 octobre 1924. La salle est noire de monde. Seznec, grand, longiligne, le regard tendu, s'assied lentement au banc des accusés. A côté de lui, son défenseur Me Kahn ; en face, le procureur Guyot, un vieillard qui semble cassé par l'âge, mais qui va se révéler d'une redoutable efficacité.

Le président Dollin du Fresnel fait taire d'une voix sèche les murmures qui emplissent la salle et commence son interrogatoire.

Seznec se défend, mais à sa manière. Il répond point par point aux questions du président, les bras croisés sur la poitrine, très calme, presque impassible. Il discute, il argumente. Il n'a pas cet élan du cœur qu'on attend de lui, il ne crie pas son innocence, il ne s'indigne pas, il ne hausse pas le ton. Il a des répliques du genre :

— Qu'aurais-je fait du cadavre ? Je ne l'ai tout de même pas mis dans ma poche.

L'ironie est déplaisante. Elle ne passe pas.

Même froideur quand le président lui demande ce qu'il a fait du cric de la Cadillac. Il se borne à répondre :

— Je l'ai laissé sur la route.

Le président Dollin du Fresnel rappelle alors à Seznec qu'il a soudoyé un codétenu qui allait être libéré afin que celui-ci demande à sa femme de lui établir un faux alibi pour la journée du 13 juin. Seznec reconnaît les faits :

— Que voulez-vous, monsieur le Président, je me suis laissé tenter...

Dans l'ensemble, Seznec n'a pas fait bonne impression. Même s'il est innocent, il s'est défendu comme un coupable...

L'un des premiers témoins à venir à la barre est Marie-Jeanne Seznec.

Costume noir, portant la coiffe traditionnelle, Mme Seznec est l'épouse bretonne conforme à l'imagerie. Elle n'a pas l'air impressionné par le décor solennel et elle ne s'embarrasse pas de précautions oratoires. Elle met en cause les policiers. Elle parle fort, d'une voix haut perchée :

— A l'instruction, on m'a dit : « Taisez-vous et répondez seulement aux questions. »

— Et vous ne vous êtes pas plainte ?

— Dame, non. Je ne connais pas la loi. On m'interrogeait en me mettant un revolver sous le nez. Les policiers m'ont dit : « Avoue donc. Ton mari sera guillotiné ; toi, tu iras au bagne et tes enfants à l'hospice... »

Les raisons en sont peut-être difficiles à expliquer, mais l'avis est unanime : Marie-Jeanne Seznec n'a pas fait meilleure impression que son mari...

Les experts lui succèdent. Ils sont deux et ils sont affirmatifs : la promesse de vente de la propriété de Quémeneur à Plourivo est un faux, tapé avec la machine à écrire Royal n° 434.080 retrouvée chez Seznec. Cette machine, très ancienne, présente des défauts caractéristiques à chaque touche. Comme elle en a vingt-quatre, il y a à peu près une chance sur cent millions qu'une autre machine ait les mêmes défectuosités.

Quand le principal témoin à charge, le marchand de machines Chenouard, se présente à la barre, un grand silence se fait. Il est affirmatif. Il reconnaît, sans aucune hésitation, Seznec comme l'acheteur du 13 juin. Le président lui montre la machine à écrire qui trône sur une table en tant que pièce à conviction principale. Pas de doute, c'est bien celle-là qu'il a vendue. Les jurés échangent des regards entendus : les choses vont mal pour Seznec.

Mais le témoin suivant va peut-être tout changer. C'est le témoin numéro un de la défense, celui qui peut, à lui seul, sauver Seznec. Il s'appelle François Le Herr et il affirme qu'il a vu Quémeneur à Paris le 26 mai 1923, soit trois jours après qu'il ait quitté Seznec. S'il dit vrai, Seznec est innocent.

Mais Le Herr dit-il la vérité ? C'est tout le problème. Il faut admettre que c'est un personnage curieux. Ce petit blond, avec ses lorgnons qui lui pendent sur le nez, s'exprime lentement, de manière emphatique, en se retournant de temps en temps vers la salle pour considérer l'effet qu'il a produit. Le Herr est pourtant précis dans son témoignage. Trop peut-être...

— Je suis receveur d'autobus, monsieur le Président. J'étais sur ma plate-forme. Pierre Quémeneur est monté à Solférino et il est descendu à Trocadéro. Nous nous sommes reconnus et nous avons parlé en breton ; même que les voyageurs nous ont regardés de travers parce qu'ils croyaient que nous parlions allemand.

Et Le Herr en rajoute, à grandes phrases volubiles :

— Je me souviens que pendant que j'étais à parler avec Quémeneur, des voyageurs en ont profité. Il y en a quinze qui sont descendus sans payer.

L'accusation n'a aucun mal à faire planer les doutes les plus graves sur son témoignage. Le Herr est en effet un personnage douteux, un mythomane, qui a porté de fausses décorations et qui s'est vanté d'exploits militaires imaginaires. Comment, dans ces conditions, lui faire confiance ?...

Le 3 novembre 1924, à l'heure des plaidoiries, le procureur Guyot se révèle un redoutable accusateur. Autour de Seznec il accumule savamment les présomptions qui finissent par former un réseau dense, inextricable. Et il conclut :

— Contre un assassin félon, meurtrier de son ami, coupable de crime prémédité, devant Dieu et devant les hommes, je demande la tête de Seznec.

Mᵉ Kahn prend la parole à vingt heures trente. Il fait nuit. Le nouvel éclairage électrique récemment installé plonge la salle dans une lumière jaunâtre. C'est maintenant que tout se joue.

L'avocat insiste évidemment sur les faiblesses de l'accusation et, bien entendu, sur l'absence de cadavre. Il rappelle aussi l'attitude de Seznec qui a toujours proclamé son innocence avec la dernière énergie. A ce sujet, cependant, Me Kahn éprouve une certaine gêne. Il essaye de dissiper la mauvaise impression qu'a produite l'accusé au cours des débats.

— J'ai regretté comme vous tous de ne pas avoir vu sur le visage de Seznec la trace d'une émotion. Mais, si vous saviez comme parfois l'innocence se revêt de la maladresse ! Messieurs, ne jugez jamais un homme sur son attitude...

Au moment de sa conclusion, Me Kahn est grave, très grave :

— Condamner un homme sur des présomptions aussi fragiles, n'est-ce pas aller au-devant de l'erreur judiciaire ? Songez à tous ceux qui sont morts dans la torture d'un châtiment immérité... Malheur à vous, jurés bretons, si l'on pouvait dire un jour que vous avez condamné sans preuve un innocent !...

Après une heure et demie de délibération, le jury rapporte son verdict : coupable mais sans préméditation. Seznec est condamné au bagne à vie. Il accueille la sentence sans rien dire...

Une page est tournée, mais c'est loin d'être la dernière...

Après avoir attendu deux ans à Saint-Martin-de-Ré son départ pour le bagne — preuve que l'administration n'avait pas la conscience tout à fait tranquille et attendait sans le dire un fait nouveau —, fin avril 1927, Seznec est enfin embarqué pour Cayenne. Dans sa poche, il a le télégramme que sa femme a juste eu le temps de lui adresser :

Pars heureux, mon Guillaume. Emporte mon cœur. Ne l'abandonne jamais. La lutte sera dure. Je serai ferme jusqu'à la mort. Adieu. Marie-Jeanne.

Le sinistre bateau-prison *La Martinière* quitte l'île de Ré avec son chargement humain dans ses cales : des dizaines de bagnards entassés dans des cages comme des fauves.

Au large des côtes d'Afrique, éclate une effroyable tempête. Jetés les uns contre les autres dans la nuit de la cale, les prisonniers hurlent de terreur. L'eau arrive par paquets. Ils secouent de toutes leurs forces les barreaux pour tenter de s'échapper. C'est la panique, l'enfer.

La Martinière, qui pendant quelques jours a été considérée comme perdue corps et biens, arrive tout de même à Cayenne après son épouvantable traversée. Les prisonniers découvrent alors un autre monde, celui qui, pour presque tous, sera le dernier.

Seznec décrira plus tard cet instant aux journalistes :

— Je fis mon entrée par le portail ouvert à deux battants. Devant nous, une allée bordée de gigantesques arbres à pain, des postes de surveillance, des blockhaus aux fenêtres lourdement grillagées. Cette fois, ça y était. J'étais au bagne, j'étais forçat, l'un des quatre mille forçats sur lesquels régnait la terrible administration pénitentiaire, la « tentiaire », comme on disait entre bagnards. « Attention au règlement, me dit en arrivant un gardien. Fais gaffe à la réclusion. Tu sais ce que c'est la réclusion ? Des mois dans le noir complet. On en sort à quatre pattes, aveugle, en arrachant ses dents à la main. » Et le rire du gardien s'éloigne sur l'allée écrasée de lumière et de chaleur...

Pourtant, au début, les choses ne vont pas trop mal pour Seznec. Car l'évêque de Cayenne, Mgr Courtray, est breton. Et non seulement parce que c'est un compatriote, mais aussi parce qu'il a suivi toute l'affaire, il prend Seznec sous sa protection. Grâce à l'évêque, Seznec est nommé sacristain. Son travail consiste à s'occuper de l'église du bagne, une baraque de bois recouverte de tôle ondulée dont il faut changer sans arrêt les planches que les insectes et la végétation dévorent en quelques semaines.

Malgré ce régime relativement privilégié, Seznec n'a qu'une idée, qu'un espoir : s'évader. Une première tentative soigneusement préparée le conduit, sur un radeau fabriqué avec les planches de l'église, jusqu'en Guyane hollandaise. Mais il est repris et renvoyé au bagne.

Nouveau décor, plus sinistre encore : l'île du Salut, si mal nommée. C'est l'endroit d'où l'on ne s'échappe pas, où sont enfermés les évadés repris. Mais Seznec ne baisse pas les bras. Il assemble, planche par planche, un nouveau radeau. Mais il est dit que la malchance le poursuivra jusqu'au bout. Il est dénoncé par un complice. Cette fois, c'est le cachot. C'est en sortant, six mois plus tard, qu'il apprend le décès de sa femme — morte de chagrin à l'hôpital Beaujon — et de sa fille cadette, entrée en religion depuis sa condamnation, et morte au carmel.

Seznec a vieilli d'un seul coup... Il a toujours sa silhouette longiligne, droite comme un I, mais ses cheveux sont devenus blancs. Cette double nouvelle a brisé sa volonté. A quoi bon s'évader maintenant ? Pour revoir qui ? Il décide de se tenir tranquille. Il va devenir un prisonnier modèle et — qui sait ? — il obtiendra peut-être une remise de peine. D'autant qu'il y a toujours des gens là-bas, très loin derrière l'Océan, en France, qui ne l'ont pas oublié.

Les nouvelles parviennent mal à Seznec : des fragments, de vagues rumeurs, mais il sait que des choses se passent.

C'est un ancien juge d'instruction, M. Hervé qui en est le principal artisan. Pour occuper sa retraite, M. Hervé s'est fixé comme tâche d'aider la justice à sa manière, en essayant de la corriger, de l'améliorer là où elle a pu se tromper, là où elle a peut-être commis une erreur judiciaire.

Et c'est ce qu'a toujours pensé M. Hervé à propos de l'affaire Seznec. Tout de suite après le verdict, pendant deux ans, il parcourt la région, il interroge les uns et les autres pour trouver un élément nouveau, et le plus fort, c'est qu'il y parvient.

L'ex-juge d'instruction découvre des témoins que personne n'avait interrogés jusque-là. Il s'agit de l'équipage d'un dragueur de sable, la *Marie-Ernestine,* qui opérait fin mai 1923 devant Plourivo, là où se trouvait la fameuse propriété de Quémeneur, ayant fait l'objet de la promesse de vente falsifiée. Or, ces marins déclarent que le 24 mai, vers minuit, ils ont entendu un coup de feu, au large de la propriété, vraisemblablement un coup de revolver. Puis, un quart d'heure après un second coup de feu.

Des coups de feu dans la propriété de Quémeneur le lendemain du jour où il avait disparu et quitté Seznec, c'est une information de taille. Et si les marins n'ont pas parlé plus tôt, c'est tout simplement qu'ils n'avaient pas compris l'importance de ce qu'ils avaient entendu ce soir-là...

La presse s'agite. Enfin du nouveau ! Et, à la lumière de ce témoignage, paraît au début des années 30, le livre d'un journaliste qui, pour la première fois, donne une interprétation très nouvelle de l'affaire Seznec, mais — il faut bien le dire aussi — très personnelle.

Voici sa thèse : Seznec est la victime d'une machination. Un mystérieux personnage a tout combiné. C'est lui qui a acheté la machine à écrire, après s'être grimé pour ressembler à Seznec. La promesse de vente retrouvée quelques jours plus tard dans la valise de Quémeneur était authentique. Mais elle est restée plusieurs jours sur la table du juge d'instruction. Le véritable meurtrier a pu la voler et la détruire. Il l'a remplacée par une autre qu'il a tapée sur la machine achetée au Havre ; il a ensuite déposé le faux sur le bureau du juge et la machine dans le grenier de Seznec. A partir de là, Seznec pouvait toujours clamer que la promesse de vente était authentique et que la machine ne lui appartenait pas. C'était la stricte vérité, mais absolument pas crédible.

Le véritable assassin ne serait autre que le frère de la victime, Louis Quémeneur. Pierre Quémeneur, après avoir quitté Seznec est revenu directement chez lui, dans sa propriété de Plourivo. Il aurait trouvé là la maîtresse de son frère. Quémeneur, homme à femmes, aurait profité de l'occasion et le frère survenant sur ces entrefaites aurait abattu Quémeneur de deux coups de revolver.

Tout cela est peut-être ingénieux, mais c'est quand même aller un peu vite en besogne. Quant à prouver l'innocence d'un condamné en accusant sans preuve le frère de la victime, ce n'est pas la solution la plus élégante.

La famille Quémeneur fait évidemment un procès au journaliste, procès qu'elle gagne tout aussi évidemment. A force de trop vouloir prouver, les défenseurs maladroits de Seznec n'ont réussi qu'à compromettre sa cause...

Les années passent et la guerre avec elles. Au moins Seznec y aura-t-il échappé. Car à Cayenne, les années 1939-1945 ne sont pas différentes des autres...

La guerre se termine. Bony est mort sous les balles du peloton d'exécution. Au ministère de la Justice, le dossier Seznec passe en d'autres mains. Une mesure de grâce spéciale lui est accordée. Après vingt ans de bagne, en juillet 1947, il rentre enfin en France...

Par une ironie du sort, il débarque au Havre, la ville où s'est joué son destin. Sur le quai, la foule des journalistes l'attend... Seznec est maintenant un vieillard. Il a soixante-neuf ans. Il est tout voûté et terriblement ridé sous ses cheveux blancs. Mais son caractère de Breton obstiné n'a pas changé. En mettant le pied sur la passerelle il dit au capitaine :

— Dieu me rendra mon honneur !

Les journalistes l'assaillent de questions. Seznec mal à l'aise, fatigué, cherche à les éviter. Pourtant ce qui le surprend le plus, c'est d'apercevoir un petit homme bedonnant, replet et satisfait qui s'approche de lui avec un geste théâtral :

— Dans mes bras, beau-père !

Qui est-ce ?... Ah, oui, Seznec se souvient : c'est Le Herr. Le Herr, cet employé d'autobus qui avait fait une déposition si bizarre et si controversée à son procès. Le Herr, qui est devenu son gendre...

Car, après le procès, Le Herr s'est dépensé sans compter. Il s'est fait l'impresario de Seznec, si l'on peut dire. Il s'est promené de la Bretagne à Paris pour tenir des réunions en faveur du condamné. Et Jeanne, la fille aînée de Seznec, s'est prise d'admiration, puis d'affection pour cet homme qui manifestait une telle ardeur, un tel enthousiasme en faveur de son père. Elle avait quinze ans à l'époque, Le Herr en avait trente-cinq. Il l'a prise comme bonne puis, quand sa première femme est morte, il l'a épousée.

C'est donc en tant que membre de la famille et héros de la révision du procès que Le Herr accueille Seznec et lui propose de loger chez lui. Seznec accepte. Où d'ailleurs pourrait-il aller ? C'est là que se trouvent sa fille et ses petits-enfants.

Mais Seznec ne reste pas longtemps. Le Herr le dégoûte. Il ne s'intéresse qu'à la publicité. Maintenant que Seznec est rentré, il va organiser des meetings, des tournées, faire le maximum de bruit ! Seznec, écœuré s'en va. Il préfère vivre seul. D'ailleurs Jeanne lui a fait des confidences : son mari la maltraite, la martyrise, elle n'en peut plus...

C'est peu après qu'un nouveau drame éclate.

Le 3 octobre 1948, au cours d'une dispute particulièrement violente Jeanne Le Herr tue son mari de trois coups de revolver.

Et voici de nouveau le nom de Seznec à la une des journaux et, pour le vieil homme, une nouvelle et terrible épreuve qui commence. Car le procès de sa fille Jeanne se juge au palais de justice de Quimper où il a été lui-même condamné. Un jour de juillet 1949, il doit franchir de nouveau la sinistre enceinte. Rien n'a changé depuis vingt-cinq ans. Il retrouve la robe des juges, des avocats, l'atmosphère si particulière d'un procès. Simplement, au banc des accusés, ce n'est plus lui, c'est sa fille. Tout semble recommencer. On reparle devant Seznec de ces choses anciennes qui lui font si mal. Il doit entendre la thèse de la partie civile, représentée avec une violence inhabituelle par la fille née du premier mariage de la victime, Juliette Le Herr. Elle affirme que Jeanne a tué son père parce qu'il avait fait un faux témoignage en faveur de Seznec et qu'il menaçait à présent de tout dire.

Mais heureusement pour Seznec, il y a le public, la presse, l'opinion qui sont à fond pour lui. Jeanne a toutes les sympathies ; pour un peu, on en oublierait qu'elle a tué son mari.

Ce second procès ne dure pas aussi longtemps que le premier. Quand, le 1er août, après une plaidoirie bouleversante de son avocat, Jeanne Le Herr est acquittée, c'est dans la salle une ovation formidable, un tonnerre d'applaudissements. Le père et la fille se précipitent dans les bras l'un de l'autre. On les porte en triomphe, on défile dans les rues de Quimper en criant :

— Révision, révision !...

La révision du procès Seznec n'a jamais semblé si près. La Justice va sans doute ressortir ses dossiers, Seznec aura la joie d'être réhabilité avant de mourir...

Non, ce jour n'arrivera jamais... Le 15 novembre 1953, en traversant le boulevard du Port-Royal, près de la place d'Italie, où il s'était retiré dans un petit appartement avec sa fille Jeanne, Seznec est renversé par une camionnette. Pendant plusieurs jours, il délire, parcouru de visions de cauchemar. Mais que dit-il ?

Jeanne se penche sur lui ; elle arrive à entendre :

— Quémeneur... Plourivo... La dalle près de la source...

Jeanne répète les paroles de son père à la police. Et la police les prend au sérieux. Si c'était enfin la clé de l'énigme, si le vieux Seznec avait enfin livré son secret ?...

Le 13 décembre 1953, devant des dizaines de journalistes et des centaines de curieux, gendarmes et inspecteurs sous les ordres d'un commissaire de la Sûreté nationale sont réunis dans la propriété de Quémeneur à Plourivo, pour fouiller près de la fontaine.

Le vieux Seznec, qui va un peu mieux, s'appuie sur sa fille, enveloppé dans un gros manteau, la figure recouverte d'une écharpe. On ne voit que ses yeux, brillants de fièvre, hallucinés. Il a l'air loin. On dirait qu'il n'est déjà plus de ce monde.

Marchant péniblement, il va vers la fontaine ; il désigne du doigt une dalle en ciment. Gendarmes et policiers commencent à creuser, dans le ciel gris de décembre. Ils creusent des heures, jusqu'à la nuit. A la nuit, tout le monde s'en revient sans mot dire : il n'y a rien ; rien que les paroles d'un malade dans son délire. Cette fois, c'est fini. On ne saura jamais la vérité sur l'affaire Seznec.

Jeanne emmène son père qui, les yeux hagards, répète sans arrêt comme un disque rayé :

— La fontaine... Quémeneur... Plourivo...

Et le 14 février 1954, Guillaume Seznec meurt dans les bras de sa fille en murmurant :

— On m'a fait trop de mal...

L'affaire Seznec s'est terminée comme elle avait commencé, dans le mystère, avec un cortège de points d'interrogation.

Seznec innocent, il y a une quantité de raisons de le croire. S'il était, selon le commissaire de Morlaix, « rusé, procédurier et de mauvaise foi », pourquoi, une fois le crime accompli, aurait-il acheté une machine à écrire au Havre, dans un magasin où il y avait cinq témoins pour le reconnaître ? Par quelle aberration aurait-il tapé sur cette machine d'un ancien modèle, dont les défectuosités étaient autant de signatures, une fausse promesse de vente que personne ne pourrait prendre au sérieux. Et surtout pourquoi s'accuser, se saborder, en ramenant la machine chez lui ? Il pouvait s'en débarrasser n'importe où, dans un bois, dans une rivière, lui qui — si on admet qu'il est coupable — a su si bien faire disparaître le corps de sa victime.

Et puis ces coups de feu que tout l'équipage de la *Marie-Ernestine* a entendus dans la propriété de Quémeneur à Plourivo, le 24 mai 1923, n'étaient vraisemblablement pas une hallucination collective. Est-ce que cela ne prouve pas que Quémeneur a été tué chez lui, le lendemain du jour où il a quitté Seznec ?

Alors, pour beaucoup, il s'agit d'une machination. Et certains n'ont pas hésité à mettre la police en cause, ou plus exactement un policier : Bony.

Bony, le trop brillant inspecteur, le futur chef de la Gestapo française aurait tout manigancé de A à Z. Pourquoi ? Simplement parce qu'il était certain de la culpabilité de Seznec et qu'il aurait arrangé les choses pour aller plus vite.

Quand Chenouard lui dit qu'il croit reconnaître en Seznec son acheteur du 13 juin, Bony tient déjà un élément intéressant. Quand il retrouve dans la valise de Quémeneur une vraie promesse de vente, il la fait disparaître. Il se procure une machine à écrire de marque Royal et tape un faux si évident qu'il ne pourra tromper personne. Ensuite, il faut déposer lui-même la machine chez Seznec. Voilà pourquoi les policiers n'ont rien trouvé lors de la première perquisition : il n'y avait rien...

Malheureusement, si la thèse est séduisante, on ne peut pas l'admettre aussi facilement. Car avant son exécution en 1944, Bony a parlé et s'est confessé par écrit. Chef de la Gestapo française, responsable de la torture et de la mort de centaines de personnes, il n'avait plus rien à perdre et il le savait. C'est ainsi qu'il a avoué son rôle dans l'affaire Prince. Mais pour Seznec, Bony a été formel : il n'avait rien commis d'illégal. Il avait fait son enquête et c'est tout. Seznec était coupable.

Quant aux coups de feu dans la propriété de Quémeneur à Plourivo, il peut très bien s'être agi de braconniers ou une affaire qui n'avait rien à voir avec celle-là...

Alors, il reste l'autre hypothèse.

Le 23 mai 1923, la route est longue entre Morlaix et Dreux ; la Cadillac ne cesse de tomber en panne. Seznec et Quémeneur, qui pensent à leur prochaine entrevue avec le mystérieux correspondant américain, sont nerveux, tendus. Et, pour une raison ou pour une autre, sans doute une futilité, ils se disputent. La discussion s'envenime. Seznec est athlétique, bien plus fort que son adversaire. Il prend le cric, peut-être pour repousser Quémeneur... Il regrette déjà son geste. Trop tard, Quémeneur est à terre ensanglanté ; son sang tache un bidon d'essence... C'est la nuit. Il faut faire disparaître le corps. N'importe quel petit bois entre Dreux et Houdan fera l'affaire.

Et, quinze jours plus tard, Seznec perd une seconde fois la tête. La propriété de Quémeneur à Plourivo qu'il voulait depuis si longtemps, il décide de se l'approprier. Il achète une machine à écrire, tape la fausse promesse de vente et, par une aberration incroyable mais comme il en arrive dans les histoires criminelles, rapporte la machine chez lui…

Seznec coupable, c'est tout à fait possible. Seznec innocent, c'est tout aussi possible. Et comme dans l'affaire Seznec rien n'est simple, chacun est libre de conclure.

MADAME LAFARGE

Marie Capelle naît le 15 janvier 1816, d'une famille glorieuse et pauvre. Son père, baron d'Empire et lieutenant, connaît la même disgrâce que les autres soldats de Napoléon avec l'arrivée de la Restauration. Il fait partie des nombreux « demi-soldes » qui vivent tant bien que mal, et surtout de souvenirs.

Ce père, Marie Capelle ne le connaîtra guère puisqu'il meurt dans un accident de chasse en 1828, alors qu'elle a juste douze ans. Sa mère le suit peu après dans la tombe et la jeune Marie se retrouve orpheline.

Dans son malheur, elle a pourtant une chance. Il s'agit de sa grand-mère maternelle Herminie Collard, née Campton. Herminie, officiellement issue de père et de mère inconnus, a été adoptée par un colonel anglais. Mais en fait, on murmure qu'elle est la fille de Mme de Genlis, préceptrice des enfants d'Orléans — dont Louis-Philippe — et de leur père Philippe Égalité.

C'est sans doute vrai, car la fille légitime de Mme de Genlis s'occupe d'Herminie Campton comme de sa sœur. Elle lui fait épouser Jacques Collard, bourgeois devenu richissime grâce aux fournitures d'armes. Les Collard ont par la suite quatre enfants : trois filles, dont la mère de Marie est l'aînée, et un garçon, Maurice.

Marie Capelle est donc recueillie par les Collard et passe le reste de son enfance dans leur luxueux château de Villers-Hélon, près de Soissons. En compagnie de ses cousins et cousines, elle mène la vie oisive et raffinée des jeunes gens riches. Elle a oublié son malheur, l'existence lui sourit de nouveau. Elle n'est pas spécialement jolie : elle est petite, très brune, elle a des traits plutôt disgracieux, mais elle est vive et ne manque pas de charme. Elle a des talents de société, elle joue admirablement du piano et comme, de plus, elle a comme on dit « des espérances », elle ne manque pas de prétendants, parmi lesquels le comte Charles Charpentier de Cossigny qui se montre le plus pressant.

Mais en novembre 1838, catastrophe : son grand-père Jacques

Collard meurt à quatre-vingts ans en léguant toute sa fortune, ainsi que le château de Villers-Hélon, à son fils Maurice. De l'héritage, Marie ne reçoit que vingt-cinq mille francs-or, qui lui serviront de dot. C'est une somme tout à fait moyenne pour l'époque, environ trois cent mille francs actuels.

Pour la pauvre Marie Capelle, c'est l'effondrement. A commencer par Charpentier de Cossigny, qui tourne aussitôt les talons en lui disant :

— Ma chère, je vous rends votre liberté.

Et elle se voit peu après obligée de quitter le château...

Pour comprendre le désarroi de Marie, il faut songer qu'à l'époque toute la vie d'une femme se joue en quelques années cruciales, entre dix-huit ans et vingt-cinq ans, et qu'elle en a vingt-deux. En ce temps-là, la femme — la bourgeoise s'entend — ne travaille pas. Sa condition dépend uniquement de celle de son mari. Si sa dot est convenable, elle trouvera sans problème ; sinon, ce sera beaucoup plus difficile. Et bien entendu, la pire des calamités serait de ne pas se marier. Ce serait la mort sociale et presque la mort tout court ; car comment gagner sa vie quand on sait en tout et pour tout jouer du piano et faire de la broderie ?

Marie Capelle a heureusement des amis qui pensent à elle et qui lui présentent peu après un jeune homme à marier. Charles Pouch-Lafarge n'est pas célibataire, mais veuf. Il est loin d'être beau : il a un visage rond, rougeaud, qui sent la campagne, ce qui correspond effectivement à la réalité. Dans sa situation, Marie ne peut guère se montrer difficile. Aussi, elle ne repousse pas cet être mal dégrossi. D'autant qu'il n'a pas l'air d'être n'importe qui.

— Connaissez-vous Uzerche dans le Limousin, mademoiselle ?

Marie, la Parisienne, n'a même pas une idée très claire de ce qu'est le Limousin. Elle répond que non.

— La nature y est charmante. La campagne est très boisée, très romantique.

Le mot est neuf à l'époque et chargé de tout un pouvoir évocateur... Marie Capelle passerait sur les joues trop pleines et la silhouette lourdaude. Mais épouser un paysan, non, quand même pas.

— Êtes-vous agriculteur ?

Charles Lafarge a un sourire supérieur :

— Il n'y a pas que des agriculteurs à la campagne, mademoiselle. Je suis maître de forges.

— Maître de forges !...

Le prétendant acquiesce gravement. Du coup, Marie Capelle le trouve plus jeune ; pas vraiment séduisant, bien sûr, mais quand on dirige des ouvriers, qu'on fait tourner des machines, on ne peut pas avoir la grâce d'un homme de salon.

— Vous habitez dans votre usine ?

— Non. Les établissements Lafarge sont loin de chez moi. Je vis au château du Glandier.

Femme d'un riche industriel, châtelaine, régnant sur des paysans qui lui parleraient avec déférence, le chapeau à la main... Marie Capelle entrevoit un avenir sans doute différent de celui qu'elle avait rêvé, mais qui n'est pas sans charme. Il n'y a plus à hésiter. Il s'agit à présent de se mettre elle-même en valeur.

— Comme ma grand-mère était la demi-sœur du roi, savez-vous que dans un sens, il est en quelque sorte mon demi-grand-oncle ?

Charles Lafarge le sait parfaitement et c'est pour lui un des charmes de Marie Capelle ; peut-être même le principal.

Le mariage est décidé très vite, il est même bâclé. Le 11 août 1839, Charles Lafarge et Marie Capelle sont unis en l'église Notre-Dame-des-Victoires et, comme ils n'ont plus rien ni l'un ni l'autre à faire à Paris, ils prennent dès le lendemain la diligence pour le Limousin. Il faut croire que Marie a du mal à se faire tout de suite à sa nouvelle condition d'épousée, car à la première étape à Orléans, elle refuse catégoriquement à Charles de faire valoir ses droits de mari. Mais tout cela s'arrangera sans doute avec le temps.

Hélas, rien ne s'arrange !... Les Lafarge arrivent au Glandier, une modeste localité près d'Uzerche et Marie découvre brutalement la réalité. Dire que c'est une déception est trop faible. C'est un effondrement, un naufrage. Le pays est peut-être romantique, mais il est surtout terriblement démuni et arriéré. Elle avait rêvé de superbes forêts comme celles que lui décrivaient Rousseau et Chateaubriand dans ses lectures : il n'y a que des bois hostiles, aux chemins impraticables qui obligent régulièrement à descendre de voiture, les pieds dans la boue, et encore, en prenant garde de ne pas trop s'éloigner car il y a des loups.

Où sont-ils les riants villages ? Elle ne voit que des masures tristes, sales, qui sentent mauvais. Où sont-ils les paysans respectueux ? Tous ceux qu'elle croise lui lancent des regards insolents et mauvais, lui signifiant sans détour qu'une femme comme elle n'a rien à faire chez eux.

L'usine, la forge dont Charles Lafarge est le maître, menace ruine. Il n'est que trop visible que l'entreprise est au bord de la faillite. C'est une toute petite exploitation familiale, vouée à une disparition rapide par l'industrialisation naissante et la médiocrité du minerai local.

Mais tout cela n'est rien, absolument rien, en comparaison du « château ». Il s'agit en fait d'un ancien couvent rafistolé un peu n'importe comment, une longue et sinistre bâtisse aux murs gris percés de fenêtres sans rideaux ; des poules picorent dans la cour autour du tas de fumier.

L'accueil est aussi riant que la demeure. Mme Lafarge mère, une longue femme sèche, dévisage sa bru avec une grimace. La maison abrite également les époux Butfière, la sœur et le beau-frère de Charles, et un certain Denis Barbier, un personnage bizarre et passablement louche, aux fonctions imprécises.

La malheureuse Marie Lafarge tombe de tout son haut. Elle est même trop bouleversée pour s'indigner. Elle court se réfugier dans sa chambre et s'y enferme. Charles a beau tambouriner, elle ne lui ouvre pas. Elle lui glisse un billet sous la porte :

Je ne vous aime pas. Je vais prendre de l'arsenic, car j'en ai.

Marie Lafarge sort pourtant peu après de sa chambre à cause du bruit qui l'inquiète. Elle rencontre son beau-frère qui la rassure :

— Ce n'est rien. Ce sont les rats.

Marie pâlit et retourne dans sa chambre en disant :

— Il faut les détruire. Je vais mettre de l'arsenic.

Comme on le voit, dès le début, il est beaucoup question d'arsenic. Il va en être bientôt davantage question encore.

Pourtant, au bout de quelques jours, tout semble s'arranger. Marie Lafarge semble avoir surmonté sa cruelle désillusion. Elle quitte sa chambre et Charles, qui est certainement sincèrement épris, l'accueille à bras ouverts. Marie va visiter avec lui la modeste et vétuste fonderie. Charles lui parle technique et elle n'a pas l'air rebuté, au contraire.

— Voyez-vous, on pourrait remplacer ce procédé de fabrication par un système permettant de couler directement la fonte liquide dans le fourneau d'affinage.

— Qu'attendez-vous pour le faire ?

— Malheureusement, je n'ai pas les fonds nécessaires.

— Eh bien, il y a ma dot...

Charles refuse d'abord. Et comme sa femme insiste, il finit par accepter à une condition.

— Je veux également que mes biens vous reviennent en cas de disparition.

Marie Lafarge ne fait pas d'objection et le 28 octobre, les époux se font un testament mutuel devant le notaire. Le 20 novembre, Charles Lafarge part pour Paris afin de négocier l'affaire. Il descend à l'*Hôtel de l'Univers*, rue Sainte-Anne, et reste longtemps. Denis Barbier, le mystérieux habitant du Glandier, le rejoint sans rien dire à personne.

A Uzerche, Marie achète de la mort-aux-rats chez le pharmacien « pour se débarrasser des rats », dit-elle, ce qui semble parfaitement logique, et le 21 novembre, elle envoie à Charles un colis contenant son portrait et quatre choux limousins confectionnés par sa belle-mère. Charles retire l'envoi aux Messageries générales, rentre à son hôtel, mange un des choux et est pris peu après de nausées. Il est même si malade qu'il doit faire venir le médecin.

Il raconte par lettre ses ennuis de santé à sa femme et termine par :

J'ai l'intention de rentrer prochainement au Glandier pour passer le jour de l'An avec vous.

Mais en fait, le 1er janvier 1840, Charles Lafarge n'est pas là. C'est au contraire Denis Barbier qui rentre en prétendant avoir été dans sa famille à Limoges. Pourquoi ce mensonge ? Mystère.

Charles Lafarge n'arrive que le 4 janvier, mais dans quel état ! Il a les traits tirés, les yeux creusés. Il est exténué et se plaint de brûlures d'estomac. Il se met au lit et on appelle d'urgence le docteur. Ce dernier diagnostique une forte angine. Marie fait ajouter sur l'ordonnance de la mort-au-rats pour « détruire les rats qui l'empêchent de dormir ».

Les jours suivants, la santé de Charles Lafarge se dégrade. Il a des vomissements incessants et d'atroces brûlures intestinales. Pourtant, ce n'est pas faute de soins. Marie se montre une épouse modèle, elle est nuit et jour à son chevet, elle lui prépare toutes ses potions.

Mais ce n'est pas du goût de Mme Lafarge mère qui a toujours détesté « la Parisienne ». Elle profite d'un moment où Marie est au chevet du malade pour fouiller dans sa chambre. Et, dans un pot de faïence dissimulé dans un tiroir de la commode, elle trouve une poudre blanche. Pour elle, il n'y a plus de doute : sa belle-fille est en train d'empoisonner son fils.

Elle s'arrange pour appeler le docteur tandis que sa bru a été à Uzerche faire des commissions. Elle lui fait part de ses soupçons. Le médecin réagit :

— Avez-vous une des potions qu'elle a préparées ?

Mme Lafarge y avait pensé :

— J'ai mis de côté un peu du lait de poule qu'elle lui a donné tout à l'heure.

Le docteur procède à une rapide analyse. Elle est positive : il y a de l'arsenic. Il va interroger le malade.

— Lorsque vous êtes tombé malade à Paris, c'était tout de suite après avoir pris un gâteau envoyé par votre femme ?

— Oui. J'ai eu immédiatement des vomissements.

— N'acceptez plus rien que de la main de votre mère ou de votre sœur.

— Vous voulez dire que...

— Faites ce que je vous dis. Je vais vous donner un remède.

Le docteur quitte la chambre et va dans son cabriolet chercher le produit approprié, c'est-à-dire du peroxyde de fer, le contrepoison de l'arsenic. Mais, sous le coup de l'émotion sans doute, il commet une dramatique erreur. Il revient avec un flacon de colcotar, un oxyde de fer également, mais aux propriétés abrasives. Il en administre une large dose à Charles Lafarge dont l'état, évidemment, empire aussitôt. Il meurt trois jours plus tard dans d'abominables souffrances, le 14 janvier 1840.

Mme Lafarge mère ne dissimule plus ses sentiments. Elle se jette sur le cadavre en criant :

— Charles ! Je jure que tu seras vengé !

La police est aussitôt alertée. Le procureur du roi reçoit en effet une lettre du beau-frère de Marie, dénonçant l'empoisonnement. Il n'accuse pas nommément sa belle-sœur, mais étant donné les circonstances, il ne peut s'agir que d'elle.

Le procureur se rend au Glandier. Cette fois, Marie est mise directement en cause. Mme Lafarge mère n'hésite pas à l'accuser de meurtre.

— C'est elle ! C'est elle qui a tué mon pauvre fils !

Le procureur décide une autopsie. Elle a lieu le 16 janvier et elle ne conclut pas à la présence d'arsenic dans le corps. Malgré tout, les accusations des habitants du Glandier sont si nettes que Marie Lafarge se sent en danger. Elle va consulter un avocat de Brive. Celui-ci conclut :

— Quittez la France quelque temps. Vous reviendrez quand les esprits se seront apaisés.

Marie trouve ce conseil très mauvais.

— Jamais ! Une fuite serait un aveu de culpabilité. Je me défendrai jusqu'au bout.

Se défendre, c'est effectivement ce qu'elle va devoir faire désormais, car le 26 janvier 1840, quatre gendarmes se présentent au Glandier. Elle est arrêtée.

Bien entendu, une perquisition a lieu dans sa chambre. Contrairement à toute attente, et en contradiction avec les déclarations de Mme Lafarge mère, les gendarmes ne découvrent pas d'arsenic. Mais ce qu'ils trouvent est peut-être encore plus compromettant pour la prévenue.

Dans un tiroir secret de sa commode, un meuble qu'elle avait fait venir avec elle spécialement de Paris, il y a un écrin rose. Et dans cet écrin, une petite fortune : vingt diamants et perles.

Il est tout à fait invraisemblable que Marie Lafarge ait possédé de tels joyaux. La police consulte donc la liste des bijoux volés récemment. Et elle trouve sans peine : les diamants et les perles faisaient partie d'une parure volée à une jeune noble, Marie de Léautaud. Or Mlle de Léautaud est une amie d'enfance de Marie Lafarge. Elles avaient séjourné quelque temps ensemble au château de Busagny, près de Montoise. C'est là que la parure de Marie de Léautaud avait disparu. On avait accusé les domestiques, mais le vol était resté mystérieux.

Priée de venir sur place, Marie de Léautaud reconnaît ses bijoux, de même d'ailleurs que l'écrin. Interrogée par le procureur du roi, Marie Lafarge perd totalement contenance.

— Les diamants m'ont été donnés par une parente.

— Laquelle ?

— Je ne peux pas dire son nom...

— C'est ennuyeux ! D'autant plus ennuyeux que Mlle de Léautaud les a reconnus comme siens...

— C'est vrai : ce sont les siens. Mais elle me les avait donnés.

— Elle ne les a donnés ni à vous ni à personne. Elle a porté plainte et aujourd'hui elle la maintient contre vous...

Pauvre Marie ! Elle a menti comme une enfant prise en faute et elle est inculpée de vol. Bien sûr, cela n'a rien à voir avec l'assasinat de son mari ; mais il n'empêche que la voilà maintenant convaincue d'être une menteuse et une voleuse et c'est évidemment très fâcheux.

L'affaire proprement dite, l'empoisonnement, marque le pas. De ce côté-là les enquêteurs piétinent, pire même, ils reculent. Dans une première série d'analyses, on trouve de l'arsenic dans les potions préparées par Marie ; mais dans une seconde série, on ne trouve plus que du bicarbonate de soude. Plus fort encore : on ne trouve même plus d'arsenic dans la mort-aux-rats qu'elle a mise pour se débarrasser des rongeurs. Bref, il n'y a plus d'arsenic nulle part au Glandier, même pas là où il devrait y en avoir. De plus, le garçon d'hôtel parisien qui a aidé Charles Lafarge à ouvrir le colis envoyé par Marie déclare qu'il ne contenait pas quatre choux limousins, mais une galette. Qu'est-ce que cela veut dire ? Si l'on ajoute à cela que l'autopsie a été négative et que Marie Lafarge nie de toutes ses forces, on constate qu'il y a dans son dossier beaucoup plus de doutes que de certitudes.

En fait, de l'avis général, s'il n'y avait pas l'inculpation pour vol, Mme Lafarge serait relâchée. Mais cette suspicion de vol va jouer un rôle décisif dans toute l'affaire. C'est pour en répondre que Marie Lafarge passe le 9 juillet 1840 devant le tribunal correctionnel de Brive.

Il y a énormément de monde à Brive ce matin-là. Car la passion politique s'est emparée de l'affaire, ce qui n'est pas très favorable à l'accusée. Les opposants à Louis-Philippe sont ravis d'une occasion de rappeler les mœurs légères de sa famille. Le souverain est partagé entre l'irritation due à ce scandale et le désir de venir en aide à quelqu'un qui, malgré tout, descend d'une préceptrice qu'il adorait et de son propre père. Tout cela crée autour du nom de Marie Lafarge un remue-ménage qui n'est certainement pas bon pour elle.

De toute manière, devant le tribunal correctionnel de Brive, il n'y aura guère de place pour l'incertitude, tant les faits semblent évidents. Malgré la brillante plaidoirie de Mᵉ Lachaud, un jeune avocat stagiaire de vingt-deux ans dont on dit qu'il est tombé amoureux de Marie, cette dernière est condamnée à deux ans de prison.

Près de deux mois plus tard, le 2 septembre 1840, Marie Lafarge comparaît devant la cour d'Assises de Tulle, cette fois pour l'assassinat de son mari. Il est à remarquer que l'instruction a été extrêmement rapide et il faut sans nul doute y voir le résultat de recommandations venues d'en haut. L'affaire Lafarge était devenue pour l'opposition libérale un prétexte à ridiculiser la famille d'Orléans et Louis-Philippe.

Marie Lafarge est assistée de trois brillants défenseurs. Outre le talent et la fougue juvéniles de Mᵉ Lachaud, elle pourra compter sur l'expérience du bâtonnier Paillet et sur celle de Mᵉ Bac. Et elle en aura besoin car, en face d'elle, les douze jurés corréziens la dévisagent avec une absence visible d'indulgence. Peuvent-ils avoir autre chose que des préventions contre cette Parisienne, voleuse et menteuse, accusée d'avoir tué un enfant du pays ?

Le président de Barny donne lecture de l'acte d'accusation et commence son interrogatoire :

— Comment expliquez-vous que la mort-aux-rats ne renfermait pas d'arsenic et que les boissons que vous serviez à votre mari en contenaient ?

La question est tendancieuse. Seules les premières analyses — notamment celle faite dans la précipitation par le médecin — ont décelé de l'arsenic dans les potions préparées par Marie. La seconde série avait été négative.

Marie Lafarge garde pourtant tout son calme… Sa fragile silhouette est le point de mire de toute la salle. Elle est vêtue de noir, ce qui est normal pour une veuve. Elle porte un chapeau à la mode romantique, ses cheveux noirs sont coiffés en bandeaux, elle tient dans sa main droite un petit mouchoir de dentelle. Elle lève les yeux au ciel d'un air pitoyable.

— Je l'ignore, monsieur le Président. Car si je pouvais l'expliquer, me reconnaîtriez-vous innocente ?…

Le procès Lafarge, qui passionne l'opinion, est également un procès exceptionnel par ses dimensions ; pas moins de cent cinquante témoins défilent à la barre. Témoins qui, il faut le reconnaître, n'apportent pas grand-chose. Il y a ceux qui croient à la culpabilité de Marie et ceux qui croient à son innocence. La déposition de Mme Lafarge mère, le 5 septembre, provoque tout de même un frisson d'émotion dans le public.

— Un jour, il venait de goûter un lait de poule préparé par Marie. Il s'est étonné : « Mais qu'est-ce qu'il y a là à la surface du lait. On dirait de la chaux... » Un autre jour, Marie lui a donné un calmant. J'ai remarqué un peu de poudre blanche non délayée au fond de la cuiller : « Marie, qu'avez-vous donné à Charles ? » lui ai-je demandé. Elle m'a répondu : « C'est de la poudre de gomme. »

Cette poudre blanche est tout le problème. Personne, ni l'accusation ni la défense, ne conteste sa présence dans les potions du malade. Seulement, pour Mme Lafarge mère, c'était de l'arsenic et pour sa belle-fille de la poudre de gomme. Alors, comment savoir ? Il n'y a pas d'autre moyen que les experts. C'est la première fois dans les annales judiciaires que le débat d'experts va décider de l'issue d'un procès.

Or, du côté des expertises, c'est la confusion la plus totale. Les hommes de science se succèdent à la barre et viennent avec un bel ensemble se contredire les uns les autres. Voici d'abord quatre experts qui ont pratiqué une première autopsie et qui n'ont rien trouvé. Leur succèdent dix experts qui ont fait une seconde autopsie et, eux non plus, n'ont rien trouvé dans le corps de Charles Lafarge. Mais voici deux chimistes de Brive qui, eux, ont trouvé de l'arsenic partout. Il y en avait dans les aliments du malade, dans les verres et jusque dans son gilet de flanelle !

Devant cette situation, le président de Barny prend la décision qui s'impose : il nomme de nouveaux experts et charge trois chimistes de Limoges de faire de nouvelles analyses. Aussi, lorsque le docteur Dupuytren vient déposer à la barre leurs conclusions, il règne dans la salle le plus grand silence.

— Traitées par les procédés les plus savants et les plus rigoureux, les matières qui nous furent remises n'ont laissé apparaître aucune trace arsenicale.

Dans le public, entièrement acquis à la cause de Mme Lafarge, il y a une ovation. Au banc de la défense, Me Paillet s'écrie :

— Et dire qu'elle a déjà subi huit mois de prison de préventive !

L'audience est suspendue. Chacun s'attend à ce que le ministère public renonce à poursuivre son action. A la reprise d'audience, le procureur Decous, prend la parole :

— On se trompe si l'on croit qu'il ne reste plus de ressources à l'accusation. Pense-t-on qu'il ne lui incombe pas de remplir une grande et solennelle mission ?

Il y a un moment de flottement dans le tribunal. Le président de

Barny annonce que la Cour va se retirer de nouveau pour savoir s'il y a lieu de réclamer une nouvelle expertise ou de renvoyer l'affaire à une autre session. Mᵉ Paillet proteste au nom de la défense :

— Notre cliente est mourante. Au lieu d'un cadavre, vous en aurez deux !

Mais après cette exclamation emphatique, il fait une proposition plus concrète :

— Je demande que le professeur Orfila vienne trancher le débat.

Après avoir délibéré avec les autres juges, le président de Barny vient annoncer leur décision :

— La Cour décide la poursuite des débats. Une dernière expertise aura lieu sous la responsabilité du professeur Orfila, assisté des chimistes Chevallier et Devergie.

Le procès se poursuit dans l'indifférence générale. Ce que tout le monde attend désormais, c'est l'arrivée du professeur Orfila qui vient de quitter Paris : Orfila, l'autorité incontestée, professeur de médecine légale, doyen de la Faculté de médecine de Paris, auteur d'un traité sur les poisons, un des créateurs de la toxicologie.

L'attente est fébrile, mais pour les partisans de Marie Lafarge, c'est-à-dire presque tout le monde, elle n'est pas anxieuse. Orfila, c'est évident, ne pourra que confirmer avec tout son poids et son prestige le résultat de la dernière expertise. C'est l'acquittement assuré.

14 septembre 1840. Le professeur Orfila, arrivé la veille, s'est mis aussitôt au travail et vient rendre compte du résultat à la barre. C'est le moment décisif du procès. Le savant s'exprime d'une voix forte :

— Je suis en mesure de démontrer qu'il existe de l'arsenic dans le corps de M. Lafarge.

C'est le coup de théâtre ! Le temps semble s'être arrêté... Marie Lafarge pourtant si impassible d'habitude, met la main à sa poitrine et manque de se trouver mal. Mᵉ Paillet a le courage de réagir :

— Quelle quantité d'arsenic avez-vous recueillie ?

— Environ un demi-milligramme.

La quantité est faible, mais qu'est-ce que cela change ? C'est la défense elle-même qui avait demandé le verdict du professeur Orfila, il vient de dire qu'il y avait de l'arsenic. Pour les jurés corréziens, la cause est entendue.

Mᵉ Lachaud se dresse à son tour. Il ne veut pas se résigner :

— Je demande une nouvelle expertise faite par M. Raspail !

François Raspail, le grand savant, est peut-être la seule personne dont le prestige soit équivalent à celui du professeur Orfila. Le président de Barny ne refuse pas cette requête. La défense a le droit de citer un nouveau témoin. Mais les débats se poursuivront normalement et si Raspail n'arrive pas à temps, tant pis.

Le procès continue donc. Le 18 septembre, le procureur Decous prononce un réquisitoire implacable. Il désigne l'accusée d'un doigt vengeur :

— Oui, Marie Lafarge, c'est vous qui avez empoisonné votre mari ! C'est vous qui, quinze jours durant, l'avez nourri de poison ! Et si vous n'êtes pas coupable, il ne vous suffit pas de protester de votre innocence, il faut nous dire ce que vous avez fait de ces énormes quantités d'arsenic que vous avez achetées.

Les trois avocats, eux, insistent sur les lacunes de l'accusation, mais pourront-ils effacer l'effet produit par l'expertise du professeur Orfila ? D'autant que Raspail n'arrive pas. Bien sûr, le trajet est long entre Paris et Tulle, les routes sont mauvaises, mais tout de même : Raspail s'est mis en route le 15, il y a trois jours... Tout le monde ignore encore que sa voiture a eu un incident mécanique et qu'il est bloqué. Le destin vient de se prononcer contre Marie Lafarge...

Me Paillet met la lumière sur Denis Barbier, le louche habitant de la maison du Glandier. Son rôle, pourtant très énigmatique dans cette affaire, n'a jamais intéressé les enquêteurs. Il est prouvé que Lafarge lui devait beaucoup d'argent. N'a-t-il pas été tenté de se rembourser sur l'héritage, ou même de prendre le contrôle de la fabrique ? Me Paillet avance une autre hypothèse : Charles Lafarge, malheureux en ménage et dans une situation matérielle difficile, a pu se suicider. Et il conclut :

— Courage, courage, pauvre Marie ! J'ai l'espoir que la providence ne vous abandonnera pas !

Mme Lafarge se lève, très pâle :

— Je suis innocente, je vous le jure !

Les jurés se retirent pour délibérer. Le cri de Marie était déchirant, mais ils n'ont que faire des serments d'une menteuse. Leur conviction est faite depuis longtemps. Ils reviennent moins d'une heure après avec leur verdict : Marie Lafarge est coupable avec circonstances atténuantes. Elle est condamnée aux travaux forcés à perpétuité.

Raspail arrive le lendemain à Tulle, vingt-quatre heures trop tard. Il fait aussitôt ses analyses et trouve non pas un demi-milligramme mais quelques centièmes de milligramme d'arsenic dans le corps de Charles Lafarge. Il les attribue au colcotar administré par erreur.

Dans sa prison, Marie Lafarge répond aux lettres de ses partisans et rédige ses Mémoires, bien écrits d'ailleurs, et qui rencontrent auprès du public un accueil favorable. Par la suite, elle publie un second ouvrage fort émouvant : *Heures de prison.*

Marie Lafarge est graciée par Napoléon III au mois de mai 1852. Contrairement à ce qu'on pourrait croire, il ne s'agit nullement d'une mesure de faveur, mais au contraire d'une décision médicale bien tardive. Elle est tuberculeuse au dernier degré et ses jours sont comptés. Elle se retire à Ussat, une ville d'eau des Pyrénées. Mais malgré les soins, elle meurt trois mois plus tard, le 7 septembre 1852. Son confesseur, l'abbé Brunel, révèle qu'elle a juré jusqu'au bout être innocente.

Marie Lafarge est enterrée à Ornolac près d'Ussat sous une simple croix de bois qui ne restera pas plus de quelques jours, car ses admirateurs la mettent en morceaux pour s'en faire des reliques. Me Lachaud fait alors poser une tombe de marbre et il viendra s'y recueillir chaque Toussaint jusqu'à sa mort.

Marie Lafarge était-elle innocente ou coupable ? Pendant des années, on en a passionnément discuté. Mais c'est sans doute la communication du professeur Lépine à l'Académie de médecine en 1979 qui résume le mieux les données du problème.

D'abord, Charles Lafarge a-t-il été empoisonné ? Contrairement à ce que l'on pourrait penser, la question se pose et la réponse est vraisemblablement négative.

Il y avait à l'époque une tendance naturelle à attribuer au poison les décès d'adultes s'accompagnant de manifestations gastro-intestinales. En fait, rien n'est moins sûr dans le cas de Charles Lafarge. Il manifeste ses premiers malaises après l'absorption d'un chou à la crème préparé par sa mère et expédié par sa femme à Paris. Ce genre de pâtisserie se fait avec du lait, non pasteurisé à l'époque, et des œufs. Tout cela a été emballé dans des conditions d'hygiène douteuses et a voyagé plusieurs jours. Est-ce forcément parce qu'il y avait de l'arsenic dedans que Charles est tombé malade après y avoir goûté ? En fait, il pourrait s'agir tout simplement d'une intoxication alimentaire. On en mourait à l'époque, en l'absence de toute médication appropriée.

Ce n'est pas la seule possibilité d'une mort naturelle de Charles Lafarge. Si l'on reprend la chronologie de sa maladie, on s'aperçoit qu'elle dure vingt-sept jours, du 19 décembre 1839, date de l'absorption du chou, jusqu'à sa mort, le 14 janvier 1840. A l'intérieur de cette période, il y a un délai de rémission du 21 décembre au 4 janvier. Or, ce tableau d'évolution clinique correspond à celui de la typhoïde, de même que les symptômes. La typhoïde est à l'époque une maladie qu'on ne sait pas soigner, ni même reconnaître. D'ailleurs, le docteur des Lafarge n'a vu qu'une forte angine.

Alors que reste-t-il en faveur d'un empoisonnement à l'arsenic ? Uniquement certaines expertises, d'ailleurs contredites par d'autres. Aujourd'hui, on peut diagnostiquer la présence ou l'absence d'arsenic par les radiations des cheveux et la recherche de radio-activité. Mais il s'agit d'une technique toute récente. A l'époque, on sait déceler de grosses quantités d'arsenic, mais dès qu'elles sont minimes, il n'y a plus rien de sérieux.

En faut-il une preuve ? Le grand Orfila, le doyen de la Faculté de médecine, le pionnier de la toxicologie, avait publié en 1835 un rapport sensationnel. Il avait analysé systématiquement les bouillons servis dans les restaurants parisiens et il avait trouvé de l'arsenic dans deux cents d'entre eux. Les autorités se sont évidemment émues et elles ont fait faire des vérifications par d'autres chimistes. Ceux-ci ont découvert que c'était l'un des réactifs d'Orfila qui contenait de l'arsenic. A la suite de cet incident malheureux, Orfila a dû avouer qu'il n'avait jamais su parfaitement enlever l'arsenic de ses réactifs. Et pourtant, c'est le même homme qui n'a pas hésité à déclarer qu'il y avait un demi-milligramme d'arsenic dans le corps de Charles Lafarge, décidant ainsi du sort de l'accusée, alors que refaisant la même expérience, Raspail ne trouvera que quelques centièmes de milligrammes.

Le plus extraordinaire est qu'Orfila ne s'était peut-être pas trompé et que c'était peut-être au contraire Raspail qui, en refaisant l'expérience quelques jours plus tard, avait commis une erreur. Car, ce qu'on ignorait alors — et qui change tout évidemment —, c'est que le corps humain contient de l'arsenic à l'état naturel et que 0,5 milligramme est une dose normale. Non seulement la déposition d'Orfila n'accusait pas Marie Lafarge, mais elle prouvait son innocence. Charles Lafarge n'avait pas pu être empoisonné...

A condition, évidemment, qu'il y ait bien eu un demi-milligramme d'arsenic dans le corps du défunt et pas cinq ou dix, ou vingt, ce qui, dans l'état des connaissances ou plutôt de l'ignorance des chimistes d'alors, serait parfaitement possible.

En fait, il n'est pas exclu que Mme Lafarge ait assassiné son mari, mais ce n'est pas cela qui compte. Ce qui s'est passé au Glandier au début de l'année 1840, la nature de la mystérieuse poudre blanche versée par Marie dans les potions, importent peu. A Tulle, même s'il n'y a pas eu forcément erreur judiciaire — au sens où une innocente a été condamnée — il y a eu erreur de justice — au sens où on n'avait pas le droit de condamner dans ces conditions. Les expertises et les témoignages produits au procès Lafarge ne voulaient rien dire. Le bénéfice du doute doit aller à l'accusé et Marie Lafarge n'en a pas profité.

Celle qui est enterrée au cimetière d'Ornolac est bien une victime.

RASPOUTINE

Des cris résonnent dans les appartements impériaux, au palais de Saint-Pétersbourg. C'est la voix de la tsarine Alexandra Fédorovna :

— Qu'on aille chercher Grigory Efimovitch tout de suite !

Aussitôt, les serviteurs s'éloignent en courant. Ils savent ce qui se passe et ils savent qu'il n'y a pas de temps à perdre.

Un quart d'heure plus tard, un homme traverse à pas rapides l'antichambre qui mène aux appartements. Il est de taille moyenne. Il a entre trente-cinq et quarante ans. Ce qui frappe d'abord, c'est son habillement, il vaudrait mieux dire son accoutrement. Il est vêtu comme un paysan, de grosses bottes en cuir grossier, d'une tunique boutonnée à la russe de médiocre qualité et de propreté douteuse. Et pourtant les hommes en habit ou en grand uniforme, les femmes en toilettes raffinées le regardent passer avec les marques de la plus grande déférence. C'est tout juste s'ils ne se prosternent pas.

Il n'y a pas que la tenue de l'homme qui attire l'attention, il y a aussi son visage : un visage maigre, ascétique, avec de longs cheveux noirs, une barbe broussailleuse longue et noire également et des yeux bleus dont l'éclat est tellement intense qu'on a de la peine à s'en détacher.

Bousculant la garde, il ouvre lui-même la porte. Sur le seuil, une femme d'une quarantaine d'années, qui se tamponne les yeux, et un homme en uniforme de la garde impériale à la barbe en pointe et à l'imposante moustache blonde : ce sont le tsar Nicolas II et son épouse Alice de Hesse-Darmstadt, petite-fille de la reine Victoria, qui se fait appeler Alexandra Fédorovna. Elle a un sanglot.

— Alexis !... Ça l'a pris tout à l'heure. Il saigne du nez. Pourtant, il ne s'est pas cogné, j'en suis sûre...

L'homme l'écarte sans ménagement, presque avec brutalité d'un revers du bras.

— Laisse-moi passer ! Je sais ce que j'ai à faire.

Il s'en va d'un pas rapide à travers les couloirs, suivi par le tsar et la tsarine. Il entre dans une chambre, fait déguerpir les médecins, les domestiques et s'approche d'un petit lit. Un adorable bambin aux cheveux châtain, aux traits fins, au regard vif, tient serré contre son nez un mouchoir rouge de sang. Quelques mètres plus loin, la tsarine gémit. L'homme se retourne.

— Tais-toi ! Qu'est-ce que vous faites là tous les deux ? Allez-vous-en !

Sans un mot de protestation, Nicolas II, tsar de toutes les Russies, et la tsarine Alexandra Fédorovna se retirent. L'homme pose sa main gauche sur le front de l'enfant.

— Regarde-moi, Alexis... Tu as confiance, n'est-ce pas ?

— Oui, Grigory.

De sa main droite, il trace un signe de croix et une étrange incantation s'élève. L'homme récite une prière fortement scandée d'une voix caverneuse, sépulcrale, comme seuls les Russes peuvent en avoir. C'est une vibration envoûtante que l'on sent entrer en soi presque matériellement.

L'étonnante mélopée dure quelques minutes, puis l'homme se tait. L'enfant s'est endormi. Il retire le mouchoir qu'il tenait serré contre son visage : le nez ne coule plus. Il se lève, fait une nouvelle fois le signe de croix et s'en va lentement. Au seuil de la porte, la tsarine se précipite vers lui avec effusion. Elle baise ses mains aux ongles noirs.

— Merci, Grigory Efimovitch ! Merci, notre sauveur !

A son tour, le tsar vient lui donner l'accolade.

— Merci, notre grand ami, notre seul ami !...

A-t-on jamais vu dans une cour royale ou impériale un paysan tutoyer les souverains et les traiter comme on ne traiterait pas un domestique ? La réponse est certainement non. Ce que s'est permis Grigory Efimovitch Novy à la cour de Russie, de 1906 à 1916, est sans exemple dans l'histoire.

Grigory Efimovitch Novy est né en 1871 à Pokrovskoïe, un petit village près de Tobolsk, en Sibérie occidentale. Son père Efim était un simple moujik qui exerçait l'activité de maquignon.

Dès le début, Grigory manifeste à quel point il n'est pas comme les autres. Son enfance est turbulente, son adolescence est scandaleuse. Il se comporte comme une véritable bête. Il poursuit de ses assiduités toutes les filles qui passent à sa portée. On ne peut compter les corrections qu'il reçoit de la part des pères de famille ou des maris. Il est même fouetté publiquement par la police pour ses débauches. Mais rien n'y fait ; Grigory Efimovitch est incorrigible au sens propre du terme. C'est à ce moment qu'il reçoit le surnom de Raspoutine, un mot d'argot rural qui signifie selon les traductions : « fornicateur », « paillard », ou « crapule ».

Il se marie à une paysanne de Pokrovskoïe même, Féodrovna
Doubrovine, avec qui il a deux filles, Maria et Vavara, et un garçon,
Dimitri. Cela ne contribue pas à l'assagir, mais l'événement qui
survient un peu plus tard va au contraire être un tournant dans son
existence. Ce jour-là, il conduit en charrette un prêtre au monastère
d'Abalask, près de Tobolsk. Et, en discutant avec lui, il a la
révélation du mysticisme. Une sorte de miracle ? C'est ce qu'il a
prétendu lui-même et c'est ce qu'ont dit les siens. Sa fille Maria a
même raconté l'apparition de la Vierge qui serait survenue un peu
plus tard : « Un jour que mon père labourait son champ, il entendit
derrière lui un chant d'église. Étonné, il se retourna et resta
immobile, cloué sur place. En plein jour, à une dizaine de mètres de
lui, se tenait la Sainte Vierge, rayonnante, sans toucher le sol et
chantant un psaume. Cette vision ne dura pas plus d'une minute. La
Sainte Vierge, après avoir béni mon père, disparut. »

C'est donc avec la bénédiction de la Sainte Vierge que Raspoutine
le paillard prend son bâton de pèlerin, quitte les siens et se met à
parcourir la Russie.

Il obtient beaucoup de succès. Le petit peuple russe, si mystique,
est impressionné par ce personnage qui sort de ses rangs, et
Raspoutine possède sans nul doute un pouvoir magnétique. Sa
renommée de prophète grandit. Tout au long de sa route, les pauvres
gens se pressent :

— Grigory, notre Christ, notre Sauveur, prie pour nous ! Prie pour
nous, Grigory, Dieu t'écoutera !

Grigory Efimovitch bénit les fidèles et leur dit :

— Pour l'amour du Christ, petits frères et petites sœurs, mortifiez
votre chair !

Une exhortation qu'il se garde bien de suivre lui-même. Il entre
d'ailleurs dans une étrange secte, celle des Flagellants. Ce mouvement religieux, qui réunit environ cent vingt mille membres, a pour
ambition de rencontrer Dieu sans intermédiaire. Pour cela, hommes
et femmes se réunissent la nuit dans une isba et se mettent à danser et
à chanter d'une manière de plus en plus frénétique. Un chef de danse
est chargé de flageller ceux qui ne se montrent pas assez enthousias-
tes. Au bout d'un certain temps, tout le monde roule à terre dans une
extase suprême. On comprend qu'un tel programme ait eu de quoi
tenter Raspoutine qui a toujours mélangé le mysticisme et la
pornographie.

Malgré cette curieuse manière de concevoir la religion, la réputation de Raspoutine grandit encore et arrive même aux oreilles des
autorités ecclésiastiques. Le premier à l'interroger est un théologien,
le père Mikhaïl. Il voit en lui une puissance nerveuse hors du
commun, ce en quoi il a sûrement raison ; il lui conseille en outre de

se rendre à Saint-Pétersbourg pour y rencontrer d'autres personnalités religieuses.

Dans la capitale, Raspoutine subjugue tout le monde. Les plus grands théologiens, les plus hauts responsables de l'église orthodoxe subissent son ascendant. Le père Ivan de Cronstadt, le plus saint homme de Russie, est convaincu qu'il y a en lui « une étincelle de Dieu ». L'évêque Théophane et l'évêque Hermogène sont conquis par sa « sainteté » et sa « piété sublime ». Ce sont eux qui l'introduisent à la cour en 1905.

La cour de Russie, à l'époque, est l'une des plus inintéressantes d'Europe. On y pratique le spiritisme et la nécromancie, dans d'invraisemblables soirées. Nul milieu n'était plus disposé à accueillir favorablement un personnage comme Rapoustine, dans un premier temps du moins. Très vite, il devient le « *Staretz* », c'est-à-dire le « Père ». Quant à lui, ce qui l'intéresse avant tout, c'est qu'il peut désormais satisfaire tous ses appétits.

A la cour, Grigory Efimovitch fréquente surtout le grand-duc Nicolas Nicolaïevitch et les grandes duchesses Militza et Anastasia du Monténégro. C'est Militza qui lui pose une question capitale, au début de l'été 1906 :

— Grigory Efimovitch, que savez-vous de l'hémophilie ?

Le Staretz, qui est pourtant un paysan illettré, ne semble nullement dérouté par la question.

— Je connais cette maladie. Elle vient par les femmes, mais seuls les hommes en sont atteints. Les saignements accidentels sont redoutables mais il y a un moyen de les arrêter.

— Vous connaissez le remède ?

— Oui. Des plantes et des prières.

— Lesquelles ?

— Je ne peux pas les nommer...

La grande-duchesse Militza reste un instant silencieuse et puis elle se décide :

— Grigory Efimovitch, savez-vous que le tsarévitch est hémophile ?

— Non, je ne le savais pas.

— Pourriez-vous le guérir ?

La réponse vient instantanément, de la voix profonde et persuasive :

— Oui, je peux le guérir...

En fait, il est peu probable que Raspoutine ait ignoré la maladie du tsarévitch. Si, théoriquement, la nouvelle était tenue secrète sauf pour quelques proches, c'était le secret de Polichinelle...

L'hémophilie, cette terrible affection n'est pas une maladie, mais une tare, transmise par les chromosomes de la mère qui elle-même n'en est pas atteinte. Et la tsarine Alexandra Fédorovna était de toute évidence porteuse du gène puisque son grand-père, son frère et deux de ses neveux étaient morts hémophiles.

Aussi, dès la naissance de l'enfant, le couple impérial vit-il dans l'angoisse. La moindre piqûre, le moindre saignement de nez peuvent entraîner une hémorragie mortelle. A l'époque, d'ailleurs, les deux tiers des hémophiles n'atteignent pas l'âge de douze ans. Et par surcroît Alexis est fils unique.

Lorsque la grande-duchesse Militza rapporte à Nicolas II la conversation qu'elle a eue avec le Staretz, le tsar ne se laisse pas immédiatement convaincre. Pour une fois, alors qu'il a pris tant de décisions malheureuses sans réfléchir, il fait preuve de prudence. Il consulte l'évêque Théophane. Mais la réponse de ce dernier est de nature à balayer toutes les hésitations :

Grigory Efimovitch est un paysan simple, écrit le haut dignitaire de l'Église orthodoxe. *Vos Majestés auront profit à l'entendre parce que c'est la voix de la terre russe qui s'exprime par sa bouche. Je sais tout ce qu'on lui reproche. Je connais ses péchés : ils sont innombrables et le plus souvent abominables. Mais il y a en lui une telle force de contrition et une foi si naïve dans la miséricorde céleste que je garantirais presque son salut éternel.*

Après chaque repentir, il est pur comme l'enfant qui vient d'être lavé dans les eaux baptismales. Dieu le favorise manifestement de sa prédilection...

En parlant de naïveté à propos de Raspoutine, l'évêque Théophane en fait étrangement preuve lui-même. Mais sur un point au moins, il ne se trompe pas : avec Raspoutine, le tsar et la tsarine vont entendre « la voix de la terre russe ».

Effectivement, dès qu'il est mis en présence du couple impérial, Raspoutine se montre tel qu'il est, sans affecter la moindre marque de respect. Pour les souverains, habitués aux flagorneries et au langage insipide d'une cour où l'on parle autant français que russe, c'est un choc. Et surtout Raspoutine promet la guérison de l'enfant.

Le plus extraordinaire, c'est qu'il obtient des résultats. Alors que l'hémophilie est incurable et que les médecins ne sont jamais arrivés à rien, Raspoutine parvient à calmer les hémorragies. La raison n'en a jamais réellement été élucidée sur le plan médical, mais on suppose que son pouvoir hypnotique exceptionnel avait une influence bénéfique.

Dès lors, l'ascension de Grigory Efimovitch Raspoutine est foudroyante. Chacun a compris désormais que c'est lui le personnage le plus important de la Russie, avant même le tsar. La foule des solliciteurs se presse dans le petit appartement qu'il habite sur Anglisky Prospect : les ministres, les généraux, les évêques. Il les rudoie comme des serfs et ils repartent en courbant l'échine.

Avec les femmes, c'est pire encore. Il les veut toutes et il n'admet aucune résistance. Son secrétaire, Aron Simanovitch, a écrit :

> *Il se comportait avec elles avec la plus extrême impudence et la présence des mères ou des maris ne le gênait nullement. Ses façons auraient offensé même une grue. Mais malgré cela, c'était bien rare que quelqu'un se montrât choqué par son attitude. On le craignait, c'est pourquoi on l'entourait de flatteries et de prévenances. Les femmes baisaient ses mains sales, couvertes de restes du repas, et ne prêtaient pas attention à ses ongles repoussants [...]*
>
> *Quand on faisait grief à Raspoutine de son faible pour les femmes, il répondait que ce n'était pas de sa faute, car, pour gagner sa faveur, beaucoup de gens influents lui jetaient leurs maîtresses et même leurs femmes dans les bras. Elles entretenaient des rapports intimes avec lui, avec le consentement de leurs maris ou de leurs amants.*

A mesure que les années passent, l'impudence de Raspoutine ne connaît plus de bornes. Il déclare un soir au restaurant, devant des dizaines de témoins, en montrant son gilet :

— C'est la Vieille qui me l'a brodé. Je fais d'elle tout ce que je veux. Oui, tout ce que je veux !

« La Vieille », c'est évidemment la tsarine.

Une telle arrogance a les conséquences qu'on imagine : jamais sans doute, dans toute l'histoire de la Russie, un personnage n'a été à ce point haï. Le peuple le hait tout autant que la cour. On maudit le nom du fornicateur depuis les salons de Saint-Pétersbourg jusqu'à l'isba la plus reculée de Sibérie. Mais il y a, si l'on peut dire, plus grave. Jusque-là, Grigory Efimovitch s'était contenté de profiter de sa place pour assouvir ses appétits monstrueux en femmes, boisson et nourriture, mais à partir de la fin 1916, il va beaucoup plus loin : il se mêle de politique. Et quand Raspoutine fait de la politique, ce ne sont pas des conseils qu'il donne, ce sont des ordres. Il fait renvoyer le premier ministre, fait nommer à sa place Boris Stürmer, une de ses créatures, et choisit personnellement le reste du cabinet.

En cette fin de 1916, c'est lui qui gouverne la Russie. Et la Russie est en guerre depuis deux ans. Le dangereux incapable qu'est Nicolas II est hors d'état de lui opposer la moindre résistance. Un jour, il se permet de faire une réprimande au président du Conseil. Raspoutine, qui était en voyage, l'apprend et lui adresse ce télégramme : « Ne touche pas à Stürmer. »

On murmure à la cour les projets de Raspoutine : il veut ni plus ni moins destituer le tsar, nommer à sa place le tsarévitch malade, âgé de douze ans, et donner la régence à la tsarine. Ensuite, il conclurait une paix séparée avec l'Allemagne, vers qui ont toujours été ses préférences.

Cette fois, c'est bien le sort de la Russie qui est en jeu. Il faut agir avant qu'il ne soit trop tard. C'est ce qui se dit à la Douma, l'assemblée législative à laquelle le tsar, la tsarine et Raspoutine sont si hostiles. Et, le 13 novembre 1916, quelqu'un ose enfin s'exprimer tout haut.

Ce jour-là, le député d'extrême droite Pourichkévitch monte à la tribune :

— Il faut, s'écrie-t-il, supprimer le débauché et toutes les débauchées, si haut que soit leur situation.

Il est difficile de faire plus clairement allusion à Raspoutine et à la tsarine. Aussitôt, dans la Douma, c'est une explosion d'applaudissements. Mais les choses n'en restent pas là.

Le lendemain matin, le député Pourichkévitch reçoit une visite. Il s'agit de Félix Youssoupov, mari de la grande-duchesse Irène, nièce du tsar, héritier lui-même des princes tatares et l'homme le plus riche de Russie. Sa position sociale et sa fortune le mettent à l'abri de tous, même du tsar. Il peut donc tout se permettre... Youssoupov va droit au but :

— Vous avez parlé hier à la tribune de la Chambre de supprimer le débauché. Avez-vous l'intention de mettre vos paroles à exécution ?

— Si j'en avais la possibilité, je le ferais.

— Alors venez en mon palais demain. Nous examinerons la question à fond. Il y aura avec nous quelqu'un de la famille impériale.

Ce quelqu'un, c'est le grand-duc Dimitri Pavlovitch. Deux autres personnes sont présentes, outre le prince Youssoupov, dans son palais du quai de la Moïka : le capitaine Soukhotine, un blessé de guerre, et Stanislas de Lazovert, un médecin français.

L'assassinat de Raspoutine est rapidement mis au point. Il aura lieu dans le palais même, dès que possible, le temps pour Youssoupov de gagner l'amitié du Staretz, ce qui ne devrait pas être difficile car il s'intéresse beaucoup à la grande-duchesse Irène, sa femme. Pour la rencontrer, il acceptera sans nul doute de venir au palais.

29 décembre 1916. Félix Youssoupov a réussi dans son entreprise auprès de Raspoutine ; il s'agit maintenant de faire les derniers préparatifs. Afin d'être aussi discret que possible, le meurtre se déroulera dans le sous-sol. Comme le décor est on ne peut plus lugubre, il faut le rendre accueillant. Le prince fait mettre des tapis sur le dallage en ciment, des tentures sur les murs nus, fait descendre des meubles de prix, notamment une armoire en ébène à incrustations

de nacre, avec colonnettes et miroirs. Elle est surmontée d'un crucifix italien du XVIᵉ siècle en cristal de roche et argent ciselé.

De son côté, le docteur Lazovert prépare le poison. Il a choisi le plus violent de tous : le cyanure de potassium. Après avoir mis des gants de caoutchouc, il en réduit en poudre une importante quantité qu'il introduit dans des pâtisseries que le prince offrira à son invité. Un fois sa tâche terminée, le docteur déclare avec satisfaction :

— Il y en a assez pour foudroyer plusieurs personnes.

Mais au cas où le Staretz ne voudrait pas de gâteaux, le docteur verse également une large dose de cyanure dans du madère. Maintenant tout est prêt. Il n'y a plus qu'à aller chercher la future victime.

C'est le début d'un drame hallucinant.

Un peu avant minuit, Youssoupov arrive chez Raspoutine. Afin qu'on ne sache pas qu'il allait rencontrer sa femme, la nièce du tsar, le Staretz lui avait demandé de venir le chercher aussi discrètement que possible par la porte de service. Le prince avait bien sûr accepté cette condition qui ne pouvait que l'arranger. Il sonne. La voix profonde retentit derrière la porte :

— Qui est là ?

— C'est moi, Grigory Efimovitch. Je viens vous chercher.

Il y a un cliquetis de chaînes et la porte s'ouvre. Raspoutine est vêtu d'une blouse de soie brodée de bleuets, d'une culotte de velours noir et de bottes. Youssoupov l'aide à mettre sa pelisse, son bonnet de fourrure et les deux hommes s'éloignent. Ils montent dans la voiture du prince, qui regarde derrière lui avec une vive satisfaction : ils ne sont pas suivis. Les policiers en civil chargés de la protection du Staretz n'ont rien vu.

La voiture arrive rapidement quai de la Moïka. Ils entrent tous deux dans la cour du palais. Au premier étage, il y a une vive lumière, des bruits de conversation et une chanson américaine qui s'échappe d'un phonographe. Raspoutine fronce les sourcils :

— Qu'est-ce que c'est que cela ? On fait la fête ici ?

— C'est ma femme qui reçoit quelques amis. Ils vont bientôt partir. En attendant, allons prendre une tasse de thé dans la salle à manger.

Et Youssoupov entraîne son hôte au sous-sol... En réalité, sa femme n'est pas là ; il a pris soin de l'éloigner. Ce sont les quatre autres conjurés : le grand-duc Dimitri, le député Pourichkévitch, le capitaine Soukhotine et le docteur Lazovert, qui jouent la comédie pour donner le change. Le piège s'est refermé. C'est le moment de la mise à mort, ou plutôt ce devrait l'être...

Le Staretz s'est installé dans un canapé du sous-sol qui, en dépit des efforts de décoration, reste sinistre. Le prince lui tend l'assiette de gâteaux empoisonnés.

— Je n'en veux pas. Je n'aime pas les choses trop sucrées.

— Goûtez quand même, Grigory Efimovitch...

Raspoutine hausse les épaules, se sert et porte un gâteau à sa bouche. Youssoupov regarde la scène, fasciné. Comme chacun sait, le cyanure est un poison foudroyant qui tue dans la seconde même qui suit son absorption...

Raspoutine tend de nouveau la main.

— Tu as raison, ils sont bons. Donne-m'en un autre.

Et Raspoutine mange un second gâteau contenant de quoi tuer plusieurs personnes... Le prince Youssoupov parvient à ne pas céder à la panique. Il fait même preuve de beaucoup de sang-froid. Il prend la carafe de madère empoisonné.

— Un verre, Grigory Efimovitch ?

— Oui, verse.

Raspoutine est connaisseur et le madère empoisonné est excellent. Il le déguste à petites gorgées... Brusquement, il déglutit avec effort. Youssoupov s'approche.

— Quelque chose ne va pas ?

— Ce n'est rien. Juste la gorge qui me chatouille. Donne-moi un autre verre.

Celui-là, le Staretz le vide d'un trait. Il en demande un troisième et recommence à boire avec une évidente bonne humeur. Il aperçoit une balalaïka dans la pièce.

— Allez, mon ami, joue-nous quelque chose de gai !

Et Youssoupov doit s'exécuter. Comment ses doigts arrivent-ils à pincer les cordes ? Comment des sons parviennent-ils à sortir de sa bouche devant ce spectacle monstrueux d'un homme qui semble invulnérable ? Il ne le saura jamais.

La chanson gaie est terminée. Au premier étage, le brouhaha se fait toujours entendre. Les autres conjurés doivent trouver le temps long et commencer à s'inquiéter. Raspoutine semble vivement contrarié.

— Pourquoi fait-on tant de tapage là-haut ?

Youssoupov est trop heureux d'avoir un prétexte pour s'échapper :

— Ce sont probablement mes invités qui s'en vont. Je vais monter voir ce qu'il en est.

Raspoutine émet un grognement et Youssoupov file au premier dans l'état qu'on imagine. Aux quatre autres conjurés, médusés, il annonce d'une voix blanche l'incroyable nouvelle :

— Le poison n'agit pas !

Le docteur Lazovert jure ses grands dieux qu'il ne s'est pas trompé dans sa préparation ; mais l'heure n'est pas aux discussions. Youssoupov reprend :

— Le pire, c'est qu'il va s'impatienter. Il m'a demandé pourquoi ma femme tardait tellement. Si cela continue, il va monter ici.

Youssoupov garde un instant le silence et conclut :

— Il faut agir !

Il s'avance vers le grand-duc Dimitri :

— Donnez-moi votre revolver.

Il le prend dans sa main droite, le dissimule derrière son dos et redescend au sous-sol... Raspoutine est toujours assis sur le canapé, mais il a la tête penchée en avant. Il respire bruyamment. Le prince Youssoupov, s'assied en face de lui et le regarde, le revolver toujours dans le dos... Le poison agirait-il enfin ? Dans ce cas, il serait inutile de tirer... Il laisse s'écouler plusieurs minutes, mais le Staretz ne s'effondre pas. Il est toujours en vie. Sa respiration semble même se faire plus facile. Youssoupov se décide à parler.

— Vous vous sentez mal ?

— Oui, dit Raspoutine qui se redresse. J'ai la tête lourde et une sensation de brûlure dans l'estomac. Verse-moi un petit verre. Cela me fera du bien.

Le prince s'exécute. Le madère empoisonné redonne toute sa lucidité et sa gaieté au Staretz. Il claque la langue.

— Si on allait chez les tziganes ? Qu'est-ce que tu en penses ?

Youssoupov bredouille quelques mots de refus. Il est temps d'en finir. Comme ses yeux se sont machinalement fixés sur le crucifix en argent et cristal posé sur l'armoire, le Staretz lui demande :

— Qu'as-tu à regarder si longtemps ce crucifix ?

— Il me plaît beaucoup. Il est si beau.

— En effet, il est très beau. Il a dû coûter cher. Combien l'as-tu payé ?

Raspoutine se met à son tour à contempler le crucifix d'un œil vague. Il ne voit plus le prince qui lui fait face. Ce dernier sort lentement son revolver sans que son invité s'en rende compte. Il hésite entre viser la tête ou le cœur. Il choisit le cœur. Il presse la détente. Il y a un hurlement terrible de bête blessée et Raspoutine tombe en avant sur une peau d'ours.

Ce cri, ainsi que le coup de feu, les autres conjurés l'ont entendu. Ils descendent précipitamment l'escalier qui conduit au sous-sol. Mais dans leur affolement, ils accrochent le commutateur. La pièce est plongée dans le noir. A tâtons, chacun cherche à rallumer. La lumière se fait enfin. Raspoutine est toujours allongé sur la peau d'ours. Sa blouse de soie est maculée d'une large tache rouge à hauteur du cœur. Ses traits et ses mains se crispent deux ou trois fois, puis s'immobilisent. Le docteur Lazovert se penche sur lui, le retourne, l'examine et se relève.

— Il est mort.

Il est deux heures trente du matin, ce 30 décembre 1916. Il n'y a pas de temps à perdre. Il faut exécuter la suite du plan. Le capitaine Soukhotine s'empare de la pelisse et du bonnet de fourrure de Raspoutine : il va monter dans une voiture en compagnie du grand-duc Dimitri ; ainsi, si jamais il y a des policiers dehors, ils croiront que Raspoutine était vivant quand il a quitté le palais.

Raspoutine... Le prince Youssoupov se penche une dernière fois sur le corps, prend son pouls : aucun battement, il est bien mort. Il sort le dernier et éteint l'électricité.

Il monte l'escalier et se retrouve dans la cour. La voiture démarre sur les pavés enneigés. Il échange quelques paroles avec Pourichkévitch et, il ne sait pourquoi, il éprouve le besoin de redescendre.

— Attendez-moi un instant... je reviens.

De nouveau, Youssoupov allume l'électricité. Le corps est sur la peau d'ours dans la même position. Et ce qui se passe alors semble sortir tout droit d'un film d'épouvante. L'œil gauche de Raspoutine s'ouvre, puis l'œil droit. Sa tête se soulève. Il regarde Youssoupov avec une expression de haine inimaginable. Le prince est paralysé d'horreur. Il ne peut pas esquisser un geste lorsque les deux mains énormes s'approchent de sa gorge et l'enserrent avec une force terrible.

Raspoutine, titubant, parvient à se lever tout à fait. De l'écume et du sang s'échappent de sa bouche. Ses yeux sont exorbités. Et il parle de sa voix sépulcrale. Il ne prononce qu'un mot : le nom de son assassin :

— Youssoupov... Youssoupov...

Youssoupov sent la tenaille se refermer sur son cou. Mais dans un effort surhumain, il parvient à se dégager. Raspoutine retombe en râlant et en serrant dans sa main droite l'épaulette qu'il vient d'arracher à l'uniforme du prince. Celui-ci s'enfuit en appelant Pourichkévitch au secours.

— Vite ! Vite ! Il vit encore !

Le député était dans le palais. Il a entendu. Il va chercher un revolver. Youssoupov, lui, se saisit d'une matraque. Ils reviennent dans la cour enneigée et c'est une vision de cauchemar à laquelle ils n'osent croire : Raspoutine sort en rampant du sous-sol... De loin, Pourichkévitch tire à deux reprises. Alors le blessé fait un bond en avant. Il court. Oui, il court... Il se dirige vers la grille, il va s'échapper. Quelques mètres plus loin, il y a des policiers ; il sera sauvé. Pourichkévitch tire encore. Raspoutine, qui était déjà à la grille, s'arrête. Pourichkévitch tire une quatrième fois. Et, cette fois enfin, il tombe.

Les deux hommes arrivent, hors d'haleine. La troisième balle s'est logée dans le dos et la quatrième dans la tête. Mais Raspoutine n'est pas mort : il se convulse dans la neige en claquant des dents.

Ce qui était prévisible arrive alors : un policier se présente à la grille. Pourichkévitch se place devant le corps tandis que Youssoupov s'avance. En le voyant, l'agent rectifie la position.

— Excusez-moi, Votre Altesse, mais j'ai entendu des coups de feu.

— Ce n'est rien de grave. Un de mes invités a trop bu et a tiré en l'air. Si quelqu'un t'interroge, tu n'auras qu'à répondre qu'il ne s'est rien passé et que tout va bien.

L'agent claque des talons et s'en va. Youssoupov et Pourichkévitch s'emploient à traîner le corps. Ils le dissimulent et l'attachent fermement en attendant le retour du grand-duc Dimitri et du capitaine Soukhotine. Mais l'agent revient. Il a été rendre compte à ses supérieurs qui n'ont pas jugé les explications du prince suffisantes. Ils veulent des détails. C'est Pourichkévitch qui va répondre. Le député est également général et il est en uniforme.

— Dis-moi : aimes-tu notre père le tsar et notre mère la Russie ? Souhaites-tu la victoire de l'armée russe sur les Allemands ?

— Oui, mon général.

— Mais sais-tu quel est le plus grand ennemi du tsar et de la Russie ? Sais-tu qui a envoûté la tsarine et qui règne par son intermédiaire ?

— Oui, mon général : c'est Grigory Raspoutine.

— Eh bien, il n'est plus. Nous l'avons tué. Et c'est pour cela que nous avons tiré. Maintenant, jures-tu de ne rien dire ?

— Oui, mon général...

Le grand-duc Dimitri et le capitaine Soukhotine reviennent peu après. Depuis plusieurs minutes, le corps de Raspoutine est enfin immobile, enroulé dans une bâche. Pris d'une frénésie subite, Youssoupov s'acharne alors sur le cadavre. Avec sa matraque en caoutchouc, il frappe de toutes ses forces sur le visage et enfin, brisé par l'émotion, il s'évanouit.

Après l'avoir déposé dans ses appartements, les quatre autres s'occupent du corps. Le grand-duc Dimitri, le capitaine Soukhotine, le député Pourichkévitch et le docteur Lazovert prennent la direction de la Neva. Dans un endroit isolé, près de l'île Petrovski, il y a un trou dans la glace. Le corps disparaît dans l'eau noire. Mais les conjurés ont oublié une de ses bottes. Pourichkévitch la jette rapidement. C'est elle qui sera retrouvée et permettra aux policiers de repêcher la victime.

Et c'est alors qu'on découvrira le plus incroyable : ce n'est pas un cadavre qui a été jeté dans la Neva. Raspoutine avait réussi à se défaire de ses liens et sa main droite esquissait un vague signe de croix. L'autopsie l'a prouvé : il y avait de l'eau dans ses poumons.

Raspoutine n'est mort ni des gâteaux et du madère empoisonnés, ni des balles dans le cœur, dans le dos et dans la tête, ni des coups de matraque : il est mort noyé !

Il ne suffit pas de parler d'une vitalité exceptionnelle — ce qui était certainement le cas de Raspoutine, il faut tout de même donner une explication à ce prodige. Les trois balles, à cause d'une émotion bien compréhensible, n'ont sans doute touché aucun organe vital, et certainement pas le cœur. Mais le cyanure ? Même la plus exceptionnelle vitalité n'y peut rien : le cyanure est mortel et même foudroyant.

Alors, il y a une explication scientifique ; il y en a même deux. Ce n'est pas le cyanure de potassium lui-même qui provoque la mort, c'est son contact avec l'acide chlorhydrique contenu dans les sucs de l'estomac. La réaction des deux donne un acide cyanhydrique mortel. Or le sucre a la propriété d'atténuer cette réaction chimique. Et il y avait du sucre aussi bien dans les gâteaux que dans le madère.

Une autre possibilité résulte de l'alcoolisme de Raspoutine. L'alcool en quantité élevée finit par détruire l'acide chlorhydrique de l'estomac. Et cette achlorhydrie rend impossible la réaction chimique. L'incroyable survie de Raspoutine est due à l'une de ces deux raisons ou, plus vraisemblablement, à l'addition des deux.

Quoi qu'il en soit, cette fois enfin, Raspoutine est mort et bien mort. On a peine à imaginer le délire d'allégresse que cette nouvelle provoque dans toute la Russie. Malgré la discrétion officielle, les conjurés sont bientôt connus de tous et leurs noms sont vénérés comme ceux de héros légendaires. L'anecdote suivante en donne une idée : alors que Pourichkévitch partait pour l'exil, un capitaine de cosaques vint l'aborder sur le quai de la gare :

— Pourichkévitch, c'est vous ?

— C'est moi.

— Permettez qu'au nom de l'armée russe, je serre votre noble main. Vous avez tué Raspoutine.

— Mais...

— Ne faites pas le modeste. Toute la Russie le sait. A Pourichkévitch et à tous ceux qui ont tué ce chien maudit, hourrah !...

Et tout le quai de la gare, qui était noir de monde, s'est mis à retentir d'un gigantesque « hourrah ! ».

En raison de leur importance, tout s'est bien terminé également pour les autres conjurés. Le grand-duc Dimitri a été exilé tout comme Pourichkévitch ; le prince Youssoupov n'a même pas été inquiété.

Si la mort de Raspoutine a délivré la Russie, elle a au contraire plongé dans le désarroi le tsar et la tsarine. Alors que le corps de Raspoutine n'avait pas encore été retrouvé, elle écrivait à Nicolas II :

Nous sommes tous rassemblés. Tu peux imaginer nos sentiments et nos pensées : notre Ami a disparu.

J'espère encore en la miséricorde de Dieu. Peut-être n'a-t-on fait que l'emmener quelque part. Je ne crois pas, je ne veux pas croire qu'Il ait été tué. Que Dieu ait pitié de nous !

Raspoutine a été enterré avec les plus grands honneurs dans la chapelle de Fédorovski Sobor. Le tsar a porté lui-même le cercueil, tandis que la tsarine a conservé comme une relique la chemise ensanglantée.

Malheureusement pour les conjurés, l'assassinat de Raspoutine est arrivé trop tard. L'aveuglement de Nicolas II et de sa femme était tel qu'ils ont continué la politique du Staretz même après sa mort. Leur premier soin a été de trouver son homme de confiance, Aron Simanovitch, et de lui demander quelles étaient, selon lui, les dernières volontés du disparu.

Simanovitch, le premier surpris de cette incroyable faveur posthume, écrira : « Grâce à la confiance que le tsar me témoignait, je réussis à faire confier des portefeuilles à quelques personnalités amies de Raspoutine et choisies par moi. »

On était à un peu moins d'un an de la révolution d'Octobre, au succès de laquelle Raspoutine a, sans le vouloir ni le savoir bien sûr, puissamment contribué.

L'AFFAIRE FUALDÈS

Jeanne Puech, son linge sous le bras, s'installe sur la rive de l'Aveyron, en dessous du moulin des Besses, en amont de Rodez. Il est six heures du matin ; la journée du 20 mars 1817 commence. Soudain, elle pousse un cri :

— Mon Dieu, un noyé !

Elle s'enfuit en appelant au secours. Le meunier et ses voisins arrivent peu après. Après quelques vaines tentatives, ils parviennent à ramener le corps sur la berge. Aussitôt, c'est une exclamation de stupeur et d'horreur. Le mort, Joseph-Bernardin Fualdès, est connu de tout Rodez, et il ne s'est pas noyé, il a été égorgé.

Grand bourgeois, ancien magistrat, Joseph-Bernardin Fualdès était ce qu'il est convenu d'appeler un notable. Né en 1761 à Mur-de-Barrez d'une famille de robe, il a fait ses études à Toulouse, est devenu avocat au Parlement et s'est marié en 1789.

Cette période est importante pour lui à plus d'un titre. Il adhère en effet aux idées révolutionnaires et rédige les cahiers de doléances du tiers-état de Rodez. La Révolution avançant, il est élu administrateur de l'Aveyron. Ardent robespierriste, il monte à Paris et siège comme juré au tribunal révolutionnaire. A ce titre, il est un de ceux qui ont condamné Charlotte Corday.

Il revient peu après dans sa province, échappe à la répression thermidorienne et se rallie à Napoléon. Il poursuit sous l'Empire une brillante carrière et il est nommé en 1811 procureur impérial. Mais la Restauration lui est fatale sur le plan professionnel : en 1816, il est mis à la retraite d'office.

Fualdès entame alors sans trop de déplaisir une seconde existence. C'est une personnalité libérale sur le plan local : il est en particulier vénérable de la loge maçonnique de Rodez. Il a cinquante-cinq ans, âge où l'on est à l'époque considéré comme un vieillard, ce qui est loin d'être son cas. De taille moyenne, trapu, vigoureux, le front dégarni mais le visage harmonieux, il jouit d'une santé excellente et il a conservé un esprit particulièrement actif.

Pour occuper ses loisirs forcés, il a décidé de gagner de l'argent. Il possède un avoir personnel rondelet qu'il augmente en prêtant de l'argent. Pour cela, il réclame un intérêt élevé mais raisonnable.

Dès l'annonce de la mort de Fualdès, l'émotion est considérable dans Rodez. M. Teulat, juge d'instruction, pense comme tout le monde ; de deux choses l'une : ou l'affaire est politique ou elle est crapuleuse. Fualdès, lié à la Révolution et à l'Empire, a pu être victime, comme d'autres, des ultra-royalistes ; il ne faut pas oublier qu'en ce mois de mars 1817, la Terreur blanche n'est pas si loin. Mais l'ancien magistrat était aussi un homme riche. Il a pu être assassiné soit pour l'argent qu'il portait sur lui, soit par un débiteur ne voulant pas payer sa dette.

Les premiers indices ne tardent pas. Le jour même, la canne de la victime est retrouvée dans une artère étroite et misérable de la ville, la rue des Hebdomadiers. Non loin de la canne, un « mouchoir usé, paraissant avoir été récemment tordu dans toute sa longueur et mordu », autrement dit un bâillon. Les deux pièces à conviction se trouvent en face du 65, rue des Hebdomadiers, une maison pauvre et sinistre, la maison Bancal.

Bien connue dans tout Rodez, cette maison sert aux rendez-vous discrets. Au rez-de-chaussée, habité par les époux Bancal, trois pièces : une cuisine-salle à manger, sorte de vaste salle noire et humide aux dalles irrégulières, et deux petites chambres attenantes, fermées par une porte branlante et aménagées en alcôves. Ce sont elles que Catherine Bancal, une mégère au visage de sorcière, loue aux couples clandestins. Le premier étage est occupé par une famille espagnole misérable et le deuxième, en mansarde, par une jeune femme, Anne Benoist, qui se livre occasionnellement à la prostitution et par son amant, Baptiste Colard, un ancien soldat.

Fualdès serait-il donc allé rue des Hebdomadiers ? Contrairement aux apparences, ce n'est pas du tout impossible car, la veille au soir, il est parti de chez lui pour une destination mystérieuse. L'un de ses amis, Sasmayous, en témoigne devant le juge d'instruction.

— Nous passions la veillée avec lui quand, un peu avant huit heures, il nous a dit : « Il faut que je vous laisse ! » Il est monté dans sa chambre, en est redescendu, nous a serré la main, a pris sa canne et il est parti.

— Il ne vous a pas dit où il allait ?

— Non.

— Ni qui il allait rencontrer ?

— Non plus...

Une chose est certaine, Joseph-Bernardin Fualdès est allé à la rencontre de ses meurtriers, qui étaient une véritable bande. C'est ce qui résulte des multiples témoignages qui affluent au bureau du juge d'instruction Teulat.

Dans la rue même, ce 19 mars au soir, un joueur de vielle et un joueur d'orgue de barbarie ont fait de la musique sans discontinuer, de part et d'autre de la maison Bancal. Pourquoi, sinon pour couvrir les cris ? Jean Laville, un mendiant, est particulièrement précis à ce sujet.

— Le joueur d'orgue n'arrêtait pas de jouer de son instrument. A un moment, j'ai entendu qu'on se débattait près de la porte de l'écurie où j'étais couché. J'ai entrouvert et j'ai vu qu'on enchaînait quelqu'un.

— Combien étaient les agresseurs ?

— Quatre ou cinq...

— Ils sont entrés chez les Bancal ?

— Oui. L'homme poussait des cris étouffés. Et une heure et demie plus tard, j'ai entendu qu'on sortait de la maison Bancal.

— Plusieurs personnes ?

— Pareil : quatre ou cinq. Mais c'était des pas lourds, comme des gens qui sont chargés...

Il n'est pas besoin d'ajouter quoi que ce soit. Le sinistre scénario se devine parfaitement et il est confirmé par les autres témoins. Un habitant de la rue indique même que le mouchoir qui a servi de bâillon appartenait à Anne Benoist. De toute évidence, c'est dans la maison Bancal qu'a eu lieu le meurtre. M. Teulat fait fouiller sur place. Il découvre des linges ensanglantés et fait arrêter tous ceux qui sont là : le père et la mère Bancal, Anne Benoist et Baptiste Colard, ainsi que trois individus louches : Bach, un contrebandier, Bousquier, un braconnier, et Missonier, un simple d'esprit.

Le juge Teulat n'a pas le temps d'interroger tout ce monde car un nouveau témoignage aiguille son enquête dans une tout autre direction. La personne qui vient le trouver s'appelle Marianne Varès ; elle était servante chez l'ancien magistrat. Et ce qu'elle raconte est tout à fait surprenant...

— Le 20 mars, à sept heures du matin, M. et Mme Jausion sont venus et ils sont entrés dans le cabinet de Monsieur. J'étais dans tous mes états, je venais juste d'apprendre sa mort.

— Qui est M. Jausion ?

— C'était le beau-frère de Monsieur. Je crois que Monsieur lui prêtait de l'argent.

— Et ensuite ?

— Il a essayé d'ouvrir le bureau et, comme il n'y arrivait pas, il est allé dans la cuisine chercher une hache. Il a fracturé le bureau et il est reparti avec des choses dans un sac. Il m'a dit : « Je l'emporte avant qu'on mette les scellés. Il ne faut rien dire à personne. » Et ce n'est pas tout...

Le juge Teulat est intrigué au plus haut point. Voilà qui complique singulièrement les choses. La servante poursuit :

— Vers dix heures du matin, est arrivé M. Bastide. M. Bastide était le filleul de Monsieur. Lui aussi voulait ouvrir le bureau. Comme c'était déjà fait, il a simplement trié les papiers. Ensuite, il est venu m'aider à faire du rangement et à plier des draps. C'est à ce moment qu'une clé est tombée de sa poche. Je l'ai reconnue : c'était celle du bureau de Monsieur.

— Où était-elle d'habitude, cette clé ?

Et Marianne Varès fait sans hésiter cette réponse, évidemment capitale :

— Monsieur l'avait toujours sur lui. C'est d'ailleurs pour ça que M. Jausion avait trouvé le bureau fermé.

Le témoignage s'arrête là. Le juge d'instruction fait arrêter Jausion et Bastide. Jausion affirme qu'il a fracturé le secrétaire pour y découvrir des preuves contre les assassins de son beau-frère ; quant à Bastide, il prétend que son parrain lui avait confié la clé.

Pour l'instant, tous les prévenus nient farouchement. Mais un premier témoignage va les mettre nommément en cause. Curieusement, il émane d'un enfant.

Magdeleine Bancal a neuf ans. Après l'arrestation de ses parents, elle a été confiée à un hospice. Comme la nuit du crime elle couchait au premier étage au-dessus de la cuisine, il est possible qu'elle ait entendu quelque chose. Elle est pressée de questions par les policiers. On lui promet des bonbons, des récompenses. Alors, elle finit par parler :

— Ce soir-là, pas longtemps après le souper, maman m'a dit : « Monte dans ta chambre, nous avons à traiter une affaire qui n'est pas pour les mioches. » J'ai été me coucher, mais je n'ai pas dormi. Un peu plus tard, j'ai entendu quelqu'un qui pleurait, alors je suis descendue.

C'est encore mieux qu'on ne pensait : la petite Bancal a été témoin visuel du meurtre.

— La cuisine était pleine de monde. Il y avait papa, maman, M. Colard, M. Bastide, Missonier, Anne Benoist, des messieurs que je ne connaissais pas et trois dames mystérieuses...

On demande à Magdeleine des précisions sur ces mystérieuses dames, mais elle ne peut pas en fournir. Elle poursuit :

— Il y avait un monsieur, étendu sur la table. Les autres lui tenaient les bras et les jambes. Il disait à M. Bastide : « Laisse-moi faire mon acte de contrition. » M. Bastide a ri et il lui a répondu :

« Tu le feras avec le diable ! » Ensuite, on a enfoncé un linge dans la bouche du pauvre monsieur et on lui a donné des coups de couteau dans le cou.

— Qui ?

Sur ce point, malheureusement, la fillette ne peut pas donner de réponse précise : mais son récit n'est pas terminé.

— Les femmes ont recueilli le sang qui coulait, dans le baquet qui servait pour la lessive. Alors une dame habillée en homme est sortie d'une des petites chambres. M. Bastide a voulu la tuer. Elle s'est traînée à ses genoux. Il ne l'a pas tuée, mais il lui a fait poser la main sur le mort et jurer qu'elle garderait le secret. Ensuite, les hommes ont pris le corps pour le jeter dans l'Aveyron.

Voilà un récit détaillé qui confirme la culpabilité de beaucoup de ceux qui ont été arrêtés, mais il est évidemment suspect. L'enfant n'a-t-elle pas été influencée ? Les noms qu'elle a prononcés ne lui ont-ils pas été suggérés ? De plus, cette présence des dames mystérieuses et de la femme déguisée en homme sent l'imagination enfantine.

M. Teulat en est parfaitement conscient et il sait qu'il lui faut impérativement des aveux. Il va les obtenir rapidement. Le 28 mars, soit seulement huit jours après le meurtre, il est en train d'interroger Bousquier lorsque M. de la Salle, prévôt, c'est-à-dire juge de la justice d'exception chargé des crimes politiques, qui suit également l'affaire, vient lui prêter main forte. M. de la Salle n'a pas le même tempérament ni les mêmes scrupules que son collègue. M. Teulat demande à Bousquier :

— N'êtes-vous pas allé, le 19 mars au soir, dans la maison Bancal ?

— Non, répond le braconnier, l'air buté.

Alors, le prévôt sort son pistolet et le braque sur le prévenu :

— Ah ! Tu ne veux pas parler ! Eh bien, malheur à toi !

Il tire et la balle passe à quelques centimètres de la tête de Bousquier qui s'évanouit. Lorsqu'il revient à lui, il n'a plus du tout la même contenance.

— Oui, oui, je dirai tout ce que vous voudrez !

Et le juge Teulat obtient cette fois ses aveux.

— Est-il vrai que Fualdès a été entraîné dans la maison Bancal et y a été égorgé ?

— Oui, c'est vrai.

La suite est accablante pour tout le monde.

Le 17 mars, le contrebandier Bach, que Bousquier connaissait depuis peu, est venu lui proposer un coup, sans lui dire lequel. Bousquier a accepté . Le 19 au soir, Bach l'a conduit dans la maison Bancal. Étaient présents les époux Bancal, Colard, Missonier, Anne Benoist, Bastide, plus une femme et deux hommes que Bousquier ne connaissait pas. Sur la table de la cuisine, il y avait une forme enveloppée dans une couverture. Bach lui a dit qu'il s'agissait d'un cadavre qu'il fallait jeter dans l'Aveyron et Bastide l'a menacé de mort s'il parlait. Bousquier a obéi et a aidé les autres à se débarrasser du corps. Pour prix de sa complicité, il a reçu deux pièces de cinq francs...

Cette fois, tous les personnages arrêtés peuvent être inculpés. A part les joueurs d'orgue et de vielle qui restent introuvables, il semble bien que tous les meurtriers de Fualdès aient été démasqués. M. Teulat a lieu d'être satisfait, d'autant que peu après, le 15 mai, le père Bancal avoue à son tour. Se sentant subitement au plus mal, il demande un prêtre pour faire une confession écrite.

Le 19 mars dans la journée, Bastide vint à la maison vers trois heures de l'après-midi. Il resta plus d'une heure avec Anne Benoist. Quand ils se séparèrent, lui se frottait les mains d'un air joyeux; Anne, elle, avait quelque chose d'inquiet dans les yeux. Vers six heures, je vis Bach et Missonier. Vers huit heures et quart, Colard entra à la maison, tout pâle. Il ordonna à ma femme de faire monter les enfants.

— C'est un monsieur comme il faut qui a besoin d'être seul avec une dame.

Colard ressortit. Quelques minutes plus tard, une dame avec un voile noir sur la figure entra. Dans la rue, une vielle et un orgue jouaient sans arrêt. Ma femme fit entrer la dame dans un des petits cabinets. Plusieurs personnes firent alors irruption dans la maison : Bastide, Jausion, Bach, Missonier et Anne Benoist, conduisant de force l'ancien procureur Fualdès.

— Que me veut-on, Bernard ? demanda Fualdès à son filleul Bastide.

— Signer ces effets en blanc, dit Jausion.

— Que me conseillez-vous, Bernard ? demanda Fualdès.

— Finissez-en au plus vite, répondit Bastide.

— Vous me laisserez partir ensuite ?

— Bien sûr !

Fualdès a signé alors les effets. Il s'est levé et il a dit :

— Je pense qu'à présent je peux peut-être partir.

— Après ce que je viens de faire, répondit Jausion, vous ne m'épargneriez pas. Je vous connais !

Et Bastide a saisi Fualdès par le bras en lui disant :

— Maintenant, il faut mourir !

— Bernard, vous êtes fou ! a crié Fualdès. Il n'est pas possible que des parents, des amis, soient mes assassins !

On a ceinturé Fualdès, qui a imploré :

— Accordez-moi du moins un instant pour me réconcilier avec Dieu...

— Tu te réconcilieras avec le diable ! a riposté Bastide.

On a couché Fualdès sur la table. Jausion, en détournant la tête, lui a porté un coup de couteau qui l'a blessé au menton. Dans un effort désespéré, Fualdès a renversé la table, s'est dégagé et a couru vers la porte en hurlant : « Au secours ! Au secours ! » Mais dehors l'orgue et la vielle couvraient ses cris. Bastide a rattrapé Fualdès, l'a ramené vers la table qu'on a redressée, l'y a étendu de nouveau et a pris le couteau de Jausion. Puis il l'a plongé dans la gorge de son parrain qui gémissait : « Laissez-moi la vie ! » Le sang a giclé. Ma femme a pris un baquet afin d'y recueillir le sang pour son cochon...

A ce moment, Bancal, pris de convulsions, s'arrête dans sa confession. Il ne pourra jamais la terminer. Il meurt le lendemain sans avoir repris connaissance. Un décès que beaucoup trouveront suspect, n'hésitant pas à parler d'empoisonnement.

Néanmoins, pour le juge d'instruction Teulat, tout est clair. Voici comment, selon lui, on peut reconstituer le scénario du meurtre. C'est Jausion qui est à l'origine de tout. Jausion doit de l'argent à son beau-frère Fualdès et tarde à le lui rendre. Ils ont une dispute et l'ancien procureur menace Jausion, s'il ne rembourse pas, de révéler tout ce qu'il sait.

Jausion se sent perdu, car ce que sait Fualdès est terrible. En 1809, il était l'amant d'une jeune femme mariée, Mme Brunet, et il l'a mise enceinte. Mme Brunet a caché sa grossesse et elle a accouché clandestinement, aidée par Jausion. Ensuite, celui-ci a tué l'enfant et a fait disparaître le corps. Fualdès, alors procureur, a étouffé l'affaire tout en gardant les preuves.

Autant pour ne pas rembourser sa dette que pour faire disparaître les papiers compromettants, Jausion n'hésite pas : il va tuer Fualdès. Pour cela, il s'adresse à son filleul, Bernard Bastide, qui doit lui aussi de l'argent à l'ancien procureur... Pour accomplir le meurtre, Bastide s'abouche avec les Bancal qui ont également des griefs personnels contre Fualdès : du temps où il était procureur, il ne leur avait accordé qu'une indemnité dérisoire lorsque l'un de leurs enfants avait été tué dans un accident. Quant aux autres membres de la bande, ce sont des voyous accoutumés aux mauvais coups qui acceptent de prêter main-forte moyennant la promesse de quelques francs.

Le 19 mars 1817, Jausion annonce à Fualdès qu'il va le rembourser et lui donne un rendez-vous pour le soir. Fualdès s'y rend en passant par la rue des Hebdomadiers. La suite est connue par les témoignages. De plus, le lendemain, Jausion et Bastide ont l'imprudence de venir chercher au grand jour les papiers compromettants et les reconnaissances de dettes pour lesquels ils ont commis leur meurtre.

Un seul détail pose un problème dans cette reconstitution, il est vrai qu'il est de taille : que faisait Fualdès rue des Hebdomadiers ? Ce n'est certainement pas là que Jausion lui a donné rendez-vous : son beau-frère ne se serait jamais rendu dans cet endroit louche et dangereux. Il allait donc ailleurs. Mais on ne comprend vraiment pas pourquoi il a choisi de passer par cette ruelle sinistre au lieu d'emprunter une des grandes artères de Rodez.

Sur le plan judiciaire, en tout cas, les choses suivent leur cours. Le 29 mai, la chambre d'accusation de la cour d'appel de Montpellier déclare la cour prévôtale de Rodez incompétente. C'est reconnaître — ce dont tout le monde à présent est persuadé — que l'affaire Fualdès ne présente pas de caractère politique. Elle ne sera pas jugée par la justice d'exception, mais par la justice criminelle ordinaire. Le 12 juin, l'acte d'accusation est rédigé et l'ouverture des débats est fixée au 18 août 1817.

Dans l'opinion publique, et peut-être dans l'esprit du juge d'instruction lui-même, un regret, une gêne subsistent pourtant. Il y a de toute évidence quelqu'un qui sait la vérité : cette inconnue qui était cachée dans un des cabinets. Magdeleine Bancal parle d'une femme déguisée en homme, son père d'une femme voilée de noir, mais l'émotion peut expliquer cette divergence. Quant à Bousquier, s'il n'en parle pas, c'est qu'il est arrivé après, quand le corps était déjà prêt à être jeté dans l'Aveyron. On comprend que, terrorisée, cette dame se soit tue dans un premier temps, mais maintenant que les criminels sont sous les verrous, elle ne risque plus rien. Alors qu'attend-elle ? Qu'elle parle, qu'elle dise ce qu'elle a vu et les derniers doutes seront dissipés !

C'est le 29 juillet que se produit le coup de théâtre qui va donner à tout jamais à l'affaire Fualdès une dimension hors du commun.

Clarisse Manson, trente-deux ans, n'est pas de celles qui peuvent passer inaperçues dans une petite ville de province. Elle n'est pas belle, elle est mieux que cela : elle a du charme, de la féminité, de la séduction. Elle appartient à une excellente famille, puisque elle est la fille du juge Enjolrand, président de la cour prévôtale de Rodez, qui vient justement d'être dessaisi du dossier. Mais cela ne l'empêche pas de mener une existence très libre. Elle est divorcée — ce qui est plutôt rare en 1817 à Rodez —, elle élève seule son fils de six ans et a des liaisons au gré de ses humeurs. Pour l'instant, elle est la maîtresse du capitaine Clémendot, un officier de la garnison.

Ils sont tous deux chez Clarisse, le soir du 29 juillet, lorsque Clémendot déclare tout à coup à la jeune femme :

— On dit en ville qu'il y avait une femme chez Bancal le soir du crime, tandis qu'on saignait Fualdès. Plusieurs personnes affirment même que c'était vous. Allons, convenez que c'est vrai !...

Clarisse Manson n'hésite pas un instant. Elle répond vivement :

— Mais sûrement, j'étais là... J'ai tout vu !

Le capitaine est bouleversé :

— Pauvre femme ! Comme cela vous rend intéressante à mes yeux ! Comme vous avez dû souffrir ! On dit que Bastide voulait vous tuer et que Jausion vous sauva la vie...

La conversation s'arrête là, mais elle ne reste pas confinée au boudoir de Clarisse. Le lendemain, par les soins du capitaine Clémendot, tout Rodez est au courant. Et en particulier le juge Teulat, qui convoque aussitôt la jeune femme.

Clarisse arrive en grande toilette. Elle n'a jamais été aussi ravissante.

— Voulez-vous déposer de ce que vous avez vu, madame ?

Clarisse part d'un rire léger.

— Vous voulez parler de ce que j'ai dit hier soir à ce capitaine ? Comment s'appelle-t-il déjà ?

— Clémendot, madame. On dit que vous le connaissez fort bien.

— Moi ? A peine... En tout cas, j'ai plaisanté.

— Vous n'avez jamais été chez les Bancal ?

— Jamais...

Les choses pourtant ne s'en tiennent pas là. Persuadé que Clarisse Manson est la clé de cette affaire, le préfet de l'Aveyron, le comte d'Estournel, outrepassant sans hésitation ses fonctions, la convoque le soir même pour la faire avouer. La jeune femme nie de nouveau. Mais le lendemain matin, elle proclame à qui veut l'entendre qu'elle a menti au juge Teulat et au préfet d'Estournel et qu'elle était bien dans la maison Bancal.

Il faut en finir et le 1er août une commission improvisée se réunit pour l'entendre. Elle rassemble le juge d'instruction Teulat, le préfet d'Estournel et le président de la cour prévôtale Enjolrand, le propre père de Clarisse. C'est ce dernier qui prend la parole :

— Ma fille, pour l'honneur de la famille, tu dois dire la vérité. Tu as tout vu, n'est-ce pas ?

Étrange conception de l'honneur familial qui consiste à faire avouer à sa fille qu'elle était dans une maison de rendez-vous !... Clarisse hésite un instant, puis cède aux instances paternelles. Elle reconnaît les faits. Voici sa déposition, telle qu'elle a été officiellement enregistrée :

— Un ami qui habite Montrozier m'avait donné rendez-vous chez la mère Bancal. J'y vais donc avec ma jupe glissée dans un pantalon d'homme. J'arrive en avance, j'entre. J'ai à peine le temps de dire bonsoir à la Bancal quand nous entendons, du côté de la porte, un grand remue-ménage. « Oh, mon Dieu ! s'écrie la vieille, les voici ! Cachez-vous vite ! » Sur ces mots, la Bancal me pousse dans un cabinet donnant sur la cuisine et je vois des hommes entrer, traînant un autre homme bâillonné.

Clarisse Manson fait alors le récit de l'assassinat, tel qu'il a été raconté par le père Bancal. Elle poursuit :

— J'étais tellement bouleversée que j'ai chancelé et me suis appuyée à la porte, qui s'est ouverte avec bruit. Un des assistants, le plus grand, vint me saisir par les poignets. Il m'a traînée devant la table où gisait Fualdès égorgé, et, levant son couteau, a dit d'une voix terrible : « Toi aussi, tu vas mourir ! » « Ah ! » me suis-je écriée en tombant à genoux. Une des personnes qui se trouvaient là est alors intervenue en ma faveur : « Nous n'allons pas nous encombrer d'un second cadavre. D'ailleurs, elle ne dira rien, j'en réponds. » « Soit ! dit l'autre. Mais il faut qu'elle jure sur le mort. » Il me fit agenouiller, me prit la main, la plaça sur le cadavre et m'obligea à prêter le serment de me taire... Mon sauveur m'aida alors à me relever et me fit sortir de la maison Bancal.

Tel est le récit de Clarisse Manson. Le surlendemain, elle revient sur cette déclaration et affirme que tout est faux. Et le jour d'après, elle change encore d'avis et confirme ses aveux.

La fille du président Enjolrand, que l'on surnomme bientôt « Madame Mensonge », jouit du jour au lendemain d'une célébrité à peine imaginable, non seulement à Rodez mais dans toute la France. Le public passe sur les invraisemblances de ses propos pour n'en retenir que le côté pittoresque. Et le plus étonnant, c'est qu'au procès, tout le monde adopte la même attitude.

Le procès des meurtriers présumés du procureur Fualdès s'ouvre devant les assises de Rodez le 18 août 1817. Il a un retentissement énorme, sans exemple à l'époque. Dans la salle sont présents les envoyés de la presse parisienne et des principaux journaux de province. C'est la première fois dans l'histoire qu'apparaissent les chroniqueurs judiciaires.

Au banc des accusés, très éprouvés par cinq mois de détention : Bastide, Jausion, Colard, Bach, Bousquier, Missonier, le simple d'esprit qui a l'air de se demander ce qu'il fait là, Anne Benoist et la mère Bancal. Parmi les avocats, le plus en vue est Me Romiguières, du barreau de Toulouse, chargé de la défense de Bastide.

Il n'y a pas moins de trois cent vingt témoins. Mais pour tous ceux qui sont là, un seul compte vraiment : Clarisse Manson. C'est pour elle qu'on s'est déplacé de toute la France, à une époque où il faut dix jours pour venir de Paris et une semaine de Marseille.

Mme Manson paraît à la barre le 22 août. Elle est vêtue d'une manière on ne peut plus romanesque : elle porte une robe noire et son visage est aux trois quarts dissimulé sous un voile blanc. Le président Grenier, sachant les regards de tout un pays braqués sur lui, a visiblement préparé son entrée en matière :

— C'est au nom de votre malheureux père, commence-t-il d'un

ton pathétique, de votre père déchiré par les chagrins, c'est au nom de la justice, au nom de l'humanité dont les lois ont été rompues par un crime qui alarme toute la société, que je vous conjure de me dire ce que vous savez... Le public ne demande que le triomphe de la vérité. Il vous chérira, il vous portera aux nues si vous faites connaître les vrais coupables. Prouvez-nous que vous avez été élevée dans l'amour de la justice [...] Parlez, fille d'Enjolrand ! Parlez, fille de magistrat !

Clarisse a écouté avec attention cet extraordinaire discours et, après avoir parcouru le public du regard... elle s'évanouit. On la ranime. Elle aperçoit au premier rang de l'assistance un général en grand uniforme. Elle s'écrie en montrant son épée :

— Il a un couteau !

Et elle s'évanouit de nouveau... Dans la salle, l'émotion est à son paroxysme. Le président Grenier fait asseoir le témoin dans un fauteuil. Il fait placer une rangée de gendarmes devant les accusés, afin qu'elle ne soit pas impressionnée par leur vue. Puis il l'invite à parler d'une manière moins ampoulée que tout à l'heure.

— Dites-nous quelque chose...

Mme Manson sent visiblement qu'elle ne peut plus se dérober. Elle parle d'une voix étranglée :

— Je ne suis jamais allée chez la femme Bancal. Je le soutiendrai jusqu'au pied de l'échafaud.

On ne voit pas pourquoi on enverrait un témoin à la guillotine, mais la formule fait impression. La jeune femme poursuit :

— J'ai fait des aveux imprudents. Ils sont faux. Je les rétracte !

Mais le président fait celui qui n'a pas entendu ; il est là pour entendre autre chose. Il presse Clarisse de questions. Pourquoi hésite-t-elle à parler ? Que craint-elle ? Qu'elle dise toute la vérité ! Elle est sous la protection de la justice... Alors, dans un mouvement théâtral, Clarisse Manson pointe le doigt vers Bastide et crie d'une voix tragique :

— Avoue donc, malheureux !

Puis elle tombe évanouie pour la troisième fois... Lorsqu'elle est en état de répondre, le président Grenier reprend ses questions :

— Ainsi donc, vous reconnaissez la culpabilité de Bastide ?

Clarisse Manson ne répond pas directement.

— Comment les accusés peuvent-ils contester ? Il y a tant de témoins qui déposent contre eux...

Elle n'en dira pas davantage. En fait, ses deux dernières répliques ne veulent strictement rien dire, mais en 1817 le romantisme est dans l'air. Cette déposition mélodramatique a bouleversé le public. A lire les journaux du lendemain, on a l'impression qu'elle a été décisive et accablante pour les accusés.

Et c'est sans doute vrai. C'est vraisemblablement le témoignage de

Clarisse Manson qui emporte la conviction des jurés. Malgré les plaidoiries de Me Romiguières et de ses confrères, c'est un verdict extrêmement sévère qui est rendu le 12 septembre 1817 : Jausion, Bastide, Bach, Colard et Catherine Bancal sont condamnés à mort ; Missonier et Anne Benoist aux travaux forcés à perpétuité ; Bousquier, qui recueille le bénéfice de sa dénonciation, à deux ans de prison seulement.

Comme on pouvait s'y attendre étant donné le volume de la procédure, il s'est produit pendant les débats un vice de forme. La cour de Cassation annule le jugement. A la grande joie des journalistes et de l'opinion en général, tout va devoir recommencer, cette fois devant la cour d'assises d'Albi.

Mais le procès d'Albi va être plus sensationnel encore que celui de Rodez car il y aura un accusé supplémentaire. Et pas n'importe qui : Clarisse Manson en personne ! Le procureur l'a en effet fait arrêter après sa déposition à la barre. Curieuse arrestation dont le motif n'est pas précisé. Il n'est pas fait mention de faux témoignage ou d'outrage à magistrat. En fait, il semble plutôt que la justice, pensant Clarisse en danger, ait voulu la protéger en l'internant.

Un internement tout à fait spécial. Dans sa prison de Rodez, Clarisse Manson tient salon. Elle reçoit les journalistes, commence ses Mémoires et écrit des poèmes que les éditeurs s'arrachent.

En mars 1818, tout le monde est transféré à la prison d'Albi, en vue du procès. Les accusés sont conduits avec un luxe de précautions inimaginable dans des cages de fer. A l'exception, bien sûr, de Clarisse Manson, qui chevauche en amazone, escortée de sept gendarmes et trois officiers et suivie d'un escadron de soupirants à cheval.

A Albi, c'est pour elle le triomphe. Des admirateurs sont venus de Paris et l'attendent. Le préfet du Tarn Decazes, frère du ministre de l'Intérieur, la convie à un bal donné en son honneur à la préfecture. Normalement, Clarisse devrait être en prison, mais quelle importance ? Elle est absolument charmante et fait la conquête générale. Il est à remarquer que, depuis le procès de Rodez, elle ne s'évanouit plus du tout...

Le second procès des assassins présumés du procureur Fualdès — que tout le monde semble avoir un peu oublié, il faut bien le dire — s'ouvre le 23 mars 1818. C'est le procès du siècle. De New York à Saint-Pétersbourg, le monde entier se passionne pour cette sordide et ténébreuse affaire de province. Comme la première fois, le grand moment est l'interrogatoire de Clarisse, cette fois au banc des accusés. Avant qu'elle ne prenne la parole, le procureur, qui est loin d'être son adversaire, brandit des lettres et s'écrie :

— On a menacé Mme Manson !...

Et il donne lecture de ce courrier qui contient effectivement des menaces de mort contre Clarisse. L'effet produit est énorme. Comment croire désormais que la jeune femme n'ait pas été témoin du meurtre ? Bien plus, ces lettres prouvent que tous les coupables ne sont pas sous les verrous puisqu'il en reste un pour menacer...

C'est le 27 juin 1951 que le docteur Locard, l'éminent graphologue, publiera dans *France Soir* l'expertise de ces lettres : elles étaient écrites par Clarisse Manson elle-même. Mais en 1818, on ignore tout de la graphologie et on est très sensible, au contraire, aux dangers que court une femme, surtout si elle est jeune et jolie.

Comme à Rodez, Clarisse Manson essaye de tergiverser. Mais cette fois, les accusés et leurs avocats unissent leurs efforts pour la faire parler. Jausion prend la parole :

— Je vous en supplie : dites si oui ou non vous m'avez vu chez les Bancal !

La jeune femme se mord les lèvres, se frappe le front, éclate en sanglots. Jausion insiste :

— Répondez : oui ou non ?

Mme Manson finit par dire entre ses larmes :

— Je n'ai rien à répondre à cette cruelle question !

L'avocat de Bastide intervient :

— Assez de demi-aveux ! Assez de faux-fuyants !

Bastide lui-même se dresse :

— Moi aussi, madame, je vous adjure de dire toute la vérité ! Parlez ! Oui, parlez !

Clarisse Manson regarde son coaccusé. Elle tremble des pieds à la tête et lance enfin d'une voix déchirante :

— Me reconnaissez-vous maintenant ?

— Non ! répond fermement Bastide.

La jeune femme a un cri de tout son être.

— Malheureux ! Tu ne me connais pas et tu as voulu me tuer !

Il y a un bruit de tonnerre : le public vient d'éclater spontanément en applaudissements. Mais Clarisse ne peut pas les entendre : elle s'est évanouie...

La suite des débats n'est pas plus favorable aux accusés. Le 1er avril, un nouveau témoin est entendu. Il s'agit d'un braconnier, Jean-Baptiste Théron, qui pêchait de nuit dans l'Aveyron. C'est à cause de cette activité illégale qu'il n'avait pas osé se manifester la première fois. Il est précis :

— Dans la nuit du 20 mars 1817, j'étais en train de poser des filets dans la rivière lorsque j'ai vu six hommes portant un mort qu'ils ont jeté dans l'eau.

— Les reconnaissez-vous ? demande le président.

Théron se tourne vers le banc des accusés, pointe le doigt :

— Oui. Il y avait Bastide, Jausion, Colard et Bach.

Et le braconnier donne le nom des deux autres, qui n'ont pourtant jamais été inquiétés jusque-là. Il s'agit de Bessières-Veynac et Yence-d'Istournet, deux neveux de Bastide.

Le 13 avril, nouveau coup pour les accusés : Catherine Bancal avoue. Son récit les met tous en cause à part Anne Benoist, mais le ton sonne faux. On a l'impression qu'elle est surtout désireuse de sauver sa tête.

Le dénouement approche. Mᵉ Romiguières a demandé à Bastide de lire lui-même sa plaidoirie, espérant un effet d'audience, et il faut reconnaître que les arguments développés ont du poids. Talleyrand, présent dans la salle, a déclaré qu'ils étaient « frappants ». Bastide commence par rappeler que sa fortune était supérieure à celle de son parrain.

— Si la cupidité, s'écrie-t-il, avait égaré un homme sobre, aisé et laborieux, si elle avait armé mon bras, aurais-je frappé un vieillard dont la fortune ne m'offrait rien ? Aurais-je réclamé l'appui de tous ces sicaires obscurs, inutiles, dangereux ? Aurais-je attiré ma victime dans un quartier fréquenté, dans une maison publique, moi que Fualdès invitait à sa table ? Moi qu'il suivait avec sécurité dans l'épaisseur des bois ?... Ces hommes, ces femmes, qu'on me donne pour complices, je ne les connus jamais ; ils furent coupables sans moi ou je fus coupable sans eux...

Et Bastide conclut :

— L'avenir gravera sur ma tombe : Bastide innocent.

Malgré cet ultime effort, le verdict est le même qu'à Rodez : Jausion, Bastide, Bach, Colard et Catherine Bancal sont condamnés à mort ; Anne Benoist aux travaux forcés à vie ; Bousquier à deux ans de prison. La seule différence est que le pauvre débile qu'est Missonier voit sa peine réduite de la perpétuité à deux ans. Quant au dernier accusé ou plutôt à la dernière accusée, Clarisse Manson, elle est évidemment acquittée triomphalement...

Catherine Bancal et Bach seront graciés, mais pas les trois autres. Le 3 juin 1818, Jausion, Bastide et Colard sont guillotinés sur la place principale de Rodez. Jausion déclare avant de mourir :

— Je suis innocent de l'assassinat de Fualdès. Aucun témoin ne m'a reconnu comme ayant été dans la maison Bancal. Les coupables, vous feriez mieux de les chercher parmi les personnes que Fualdès a persécutées pendant les Cent-Jours...

Bastide crie en montant sur l'échafaud :

— Je suis innocent !

Colard pleure...

L'affaire n'est pas encore entièrement terminée sur le plan judiciaire, car il y a eu les déclarations du témoin Théron, mettant en cause les neveux de Bastide, Bessières-Veynac et Yence-d'Istournet. Le 21 décembre 1818, s'ouvre donc à Albi le troisième procès de l'affaire Fualdès. Outre les deux neveux, un troisième accusé est dans le box : Constans qui n'est autre que le commissaire de police de Rodez et qu'on accuse d'avoir voulu protéger les coupables au moment de l'enquête.

Jean-Baptiste Théron vient répéter ses accusations. Bach vient charger les accusés à son tour espérant sans doute une remise de peine. Mais un autre témoin vient porter les mêmes accusations : il s'agit évidemment de Clarisse Manson. Cette fois, elle ne s'évanouit pas. Elle est on ne peut plus affirmative. Elle montre les neveux de Bastide :

— Je les reconnais ! Ils étaient dans la maison Bancal !

Mais il faut croire que son charme joue moins. Les jurés ne prennent pas en considération cette dénonciation qui, logiquement, devrait conduire les accusés à la guillotine, puisque Clarisse avait été bien moins précise lors des deux premiers procès. Le 14 janvier 1819, tout le monde est acquitté.

Cette fois, tout est bien fini. Puisqu'on n'a plus besoin d'elle dans l'Aveyron, Clarisse Manson, la jolie « Madame Mensonge », part profiter de sa célébrité toute neuve. Elle monte à Paris où elle trouve un modeste emploi de caissière dans un café proche de la Bourse. Pendant plusieurs années, elle raconte son aventure à ceux qui sont disposés à payer pour l'entendre ; des sommes qu'elle arrondit avec une pension allouée par l'État et qui lui sera versée jusqu'à sa mort.

Même si elle est terminée, l'affaire Fualdès n'est pas éclaircie. Au contraire, les années qui passent ne font que renforcer le doute. L'un après l'autre, tous ceux qui ont avoué reconnaissent avant de mourir, qu'ils ont menti. Bousquier, le premier à partir, parle sur son lit de mort, le 14 septembre 1821.

— Tout ce que j'ai dit au procès de Rodez et d'Albi était entièrement faux et dicté par la crainte de la mort dont j'étais menacé.

Jean-Baptiste Théron tombe gravement malade le 23 décembre 1821. Il se croit perdu et demande à faire une confession publique.

— J'ai fait, avoue-t-il, des calomnies atroces. Je n'ai rien vu tandis que je braconnais dans l'Aveyron.

Et il donne la raison de son acte, que personne, à vrai dire, ne pouvait imaginer :

— C'était pour aller gratuitement à Albi. Je voulais voir du pays...

Le 24 septembre 1828, à la veille de sa mort, Catherine Bancal déclare :

— La vérité est que je n'ai jamais été témoin du crime et que j'ignore où il a été commis. Je n'ai dit le contraire à Albi que dans l'espoir de me sauver.

C'est enfin au tour de Clarisse Manson. Elle meurt le 22 mars 1847 après avoir dit à son fils :

— Tu peux dire à tout le monde que jamais je n'ai été dans la maison Bancal ; que je n'ai jamais rien vu non plus de l'assassinat qu'on assure y avoir été commis.

Tout s'est donc peu à peu écroulé. Des éléments à charge, il ne reste plus que les déclarations d'un enfant : Magdeleine Bancal, fortement suspectes, et celles de son père, également suspectes puisqu'il était en train de mourir dans sa prison d'une manière on ne peut plus mystérieuse. Alors, une terrible question se pose : est-ce que, le 3 juin 1818, ce sont trois innocents qu'on a guillotinés à Rodez ?

Beaucoup n'ont pas hésité à l'affirmer et ont prétendu, plus précisément, qu'il s'agissait d'une affaire politique. M. Sasmayous, l'ami de Fualdès, l'a proclamé haut et fort et Jausion lui-même, au moment de mourir, avait invité à chercher parmi les adversaires de l'Empire. Pour eux, le pouvoir en place n'aurait pas hésité à commettre un crime judiciaire afin de couvrir le zèle excessif de certains de ses partisans. Jausion, Bastide et Colard auraient été envoyés à la mort pour protéger des ultra-royalistes.

Certains sont allés encore plus loin. N'a-t-on pas prétendu que Fualdès détenait des papiers prouvant que Louis XVII était encore en vie ? Dans ce cas, l'instigateur du meurtre ne serait autre que Louis XVIII lui-même qui tenait à sauvegarder sa place. Comment se fait-il, argumentent les tenants de cette thèse, que Clarisse Manson se soit vu verser jusqu'à sa mort une pension du roi ? N'était-ce pas en remerciement d'une dénonciation qui arrivait à point nommé ?

Bien sûr, ce genre d'hypothèse ne pouvait que fleurir à propos d'une affaire qui avait tant passionné l'opinion, mais de là à être sérieuse, c'est autre chose. Et la très romanesque version qui fait tomber l'ancien juré du tribunal révolutionnaire sous le poignard d'un admirateur fou de Charlotte Corday ne l'est pas davantage.

Reste un problème majeur : que faisait Joseph-Bernardin Fualdès rue des Hebdomadiers ? Car il y a dans cette affaire quelque chose qui ne colle pas. Jausion et Bastide d'une part, Bancal et le reste de la bande de l'autre, ne vont pas ensemble. Ils ne sont pas du même monde ; ils n'ont pas les mêmes intérêts et on voit mal comment ils pouvaient s'associer.

Que Jausion, Bastide ou les deux ensemble aient voulu assassiner Fualdès, c'est possible. Mais pourquoi diable auraient-ils choisi pour leur crime la maison Bancal ? Aucun endroit ne pouvait être moins discret. Pourquoi en outre se seraient-ils encombrés d'ivrognes et de voyous ? Nuls complices n'étaient moins sûrs.

En fait, deux choses sont certaines : premièrement, Clarisse Manson ne savait rien. C'était une hystérique dont la personnalité est caractéristique de la mentalité d'une époque ; deuxièmement, Fualdès a été assassiné dans la maison Bancal : il y a trop de témoignages concordants, sans parler des preuves matérielles, la canne, le bâillon et les linges sanglants. Alors, encore une fois, pourquoi l'ancien procureur se trouvait-il là ?

La réponse est peut-être toute simple : c'était là qu'il se rendait.

Avant de mourir, bien plus tard, en 1867, Bessières-Veynac, le neveu de Bastide un instant inquiété, a fait une déclaration singulièrement troublante :

— La justice, égarée par la prévention, a poursuivi une série de personnes étrangères au crime et trois d'entre elles ont péri sur l'échafaud. Fualdès était un homme honnête, loyal, considéré, digne de l'estime publique, mais sa conduite intime n'était pas exempte de faiblesses. Sa sortie du 19 mars au soir sans donner d'explication n'avait rien d'un rendez-vous d'affaires. C'était une sortie clandestine où le malheureux homme a trouvé des bandits de bas étage qui l'ont assassiné pour le voler. Ce crime grossier et vulgaire, étant donné les passions du temps, l'état des esprits, a causé ensuite le formidable procès que l'on connaît.

« Ni Me Romiguières dans sa défense, ni les condamnés dans leurs protestations suprêmes n'ont osé dire la vérité. Une fois M. Fualdès mort et couronné d'une sorte d'auréole de martyr, nul n'aurait pu proposer cette thèse sans soulever la généreuse indignation de tous les citoyens. Aujourd'hui, les temps ont changé et je crois de mon devoir de rédiger cette pénible déclaration.

Et le dernier protagoniste vivant de l'affaire terminait avec une considération d'une profonde justesse :

— Quant à la conduite de Jausion le lendemain de l'assassinat : l'invasion de la demeure de Fualdès, l'effraction du bureau, je tiens à noter avant de finir que s'il eût commis le crime, il ne se fût pas comporté ainsi. Dans un instant d'affolement, il a ouvert le bureau, peut-être pour se rendre compte au plus vite de la situation, peut-être pour se tirer d'affaire. Voilà ce qui le fit arrêter, voilà la preuve indéniable qu'il était innocent.

Il n'y a pas grand-chose à ajouter si ce n'est que la mystérieuse pension de Clarisse Manson peut s'expliquer par le fait qu'elle avait rendu un fier service au pouvoir en place en dissipant les doutes de l'opinion et en donnant à cette ténébreuse affaire l'illusion de la clarté et de la justice.

Aujourd'hui, au contraire, les ombres de l'affaire Fualdès sont bien plus évidentes que ses rares certitudes. Elle reste l'exemple même d'une aberration policière et judiciaire qu'on a peine à imaginer tant elle semble énorme. L'affaire Fualdès n'est plus concevable de nos jours : c'est déjà cela.

BUFFET ET BONTEMS

L'abbaye de Clairvaux est un haut lieu d'art et d'histoire. Fondée au début du XIIᵉ siècle par saint Bernard, elle a joué un rôle considérable dans la propagation de la foi monastique. Reconstruite au XVIIᵉ siècle, l'abbaye est un ensemble architectural admirable situé dans un cadre tout aussi magnifique : la forêt domaniale de Clairvaux entourée de collines qui dominent l'Aube et son affluent l'Ource.

Cette aimable description est pourtant incomplète. Une curieuse initiative des autorités a transformé en 1808 ce lieu de prière en maison centrale. Depuis, cette décision n'a jamais été remise en cause et la centrale de Clairvaux est aujourd'hui un des maillons essentiels du dispositif pénitentiaire français. Un des plus sinistres d'ailleurs, un des plus redoutés par les détenus comme par les gardiens.

Une triple enceinte entoure les bâtiments du XVIIᵉ, et le spectacle est encore plus lugubre la nuit, lorsque les projecteurs des miradors balayent d'une lumière crue l'ensemble des installations...

C'est le 21 septembre 1971, à sept heures trente du matin, que l'abbaye de Clairvaux entre à nouveau dans l'histoire. De la manière la plus sanglante.

Sept heures et demie, c'est l'heure où les détenus quittent leurs cellules pour rejoindre les ateliers. A l'appel, deux prisonniers se font porter malades. Comme le règlement le prévoit, ils sont escortés à l'infirmerie par deux gardiens.

Le détenu qui marche en tête a trente-huit ans. Il a les traits fins, la chevelure très brune, les sourcils fournis, le menton bleuté, un visage sévère qui ne manque pas de distinction. Mais ce qui gêne, c'est son regard : des yeux bleu acier, fixes, durs.

Le second détenu paraît se dissimuler derrière son compagnon : un long nez, un front bas, une mèche brune qui tombe un peu n'importe comment, un regard terne. Il y a en lui quelque chose de veule, mais peut-être n'est-ce qu'une impression car si l'on y fait davantage attention, il y a aussi quelque chose de faux qui se dégage de sa personne...

Sept heures trente-trois. Les deux prisonniers entrent dans l'infirmerie, les gardiens font demi-tour. L'infirmière qui les accueille a trente-cinq ans. Elle se prénomme Nicole. Elle remplace depuis trois semaines l'infirmière titulaire qui est en congé de maladie. C'est une femme au visage avenant, à la chevelure brune bouclée.

Le second détenu, celui au regard terne, sort un couteau de sa poche et se jette sur elle. Il l'immobilise et menace de la poignarder.

— Tout le monde couché face contre terre !

En entendant ce cri, ainsi que ceux que pousse l'infirmière, un des gardiens, un jeune homme de vingt-cinq ans prénommé Guy, revient dans l'infirmerie. Il est immédiatement plaqué au sol par l'autre prisonnier qui, lui aussi, est armé d'un couteau. Guy ne comprend pas sur le moment la gravité de la situation. Il pense à une simple révolte. Il proteste :

— Allons Buffet, soyons sérieux...

Car son agresseur, l'homme au visage sévère et au regard d'acier, s'appelle Claude Buffet et son compagnon Roger Bontems.

Tandis que Buffet maintient toujours le gardien, Bontems se rue sur la porte et la bloque avec des chevilles. Ensuite, tous deux ferment l'autre porte, celle de la salle commune où sont alités plusieurs prisonniers malades. Puis ils attachent sur des chaises leurs otages, qui ne sont pas deux mais trois, car ils ont gardé avec eux un détenu-infirmier. La prise d'otages de Clairvaux vient de commencer et une dramatique attente commence, dont l'enjeu va être la vie ou la mort d'innocents.

Le second gardien court donner l'alerte. Lorsqu'il revient avec d'autres collègues, les mutins se sont solidement barricadés. Il est impossible pour l'instant de tenter quoi que ce soit.

Une question se pose aussitôt : pourquoi les gardiens ne sont-ils pas armés ? C'est là, au contraire, une règle de sécurité absolue. Il n'y a aucune arme à l'intérieur d'une prison. Sinon il serait pratiquement impossible d'empêcher deux ou trois détenus vigoureux de maîtriser un surveillant et de s'emparer de son arme. On imagine sans peine les conséquences.

Il y a une autre question qui peut se poser à propos de cette prise d'otages : comment se fait-il que Buffet et Bontems aient pu être tous deux en possession d'un couteau ? La réponse est malheureusement toute simple. L'enquête découvrira par la suite que presque tous les détenus étaient armés à Clairvaux. Pour vingt paquets de cigarettes, ils pouvaient acheter une arme blanche à la cantine auprès d'un prisonnier qui les fabriquait à la chaîne.

Mais pour l'instant, l'heure n'est pas aux questions. Par l'intermédiaire du téléphone de l'infirmerie, un premier contact est établi entre les mutins et le directeur de la prison.

— Ici Buffet... Nous occupons l'infirmerie. Nous détenons des otages. Que le personnel se tienne tranquille, sinon le sang va couler ! Je vous promets un carnage ! Je vous laisse une heure et demie de réflexion. Passé ce délai, je ne réponds plus de rien...

Le directeur de la prison cherche à en savoir plus. Buffet lui coupe la parole :

— Nous voulons parler au procureur de la République de Troyes. Dépêchez-vous, sinon...

Il faut bien satisfaire aux premières exigences des ravisseurs.

Vers neuf heures du matin, le magistrat est sur place, de même que le préfet de l'Aube... Le mari de la jeune infirmière, est arrivé lui aussi. Le dialogue reprend. Buffet s'adresse au procureur :

— Nous voulons deux DS 21 avec radio, le plein fait ; des armes, deux cent cinquante cartouches et un million d'anciens francs en liquide.

Du côté des autorités, il y a un long silence. C'est exactement ce que l'on pouvait craindre de pire. Des armes, c'est la seule exigence à laquelle il est impossible de souscrire ; des armes aux mains de Buffet et de son complice, c'est la perspective d'une poursuite sanglante, de meurtres dont on ne peut prévoir le nombre. Il n'est pas question d'accepter. Il faut gagner du temps.

— Quelles armes ?

La réponse est proférée du même ton froid, glacial :

— Trois revolvers, deux mitraillettes.

De nouveau, l'angoisse monte à l'autre bout de la ligne. Trois revolvers, deux mitraillettes : cela veut dire cinq personnes. L'infirmerie où se sont retranchés Buffet et Bontems est devenue une sorte de bunker ; il est très difficile de voir ce qui s'y passe. Par moments, les observateurs qui viennent d'être postés aux endroits stratégiques aperçoivent de vagues silhouettes. Combien sont-ils à présent à menacer les otages ? Comment savoir si des détenus en traitement à l'infirmerie ne se sont pas joints aux mutins ?

Le mari de l'infirmière, demande à parler à sa femme. La voix de Buffet est calme, décontractée :

— D'accord. Je vous la passe.

Entre les deux époux le dialogue commence :

— Est-ce que tu tiens le coup ?

— Oui. Mais surtout dis à la police de ne rien faire. Ils me font peur. Ils sont prêts à tout...

L'échange s'arrête là. Buffet a repris l'appareil. Il s'exprime toujours avec la même détermination :

— Je ne suis pas du bon côté de la barrière et je n'ai pas d'issue. Je n'hésiterai pas une seconde à tuer l'infirmière.

De nouveau la voix du procureur :

— Vous aurez des garanties si vous nous la rendez vivante.

— Nous ne voulons pas de garanties, nous voulons les deux bagnoles !

Le dialogue se poursuit, mais les autorités mesurent dès à présent la gravité de la situation, et cela à cause de la personnalité même de Buffet...

Buffet purge à Clairvaux une peine de détention à perpétuité. Il a été condamné pour meurtre il y a un an, à la suite d'un procès hors du commun. Le long cheminement vers le crime de cet étrange personnage commence sans doute lorsqu'il s'engage à vingt ans dans la Légion pour combattre en Indochine. Une fois sur place, il déserte, mais pas à cause de la rigueur de la discipline, par idéologie : il passe à l'ennemi. Dans les rangs du Viêt-minh, il ne supporte pas davantage l'embrigadement politique et déserte de nouveau.

Buffet se sort sans dommage de cette aventure qui aurait pu l'envoyer au peloton d'exécution, et rentre en France. Mais il n'est plus qu'un déclassé. Il exerce un peu au hasard toute une série d'emplois : livreur, chauffagiste, domestique, jardinier, et il ne sort de cette instabilité professionnelle que pour pratiquer le seul métier qui lui convienne vraiment : celui de voleur.

C'est lui que la presse appelle alors « l'agresseur des femmes seules ». Sa technique est toujours la même : il vole une voiture dans Paris, circule jusqu'à ce qu'il découvre une femme dans une rue déserte. Il l'attaque, lui prend son sac et disparaît au volant...

Au début de 1967, il en est à sa quarante-troisième agression, mais cette fois tout va se terminer dans le drame. Cette nuit-là, Buffet a volé un taxi. Une jeune femme l'arrête sans méfiance. En arrivant dans une allée du bois de Boulogne, Buffet stoppe son véhicule et sort un revolver. La passagère essaie de résister. Il la tue d'un coup de feu. Il est arrêté quelques jours plus tard et passe aux aveux.

Quoi de plus banal en apparence, quoi de plus fréquent qu'un petit voleur qui se transforme en assassin ? Mais en prison, pendant les trois ans et demi qui le séparent de son procès, Buffet se durcit à un point inimaginable. Il répète à qui veut l'entendre qu'il souhaite la mort, que si on ne le guillotine pas, il recommencera. Et ce ne sont pas de vaines paroles. Il va le prouver à son procès...

Un procès extraordinaire. Pour être sûr d'être condamné au maximum, Buffet a sabordé sciemment sa défense en récusant son avocat au dernier moment. Il n'est donc défendu que par les deux stagiaires qui devaient assister son défenseur. Il s'ensuit un affrontement étrangement inégal entre une accusation sûre d'elle-même et un accusé qui réclame la mort à tout bout de champ. Ce qui provoque un dénouement unique dans les annales. Lorsque le procureur se lève pour son réquisitoire, il demande aux jurés de ne pas voter la peine capitale étant donné le déséquilibre des forces en présence. Et c'est sans doute grâce à lui que Buffet n'est condamné qu'à la réclusion à perpétuité.

Depuis, Buffet n'a cessé d'écrire, de proclamer :

— Je recommencerai, je tuerai de nouveau. J'irai jusqu'au bout !...

C'est cet homme-là qui est en ce moment enfermé dans l'infirmerie avec son complice. Un fou ? Certainement pas ; mais un être qui échappe à toutes les normes, qui défie la compréhension, un monstre. C'est un fauve qui tient les otages sous la menace, un fauve et un kamikaze...

— Nous sommes des kamikazes ! hurle Bontems dans le téléphone intérieur.

Bontems, lui aussi, est-il un monstre ? Deux monstres se seraient-ils rencontrés dans la sinistre centrale de Clairvaux ? Non, pas du tout...

Roger Bontems purge une peine de vingt ans de prison pour vol qualifié et tentative de meurtre. Il a en effet grièvement blessé un chauffeur de taxi. A trente-cinq ans, il est loin d'avoir la même personnalité que son complice. Sorti de l'adolescence, il voulait être parachutiste. Il réussit bien dans son début de carrière militaire mais un grave accident de moto l'oblige à renoncer, et dès lors, c'est l'engrenage : l'inaction, l'inadaptation, puis la délinquance, mais pas le crime.

Condamné par les assises de Meurthe-et-Moselle, Bontems tente une première fois de s'évader de la prison de Mulhouse. C'est certainement lui qui a eu l'idée de la tentative de Clairvaux car c'est, en dehors des otages, la répétition du même scénario. Transporté à l'hôpital municipal pour une crise d'appendicite, Bontems profite d'une inattention de son gardien pour s'échapper. Il vole une voiture et se cache dans la région parisienne, mais il est repris deux jours plus tard.

C'est à la suite de cette évasion ratée qu'il est transféré à Clairvaux, où il fait la connaissance de Buffet. Pour Roger Bontems c'est la dernière manifestation du destin. Maintenant, sous la coupe de Buffet, il n'est plus maître du jeu...

Le jeu, le jeu atroce se poursuit dans la centrale de Clairvaux, ce 21 septembre 1971. Nicole, l'infirmière, parle d'une voix décomposée. Il est douze heures trente :

— Ils m'ont demandé de vous décrire ce qu'ils vont faire

maintenant. Ils vont couper un bras au gardien. Ils lui relèvent sa manche. Ils lui passent de l'alcool à 90°. Buffet tient en main un scalpel...

L'infirmière s'arrête brusquement de raconter la scène. Elle crie aux bourreaux :

— C'est idiot ! Je vous en supplie, ne faites pas cela !

La voix d'un des deux hommes parvient, lointaine :

— D'accord. On s'arrête pour cette fois...

Les heures passent encore et le dialogue continue par le téléphone intérieur de la prison.

— Nous voulons des vivres...

L'espoir succède brusquement à l'angoisse. Des vivres, c'est une chance inespérée. En y mêlant un soporifique puissant, il sera peut-être possible de les endormir, tout n'est pas perdu... Mais de l'autre côté du fil, la voix de glace de Buffet anéantit cette fugitive pensée.

— Les vivres c'est pour les otages. Nous, on a ce qu'il faut ; il y a des réserves à l'infirmerie.

La nuit est tombée sur Clairvaux... La nuit, c'est le moment où Clairvaux est le plus sinistre. Rien ne subsiste de l'élégante abbaye reconstruite au XVIIe siècle ; seuls les projecteurs des miradors projettent en deçà des murs d'enceinte leur lumière crue... Minuit est passé. Nous sommes le 22 septembre. Des renforts de gendarmerie viennent de prendre position et, avec eux, les journalistes venus de toute la France. Chacun attend, avec le sentiment instinctif que l'attente ne pourra être longue.

A l'intérieur de l'infirmerie, barricadée avec tous les meubles disponibles, c'est le noir complet. Les autorités ont en effet coupé le courant dans la prison. Guy, le gardien, et le détenu-infirmier sont attachés l'un à l'autre sur un matelas. Nicole, l'infirmière, est ficelée sur la planche de l'appareil de radio. Les trois otages ont été contraints d'absorber des somnifères. Ils dorment...

A une heure quarante, quatre camionnettes de gendarmerie, précédées de motards entrent dans la prison. Les gendarmes prennent position à proximité de l'infirmerie. Certains d'entre eux, chaussés de bottes en caoutchouc, montent sur le toit sans être vus ni entendus des mutins. Un médecin de Bar-sur-Aube arrive au même moment. Les gendarmes déposent alors plusieurs charges de plastic contre la porte de l'infirmerie...

Trois heures cinquante-cinq. Il y a une lueur et un bruit assourdissant : les explosifs viennent de sauter. C'est l'assaut...

A l'intérieur de l'infirmerie, il ne fait plus entièrement noir. L'explosion des portes a déclenché un incendie. Buffet se roule dans une couverture pour traverser les flammes et s'approche de l'appareil de radio. Il poignarde l'infirmière. Il s'approche ensuite du détenu-infirmier.

— Je t'en supplie, ne me tue pas !

Buffet a le temps de répondre :

— Non, je ne te tuerai pas. Toi, je te réserve autre chose...

La brigade d'intervention pénètre juste à cet instant dans l'infirmerie. Elle se rue à l'intérieur. Bontems arc-bouté contre les meubles, tente une vaine opposition. De grosses lances d'incendie sont mises en batterie. Il est emporté, balayé, assommé. L'instant d'après, c'est au tour de Buffet de se retrouver dans une mare d'eau.

Il est trois heures cinquante-cinq minutes et trente secondes : l'assaut est terminé, les mutins maîtrisés, et c'est l'horreur !... L'infirmière et le gardien sont morts. Ils ont été impitoyablement égorgés, le gardien ayant sans doute été tué depuis quelque temps déjà. L'affaire de Clairvaux se termine par une épouvantable tragédie, et, dans cette matinée du 22 septembre 1971, l'opinion publique, d'heure en heure, au fil des bulletins radio, se réveille traumatisée...

27 juin 1972. Moins d'un an a passé. C'est la ville de Troyes qui est le centre de la France. Et Troyes lui-même n'est plus que le prolongement de son palais de justice. Car c'est là que vont être jugés Buffet et Bontems.

La foule s'agglutine devant le bâtiment. Une foule surexcitée, déchaînée. La chaleur de cette journée de juin échauffe encore les esprits. Rarement la vindicte populaire a atteint un tel paroxysme. A l'arrivée des fourgons, c'est une explosion de haine :

— A mort ! A mort !

— Qu'on ne les juge pas ! Qu'on les tue ici tout de suite !

— Il ne faut pas leur couper le cou, il faut les guillotiner à la ceinture !

A l'intérieur du palais, dans la salle des assises, une vaste pièce moderne et fonctionnelle, c'est le même grondement sourd qui salue l'entrée des deux accusés. Pour le public, Buffet et Bontems forment une espèce de couple indissolublement lié dans le crime. Buffet et Bontems sont interchangeables. D'ailleurs, le plus souvent, on les appelle tout simplement « les assassins de Clairvaux »... Et pourtant, il suffit de regarder les deux hommes qui sont dans le box pour comprendre à quel point ils sont différents, opposés même.

Buffet est fidèle à son personnage : profil aigu, regard de glace, rictus impénétrable, il parade auprès de ses avocats, Mes Thierry Levy et Rémy Crauste. On le sent prêt à tenir avec le plus d'éclat possible son rôle d'assassin parfait. Pour lui, ce procès va être son moment de gloire, son triomphe. C'est la mort que recherche Buffet. Il l'a écrit sans détour depuis le drame de Clairvaux : « Tuer un être pour être tué à mon tour est la seule forme de suicide qui me soit permise parce que je suis croyant. »

Raisonnement absurde : même dans la morale chrétienne, il est plus répréhensible de supprimer son prochain que soi-même. Mais Buffet a livré là la clé de son comportement : c'est un suicidaire. Seulement, pour mourir, il n'a choisi ni le robinet du gaz, ni la Seine, ni le métro, ni les barbituriques, ni le septième étage : il a choisi la guillotine. L'instrument de supplice, avec ses bras sinistres et son énorme lame brillante, est le seul qui lui semble digne de lui. C'est comme la réplique agrandie, magnifiée, du couteau avec lequel il a lui-même tué...

Buffet promène un regard calme et satisfait sur l'assistance. Il est fier d'afficher à la face de tous sa dimension de monstre. Il a rejoint le petit groupe d'êtres qui échappent aux schémas traditionnels de l'homme : Landru, Troppmann, Jack l'Éventreur, le boucher de Hanovre...

Bontems n'est qu'à quelques mètres de lui et, pourtant, personne ou presque, ne le regarde. Il se fait aussi petit que possible auprès de Mes Badinter et Lemaire, ses défenseurs. Il est là, la tête enfoncée dans ses épaules trop larges, avec son visage ingrat, « une face faite de bric et de broc », écrit un commentateur judiciaire.

A la différence de Buffet, Bontems n'intéresse pas les gens. Et c'est là son drame. Lui, n'est pas un monstre comme il en existe quelques-uns par siècle, c'est un criminel ordinaire qui veut à tout prix sauver sa tête. Car, dans son cas, la cause est loin d'être jugée d'avance. Buffet a reconnu avoir porté le seul coup de couteau qui a tué le gardien et un des deux coups qui ont frappé l'infirmière. Le second, il le nie et en accuse implicitement Bontems. Mais Bontems, lui, affirme n'avoir frappé personne, et ses défenseurs ont d'excellents arguments en ce sens : l'arme de Bontems était un petit canif tout ce qu'il y a d'ordinaire, qui semble impropre à occasionner une blessure mortelle. De plus, lorsque Bontems a été maîtrisé, ce canif a été retrouvé fermé dans sa poche. Aurait-il eu le temps de le replier alors que l'irruption de la brigade d'intervention a été presque immédiate ? Enfin, sur le canif, on n'a relevé aucune trace de sang...

Le président Robert procède au traditionnel interrogatoire et le contraste entre les deux accusés s'accentue encore. Buffet parle avec douceur. Il ne nie rien, au contraire. Il va au-devant des questions. Il précise les charges qui pèsent contre lui. Il avoue tout. Tout, sauf le deuxième coup de couteau porté à l'infirmière. Et Buffet proclame d'une voix nette :

— Je n'admets pas que mon camarade ne prenne pas ses responsabilités. Face à cette attitude écrasante, Bontems ne fait pas le poids ; il hésite, il bafouille, il a une voix de fausset désagréable. Il a l'air tout aussi coupable que Buffet, mais hypocrite en plus...

Va-t-on apprendre la vérité avec la déposition du détenu-infirmier qui a été le seul témoin du drame ? Non... Il ne faut pas oublier que tout s'est déroulé en quelques secondes, dans l'obscurité, à la seule lueur de l'incendie allumé par l'explosion. L'infirmier-détenu dit simplement :

— J'ai vu l'infirmière agenouillée, Bontems derrière et Buffet, le poignard levé au-dessus de sa tête. Un instant plus tard elle gisait à terre, inanimée, et j'ai entendu Buffet dire : « Qu'est-ce que j'ai fait ?... »

La déposition accable Buffet mais c'est sans importance : il n'a jamais nié avoir frappé l'infirmière. L'important est qu'elle n'innocente pas Bontems, qui se trouvait derrière elle à ce moment. A-t-il ou non porté le deuxième coup ? On ne le sait toujours pas...

Le problème de la culpabilité de Bontems est pour un moment laissé de côté. La deuxième audience commence en effet par la déposition de M. Petit, juge de l'application des peines à la centrale de Clairvaux, qui aborde un autre aspect essentiel de l'affaire.

— Le climat de Clairvaux n'était pas bon. Les détenus, surtout ceux qui purgeaient une longue peine, se sentaient abandonnés des hommes. On ne leur manifestait que du mépris ou de l'indifférence. Le criminel, loin de s'amender, trouvait dans ce milieu pénitentiaire son ferment préféré : la haine de la société et de ses structures.

Me Sarda, avocat de la partie civile, objecte :

— Pourtant on a vu qu'il régnait à Clairvaux une certaine liberté, celle qui a permis justement aux deux accusés de mener à bien leur plan.

— L'anarchie n'est pas incompatible avec l'arbitraire, réplique le juge d'application des peines. Le relâchement des consignes n'est pas l'humanisation du régime...

Tout de suite après, il est de nouveau question de la culpabilité de Bontems, avec la déposition d'un des médecins légistes qui ont pratiqué l'autopsie.

Il s'est produit à ce propos un incident peu banal... Dans un premier rapport, les experts concluaient que les trois coups avaient été portés par la même arme, celle de Buffet. Mais ils avaient fait état d'une intention homicide de leur auteur. Or la loi interdit aux experts de se prononcer sur la nature d'un acte. Ce premier rapport a donc été annulé et une seconde expertise a eu lieu. Mais les conclusions en sont toutes différentes : elles affirment que le second coup donné à l'infirmière n'a pas été porté avec la même arme que les deux autres.

Pour les défenseurs de Bontems, Mes Lemaire et Badinter, c'est un véritable cas de conscience. Le second rapport est très défavorable à leur client, le premier l'innocentait. Mais celui-ci a été retiré du dossier et il leur est interdit d'en faire état sous peine de sanctions disciplinaires.

Le médecin légiste vient déposer à la barre ses conclusions, qui sont, bien entendu, celles du deuxième rapport.

— Le second coup a été porté par un tueur manquant de décision. On ne peut l'attribuer à coup sûr au couteau de Bontems, mais on ne peut pas exclure cette arme.

Me Badinter tente de pousser l'expert dans ses retranchements :

— Quelle est votre conviction profonde ?

L'expert ne se dérobe pas.

— Un médecin légiste n'est pas tenu de faire état de sa conviction, mais puisque vous voulez connaître la mienne, j'ai l'impression que cette seconde blessure doit être attribuée au couteau de Bontems plutôt qu'au poignard de Buffet...

Pour les défenseurs, la réponse est catastrophique. Alors, Me Badinter n'hésite pas. Il va braver le Code de procédure pénale.

— N'existe-t-il pas, docteur, un rapport antérieur qui est à l'opposé des conclusions que nous venons d'entendre ?

L'expert n'a pas le temps de répondre, l'avocat général Richon se lève en brandissant le document :

— Il n'y a pas d'autre rapport que celui qui est au dossier !

Le président Robert intervient à son tour :

— Maître, le rapport a été annulé pour vice de forme. Il vous est formellement interdit par la loi de vous y référer. Ne me forcez pas à prendre des sanctions !

Badinter se tourne vers Bontems.

— Ce qui m'est interdit à moi est permis à mon client. Bontems, lisez à la Cour ce que disait ce rapport caduc !

Bontems prend les feuillets et lit, ou plutôt hurle les conclusions du premier rapport.

— Les trois blessures résultent d'une arme tranchante et piquante en tout point identique au poignard de Buffet...

Tout le monde crie en même temps : l'avocat général qui s'indigne, le président qui veut rétablir le silence, Me Badinter qui lance aux jurés :

— Ce rapport a été annulé pour la forme et non pour le fond. Au risque d'être suspendu, je ne laisserai pas étouffer la vérité.

Après une interruption d'audience, les débats reprennent normalement.

La cour s'est montrée clémente : Me Badinter est seulement renvoyé devant la juridiction de son ordre... Dans le public, en tout cas, un doute existe désormais. Bontems est-il ou non un meurtrier, sera-t-il ou non condamné à mort ? Personne ne pourrait plus le dire avec certitude.

C'est donc la troisième et dernière journée du procès qui va être décisive. Mᵉ Sarda plaide le premier pour la partie civile.

— Buffet et Bontems ont transformé en objets deux êtres humains. Non seulement ils en avaient fait une monnaie d'échange mais, en outre, pour épouvanter les autorités et les faire capituler, ils s'apprêtaient à se livrer sur la personne du gardien à une sanglante expérience. Enfin, l'un d'eux a déclaré qu'il avait pensé opérer une sortie en se servant de l'infirmière comme bouclier.

« Messieurs les jurés, c'est au nom du peuple français que vous rendez la justice. Or, les deux touchantes victimes que je représente, appartiennent au peuple, au monde du travail. C'est pourquoi leur fin tragique a été si profondément ressentie ; c'est pourquoi, derrière deux familles torturées, le pays tout entier attend de vous un verdict sans faiblesse.

L'avocat général Richon prend la parole au nom du ministère public. Il réclame, bien entendu, la mort.

— Si la peine capitale a été maintenue dans notre législation, c'est justement pour sanctionner des crimes de cette dimension. Je requiers contre Buffet et Bontems la peine capitale.

Il y a une exclamation dans la salle. C'est Buffet qui s'écrie :

— Bravo, monsieur Richon !

Pour Bontems, Mᵉˢ Badinter et Lemaire livrent leur ultime combat. Mᵉ Badinter résume ses arguments à propos du couteau et s'écrie :

— Tout ce procès n'est qu'une chasse à courre dont mon client est l'animal. Buffet n'intéresse personne. Il a avoué tout ce qu'on veut. Aussi, l'effort de l'accusation a consisté à embarquer Bontems sur la même galère que lui. Elle a trouvé un précieux collaborateur en la personne de Buffet, le bon élève, celui qui dit toujours la vérité...

Le fait que Buffet soit d'une franchise totale en ce qui le concerne n'est pas, pour Mᵉ Badinter, la preuve qu'il soit sincère à propos de son complice. Pour Buffet, Bontems et lui se sont engagés dans une même aventure. Ils en ont partagé les risques et, maintenant, ils doivent en partager les conséquences.

Mᵉ Lemaire trace un émouvant portrait de Bontems qui, malgré son nom, a toujours été un malchanceux.

— Il n'a ni la prestance ni la dialectique de Buffet. Il était sergent parachutiste et promis à une honorable carrière quand un accident de moto l'a écarté de l'armée. A partir de ce moment-là, il a dégringolé dans la délinquance. Il n'a pas de sang sur les mains. Vous allez le sanctionner pour le crime qu'il a commis : la prise d'otages, et non pour celui qu'on lui prête...

La tâche de Mes Thierry Levy et Rémy Crauste s'apparente à un baroud d'honneur. Ils plaident contre la peine de mort et les défauts du système pénitentiaire. Me Levy conclut pour sa part :

— Quand la hiérarchie officielle abdique, il y en a une autre toute prête pour la remplacer. C'est dans celle-là que Buffet s'est inséré dès son arrivée à Clairvaux. Il souhaitait l'isolement, on lui a fait la vie communautaire : vous voyez le résultat !...

C'est l'heure du verdict : selon les jurés, Bontems n'a pas porté le troisième coup de couteau ; c'est Buffet qui a commis les deux meurtres, mais l'un et l'autre sont condamnés à la peine de mort. Il faut préciser que cette apparente contradiction est parfaitement légale : en droit français le complice d'un meurtre encourt la même peine que l'auteur principal...

A l'annonce de la sentence, un tonnerre d'applaudissements retentit dans le public ; dehors, sur la place du Palais, où les débats sont retransmis par haut-parleur, monte la même ovation sauvage qui envahit la salle par les fenêtres ouvertes... La foule crie sa joie ; c'est la foule de toutes les époques, celle qui demandait qu'on achève le gladiateur vaincu, celle qui se pressait devant les bûchers, les gibets, les piloris et la guillotine, du temps où les exécutions étaient publiques...

Le pourvoi en cassation est rejeté peu après. Buffet et Bontems attendent leur sort dans une cellule de la prison de La Santé, mais leurs dispositions d'esprit ne sont pas du tout les mêmes.

Buffet a pris les devants. Pour que les choses soient définitivement claires, il a écrit au président de la République : « Si je suis gracié, je tuerai de nouveau. Je commettrai d'autres meurtres dans n'importe quelle prison où je me trouverai. »

Bontems, au contraire, se comporte comme n'importe quel condamné à mort : il attend et il espère. Mes Badinter et Lemaire viennent lui rendre visite chaque jour. Le plus souvent, c'est pour lui apporter des nouvelles, des informations volontairement optimistes sur son affaire. Mais quelquefois, il s'agit d'une conversation normale, banale, qui prend un tour tragiquement dérisoire vu les circonstances...

Septembre, octobre, novembre 1972. L'opinion publique attend le dénouement de l'affaire. Ce qu'elle a retenu du procès de Troyes, ce n'est pas que Bontems n'était pas un meurtrier. Ce qui compte, c'est que les deux accusés aient été condamnés à mort. Pour la plupart des gens, Buffet et Bontems sont à mettre dans le même panier.

Dans le même panier... Une formule particulièrement atroce si on la prend au pied de la lettre, c'est-à-dire au pied de la guillotine. Et c'est exactement de cela qu'il s'agit. Car l'opinion est répressive en cette fin de 1972. Ne vient-on pas de le prouver par un sondage qui révèle qu'à une forte majorité, les Français sont favorables à la peine capitale ?

27 novembre 1972... Le téléphone sonne dans le bureau de Me Badinter.

— Allô, maître, ici le Parquet général. L'exécution est fixée à demain matin. Soyez là à quatre heures trente.

— Et Buffet ?

— Oui, Buffet aussi... Tous les deux...

28 novembre 1972, quatre heures trente du matin... Mes Badinter et Lemaire entrent dans la prison de la Santé. La suite, de même que toute l'affaire, Robert Badinter l'a décrite dans son livre, *L'Exécution*.

Les deux avocats franchissent le portail, puis la seconde porte blindée... La guillotine est là, tout de suite, dans la cour principale. Pour empêcher qu'elle ne puisse être vue des fenêtres de la prison ou d'un point élevé de Paris, elle a été placée sous un immense dais noir, grand comme un chapiteau, qui recouvre toute la cour.

Dans le bureau du directeur, les principaux acteurs du procès se retrouvent. Le directeur demande aux avocats des condamnés de décider eux-mêmes l'ordre des exécutions... Mes Lemaire et Badinter se concertent avec Mes Levy et Crauste. Ils sont tous d'accord : Buffet ne craint pas la mort, il la souhaite, au contraire. C'est lui qui supportera le mieux l'affreuse attente du supplice de son camarade. Bontems passera le premier. Buffet, le second.

Le cortège gagne la cellule de Bontems. La lumière jette celui-ci au bas du lit. Il cligne des yeux. Il reconnaît ses avocats. Il n'a pas encore compris : il leur demande :

— Alors, c'est oui ou c'est non ?

Mais le procureur prononce déjà la formule traditionnelle :

— Bontems, votre recours en grâce a été rejeté. Ayez du courage...

Du courage, Bontems en a. Il demande à faire un peu de toilette et à écrire à ses parents. Il n'avait préparé aucune lettre, tant il était sûr d'être gracié.

A cinq heures du matin, le couperet de la guillotine s'abat avec un bruit sec...

C'est au tour de Buffet. Il avait souhaité être guillotiné sur le dos de façon à voir la lame à l'instant où elle s'abattrait. Cette requête n'a pas été accordée.

A cinq heures trois minutes, il y a un second bruit sec dans la cour de la Santé. Tout est fini. La justice est passée. Buffet et Bontems sont dans le même panier.

PANCHO VILLA

Il fait une chaleur torride dans la campagne qui entoure Parral, au Nord du Mexique.

Pourtant, l'homme qui galope sur son pur-sang tout blanc, en ce jour de fin avril 1896, est vêtu chaudement. Élégamment, aussi. Son costume de daim blanc, brodé de fils d'argent et aux boutons de nacre, étincelle au soleil. Don Leonardo Lopez Negrete, le fils du propriétaire de l'immense hacienda, a fière allure sous son immense sombrero, blanc également, tandis qu'il parcourt ses domaines.

Un long cigare noir à la bouche, il sourit. Aussi loin qu'il peut voir, dans cette éclatante journée ensoleillée, tout appartient aux Lopez Negrete, tout sera un jour à lui. Sa famille est l'une des plus puissantes du Mexique. A elle seule, elle possède une partie du Nord du pays ; sur ses terres travaillent des milliers d'ouvriers agricoles, de *péons,* comme on dit là-bas. Et le dictateur lui-même, celui qui dirige le Mexique depuis près de trente ans, Porfirio Diaz, est de leurs amis. Alors comment, dans ces conditions, ne pas être satisfait de la vie ?

Soudain, don Leonardo fait une grimace de contrariété et jette avec agacement son long cigare. Devant lui, sur une petite mule, il y a un jeune paysan de dix-huit ans environ, un garçon en haillons, qui lui barre la route :

— Écarte-toi, péon !

Mais l'homme ne s'écarte pas. Il descend de sa mule, tout en tenant respectueusement son sombrero de paille à hauteur de sa poitrine.

— Vous ne me reconnaissez pas, don Leonardo ? Je suis Doroteo Arango.

Le fils du propriétaire a un geste d'impatience.

— Je t'ai chassé il y a six mois, après t'avoir fait fouetter. Tu ne veux tout de même pas que je te reprenne ?

L'homme secoue la tête en le regardant bien en face.

— Ce n'est pas cela, don Leonardo.

— Alors, qu'est-ce que tu veux ? La charité ? Tiens, attrape et file.

Quelques pièces roulent sur les cailloux avec un bruit de clochettes. L'homme ne s'est pas baissé, n'a pas bougé.

— Ce n'est pas cela, don Leonardo.

Le jeune noble est tremblant de colère.

— Alors, que veux-tu ? Parle !

Doroteo Arango lui répond calmement, comme s'il s'agissait d'une évidence :

— Don Leonardo, je vais te tuer.

L'autre, sur son cheval, éclate de rire.

— Me tuer ! Toi ! Et pourquoi ?

L'ancien péon, l'homme en haillons, le regarde au fond des yeux.

— Parce que tu as violé ma sœur, don Leonardo.

Le fils du propriétaire a un sourire de défi qui découvre ses dents blanches.

— Et alors ?

— Alors, tu vas mourir.

Sur son cheval, le cavalier a levé sa cravache. Mais il n'a pas eu le temps de l'abaisser. Le sombrero de paille que Doroteo Arango tenait sur sa poitrine vient de voler en éclats. Il n'y a eu qu'un seul coup de feu et le beau costume de daim blanc de don Leonardo est brusquement recouvert d'une tache rouge, tandis qu'il tombe à terre.

Alors, l'ancien péon remet tranquillement son sombrero déchiqueté, s'approche de l'agonisant et, calmement, lui tire ses cinq dernières balles dans la tête. Puis il remonte sur sa mule et s'en va.

Il s'en va vers la Sierra Madre toute proche. La Sierra Madre, c'est-à-dire la « Montagne Mère », au nom bien mérité, car depuis toujours elle abrite et protège tous ceux qui, pour une raison ou une autre, ont fui la société : les bandits, les proscrits, les révolutionnaires...

Doroteo Arango, qui chemine sur sa mule en cette chaude journée d'avril 1896, va donc devenir un bandit. Mais pour cela il lui faudrait trouver un nom, un nom qui sonne bien, un nom de guerre en quelque sorte. Sur le petit sentier en lacets qui monte les premières pentes, il a tout le temps de réfléchir. Arrivé dans la montagne, il a trouvé. Il va s'appeler Villa, comme son arrière-grand-père, qui était un bandit légendaire, et comme prénom, un peu au hasard, il choisit Pancho. Il sera Pancho Villa...

Dans la montagne, Pancho Villa s'est endormi paisiblement. A son réveil, il y a autour de lui une centaine d'hommes, avec des cartouchières sur leur poitrine et des fusils ou des revolvers plein les mains. Un homme se détache du groupe. Il est grand, sec, il a les cheveux blancs.

— Je suis Parra. Et toi, qui es-tu ? Pourquoi es-tu là ?

Parra... Le plus célèbre bandit du Mexique. Pancho sourit. Il n'est pas intimidé.

— Je suis Pancho Villa. J'ai tué un homme.

Le vieux bandit plisse les yeux.

— Qui nous dit que tu n'es pas un espion ?

Sans un mot, Pancho enlève sa chemise et se retourne. Sur son dos, les traces des coups de fouet sont encore bien visibles. Sans un mot lui non plus, Parra lui donne l'accolade, tandis que ses hommes déchargent leurs armes vers le ciel en criant :

— Viva Villa !...

Sous la direction du vieux bandit, Pancho Villa apprend rapidement toutes les astuces de son nouveau métier. L'important est de tromper les milices recrutées par les propriétaires terriens, les « rurales », qui sont perpétuellement à leur poursuite. Quand on a besoin de trois bœufs pour se nourrir, il faut n'en voler qu'un seul, et se serrer un peu la ceinture. Ainsi, en face, ils s'imaginent qu'ils ont affaire à quelques dizaines d'hommes, alors qu'il y en a une centaine. Ou bien, au contraire, au lieu de trois bœufs, on en vole dix et on en enterre sept sans les manger. Et les « rurales », épouvantés, croient avoir devant eux plusieurs centaines de bandits.

C'est Parra qui apprend à Villa à chevaucher avec une branche de pin attachée à sa selle pour effacer derrière lui les traces de son cheval. C'est lui aussi qui lui enseigne les seuls rudiments de tactique qu'il possède : envoyer d'abord vingt ou trente cavaliers attaquer une hacienda ; tous les « rurales » se précipitent comme un seul homme, et pendant ce temps-là, le gros de la troupe se rue dans la petite ville ou le village et rafle tout, y compris les jolies filles.

C'est Villa qui est à la tête de ces chevauchées dévastatrices. Villa qui est devenu, en quelques mois, le second de Parra. Il faut dire qu'il est effrayant à voir, avec son épaisse moustache noire, lorsqu'il surgit à la tête de quatre ou cinq cents cavaliers qui hurlent, en tirant dans toutes les directions, le vieux cri sauvage des Mexicains : « *Viva la muerte !* Vive la mort » !

Un jour, au cours d'une attaque particulièrement audacieuse contre une diligence qui transportait cent mille dollars-or pour la paye d'une mine américaine, le vieux Parra est tué. Grâce à son sang-froid, Pancho Villa parvient à arrêter le début de panique qui s'est emparé des hommes. Sous ses ordres, tous les soldats de l'escorte sont tués les uns après les autres, et les cent mille dollars changent de mains.

Villa est choisi par tous comme le nouveau chef. Avec lui les choses ne traînent pas et changent un peu de tournure, car l'ancien péon n'a pas oublié l'arrogance de ses maîtres d'autrefois. C'est contre eux qu'il entend lutter désormais, même s'il reste malgré tout un bandit.

De fait, les opérations de la bande de Pancho Villa prennent de plus en plus l'aspect d'une lutte sociale. Villa s'attaque aux grosses haciendas, aux banques, aux perceptions, et principalement aux intérêts américains, aux *Gringos,* comme les appellent avec mépris les Mexicains. Peu à peu, Pancho Villa devient une sorte de Robin des Bois, qui rançonne les riches et épargne les pauvres, un patriote aussi, qui défend son pays contre la puissance des États-Unis, et même, ce qui inquiète le plus le dictateur Porfirio Diaz, un révolutionnaire.

A partir de ce moment, la vie de Villa se confond avec l'histoire du Mexique. Il déclare la guerre à Porfirio Diaz, et il la mène à sa manière : comme un bandit, mais avec une terrible efficacité. Bandit, hors-la-loi, il l'est, dans toute l'acception du terme. Chaque fois qu'il prend une ville, il se choisit une femme. Mais il a un sens très particulier de la légalité : cette femme, il veut l'épouser. Et vingt fois, exactement, dans une église bourrée de bandits en armes, un prêtre tremblant sous la menace des fusils unira Pancho Villa pour le meilleur et pour le pire...

Mais malgré tout, Pancho Villa est un réel chef de guerre. Un moment, il a jusqu'à soixante mille hommes sous ses ordres, et c'est lui qui, en 1911, après une bataille rangée à Juarez, triomphe de Porfirio Diaz, qui est contraint à l'exil.

La suite est une succession de batailles, de victoires, de défaites et de nouvelles victoires. Tantôt Villa perd presque tous ses hommes, parce qu'ils se font massacrer en chargeant follement à cheval contre des mitrailleuses et des barbelés, ou parce qu'ils se laissent surprendre le matin, après s'être enivrés toute la nuit pour fêter un succès. Alors, Pancho n'est plus qu'un fuyard, qui se réfugie dans la montagne, accompagné d'une poignée de fidèles. Mais quelques mois plus tard, il a de nouveau des milliers d'hommes sous ses ordres, et il reprend le combat.

Il se bat pendant des années, il se bat contre le général Huerta, qui a fait assassiner le président Madero, un patriote libéral. Et il triomphe de Huerta. En 1915, après deux ans de combats, il fait son entrée triomphale à Mexico, à la tête des rebelles du Nord, tandis qu'au même moment, à la tête des rebelles du Sud, un autre bandit patriote, tout aussi célèbre, pénètre lui aussi à Mexico : Emiliano Zapata.

Les deux hommes se font photographier ensemble sur les marches du palais, et puis ils repartent tous deux dans leurs montagnes, l'un au Nord, l'autre au Sud, car ils se sentent mal à l'aise au milieu de ces marbres, sur ces tapis rouges, parmi les jeux de la politique...

La politique reprend ses droits, et la guerre recommence avec elle. Le général Caranza, qui est l'homme de confiance des Américains, se déclare de lui-même président d'un gouvernement provisoire.

Pancho Villa reprend donc les armes contre Caranza, comme il s'était battu contre Porfirio Diaz. Ce sont des combats indécis et sanglants, qui durent plusieurs années. Villa est devenu un chef d'armée, avec son état-major, son quartier général qui se déplace de village en village, de montagne en montagne.

Oh, certes, ce n'est pas un grand stratège. Sa tactique est toute simple : l'enthousiasme et le courage poussés jusqu'à la folie. Avec ses bandes de cavaliers hurlants, il fonce droit sur l'objectif au cri de « *Viva la muerte !* » Et ses hommes meurent ou sont vainqueurs !

Villa a toutes les audaces. Il est la terreur du gouvernement en place. Mais un jour de 1916, le 9 mars exactement, il se décide à aller plus loin encore : il prend une initiative folle, incroyable.

Il se trouve alors avec sa troupe dans la petite ville de Palomas-Colombus, qui a la particularité d'être partagée entre le Mexique et les États-Unis. La frontière passe juste au milieu de la rue principale.

La veille, Pancho Villa vient d'apprendre que les États-Unis ont reconnu le gouvernement du général Caranza. Et de plus, il y a un trafiquant américain qui ne lui a pas livré les armes promises et déjà payées. Alors, en pleine nuit, il réunit ses lieutenants et fait réveiller ses hommes. Il leur dit simplement :

— On va attaquer les *Gringos*.

Un hurlement enthousiaste lui répond.

Le 9 mars 1916, Pancho Villa vient, ni plus ni moins, de déclarer la guerre aux États-Unis...

Colombus est une ville de garnison. C'est le siège du 12ᵉ régiment de cavalerie américain. Peut-être Villa ne le sait-il pas, mais de toute façon, même s'il le sait, ce n'est pas ce genre de considération qui peut le faire changer d'avis.

Sombrero sur la tête, brandissant leur carabine, les Mexicains de Villa se ruent à travers la ville endormie. Ils n'ont pas d'objectif précis. Ils tirent partout, n'importe où, sur tout ce qui se présente, sur les fenêtres qui s'allument, sur les formes qui fuient, sur les bêtes et sur les humains. C'est un massacre.

Le 13ᵉ de cavalerie est totalement pris au dépourvu. Aucun manuel n'avait prévu une attaque de nuit venant du Mexique. Pendant la nuit — c'est le règlement — les armes sont enfermées dans des placards verrouillés pour qu'elles ne risquent pas d'être volées. Mais malheureusement, les hommes qui ont les clefs couchent quelquefois à l'autre bout de la ville. Il faut aller les chercher au milieu de la fusillade. Et il faut qu'ils reviennent.

Quand les premiers placards sont ouverts, la petite ville de Colombus n'est plus qu'un gigantesque brasier et les hommes de Villa sont loin...

Inutile de dire que la réaction des États-Unis est immédiate et particulièrement violente. Jamais, au cours de leur histoire, un bandit étranger n'avait osé prendre ouvertement les armes contre eux.

Et, le 15 mars 1916, le général Pershing, qui un an plus tard sera chef du corps expéditionnaire en France, conduit une armée de vingt mille hommes à la poursuite de Pancho Villa.

Villa est traqué à la fois par les troupes américaines et gouverne-mentales mexicaines. Pour lui, c'est un long calvaire qui commence. Ses hommes se font tuer les uns après les autres, dans des charges héroïques et absurdes. Bientôt, il n'est plus qu'un proscrit, pour-chassé dans la montagne avec une poignée de fidèles. Pour tromper ses poursuivants, il retrouve les vieilles ruses que lui avait enseignées son maître Parra : tuer un bœuf au lieu de trois ou au contraire en tuer dix quand on a besoin d'un seul ; attacher derrière son cheval ou sa mule une branche d'arbre pour effacer les traces...

Et ni les Américains, ni le général Caranza, bientôt chassé par un autre général du même bord, ne viendront à bout de Villa. Partout ailleurs dans le pays, la guérilla a cessé, l'ordre règne. Le vieil allié de Pancho Villa, Emiliano Zapata, lui-même, est mort, tombé dans une embuscade.

Lui, Villa, est toujours là. Il est traqué, acculé, mais il lui suffit de descendre dans la vallée pour que les péons prennent les armes, et qu'en quelques jours, il se retrouve à la tête d'une armée. En 1918, il a de nouveau dix mille hommes sous ses ordres.

Cette fois, le chef du gouvernement mexicain, qui s'appelle alors Obregon, comprend qu'il n'y a décidément rien à faire. Jamais personne ne viendra à bout de Pancho Villa. Villa n'est pas un adversaire comme les autres. C'est plus qu'un bandit, c'est plus même qu'un chef de guerre : c'est le peuple mexicain lui-même, c'est la colère, c'est la misère des péons depuis toujours écrasés par les riches propriétaires et l'administration. Jusque-là, ils n'avaient rien dit, parce qu'ils se sentaient isolés ; maintenant, ils se reconnaissent en Villa. Tant que Pancho Villa sera avec eux, toute une partie du Mexique échappera au gouvernement.

Aussi, le général Obregon, qui ne manque pas de finesse, envoie-t-il à Pancho Villa des émissaires pour essayer de l'acheter à n'importe quel prix. Pancho Villa vient juste d'avoir quarante ans. Il s'est épaissi, sa moustache commence à grisonner ; il n'est plus le brillant cavalier d'autrefois. Plus question de charger à la tête des folles chevauchées. D'ailleurs, il s'est mal guéri d'une balle dans la jambe, il traîne la patte. En fait, il passe maintenant la plus grande partie de son temps entre ses vingt femmes légitimes et ses dizaines d'enfants. Car, à sa manière, il est bon père et bon époux.

Si bien que, quand les émissaires du général Obregon viennent le trouver, au lieu de les faire pendre ou fusiller, comme il l'aurait certainement fait quelques années plus tôt, Pancho Villa les écoute et peu à peu, il se laisse convaincre.

Le président a décidé de se montrer large et les propositions de ses envoyés ont de quoi séduire un hésitant : ils lui offrent l'amnistie, la nomination au grade de général de l'armée mexicaine, avec le traitement correspondant, et surtout, une immense hacienda de dix mille hectares.

Pancho Villa accepte. Avec l'une de ses femmes, sa première, qui regroupe autour d'elle les enfants de toutes les autres épouses, il s'en va vivre une vie de grand propriétaire dans son hacienda.

Sur ses terres, travaillent des centaines de péons. Pancho Villa a toujours été autoritaire et il lui arrive de les traiter durement. Quand l'un d'eux boit ou fume de la marijuana, il le corrige lui-même à coups de fouet. Ensuite, il va faire un tour dans une de ses Cadillac, car il en a deux, une pour lui et une autre, toute blanche, pour sa femme.

A quoi pense Pancho Villa vieillissant, dans son automobile importée directement des États-Unis, symbole de la puissance industrielle des *Gringos* ? Au péon qu'il vient de fouetter ? Aux revenus de sa dernière récolte ?...

Parfois, très brièvement, passe devant ses yeux un souvenir lointain, qu'il s'efforce de chasser dans une bouffée de son long cigare noir : un jeune homme en haillons, le dos zébré de cicatrices, qui, par une journée torride d'avril 1896, debout près de sa mule, cachait un revolver derrière son sombrero de paille...

Il y a aussi cet homme, ce vieillard, qui lui revient en mémoire... C'était il y a un mois, deux peut-être... Il galopait dans la montagne quand l'autre s'est brusquement dressé devant lui et lui a dit, en secouant tristement la tête :

— Tu n'es plus des nôtres, Pancho Villa !

Oui, à quoi pense Pancho Villa, le 20 juillet 1923, au volant de la Cadillac dans laquelle ont pris place ses quatre gardes du corps ?

La chaleur est étouffante. Mais il faut bien se rendre à la ville, à la banque de Parral, pour retirer les vingt mille pesos nécessaires à la paye du personnel. Cela fait partie des obligations, des corvées d'un gros propriétaire terrien.

Juste à l'entrée de la ville, la Cadillac, qui avance lentement à cause de l'état de la route, croise dans un nuage de poussière un petit vieillard accroupi.

Pancho a un mouvement de recul. Cela lui rappelle un souvenir désagréable. Mais non, l'homme se lève et agite son grand sombrero rouge en criant : « Viva Villa ! »

Pancho Villa esquisse un geste amical de la main. Il n'a pas le temps de l'achever. C'était le signal. Douze fusils de gros calibre sortent des buissons qui bordent la route et tirent jusqu'à épuisement de leur chargeur.

Dans le corps de Pancho Villa, on retrouvera douze balles...

Mais l'histoire ne s'arrête pas là... Faut-il s'en étonner d'ailleurs dans ce Mexique où la mort a toujours fait partie de la vie, où les hommes tombaient en criant « *Viva la muerte* » ? Il y a une suite macabre, qui est la fin véritable de l'histoire de Pancho Villa. Huit jours après sa mort, des inconnus déterrent son corps, coupent sa tête et la vendent à un riche collectionneur américain du Connecticut, pour le compte duquel ils avaient agi.

Et pendant des années, la tête de Pancho Villa a trôné sous un globe de verre dans le salon d'un collectionneur aux goûts particuliers...

La mort a quelquefois, avec ceux qui l'ont courtisée toute leur vie, de cruelles ironies.

MAYERLING

21 août 1858 : cent un coups de canon réveillent les Viennois. C'est un fils ! Elisabeth, la ravissante épouse de l'empereur François-Joseph, vient de donner un héritier à la couronne d'Autriche : il s'appelle Rodolphe.

Elisabeth d'Autriche... c'est Sissi, celle dont le cinéma s'est emparé pour en donner une image déformée. Certes, Sissi est jolie, elle est brillante, elle est intelligente, mais elle est aussi, et avant tout, une Wittelsbach. Elle appartient à une famille marquée par le destin, celle de Louis II de Bavière entre autres. Et si elle n'est pas folle comme son cousin Louis, elle est inquiète, anxieuse. Sa passion de voyager sans cesse et très loin, trahit une profonde instabilité.

A quoi pense-t-elle en regardant pour la première fois son fils dans son berceau ? Sans doute espère-t-elle qu'il ressemblera à son père et pas à elle...

Mais bien vite il faut se rendre à l'évidence : le jeune Rodophe est le portrait de sa mère. Tout est fait, pourtant, pour lui inculquer ces qualités bien germaniques qui sont celles de son père François-Joseph : le sens de l'ordre, de la discipline, du devoir, avec en contrepartie, il faut le reconnaître, un esprit assez borné et totalement fermé aux idées neuves.

Le prince impérial est élevé à la militaire, à la prussienne : lever à cinq heures, exercice tous les jours quel que soit le temps, châtiments corporels, etc. L'héritier de l'empire d'Autriche-Hongrie doit savoir avant tout marcher au pas et monter à cheval.

Mais tout cela glisse sur lui... A quinze ans, il a des airs d'artiste. Il s'intéresse à la poésie et à la musique, il veut écrire. Son intelligence est vive mais un peu confuse, c'est un rêveur. Ses idées ne sont pas très claires non plus, mais elles sont sans nul doute à l'opposé de celles de son père. Il admire par-dessus tout la Révolution française, il a des idéaux de fraternité et de générosité.

Oui, Rodolphe est le fils de sa mère et il en a aussi, malheureusement, tous les défauts. Sa sensibilité et sa sensualité sont poussées jusqu'au déséquilibre. Tantôt, ce sont des enthousiasmes, des passions qui l'enflamment tout entier, tantôt un abattement brutal, un désespoir sans cause qui le laisse anéanti des jours durant. Il n'y a qu'à lire ce qu'écrivait à l'époque l'ambassadeur de France, dans un jugement à la fois pénétrant et prophétique :

Par l'imagination et la sensibilité, il est bien le fils de sa mère. Son adolescence est inquiète de toutes les inquiétudes, les plus nobles comme les plus charnelles. Il a soif de justice, de fraternité comme de volupté. Mais un jour viendra peut-être, où, ne les ayant pas rencontrées ici-bas, il n'aura plus soif que de néant...

Vienne 1876 : Rodolphe a dix-huit ans. Vienne alors, c'est la Vienne des Strauss, des valses, la Vienne de la légende. Rodolphe se jette à corps perdu dans la fête et il en est tout de suite l'idole. Avec sa barbe et ses moustaches d'un blond soyeux, son regard lointain qui semble triste même quand il sourit, il est la coqueluche de toutes les femmes, et il les a toutes. Elles ne font que passer. Pendant des années, c'est la valse des comtesses dans les bras de Rodolphe.

Le jeune prince s'adonne d'ailleurs avec la même ferveur à son autre passion : les idées libérales. Il déteste l'Allemagne, Guillaume Ier et Bismarck. Il voudrait un renversement des alliances, une union avec la France contre l'Allemagne. Il publie même anonymement une brochure dans ce sens.

Des chimères, bien sûr, des rêveries totalement irréalistes dans le contexte politique de l'époque, mais qui inquiètent suffisamment son père pour qu'il décide de l'écarter des affaires. Il l'expédie à Prague pour s'occuper du régiment dont il est colonel. A partir de ce moment, Rodolphe ne saura plus rien de l'empire. Il est tenu soigneusement à l'écart et il en souffre.

En 1881, il a vingt-trois ans et on le marie. Rodophe ne proteste pas : cela fait partie des désagréments de la condition de prince héritier. L'élue se nomme Stéphanie, c'est la fille du roi des Belges Léopold II. C'est une blonde fadasse, sans charme et sans intelligence. Rodolphe lui a tout de suite trouvé un surnom : « la paysanne flamande », qui en dit long sur ses sentiments.

Comble de malchance, deux ans plus tard Stéphanie accouche d'une fille et, à la suite de cette maternité, elle ne pourra plus avoir d'enfants. Rodolphe n'aura donc jamais d'héritier.

Son humeur se dégrade : il était taciturne, il devient sombre, il ·tait désabusé, il devient amer. Ses nombreuses conquêtes, auxquel-les, bien sûr, il n'avait pas renoncé avec son mariage, le laissent de plus en plus insatisfait. Il contemple la lente désagrégation, la lente décomposition de son pays avec un mélange de lucidité et de secrète délectation, comme si elles s'accordaient avec sa propre déchéance. Il écrit en 1883 :

A Vienne, ce ne sont qu'escroqueries, vols, hautes situations occupées par la racaille, brutalités arbitraires, corruption, déchéance de l'État. Moi, j'observe tout cela avec calme, curieux de voir combien de temps il faudra à un vieil et solide édifice comme l'Autriche pour s'effondrer.

Ce n'est pas, il faut le reconnaître, le langage de l'héritier d'une des premières puissances du monde.

Rodolphe a vingt-cinq ans, et il s'étourdit plus encore. Il lui faut encore plus de femmes, plus de fêtes, plus de vin et quand le vin ne suffit plus, il lui faut de la drogue ; il prend de la morphine. En 1886, il apprend la mort de son oncle Louis II de Bavière qui avait sombré depuis longtemps dans la folie et qui s'est suicidé dans des conditions étranges...

Rodolphe le sent : il appartient bien à cette famille des Wittels-bach, au côté de sa mère. Il n'a rien de commun avec son père, ce soldat allemand solennel, borné et flegmatique. Il est le fils d'Elisa-beth, de Sissi, qui quitte à tout propos la cour de Vienne pour d'extravagants voyages à travers l'Europe et qui en revient chaque fois plus triste et plus belle. Un jour, son tour viendra. Il n'y a rien à faire : il y a là plus qu'une fatalité : une hérédité.

Deux années passent encore. Rodolphe a une maîtresse qu'il garde un peu plus longtemps que les autres, Mizzi Kaspar, modèle de haute couture, le plus joli corps de Vienne, dit-on. Et tout ce qu'il trouve à lui proposer pour lui prouver son attachement, c'est un suicide en commun. Mizzi, qui est une fille saine et équilibrée, préfère continuer à vivre. Rodolphe n'insiste pas.

Entre-temps, la malheureuse Stéphanie, son épouse légitime, délaissée, ridiculisée, multiplie les scènes de jalousie. Rodolphe y répond par de longs discours métaphysiques. Il parle de la vie, du destin, du néant et puis tout à coup, il sort son revolver à crosse de nacre et lui propose gentiment de la tuer d'abord et de se suicider ensuite. Au bout de deux, trois fois, Stéphanie a compris. Elle n'insiste pas, elle ne fera plus de scènes de jalousie à son mari. Elle a épousé un fou.

D'ailleurs, la santé de Rodolphe décline. Il a le visage émacié, les traits tirés, les yeux enfoncés, le regard de plus en plus lointain. Est-ce l'abus de la morphine ou est-ce quelque chose de plus grave encore ? Il semble tout simplement que la vie le quitte, qu'elle se retire lentement et inexorablement de lui.

Deux années passent encore. A l'automne 1888, Rodolphe a trente ans. Au cours d'un bal brillant — mais tous les bals sont brillants à la cour de Vienne et ils se ressemblent tellement —, Rodolphe voit venir à lui sa demi-cousine, la comtesse Larisch. Elle a toujours été son mauvais génie. Elle l'aborde avec des airs complices :

— Rodolphe, mon cousin, connaissez-vous Marie Vetsera ? Savez-vous qu'elle découpe tous vos portraits dans les journaux ? Qu'elle attend des heures dans sa calèche pour vous apercevoir quand vous rentrez au palais ? Et quand vous la verrez, mon cousin, quand vous la verrez... Tenez, c'est elle, là-bas.

Rodolphe la voit : une jeune fille de dix-sept ans, mais déjà sérieuse et même grave ; une chevelure brune, un visage carré sans grande grâce...

Sa demi-cousine la lui présente, ils se parlent un instant. Marie Vetsera bafouille quelques mots, fait une révérence maladroite. Rodolphe n'est pas séduit, il est conquis... Pourquoi, alors qu'elle est loin d'être la plus belle de celles qu'il a connues ? Il n'y a, bien sûr, pas de réponse.

A partir de ce moment, ils se rencontrent tous deux en secret dans une chambre du *Grand Hôtel* de Vienne, et puis un jour, Rodolphe donne rendez-vous à Marie au palais, dans ses appartements privés, qui sont dans l'aile exactement opposée à ceux de sa femme.

Pour Marie, c'est le grand jour, son rêve se réalise. Elle entre par la porte dérobée. La voilà chez lui, chez Rodolphe. Elle ne fait pas attention au corbeau qui volète dans le vestibule, pas plus qu'au revolver à crosse de nacre posé en évidence sur la table de nuit, à côté d'une tête de mort. Elle ne voit que son bien-aimé et se jette dans ses bras...

Et le miracle se produit. Pour la première fois de sa vie, Rodolphe est amoureux, amoureux à en perdre la tête. Le 13 janvier 1889, il propose à Marie de l'épouser, tout simplement. Il est marié lui-même, qu'importe : le pape annulera le mariage. Elle est de toute petite noblesse, qu'importe : il renoncera à la couronne. Son père ne sera certainement pas de cet avis : il n'y pense même pas. Marie y croit... Elle s'imagine déjà la femme de Rodolphe et elle perd la tête à son tour. Elle est si jeune, elle n'a pas dix-huit ans.

Quelques jours plus tard, le 27 janvier 1889, un grand bal est donné à l'ambassade d'Allemagne pour l'anniversaire du nouveau Kaiser, Guillaume II. Marie Vetsera et sa mère sont là, parmi les invités, au milieu des robes froufroutantes, des habits et des uniformes. L'impératrice Elisabeth est absente de Vienne, partie pour l'un de ses innombrables voyages, et c'est Stéphanie, la femme de Rodolphe qui préside la réception.

Quand elle paraît, tout le monde s'incline, les hommes en claquant les talons à la prussienne, les femmes en plongeant dans un bruissement de soie. Mais brusquement, Stéphanie s'arrête tout net : devant elle, toute droite au milieu des invités courbés, il y a une inconnue qui la regarde dans les yeux et qui la défie. Oui, Marie a vraiment perdu la tête et il faut que sa mère, en la saisissant par le bras, la force à s'incliner.

Le lendemain toute la cour ne parle que du scandale. Stéphanie, en larmes, court chez son beau-père l'empereur. Dès qu'elle est partie, François-Joseph convoque son fils. L'entrevue est longue, elle dure plusieurs heures. On ne saura jamais ce qu'ils se sont dit. Tout ce que l'on sait, c'est que l'affrontement a dû être d'une violence inouïe. Quand Rodolphe quitte son père, l'aide de camp retrouve l'empereur évanoui, et il fallait une émotion considérable pour que cet homme dur et même impassible en soit arrivé là.

L'après-midi, Rodolphe revoit Marie. Là encore, nul ne sait ce qu'ils se sont dit. Tout ce qui est certain, c'est qu'ils partent ensemble pour un petit pavillon de chasse à quarante kilomètres de Vienne, un ancien couvent de carmélites assez sinistre, sur la route de Baden, à Mayerling...

30 janvier 1889. Il est six heures du matin. Rodolphe, qui a passé la nuit dans une chambre du pavillon avec Marie, descend en robe de chambre. Il va trouver son valet de chambre Johann Loschek, lui demande de le réveiller une heure plus tard et repart en sifflotant.

A sept heures, le domestique frappe à la porte du prince. Pas de réponse. Il insiste sans résultat. Il va chercher alors un objet de bois et recommence à tambouriner pendant dix minutes. De l'autre côté de la porte, c'est le même silence de mort.

Loschek va trouver le comte Hoyos, ami personnel de Rodolphe, qui couche dans une autre partie du bâtiment. Le comte a la réaction attendue :

— Il faut enfoncer la porte !

Le domestique a l'air gêné :

— C'est que Son Altesse n'est pas seule... Il y a cette jeune dame...

La situation est effectivement délicate, mais il faut agir sans tarder. Le comte Hoyos décide de s'en remettre à une autorité plus incontestable, le prince Philippe de Saxe-Cobourg qui les accompagnait, lui aussi, à Mayerling. Ce dernier n'hésite pas. Il donne l'ordre au domestique de forcer l'entrée.

Il est sept heures trente lorsque Johann Loschek fait irruption dans la chambre par la porte fracturée et il s'arrête, horrifié. Les deux corps baignent dans une mare de sang : Marie Vetsera sur le lit, l'archiduc Rodolphe au pied de la table de chevet. Ils ont tous deux la tête fracassée. Dans la main droite crispée du prince, son revolver.

Sur un bureau, deux lettres. L'une, signée de Marie Vetsera, est adressée à sa mère :

Nous sommes à présent très curieux de savoir comment est fait l'autre monde... Pardonnez-moi ce que j'ai fait, je ne pouvais résister à l'amour.

De la même encre violette et de la même écriture, une phrase sur un cendrier posé à côté :

Le revolver plutôt que le poison, c'est plus sûr.

Rodolphe a écrit lui aussi à sa mère et à sa sœur Valérie. C'est une longue lettre, avec des phrases d'adieu étranges, qui vont permettre bien des interprétations. Entre autres : « Je n'ai plus le droit de vivre », et aussi : « Je meurs contre mon gré. » Il a rédigé enfin ses dernières volontés par lesquelles il demande à être enterré auprès de Marie dans le cimetière voisin d'Heiligenkreuz.

Le lendemain, le docteur Hermann Widerhofer fait à Sa Majesté François-Joseph d'Autriche le compte rendu du drame. Mais toute l'Europe est déjà au courant par des indiscrétions qui se sont répandues comme une traînée de poudre.

— Le prince n'a certainement pas souffert, Majesté. La balle a pénétré instantanément dans la boîte crânienne, endommageant le cerveau. La mort a été foudroyante.

François-Joseph s'indigne :

— Il ne s'est pas suicidé. Il n'a pas pu faire cela ! C'est elle, c'est cette créature, qui l'a tué et qui a ensuite mis fin à ses jours.

Le docteur Widerhofer ne se dérobe pas devant la mission qui est la sienne :

— C'est malheureusement impossible, Majesté. La jeune femme a été tuée la première. Il ne peut y avoir aucun doute à ce sujet. Elle était allongée sur le lit, les doigts croisés et une rose avait même été glissée entre ses mains.

L'empereur François-Joseph a compris. Il est blême et il prononce cette phrase en guise d'éloge funèbre :

— Mon fils est mort comme un apprenti tailleur !...

Pour Sissi, c'est tout autre chose. En plus de la douleur qu'elle éprouve la mort de son fils qu'elle adorait, elle se sent coupable. C'est le sang des Wittelsbach, le sang de Louis II de Bavière, son sang à elle, qui est cause de tout. Pendant des jours, elle pleure sur le cercueil, pendant des mois elle pleurera sur la tombe. Elle ne se remettra jamais du drame. A partir de ce moment, elle multipliera en vain ses voyages extravagants pour trouver la paix. Elle ne l'obtiendra que dix ans plus tard, à Genève, dans une mort absurde, sous le poignard d'un fou...

On fait à l'archiduc Rodolphe de Habsbourg des funérailles grandioses. Il ne reposera pas, bien sûr, auprès de Marie Vetsera, mais dans la sinistre crypte des Capucins à Vienne, la sépulture de la famille impériale.

Quant à la pauvre Marie, son enterrement est horrible et grand-guignolesque. Deux envoyés de l'empereur sont chargés de faire disparaître le corps. Ils trouvent la malheureuse dans une antichambre, sous un paquet de vêtements. Elle est nue, personne n'a songé à l'habiller. Ils la revêtent de ses habits et entreprennent de la conduire au cimetière voisin d'Heiligenkreuz. Les ordres sont formels : bien que tout le monde connaisse la vérité, il faut faire comme si elle n'avait jamais été tuée à Mayerling.

Alors ils la déguisent en vivante, si l'on peut dire. Ils la conduisent, serrée contre eux, jusqu'à un traîneau. Là, pour qu'elle ne s'écroule pas à chaque cahot sur le sol gelé, ils attachent aux montants du véhicule une canne glissée dans le dos de sa robe.

Marie Vetsera repose toujours au petit cimetière proche de Mayerling. Sur sa tombe, plus tard, sa mère fit graver l'inscription suivante, tirée de la Bible : « Tel une fleur, l'homme éclot et passe. »

Que s'est-il passé à Mayerling, le 30 janvier 1889 ? C'est une des énigmes les plus célèbres de tous les temps et elle a suscité les réponses les plus diverses, des plus fantaisistes aux plus sérieuses, des plus romantiques aux plus réalistes.

L'une des versions les plus extraordinaires affirme qu'il s'agit d'une machination des deux amants. Ni Rodolphe ni Marie Vetsera ne sont morts à Mayerling. Leur amour étant devenu impossible à la cour d'Autriche, ils ont décidé de quitter le pays pour vivre ensemble incognito. Ils ont donc organisé toute une mise en scène. Le corps de Rodolphe était en fait celui d'un soldat autrichien et le corps de Marie un simple mannequin de cire. Ils les ont revêtus de leurs vêtements et sont partis vivre heureux ailleurs. Mis devant le fait accompli, l'empereur et les autorités n'auraient rien dit pour ne pas révéler le scandale.

Qu'y a-t-il à dire sur cette hypothèse, sinon qu'elle ne vaut pas plus que celles qui fleurissent en pareil cas à propos du Masque de fer ou de Louis XVII, par exemple ? Ce sont de belles histoires, mais ce n'est pas de l'histoire.

La version suivante est de loin la plus romantique : elle fait de Rodolphe et de Marie le demi-frère et la demi-sœur. Il y a effectivement une incontestable ressemblance physique entre eux, mais surtout, cela expliquerait la dramatique entrevue entre Rodolphe et François-Joseph. L'empereur aurait révélé à son fils qu'il était le père de Marie Vetsera, ce qui rend compréhensible son évanouissement. Car dans cette hypothèse, il s'agit de son fils et de sa fille. Quant à Rodolphe, apprenant l'inceste dont il s'était rendu coupable à son insu, il n'avait plus d'autre choix que la mort, d'où ses dernières phrases mystérieuses : « Je n'ai plus le droit de vivre » et « Je meurs contre mon gré ».

Tout cela est effectivement séduisant. Les historiens ont même essayé d'établir que Mme Vetsera avait été séparée de son mari pendant les dix mois qui ont précédé la naissance de sa fille. Mais outre qu'il existe des naissances à dix mois, si Marie était une enfant adultérine, rien n'autorise à dire qu'elle était la fille de l'empereur...

Pour beaucoup, il n'est pas besoin d'aller si loin. Est-ce qu'il fallait absolument la révélation d'un inceste pour inciter Rodolphe à se tuer, lui qui avait déjà proposé le suicide commun au joli mannequin Mizzi Kaspar et à sa femme Stéphanie, lui qui avait un corbeau et une tête de mort dans sa chambre ? Lui, le fils de Sissi et le neveu de Louis II, qui disait quelques jours avant sa mort, assistant aux grandes manœuvres de l'armée :

— Je ne serai jamais empereur d'Autriche...

Et Marie Vetsera, qui était folle de Rodolphe à en perdre la tête, comme l'a prouvé son défi insensé à la princesse Stéphanie, était capable de le suivre dans la mort par amour.

Dans le fond, la tragédie de Mayerling ne serait tout simplement qu'un drame de la folie comme il en arrive dans toutes les familles, qu'elles soient roturières ou impériales...

Pourtant, ce n'est pas la thèse du suicide qui est aujourd'hui adoptée par la majorité des historiens, c'est celle du double assassinat. Pourquoi aurait-on tué Rodolphe de Habsbourg ? La réponse — s'il y a bien eu crime — est claire : pour des raisons politiques. Si Rodolphe, prince libéral, anti-allemand, francophile et anglophile, avait succédé à François-Joseph, il aurait provoqué un bouleversement à peine concevable sur la scène européenne et même mondiale. Chacun sait alors qu'un conflit éclatera tôt ou tard entre la France et l'Allemagne à propos de l'Alsace-Lorraine. Il suffit d'imaginer ce qui se passerait si l'Autriche se rangeait aux côtés des Français.

Et, sur le plan intérieur, le prince héritier Rodolphe, décidément incorrigible, avait des idées tout aussi subversives. L'Autriche-Hongrie est alors un empire bicéphale dans lequel la majorité autrichienne écrase la minorité hongroise. C'est une situation qui révolte le jeune homme. Il veut l'indépendance de la Hongrie, c'est-à-dire ni plus ni moins la fin de l'empire.

Est-ce que ces raisons n'étaient pas suffisantes pour motiver l'acte exceptionnel que constitue le meurtre d'un prince héritier ? La réponse est sans conteste oui.

Évidemment un tel meurtre doit s'entourer de tout le mystère possible, d'où le choix du moment et du lieu : la crise brutale liée à la liaison de Rodolphe et de Marie et le pavillon de chasse retiré de Mayerling...

Dans ces conditions, qui sont les meurtriers, ou, du moins, à quel groupe appartiennent-ils ? Le plus logique est de supposer qu'il s'agit du parti germanique, qu'il s'agisse de l'armée ou de la cour. Certains ont même été jusqu'à mettre en cause François-Joseph lui-même, qui n'aurait pas hésité à sacrifier son fils à la raison d'État. Mais il pourrait s'agir, tout aussi bien, de la faction adverse...

Il est établi que Rodolphe avait eu de nombreux contacts avec Pista Karoly, chef de l'opposition libérale hongroise. Mais Karoly s'est trouvé débordé par un mouvement plus radical. Des révolutionnaires hongrois seraient venus trouver le prince héritier et l'auraient mis au courant d'un complot visant à renverser François-Joseph et à le mettre à sa place sur le trône. Mais Rodolphe, en fils respectueux qu'il a toujours été malgré les divergences de vues, aurait tout révélé à son père. L'assassinat serait la vengeance des révolutionnaires hongrois.

Dans les deux cas, l'homme de main aurait été le domestique Johann Loschek avec ou, non, des complices. Il lui était on ne peut plus facile d'avoir un double de la clé de la chambre et le fait que personne — pas même lui, selon ses dires — n'ait entendu les deux coups de feu, prouve à quel point le lieu du drame était à l'écart...

La thèse de l'assassinat a reçu un renfort de taille en la personne de Zita de Bourbon-Parme, ancienne impératrice d'Autriche, qui a décidé de parler en mai 1983, à l'âge de quatre-vingt-onze ans.

Zita de Bourbon-Parme a épousé en 1911 Charles de Habsbourg, petit-neveu de François-Joseph, qui a régné de 1916 jusqu'à la fin de l'Empire autrichien en 1918. Zita a donc été la dernière impératrice d'Autriche.

Elle n'était pas née au moment du drame de Mayerling mais elle a entendu beaucoup de choses à la cour et toutes vont dans le même sens : c'était un assassinat. Voici une conversation qu'elle jure avoir entendue :

— A l'âge de douze ans, j'ai surpris un échange de propos entre l'archiduchesse Gisèle, la sœur de Rodolphe, et ma tante Marie-José... « Puisqu'il s'agit d'un assassinat, disait la sœur de Rodolphe, pourquoi n'a-t-on jamais sévi contre les coupables ? » « Qui t'a dit cela ? » a demandé ma tante. Et Gisèle a répondu : « J'ai exigé d'être présente au moment de la mise en bière et j'ai examiné attentivement la dépouille de mon frère. Si Rodolphe s'était suicidé, il aurait porté des traces de brûlure à la tempe. Mais ce n'était pas le cas, ce qui veut dire que le coup a été tiré de plus loin »... Alors, dans un soupir, ma tante a ajouté : « Oui, c'est vrai, mais je t'en conjure, ne répète jamais ces propos ! »

Dans sa confession publique, l'ex-impératrice Zita cite bien d'autres témoignages. Celui du feld-maréchal Edouard Paar, qui a assisté à une conversation entre François-Joseph et sa sœur, est particulièrement net :

— « Comment avez-vous pu accepter la version du suicide, qui allait compromettre la mémoire de votre propre fils ? » lui a demandé la princesse. Et l'empereur lui a répondu d'un ton extrêmement las : « Je ne pouvais pas faire autrement. Le véritable enjeu était à ce moment-là le trône, la destinée de la monarchie et, au-delà, l'équilibre de l'Europe. Je ne pouvais pas dévoiler la vérité sans déclencher un grave conflit politique sur le plan national et international... Je n'avais peut-être pas moralement le droit d'agir ainsi. Mais croyez bien que je ne cesse de penser à tous les tourments et à tous les moments terribles que ce pauvre Rodolphe a dû endurer... »

Propos évidemment extrêmement troublants, si, bien entendu, ils ont été tenus, puisqu'il faut croire sur parole le feld-maréchal et l'impératrice Zita elle-même, qui rapporte ses dires. Mais ils rejoignent tellement les conclusions de la majorité des historiens qu'on ne peut s'empêcher d'y voir le fin mot de l'énigme.

Alors Mayerling aurait été non pas un grand drame d'amour, mais une grande affaire politique ?... Peut-être. Mais quelle que soit la vérité — à jamais inconnue, il faut le craindre —, une chose est certaine : elle sort de l'ordinaire.

LA BÊTE DU GÉVAUDAN

Début juin 1764. Une jeune bergère garde ses bœufs un peu à l'écart de la petite ville de Langogne, non loin de Mende. Il fait beau dans cette région particulièrement isolée et sauvage du Massif Central qui correspond aujourd'hui, à peu de chose près, au département de la Lozère et qui s'appelle alors le Gévaudan. Brusquement, les chiens donnent des signes d'inquiétude. La jeune femme se dresse : là-bas, derrière les fourrés, un animal vient d'apparaître.

En quelques bonds, il est sur elle, mais courageusement les bœufs se regroupent et font face. La jeune femme, après avoir été assaillie par la bête, se réfugie au milieu de son troupeau. L'animal n'insiste pas davantage et s'en va.

La bergère de Langogne rentre chez elle dans l'état de frayeur qu'on imagine. Tous ses vêtements sont déchirés, elle a le visage, les bras et les jambes lacérés, mais rien de vraiment grave... Son récit n'étonne qu'à moitié les villageois. Dans cette seconde moitié du XVIIIᵉ siècle, les loups ne sont pas rares. Il est vrai qu'ils n'attaquent pratiquement jamais seuls ; ils ne sont vraiment dangereux qu'en horde, lorsque poussés par la faim ils sortent des forêts — ce qui se produit au cours des hivers les plus rigoureux.

Quant au cas présent, c'était un loup enragé comme il s'en rencontre de temps à autre... Pourtant, la jeune bergère n'accepte pas cette explication. Encore sous le coup de la peur, elle se met à tenir des propos qui semblent insensés :

— Ce n'était pas un loup ! Il était très grand, il avait la gueule allongée, le dos marqué d'une bande noire, le poil roux et une longue queue. Non, ce n'était pas un loup, je vous dis ! C'était une bête comme je n'en ai jamais vue, une bête extraordinaire !

Les habitants de Langogne laissent la pauvre bergère se remettre de ses émotions. Ils en ont vu d'autres dans leur province, une des plus reculées du royaume de France...

Et pourtant, la bergère de Langogne n'a pas menti. En pays de

Gévaudan, les communications sont difficiles mais les nouvelles circulent tout de même, au gré des déplacements des uns et des autres. Et les nouvelles qui se succèdent dans les jours et les semaines suivantes sont effrayantes.

Moins d'un mois plus tard, le 30 juin, à Saint-Étienne-de-Lugdarès, un village du Vivarais, province limitrophe, on découvre dans un champ le cadavre d'une jeune fille de quatorze ans. Elle a été déchiquetée, ses viscères sont épars, son cœur a été dévoré.

Une semaine après, à Puy-Laurent, dans le Gévaudan cette fois, une autre jeune fille est retrouvée déchiquetée. Et, dès lors, le carnage ne s'arrête plus. Peu après ce sont trois garçons de quinze ans qui sont dévorés à Chayla-l'Évêque, une femme à Arzence, une fillette à Thoris et un jeune berger à Chandeyrac, ces deux derniers ayant été si sauvagement attaqués qu'on ne retrouve d'eux que des lambeaux de vêtements et des débris informes.

Début septembre, une fille de Rocles et un jeune homme des Choisinets disparaissent ; encore une fois les habitants de leur village ne retrouvent que d'affreux débris éparpillés. Le 8 du même mois, un jeune homme rentre terrifié au village de Pouget. Il a été attaqué dans un verger par une bête monstrueuse : il a la peau du crâne enlevée et la poitrine lacérée. Le 19 septembre, c'est une fille de vingt ans qui est tuée aux environs de Saint-Alban. La bête s'est affreusement acharnée sur elle ; elle a bu tout son sang et lui a dévoré les entrailles.

Les autorités locales s'émeuvent. Le capitaine Duhamel, aide-major des dragons de Langogne, est chargé de se mettre à la poursuite de ce gibier extraordinaire. C'est le début d'une longue, d'une interminable chasse à la Bête...

Pendant ce temps, l'animal féroce continue ses exploits et chacune de ses apparitions renforce la terreur. Un soir d'octobre 1764, Jean-Pierre Pourcher, paysan de Julianges, entasse des bottes de paille dans sa grange. La première neige est en train de tomber. Il fait froid. Soudain, à travers l'étroite fenêtre du bâtiment, il aperçoit une forme qui se glisse dans le village. Il court à son fusil dont, comme tous les habitants du Gévaudan, il ne se sépare plus...

Le paysan se met à la fenêtre. Un animal monstrueux est en train de rôder devant la fontaine du village. Il murmure :

— La voilà ! C'est la Bête !...

Pourcher a un fusil à deux coups. Il fait le signe de croix, épaule, vise soigneusement et tire. La Bête tombe, se relève rapidement et regarde de tous côtés, l'air furieux. Le paysan tire une seconde fois ; cette fois l'animal pousse un cri terrifiant et s'enfuit, en faisant, dira-t-il « un bruit semblable à celui d'une personne qui se sépare d'une autre après une dispute ».

Son fusil encore fumant en main après que l'animal eut disparu, Jean-Pierre Pourcher prononce lentement :

— Ce coup-ci, c'est sûr, personne ne tuera la Bête !

Tout le Gévaudan se répète bientôt cette aventure.

— La Bête ne craint pas les coups de fusil !

— Ce n'est pas un loup !

— Ce n'est pas un animal ! C'est un monstre de l'enfer...

Et les paysans du Gévaudan vont faire bénir leurs balles par le curé, faute de quoi ils sont certains que leurs fusils ne leur seraient pas plus utiles qu'un jouet d'enfant.

Le capitaine Duhamel, de son côté, ne reste pas inactif à la tête de ses dragons. Accompagné de douze cents volontaires, il fait des battues quotidiennes, mais jusqu'ici sans le moindre résultat. Aussi, fin octobre 1764, les autorités se décident-elles à employer les grands moyens. M. de Lafont, syndic à Mende et M. de Moncan, commandant général des troupes du Languedoc décident une mobilisation générale.

Leurs envoyés parcourent tout le pays, de Langogne à Saint-Chély, de Mazieu à Marvejols et les bonnes volontés ne manquent pas. En tout, dix mille paysans sont volontaires et se joignent aux dragons. Cette fois, c'est la fin de la Bête. A moins, bien entendu qu'il ne s'agisse d'un animal surnaturel. Mais cela, il n'y a que les paysans superstitieux du Gévaudan pour le croire... La Bête est un loup, et un loup, même d'une taille exceptionnelle, ne résiste pas à une décharge de mousquet bien placée.

La troupe se met en marche et quadrille toute la région. Le 8 novembre, un groupe de deux cents chasseurs sous les ordres de M. de Lafont débusquent la Bête près du château de la Baume... Elle est là, tapie derrière un mur, en train de guetter un jeune berger qui garde ses bœufs.

La Bête renifle les chasseurs et s'enfuit dans un bosquet. Deux cents hommes armés de fusils cernent les lieux, ils se rapprochent lentement, elle est prise au piège...

L'animal a sans doute compris que s'il ne bouge pas, il est perdu. Brusquement, avec une agilité inouïe, il sort des arbres. En quelques bonds, il est sur les chasseurs. L'un d'eux tire à dix pas. La Bête tombe mais se redresse ; un autre tireur la touche de nouveau, elle tombe une seconde fois et repart. Elle est maintenant au milieu du cercle des chasseurs qui la fusillent de tous côtés. Trois, quatre fois, elle est touchée, tombe avec un hurlement, mais à chaque fois se relève... Et, en boitant, elle finit par disparaître dans un petit bois...

La nuit est venue. Chez les chasseurs, c'est l'euphorie. Ils sont tellement sûrs que la Bête est en train d'agoniser qu'ils ne prennent pas la peine de partir à sa recherche. Ils n'auront qu'à ramasser son cadavre le lendemain.

Or, le lendemain, les chasseurs constatent avec stupeur que, dans le petit bois, il n'y a aucune dépouille. Et le surlendemain, la stupeur se change en effroi quand ils apprennent que, non loin, un jeune homme est rentré au village de Rimeize avec le flanc ouvert et le cuir chevelu arraché. La prochaine victime sera, quelques jours plus tard, une jeune fille de vingt ans dont on retrouve le cadavre en lambeaux.

Plus rien ne peut endiguer la terreur. A la tête de ses dragons et des innombrables volontaires, le capitaine Duhamel a beau multiplier les battues — pas moins de huit entre le 20 et le 27 novembre 1764 —, personne n'en attend plus rien. Comme pour le prouver, la Bête, pendant ce temps, poursuit ses ravages, toujours autre part que là où on l'attend. Jamais elle ne s'est autant déchaînée... Dix nouvelles victimes s'ajoutent à la liste...

La renommée de la Bête du Gévaudan a maintenant dépassé la région. A Versailles la cour se passionne pour ce fait divers si pittoresque qui fait frémir les dames. L'évêque de Mende fait dire des prières dans toutes les églises. Quant aux paysans, ils courbent l'échine, ils se taisent et ils prient. Pour eux, la Bête leur a été envoyée par Dieu pour les punir.

Les punir de quoi ? Ils ne sauraient le dire. De leur misère, de leur ignorance, de l'état d'asservissement où les maintiennent leurs seigneurs et les gens du roi ? Ce ne sont pas des questions qu'on se pose dans ce pays aux chemins presque impraticables, où ne viennent que les céréales pauvres et où il fait moins vingt-cinq chaque hiver. La Bête, pour tous ces pauvres gens, c'est le malheur inexplicable et qui revient périodiquement, comme la peste, la famine ou la guerre. Bien sûr, à la longue, la vie reprend le dessus. Une fois le fléau passé, la natalité comble les vides et les campagnes redeviennent comme avant.

Mais dans combien de temps ? Combien de deuils celle qu'ils ont nommée « la Bête qui mange le monde » va-t-elle leur infliger encore ?...

Décembre 1764. C'est le début du terrible hiver du Gévaudan. Les paysans terrés dans leurs masures se répètent, au cours des veillées qui, depuis six mois, sont synonymes de terreur, ce qu'ils savent de la Bête.

Les témoignages des quelque quarante rescapés sont concordants sur bien des points : la Bête est un animal fantastique qui ne ressemble à rien de connu. De la taille d'un veau ou d'un âne, elle est de poil rougeâtre mais avec une bande noire sur le dos et le poitrail blanc. Sa tête ressemble à celle d'un cochon, fendue par une gueule énorme toujours ouverte. Elle a les oreilles courtes, la queue longue et fournie.

Bien entendu, à côté de ces précisions purement anatomiques, il y en a d'autres inspirées par la superstition et la terreur. Certains affirment que la Bête est gaie et agile, qu'elle se dresse sur son derrière avec un air espiègle ; d'autres l'ont vue marcher sur l'eau sans se mouiller, d'autres encore l'ont entendue rire et parler...

Loup ou animal encore inconnu ? Pour l'instant, les avis sont partagés et il est impossible de trancher. La seule manière de connaître la vérité serait de tuer l'animal. Mais qui aurait la folie de tenter une pareille chose en plein hiver ?...

12 janvier 1765. C'est ce jour-là que se produit un épisode qui va émouvoir toute la France. André Portefaix, douze ans, berger au village de Chanaleilles, part garder les bœufs, accompagné de six enfants plus jeunes que lui, quatre garçonnets et deux fillettes. On peut évidemment s'étonner, voire s'indigner de l'inconscience criminelle des parents qui laissent leurs enfants en proie à une bête féroce. Mais il ne faut pas oublier dans quelle misère se trouvent les paysans de la région. Ne pas envoyer paître les bêtes, c'est ne plus avoir de quoi manger, bientôt la famine et la mort tout aussi assurée. Alors que faire d'autre, sinon espérer que la Bête ira faire ses ravages dans la paroisse d'à côté ?...

Les sept enfants sont là, au milieu de leurs bœufs dans un pré recouvert de neige. Ils se serrent les uns contre les autres tenant bien fort leurs bâtons où sont accrochés des lames avec des bouts de ficelle. Soudain une des deux fillettes pousse un cri :

— La Bête !...

Oui, c'est bien elle, avec son poil roux, son dos noir. Elle est sortie du bois et s'approche d'eux sans se presser, sûre d'elle, avec sa gueule démesurée à moitié ouverte. Les enfants se groupent autour de leur aîné, André Portefaix, font le signe de croix et agrippent leur bâton en s'efforçant de ne pas trembler.

La Bête tourne autour d'eux lentement, la gueule écumante en cherchant une faille dans leur dispositif de défense. Soudain, elle bondit et attrape par la gorge un des enfants, le petit Panafieux, huit ans. André Portefaix bondit à son tour. Il rattrape la Bête et la larde de coups de couteau. Surprise, elle ouvre la gueule et le petit Panafieux se retrouve libre. Il est affreusement défiguré. L'animal lui a arraché une joue. Il est d'ailleurs occupé à dévorer le morceau sanglant. La chair humaine l'a mis en appétit. Il se lèche les babines et se remet à tourner autour des enfants qui se sont reformés en groupe...

Et de nouveau, la Bête bondit. Elle saisit un autre enfant, Jean

Veyrier, et l'entraîne. Pour tous ces gamins, c'est trop de frayeur. L'un d'eux se met à crier :

— Fuyons pendant que la Bête le dévore !

Mais la voix d'André Portefaix domine la sienne :

— Non ! Nous le sauverons ou nous mourrons tous. Sus à la Bête !

Et les enfants vont sus à la Bête. Tous, même les deux petites filles, même le petit Panafieux qui dégouline de sang et qui est complètement aveuglé. Ils attaquent le monstre à coups de bâtons. André Portefaix hurle :

— Piquez à la tête ! Visez les yeux et la gueule !

La Bête doit lâcher le petit Jean Veyrier pour faire face. André Portefaix se met entre elle et sa victime et frappe de toutes ses forces sur le museau. Cette fois, l'animal en a assez ; il n'insiste pas et s'en va de sa démarche tranquille...

L'exploit du jeune André Portefaix et de ses camarades est bientôt connu dans tout le royaume de France. Louis XV accorde à chacun des sept enfants trois cents livres sur sa cassette personnelle. André Portefaix sera en outre élevé aux frais de l'État. Et Louis XV décide enfin de se soucier des malheurs de ses sujets du Gévaudan. Cette fois l'affaire a ému en haut lieu. Un roi de France ne laisse pas croquer ses sujets comme cela ; il va prendre des mesures contre la Bête du Gévaudan !...

D'abord une prime de six mille livres est offerte par l'État à qui la tuera : c'est une véritable fortune. Ensuite, le capitaine Duhamel reçoit des moyens nouveaux et des instructions pressantes pour en finir coûte que coûte...

Duhamel installe son quartier général à Saint-Chély-d'Apcher et il va employer effectivement des moyens jamais vus. Il bat le rappel dans soixante-treize paroisses du Gévaudan et des environs. Et il recrute vingt mille hommes. Oui, vingt mille hommes : tous les seigneurs de la région avec leurs paysans, tout ce que le Gévaudan compte de bras, de fusils, de faux, tout cela pour traquer une seule bête !

La troupe se met en route le 7 février 1765. Le pays est couvert de neige, ce qui représente un atout certain car les traces de l'animal seront parfaitement visibles. Et effectivement, elle est repérée le jour même, dans un bois. Elle est rapidement cernée. Il ne reste plus qu'à la tirer...

La Bête sort en bondissant. Elle est touchée une première fois, pousse un hurlement, tombe et reprend sa course. Cinq fois de suite, elle sera touchée, hurlera et continuera droit devant. Elle finit par disparaître dans des bois si denses qu'on ne peut pas la poursuivre...

Ce coup-ci plus personne n'ose espérer que la Bête soit touchée à mort et qu'elle n'ait disparu dans la forêt que pour agoniser. Il est trop clair qu'elle est bien vivante et que les balles ne lui font rien... Et comme pour mettre les choses parfaitement au point, le lendemain 8 février, la Bête lacère, décapite et éventre une jeune fille de quatorze ans à Malzieu. Le capitaine Duhamel, dans une dernière tentative, empoisonne le cadavre et laisse des tireurs d'élite en faction. Mais la Bête ne revient pas sur le corps de la malheureuse. Personne, à vrai dire, pas même le capitaine, ne s'y attendait...

Les semaines suivantes, la terrible partie de cache-cache continue. La Bête frappe partout en Gévaudan, à des dizaines de lieues d'un jour sur l'autre. Chaque fois, en apprenant qu'un garçon ou une fille a été dévoré dans tel ou tel village, Duhamel s'y rend avec ses hommes. Mais sur place, et parfois même en chemin, il apprend que la Bête a frappé ailleurs et il repart dans cette direction, arrivant toujours trop tard. Entre la Bête et les troupes du roi de France, la partie n'est pas égale : la Bête est beaucoup plus fine, beaucoup plus redoutable que les dragons. Mais est-ce vraiment une bête ? Personne n'en jurerait plus, surtout pas le capitaine.

Duhamel est d'ailleurs si persuadé qu'il a affaire à un animal monstrueux, qu'il ne s'intéresse nullement aux simples loups. Ce qui est une erreur car, avec les moyens qu'il a à sa disposition, il aurait pu débarrasser le Gévaudan d'une partie des vulgaires loups qui l'infestent à l'époque.

Voici, en tout cas, le portrait qu'il fait de la Bête à l'intendant d'Auvergne :

Cet animal est de la taille d'un taureau d'un an. Il a les pattes aussi fortes que celles d'un ours, avec six griffes à chacune de la longueur d'un doigt ; la gueule est extraordinairement large, le poitrail aussi long que celui du léopard, les yeux sont de la grandeur de ceux d'un veau et étincelants ; le poil du ventre est blanc, celui du dos rouge avec une bande noire. J'espère que vous penserez comme moi que cet animal est un monstre dont le père est un lion. Reste à savoir qui est la mère...

Dans tout le royaume, les esprits ne sont pas moins excités. La Bête du Gévaudan est à la mode. Des Flandres aux Pyrénées, les gazettes lui consacrent leurs articles, les chanteurs de rues entonnent la complainte des victimes et, à Versailles, c'est un des sujets de conversation préférés de la cour.

Les esprits ingénieux se mettent de la partie. Devant les insuccès du capitaine Duhamel, voici ce que propose un inventeur : « Il faut fabriquer des femmes artificielles constituées d'un sac en peau de brebis pour imiter le corps, de deux autres plus allongés pour représenter les jambes ; le tout sera surmonté d'une vessie peinte en manière de visage et remplie d'éponges imbibées de sang frais mêlé à des boyaux assaisonnés de poison, de façon à forcer la bête vorace à avaler sa propre mort. »

Mais voici mieux : « Il faut, dit un autre, élire vingt-cinq hommes intrépides, les revêtir de peau de lion, d'ours, de léopard, de cerf, de biche, de veau, de chèvre, de sanglier et de loup, avec un bonnet de carton garni de lames de couteau... »

Un autre propose encore de fabriquer une machine infernale composée de trente fusils dont les gâchettes reliées par des cordes seront mises en mouvement par les contorsions d'un veau de six mois se débattant à l'aspect de la Bête...

Mais pendant que les salons dissertent, que les gazettiers gagnent leur vie et que certains délirent, la Bête, elle, continue à dévorer les femmes et les enfants...

Cette situation, il y a pourtant un homme qui ne l'admet pas. Il se nomme Denneval... Denneval est un gentilhomme de soixante ans qui vit sur ses terres de Normandie en compagnie de son fils. Et s'il s'intéresse si fort à ce qui se passe en Gévaudan, à l'autre bout du royaume, c'est tout simplement qu'il est louvetier et, dit-on, le meilleur de France. On prétend qu'au cours de sa longue carrière, il n'a pas tué moins de douze cents loups. Cette bête, qui se déchaîne là-bas dans les montagnes, représente pour le vieux louvetier comme un défi. Il a l'impression qu'elle l'attend. Elle sera son dernier loup...

M. Denneval se rend à Versailles, où il a des relations. Il est présenté au roi Louix XV qui est favorablement impressionné par ses qualités de chasseur. Il accepte de le laisser partir en Gévaudan.

Arrivé sur place avec son fils, deux piqueurs et six gros chiens louvetiers, Denneval prend son temps ; il n'est pas pressé. Son premier souci n'est d'ailleurs pas la Bête, c'est le capitaine Duhamel. Il veut l'exclusivité de la chasse et de la victoire. Donneval écrit à l'intendant d'Auvergne :

Il ne nous sera pas possible de chasser si M. Duhamel et les dragons restent. Ils font journellement des battues et cela effarouche l'animal. Aussi je vous prie de bien vouloir donner des ordres afin qu'ils rejoignent leur quartier, faute de quoi nous serions obligés de retourner dans notre pays.

M. Denneval obtient satisfaction : le capitaine de dragons est congédié. Alors, et alors seulement, il s'occupe de la Bête... Au lieu d'aller à sa poursuite, comme Duhamel, de courir dans tel ou tel village chaque fois qu'elle y fait une victime, il étudie son adversaire : les endroits qu'elle fréquente, les chemins qu'elle emprunte ; ses traces sont particulièrement instructives : la Bête fait en terrain plat des bonds de vingt-huit pieds, c'est-à-dire un peu plus de neuf mètres. Mais pour Denneval, pas de doute, il s'agit bien d'un loup, un loup gigantesque, mais un loup...

C'est au début de mars 1765 que Denneval se met en campagne. Il était temps, jamais la Bête ne s'était déchaînée à tel point. Depuis février, elle attaque tous les jours et près d'une fois sur deux, elle tue.

Denneval, son fils, ses gens et ses chiens prennent la piste. On est bien loin des énormes battues et des dragons à cheval. Il ne s'agit plus d'une bataille rangée, mais d'un duel entre l'homme et l'animal, dont le premier est sûr de sortir vainqueur.

Pendant trois mois, Denneval traque l'animal avec toute l'expérience d'une vie de louvetier et, pas plus que Duhamel, il n'obtient de résultat... Bientôt c'est le doute, puis la déception, puis l'angoisse. Où est-elle la superbe de celui qui voulait écarter un rival pour ne pas avoir à partager la gloire avec lui ? Quand Denneval écrit de nouveau à l'intendant d'Auvergne, c'est pour confesser modestement :

Cette maudite bête n'est point facile à rencontrer ; elle va toujours sans s'arrêter. Il ne sera pas facile d'en venir à bout.

Alors Denneval en revient aux moyens qu'il avait tant critiqués. Le 30 avril et le 1er mai 1765, il organise des battues générales avec les volontaires de cinquante-six paroisses. Le 1er mai, la Bête est atteinte de trois coups de feu, mais bien que perdant son sang en abondance, elle s'échappe et reste introuvable.

L'orgueilleux louvetier, qui est devenu l'objet du mépris des paysans du Gévaudan, finit par en arriver aux expédients les plus désespérés. Il empoisonne le cadavre d'une des victimes et le laisse en évidence. La Bête, bien entendu, ne se montre pas. Mais comme pour montrer qui est le plus fort des deux, le lendemain et le surlendemain, elle tue dans deux villages différents.

Denneval et sa science des loups ont échoué tout aussi piteusement que le capitaine Duhamel à la tête de son armée. Ni la force ni la ruse ne semblent pouvoir venir à bout de la Bête. Dans le Gévaudan, il n'est plus une paroisse où le curé n'ait eu à écrire sur son registre, une notation de ce genre, qui dit tout dans sa tragique simplicité :

Martial Charrade, du Besset, âgé d'environ treize ans, a été dévoré avant-hier par la Bête féroce qui mange le monde et les restes de son corps ont été inhumés aujourd'hui 27 avril 1765 dans le cimetière de cette paroisse. Étaient présents Jean Charrade, son père, autre Charrade, son frère, illettrés, qui ont déclaré de savoir signer. Signé Fournier, curé.

Pourtant, la détresse si humble de ces paysans auxquels personne ne s'était intéressé pendant des siècles est maintenant connue de tous, et pas seulement en France. A présent l'Europe entière se passionne pour la Bête du Gévaudan. Pas toujours de manière innocente d'ailleurs. Les Anglais, qui viennent d'entrer en guerre avec la France, en profitent pour lancer de cruelles railleries. Une gazette d'Outre-Manche annonce que la Bête a vaincu une armée française de cent vingt mille hommes après avoir dévoré toute son artillerie et sa cavalerie...

Ce genre d'attaques ne peut rester sans conséquence. Louix XV ne saurait les tolérer sans perdre la face. Cette fois c'est l'honneur du pays qui est en jeu. La Bête du Gévaudan est devenue une affaire d'État. Le roi décide d'employer les grands moyens. Il convoque... son premier porte-arquebuse, Antoine de Bauterne, et lui ordonne de tuer la Bête.

Si la réplique semble légère, elle n'est pas aussi désinvolte qu'elle en a l'air. Louis XV aurait pu envoyer des troupes supplémentaires, mais l'expérience du capitaine Duhamel a prouvé que ce n'est pas le nombre qui compte. En revanche, le roi, qui est un grand chasseur, connaît et apprécie les qualités d'Antoine de Bauterne. C'est au premier porte-arquebuse qu'il appartient d'organiser les chasses royales et Louix XV a une totale confiance en lui.

Sur le plan psychologique, en tout cas, l'effet est atteint. L'arrivée d'Antoine de Bauterne est saluée en Gévaudan avec des cris d'allégresse. Car, pour tout le monde, le roi est sacré. Il tient son pouvoir de Dieu et lui seul peut triompher d'une bête sans nul doute créée par le diable. Pour les paysans du Gévaudan, Antoine de Bauterne est le saint Georges qui va les débarrasser de leur dragon.

Le premier soin du porte-arquebuse du roi est de congédier Denneval qui déclare en s'en allant :

— Ce n'est pas un loup. Il y a autre chose...

De Bauterne est immédiatement frappé par le terrain. C'est un homme d'expérience. Il est plus âgé que Denneval : il a soixante-dix ans. Pourtant il écrit :

Depuis cinquante ans que j'exerce des chasses tant en France, Allemagne, Piémont et Pyrénées, je n'ai jamais vu un pays aussi difficile que celui-ci.

Quant à la Bête elle-même, il observe soigneusement ses traces et sa conclusion est formelle : c'est un loup. Il l'écrit au ministre d'État Saint-Florentin.

Nous avons reconnu tant par les traînées que cette bête a faites sur les cadavres que par les traces, qu'il ne se trouve aucune différence avec celles d'un grand loup. S'il y a quelque autre bête d'une autre espèce qui cause

*des ravages, ni les gardes ni moi n'avons pu la découvrir malgré les
recherches continuelles que nous avons faites...*

Le 20 septembre, Antoine de Bauterne prend brutalement une
décision. Il se rend à l'abbaye de Chazes en Auvergne. Le 17, trois
jours auparavant, une femme avait été attaquée non loin de là par la
Bête et l'avait repoussée. La décision du premier porte-arquebuse
surprend tout le monde car cette région n'est pas un des terrains de
prédilection de l'animal qui opère principalement en Gévaudan,
surtout aux alentours du mont Mouchet.

Le 2 septembre 1765, après avoir disposé ses hommes dans la forêt
de Chazes, Antoine de Bauterne se met à l'affût derrière son fusil. Et
la Bête apparaît. Mais pas devant ses soldats, devant lui, à quelques
mètres, comme si elle jugeait indigne d'être tirée par quelqu'un
d'autre que le premier porte-arquebuse du roi. Celui-ci a chargé son
fusil d'une balle de fort calibre et de trente-cinq plombs à loup. Il tire.
Et son coup justifie son poste de premier chasseur du royaume : la
balle entre dans l'œil droit du monstre, lui fracassant le crâne, les
trente-cinq plombs pénètrent à la jointure de l'épaule droite... Et
pourtant la Bête, qui aurait dû être foudroyée, ne tombe pas, elle
continue à avancer, elle fuit !

Antoine de Bauterne appelle l'un de ses hommes qui tire à son tour
sur l'animal et le touche au postérieur. Cette fois, c'est le coup de
grâce. La Bête roule sur elle-même et s'immobilise, raide morte.

Le premier porte-arquebuse et ses hommes se précipitent avec
l'émotion que l'on imagine. La Bête qui a décimé une province, la
Bête dont parle l'Europe entière est là devant eux... C'est un loup,
mais d'une taille inimaginable. Il pèse cent trente livres, c'est-à-dire
soixante-cinq kilos. Il mesure un mètre quatre-vingt-dix depuis le
bout du nez jusqu'à l'extrémité de la queue et un mètre quarante-trois
du nez jusqu'à la naissance de la queue ; ses canines sont longues de
trois centimètres et demi.

La Bête est ramenée triomphalement au village voisin de Saugues.
Le chirurgien local en fait l'autopsie et procède à un début
d'embaumement. Huit enfants attaqués par la Bête défilent devant
elle et tous la reconnaissent. Le cadavre est ensuite expédié à
Clermont où il est empaillé et amené à la cour par le fils d'Antoine de
Bauterne...

Louis XV ne peut cacher son amusement quand il voit l'animal :
ainsi donc ce n'était que cela, un gros loup, mais un vulgaire loup !
Dieu que les paysans sont crédules et stupides pour avoir imaginé une
bête fantastique ! Toute la cour s'amuse à la suite du roi, et Antoine
de Bauterne est comblé de gloire. Il est fait grand-croix de l'ordre de

Saint-Louis, se voit attribuer mille livres de pension et, honneur exceptionnel, reçoit le droit de faire figurer la Bête sur ses armoiries...

En Gévaudan, la mort du grand loup de la forêt de Chazes n'a rassuré qu'à moitié les paysans. Un loup, ce n'est pas la Bête, pensent-ils. Le porte-arquebuse du roi n'a pas fait vraiment ce qu'on attendait de lui, il s'est comporté comme un chasseur et non comme le saint Georges qu'il devait être : la Bête est toujours vivante...

Pourtant, il semble bien que les paysans se trompent, car du jour au lendemain, avec le coup de feu d'Antoine de Bauterne, les massacres cessent. Les mois se succèdent : octobre, novembre 1765... Pas une attaque depuis le 21 septembre. L'hiver arrive, saison pendant laquelle la Bête se montre le plus redoutable : rien...

2 décembre 1765. Le mont Mouchet est couvert de neige. Deux garçons de six et sept ans reviennent en courant dans leur hameau. Ils ont les habits déchirés. Ils sont couverts de plaies. Ils crient, au comble de la terreur :

— La Bête ! La Bête !

Les villageois les entourent. Ils ne veulent pas les croire.

— Voyons, c'était un loup !

Mais les deux petits secouent la tête :

— Non. C'était la Bête. Nous l'avons chassée avec nos bâtons. Mais c'était elle !

Le 21 décembre à midi, le doute n'est plus permis. La petite Agnès Mourgue, douze ans, qui gardait son troupeau près de Lorcières, est retrouvée morte ; ou plutôt on n'en retrouve que les horribles débris trop bien connus : la tête séparée du corps, des morceaux de jambes, de bras, les entrailles dispersées et à moitié dévorées...

C'est dans la terreur que se passe la Noël 1765 en Gévaudan. La Bête est revenue, ou plutôt, elle n'a jamais cessé d'être là. Elle a fait exprès de se tenir tranquille pour que les gens du roi s'en aillent. Et maintenant qu'ils sont partis, elle recommence. L'animal tué à la forêt de Chazes, celui qui a diverti Versailles et qui figure sur les armes de M. de Bauterne n'est pas la Bête, chacun le sait maintenant en Gévaudan. Mais comment le dire, comment se plaindre, comment appeler au secours, puisque, officiellement, la Bête est morte ? Dire le contraire, c'est mettre en doute les autorités, la parole du roi, c'est presque un crime de lèse-majesté.

D'ailleurs, la Bête du Gévaudan a passé de mode. A Versailles, dans les salons parisiens, on parle maintenant d'autre chose. Si les paysans du Gévaudan se font dévorer, cela n'émouvra plus personne, et après tout, cela n'est pas si rare dans les campagnes en cette fin de XVIIIe siècle...

Les massacres continuent donc, au cœur du redoutable hiver du

Massif central. Le 12 février, un jeune berger est attaqué ; il est heureusement sauvé par ses vaches qui font front contre la Bête. Deux jours après, le 14, Jeanne Delmas, neuf ans, de Lorcières, est renversée par l'animal alors qu'elle cassait de la glace pour prendre de l'eau : blessée au cou et à la joue, elle parvient tout de même à s'enfuir. Le 4 mars, Jean Bergounioux, neuf ans, de Servières est saigné à mort. Le 14, c'est au tour d'une fillette de Saint-Privat-du-Fau, âgée de neuf ans également, de succomber. Et ainsi de suite...

Le 24 mars 1766, les états particuliers de Gévaudan se réunissent. Ils adressent une supplique à l'intendant du Languedoc. Ils implorent qu'on leur donne les moyens de lutter contre la Bête. Mais la réponse qu'ils obtiennent a de quoi désespérer. L'intendant leur suggère simplement d'empoisonner des cadavres de chiens « avec de la noix vomique, du verre pilé, de l'oignon de colchique et de l'éponge frite à la poêle, moyen qui paraît le plus assuré pour se débarrasser des loups ».

Ainsi donc, tout est dit, l'autorité n'enverra plus en Gévaudan ni capitaine de dragons, ni louvetier, ni porte-arquebuse : elle se borne à donner aux habitants... un bon conseil.

Le Gévaudan retombe dans son isolement de toujours. Et cette Bête dont personne ne veut plus entendre parler continue tranquillement à tuer... pendant plus d'un an encore.

Le 18 juin 1767, un enfant est dévoré à Nozerolles, au pied du mont Mouchet. Le marquis d'Apcher, un noble de la région, décide aussitôt d'organiser une battue, une de plus et dont on n'attend pas davantage que des précédentes. Pour cela, il s'entoure de douze bons chasseurs dont Jean Chastel et ses trois fils, Pierre, Antoine et Jean.

Jean Chastel père a environ soixante ans. Il est né à Darmes, près de Besseyres-Sainte-Mary. C'est un homme robuste et pieux qui a bonne réputation dans toute la région. Il a pourtant fait récemment de la prison dans des circonstances pour le moins surprenantes.

L'affaire remonte à août 1765, au temps où Antoine de Bauterne, le premier porte-arquebuse du roi, dirigeait les opérations. Trois dragons à cheval, allant prendre leur poste sur le territoire de la paroisse de Besseyres croisent Chastel et ses fils. Ils les interrogent :

— Est-ce qu'on peut passer par là ? Il n'y a pas de bourbier ?

— Bien sûr que vous pouvez, répond Jean Chastel, avec un drôle de sourire.

Quelques instants plus tard, les trois militaires voient leurs bêtes s'enfoncer jusqu'au poitrail. Eux-mêmes sont désarçonnés et manquent de mourir enlisés. Pendant ce temps, Chastel et ses fils sont pliés de rire, sans faire un geste pour les aider. Et lorsque les dragons, qui se sont enfin dégagés, reviennent vers eux, l'air menaçant, un des fils Chastel, Antoine, les met en joue avec son fusil. Les hommes du

roi doivent aller chercher des renforts pour les arrêter. Les Chastel
père et fils resteront en prison jusqu'au départ d'Antoine de
Bauterne.

Il faut sans doute mettre cette mauvaise plaisanterie qui aurait pu
tourner au tragique, sur le compte de l'animosité des habitants du
Gévaudan envers les dragons dont les efforts inutiles ruinaient le
pays. En tout cas, lorsque commence la battue, le 18 juin 1767, cette
histoire est depuis longtemps oubliée...

Ce jour-là, Jean Chastel est à son poste de tir au lieu-dit La-Sogne-
d'Auvert, près de Sauges. Il est dix heures et quart du matin. Chastel
est en train de lire son livre de prières ; il a auprès de lui son fusil
chargé de deux balles bénites. Et la Bête arrive. Elle sort du bois et
reste devant lui, immobile. Elle attend...

Jean Chastel achève de lire sa prière, enlève ses lorgnons et tire une
seule fois... L'animal, touché à l'épaule, tombe de toute sa masse,
foudroyé. Jean Chastel s'approche du cadavre et dit simplement :
— Bête, tu n'en mangeras plus !...

L'animal est transporté au château de Besques, tout proche. Dans
tout le pays la nouvelle s'est répandue et les gens accourent. Le sieur
Martin, notaire royal, fait ses constatations. Il s'agit d'un très gros
loup de cent vingt livres, quoique « sa tête monstrueuse, sa gueule
énorme, son poil roux et noir, puissent indiquer un monstre d'une
espèce inconnue ». Dans ses entrailles, on découvre un os appartenant à un être humain jeune : le dernier repas de la Bête.

Pendant tout le mois de juillet, l'animal, qui a été empaillé
sommairement, est promené dans le Gévaudan au milieu des cris
d'allégresse. Tous ceux qui ont été attaqués reconnaissent le monstre... Enfin, début août, Jean Chastel se décide à partir pour
Versailles avec son trophée.

Mais le voyage a lieu en plein mois d'août. Quand il arrive, l'animal
est dans un abominable état de décomposition. Jean Chastel ouvre sa
caisse devant le roi qui recule avec horreur et le chasse. La Bête sera
enterrée on ne sait où, peut-être dans les jardins mêmes de Versailles.
Et, contrairement au loup tué par le premier porte-arquebuse du roi,
personne ne saura jamais à quoi elle ressemblait.

En tout cas, cette fois, le cauchemar est bien fini. A partir du
18 juin 1767, les meurtres cessent définitivement. La Bête est morte
et bien morte.

Pour toute récompense, Jean Chastel recevra soixante-douze livres
du diocèse de Mende plus trois cents livres à partager avec les douze
autres chasseurs. Le marquis d'Apcher, organisateur de la battue,
oublié par les autorités royales, sera récompensé plus tard d'une
manière inattendue. Arrêté sous la Révolution et menacé de la
guillotine, il verra les paysans du Gévaudan défiler à son procès pour

réclamer la grâce de leur libérateur, ce qui lui vaudra l'acquittement...

Maintenant que la Bête est morte, on peut faire les comptes. De
juin 1764 à juin 1767, elle a dévoré exactement cent personnes dont
soixante-huit en Gévaudan, trente en Auvergne, une dans le Vivarais
et une dans le Rouergue. Parmi les victimes, soixante-deux étaient du
sexe féminin et trente-huit du sexe masculin. Mais si on compte une
quinzaine de femmes de plus de vingt-cinq ans, il n'y a aucun homme
de plus de seize ans.

Reste la question principale : qui était la Bête du Gévaudan ?

Il faut souligner d'emblée le côté exceptionnel de ce qui s'est
produit dans le Massif central entre 1764 et 1767. Le loup, qui craint
l'homme, l'attaque pratiquement toujours en horde, quand la faim le
fait sortir des bois, principalement en hiver. Il n'est anthropophage
qu'en toute dernière extrémité.

Il serait donc logique de supposer que la Bête qu'a tuée Jean
Chastel, et qui n'a fait l'objet d'aucun examen anatomique sérieux,
n'était pas un loup. Et les contemporains ne s'en sont pas privés. Ils
ont parlé d'un lion, d'une hyène, et même d'un léopard. Pourtant,
l'hypothèse n'est pas crédible. Outre que de tels fauves ne correspon-
dent à aucune des descriptions des témoins, on se demande bien par
quel miracle ils seraient venus au cœur du Massif central. Et à
supposer même qu'un riche excentrique les ait lâchés là pour se
divertir, il est absolument exclu que ces animaux des pays chauds
aient pu survivre à des températures de moins vingt-cinq degrés...

Alors, si la Bête du Gévaudan n'était pas un lion, une panthère,
mais un fauve bien plus redoutable, l'homme lui-même ? C'est la
thèse qu'a soutenue au début de ce siècle un scientifique, le docteur
Puech, qui a distingué trois responsables des agressions : des loups
véritables, des mystificateurs et un fou sadique.

Des loups véritables, il y en a eu et les déclarations des témoins sont
trop précises pour qu'il soit question de le nier. Dans l'épisode du
petit Jean Portefaix et de ses camarades, par exemple, il ne peut s'agir
que d'un loup, monstrueux ou non.

Quant aux mystifications, le docteur Puech cite certains témoignages. La Bête aurait été vue au clair de lune, assise sur son derrière
comme un humain, regardant dans les maisons à la croisée des
fenêtres, ce qui pourrait faire penser à un homme travesti dans une
peau de loup... Ce n'est guère convainquant, disons-le tout de suite.
On ne voit pas bien pourquoi des inconnus auraient pris l'initiative de
ces plaisanteries extrêmement douteuses et de surcroît dangereuses,
dans un pays où tout le monde se promenait armé, le doigt sur la
détente.

Reste le troisième groupe d'agressions, celles qui seraient dues à un fou sadique. Puech constate que si certaines victimes ont été entièrement dévorées, la plupart n'étaient qu'égorgées, lacérées à la poitrine et au ventre, exactement comme s'il s'agissait d'un meurtrier sadique du genre Gilles de Rais ou Jack l'Éventreur. De plus, aucun homme n'a été attaqué, uniquement des femmes et des enfants, les victimes exclusives des maniaques.

On est pourtant bien obligé de réfuter tous ces arguments. Si la Bête ne s'est attaquée qu'aux femmes et aux enfants, c'est tout simplement qu'ils étaient moins capables de se défendre. Un homme en bonne santé, armé d'un bâton, peut sans trop de problème mettre en fuite un loup, même d'une taille extraordinaire, même de soixante-cinq kilos, tandis qu'un enfant ou une femme paralysée par la peur n'en sont pas capables. Et surtout aucun être humain — dans l'hypothèse d'un sadique — n'aurait pu échapper aux moyens considérables qui ont été mis en œuvre, aux dizaines de milliers de chasseurs, aux battues continuelles. Un homme ne court pas plus vite que les chiens, que les chevaux ; il ne peut s'enfuir après avoir reçu cinq balles dans le corps. Enfin toutes les victimes sont formelles : c'est bien un animal qui les a attaquées, ce n'est pas un homme...

Il y a encore, à propos de la Bête du Gévaudan, une hypothèse extrêmement curieuse : le responsable des meurtres ne serait autre que Chastel, le tueur de la Bête, plus exactement un des fils, Antoine.

D'après ce qui se disait dans le pays, Antoine Chastel avait eu un passé des plus troubles. Il aurait été galérien, prisonnier des Maures à Alger, se serait fait musulman et aurait été gardien de fauves. De retour en Gévaudan, il serait devenu tout naturellement maître de loups. C'est vrai qu'on avait souvent vu la Bête près de sa cabane, au pied du mont Mouchet : elle rentrait tout simplement dans sa tanière.

Seulement, il y avait le père, Jean Chastel, un homme droit, lui. Lorsque, le 16 mai 1767, une petite fille a été dévorée dans son village, il aurait résolu de mettre fin aux agissements de son fils. A la suite d'une discussion terrible avec Antoine, la mort de la Bête aurait été décidée. Le 18 juin, c'est Antoine Chastel qui aurait lâché l'animal juste sous le fusil de son père. Car le récit de cet homme qui termine tranquillement sa prière, enlève ses lunettes, tandis que le fauve qui a échappé à des milliers de chasseurs l'attend sans bouger, est totalement invraisemblable.

Sur ce point, effectivement, le récit de la mort de la Bête est si édifiant qu'on peut se demander s'il n'a pas été arrangé après coup dans le but de lui donner une dimension morale. Les choses ont dû se passer d'une manière beaucoup plus prosaïque. Mais que la Bête n'ait pas bougé, n'est dans le fond pas invraisemblable. Il ne faut pas oublier qu'il s'agissait d'un animal traqué depuis trois ans, qui avait reçu de multiples blessures par armes à feu et armes blanches... Le 18 juin, la Bête du Gévaudan, épuisée, était sans doute au bout de sa course ; le coup de fusil de Jean Chastel n'a été que le coup de grâce.

Pour terminer sur cette hypothèse, disons que l'enfance aventureuse d'Antoine Chastel n'a jamais été prouvée et semble même invraisemblable. Ce ne sont que des racontars de village à propos d'une famille dont l'algarade avec les dragons prouve qu'elle n'était pas facile à vivre. Enfin, il faut rappeler que l'existence des maîtres-loups n'est qu'une légende. Jamais l'homme n'a pu dresser des loups à manger d'autres hommes.

Reste une dernière solution et, même si c'est la moins romanesque, c'est à peu près sûrement la bonne : la Bête du Gévaudan était un loup, ou, plus exactement, plusieurs loups.

L'animal tué par Antoine de Bauterne le 21 septembre 1765 en était un, c'est incontestable : il a été empaillé, examiné par toute la cour et les plus éminents savants. Et tout aussi incontestablement, c'était une des Bêtes du Gévaudan. Tous les rescapés qui l'ont vu l'ont reconnu. Enfin la dépouille portait de nombreuses traces de blessures par couteau et par balle, les marques des battues et des tentatives des victimes pour se défendre.

Mais tout aussi évidemment, malgré la version officielle, l'animal tué par Jean Chastel était une autre Bête du Gévaudan. Il n'a pu être examiné sérieusement, mais il y a tout lieu de croire qu'il s'agissait aussi d'un loup. Il était d'ailleurs plus petit que celui abattu par le premier porte-arquebuse du roi : cent vingt contre cent trente livres...

La Bête du Gévaudan, c'était donc deux loups, peut-être plus, car il n'est pas du tout certain que les deux bêtes touchées de cinq balles lors des battues du capitaine Duhamel aient survécu. De 1764 à 1767, il y a eu trois meurtriers en Gévaudan, peut-être quatre, en tout cas pas davantage...

Reste à savoir pourquoi brusquement ces loups, individus dégénérés de taille monstrueuse, se sont mis en même temps, contrairement à toutes les habitudes de la race, à attaquer l'homme ?

On a supposé que la maladie de Carré qui décimait à l'époque les chiens en France a été à la base de ces anomalies de comportement. Mais la maladie de Carré sévissait dans tout le pays et le phénomène s'est limité au Gévaudan...

Jacques Delpierre de Barjac a formulé une hypothèse ingénieuse. L'anomalie résulterait d'une brutale rupture de l'équilibre écologique. Vers 1750, une épizootie a décimé les moutons du Gévaudan. Les paysans ont donc dû les remplacer par des vaches et des bœufs. Les loups, qui avaient l'habitude d'attaquer les troupeaux ont trouvé avec les bovins des adversaires trop forts pour eux. Ils se sont alors tout naturellement retournés vers les bergers.

Peut-être... Il n'en reste pas moins que ce brutal déchaînement de violence animale est le seul qu'ait retenu l'histoire sous cette forme. La Bête a « mangé le monde » entre juin 1764 et juin 1767 au Gévaudan et dans les provinces limitrophes. Jamais avant, jamais ailleurs, jamais après. Et cela reste un mystère.

Dans le fond, Denneval, le louvetier bredouille, avait sans doute raison, lorsqu'il avait dit en se retirant :

— Il y a autre chose...

ANGÈLE LAVAL, LE CORBEAU

Angèle Laval marche à petits pas dans les rues de Tulle. Le soleil brille en ce début d'été 1904. Elle est heureuse... Pourtant rien ne l'indique vraiment sur son visage. D'ailleurs, on ne voit pas son visage. Angèle Laval est une jeune fille bien élevée, une jeune fille à principes. Elle marche la tête baissée, comme on lui a appris à le faire quand elle est dans la rue...

Angèle a dix-huit ans. Elle est vêtue du costume de son collège religieux : une robe bleu marine qui lui descend jusqu'aux chevilles et qui est strictement boutonnée jusqu'au cou. Sur ses cheveux blonds, ramenés en chignon, elle porte un béret un peu ridicule.

Pour elle, ce jour de juin 1904 est un grand jour. Ses études terminées, elle rentre chez elle, à Tulle. Elle va retrouver sa mère et habiter avec elle, car son père est mort depuis bien longtemps.

L'avenir ? Elle essaie d'y penser en retrouvant les rues de sa ville. Il a pour l'instant quelque chose d'abstrait. Logiquement, elle devrait se marier. N'a-t-elle pas appris au couvent tout ce qui fait une parfaite épouse : la cuisine, la couture, les bonnes manières ?... Angèle Laval arrive devant chez elle : un hôtel particulier datant de Louis XIII, non loin de la cathédrale. Elle monte au premier étage. Sur le palier, une porte massive, avec le long cordon de soie de la sonnette. Elle le tire... Il y a un bruit aigrelet à l'intérieur. Sa mère, Mme Laval lui ouvre. Ce sont les retrouvailles tant attendues.

Angèle s'installe dans sa chambre haute de plafond, mais sombre et austère. Elle est heureuse de se retrouver dans ce cadre où elle a passé son enfance. Maintenant, elle n'a plus qu'à attendre que le futur mari se présente...

Janvier 1920. Seize ans ont passé. Il faut croire que le futur mari est en retard, car Angèle Laval vit toujours seule avec sa mère. Elle a maintenant trente-quatre ans. Pour occuper ses journées vides, elle se consacre comme elle aux bonnes œuvres. C'est une des dames les plus actives de sa paroisse. De temps en temps, elle travaille à l'extérieur, afin d'assurer sa subsistance.

Il est quatre heures à l'horloge du salon, lorsqu'on sonne à la porte. Angèle et sa mère sursautent. Elles n'attendent personne. Mme Laval va ouvrir : c'est le facteur avec une lettre. C'est très étonnant, car ni la mère ni la fille ne reçoivent jamais de courrier.

Angèle Laval voit sa mère ouvrir l'enveloppe, rester un instant immobile, pâlir et s'effondrer dans un fauteuil.

La lettre commence par : « Grande sale... » et la suite est tellement ignoble qu'elle en reste sans voix ; des accusations immondes, avec un luxe, un flot de détails inimaginables ; le tout illustré de dessins pornographiques.

L'instant de stupeur passé, Mme Laval roule les feuillets en boule et les jette dans le poêle. Le mépris est la seule réponse que méritent ces horreurs...

C'est sans doute ce que pense aussi le maire de Tulle lui-même quand il jette au feu le lendemain une lettre anonyme du même acabit. Lui aussi veut traiter cet incident par le mépris.

Une mécanique effrayante est lancée... Les jours, les semaines passent et les notables de Tulle, les uns après les autres, reçoivent les mêmes messages délirants et abjects. Mais jusqu'ici, seuls eux-mêmes sont au courant. Tous les destinataires dissimulent soigneusement leur mésaventure. Ils font bonne figure quand ils croisent leur voisin, tout en se demandant si par hasard ce ne serait pas lui...

La bourgeoisie de Tulle est atteinte, mais elle l'est intérieurement. C'est un secret que les intéressés cachent, comme un secret de famille. Rien ne transpire encore.

C'est sans doute ce que doit se dire l'auteur des lettres anonymes. Sans doute espérait-il un résultat plus spectaculaire. Car brusquement il emploie les grands moyens. Et désormais tout va éclater au grand jour.

Avril 1920. C'est le jour des Rameaux. Tulle, petite ville de province jusque-là assoupie, pour ne pas dire léthargique, est en ébullition. Les fidèles, en se rendant aux premiers offices, ont découvert des enveloppes sur les prie-Dieu. Croyant qu'il s'agissait d'un message religieux ou du texte des cantiques, ils les ont ouvertes et, en pleine église, il y a eu des cris horrifiés.

C'était la réplique exacte des lettres anonymes répandues dans la ville depuis des semaines. Les noms des destinataires s'étalaient en haut du premier feuillet, avec des accusations horribles, diaboliques...

Cette fois, impossible de se taire. Le scandale est public. Le lendemain lundi, le commissaire de Tulle est assailli d'une foule de plaintes.

Être commissaire de police à Tulle, ce n'est pas la même chose qu'à Paris ou Marseille. Bien sûr, il y a quelques affaires, mais sans être de tout repos, le poste est plutôt tranquille... Aussi peut-on imaginer la stupéfaction du commissaire quand il découvre que, depuis des semaines, la ville est inondée de lettres anonymes, quand il voit ces bourgeois en col dur, l'air respectacle et horriblement gêné, faire le pied de grue dans son couloir, en attendant leur tour.

Certains ont gardé les missives sur eux et les lui montrent. Le commissaire n'est pas comme ces gens de la bonne société provinciale qu'un rien suffit à choquer. Au cours de sa carrière, il a fréquenté des mauvais garçons, des prostituées. Il sait ce qu'est la verdeur du langage. Pourtant, en parcourant les lettres, il a le souffle coupé. Jamais il n'avait lu de pareilles horreurs, jamais il n'aurait cru qu'un pareil raffinement ordurier soit possible.

Une semaine plus tard, le commissaire a sur son bureau une vingtaine de lettres. Et de nouveaux plaignants viennent lui en apporter tous les jours. Sur la forme des textes, il est maintenant blasé. Il s'intéresse au contenu. Il n'a rien de surprenant. C'est une série d'accusations quant à la fidélité des maris, des épouses, à la conduite des enfants. Bref, les ragots que colporte naturellement une ville de province, à cette différence près que cette fois, ils sont jetés à la face des intéressés.

L'ennui, pense le commissaire, c'est qu'il y a forcément une part de vrai dans ces outrances. Et cette vérité, à la longue, peut devenir terriblement dangereuse.

Malheureusement, les moyens dont il dispose sont limités. En cette année 1920, la graphologie est encore balbutiante. Il n'est pas possible de déterminer, au vu de l'écriture, la personnalité du coupable... Alors ? Faire surveiller les boîtes aux lettres ? C'est ce que fait le commissaire. Mais il ne va tout de même pas interpeller tous ceux qui glissent une enveloppe. L'anonyme poste environ une lettre tous les deux jours. Quoi de plus simple à dissimuler ?...

Janvier 1921. Près d'un an a passé et ce que redoutait le commissaire vient de se produire : l'auteur des lettres vient de faire une victime.

Quand Honoré Bertrand, chef de service à la préfecture, a reçu sa lettre comme les autres, il n'a pas été surpris. Après tout, lui aussi faisait partie des notables. C'est tout juste s'il ne se sentait pas vexé d'avoir été oublié. Mais en relisant le message, il s'est senti brusquement inquiet. C'est que les accusations étaient terriblement précises :

Ta femme te trompe avec Legrand. Tu es cocu depuis des années et tu es le seul à ne pas le savoir.

Legrand était un de ses employés à la préfecture. Tout à coup affreusement jaloux, Honoré Bertrand s'est mis à surveiller sa femme. Et c'est ainsi qu'il a découvert que l'auteur anonyme disait vrai. Le résultat a été brutal et dramatique. Chassé séance tenante, Legrand n'a pu supporter le scandale. Il s'est suicidé en rentrant chez lui.

Cette fois, le commissaire est décidé à employer les grands moyens. La vie à Tulle est devenue impossible, l'air irrespirable. Chacun s'épie, chacun se suspecte. Il n'a pas le droit de laisser agir plus longtemps ce maniaque qui est devenu un criminel. Il va donner l'ordre à ses hommes d'interpeller tous ceux qui déposeront une lettre dans la boîte et de vérifier l'écriture.

Pourtant, le commissaire n'aura pas besoin d'en arriver là. Le lendemain même, il reçoit une visite inattendue : un prêtre. C'est le curé de la cathédrale. Il le fait entrer sans attendre. L'homme d'Église a l'air bouleversé.

— Mon père, ne me dites pas que vous aussi avez été victime...

Le curé l'interrompt :

— Ma misssion n'est pas très agréable à remplir, mais dans les circonstances actuelles j'estime que c'est un devoir. Je connais le coupable.

Le commissaire en reste muet. Le prêtre parle d'une voix amère.

— C'est Angèle Laval, la plus assidue de mes paroissiennes, celle qui fait le cathéchisme des filles. J'étais chez elle hier pour discuter de la prochaine vente de charité. Et c'est alors que j'ai vu, sur son bureau, une lettre...

Le commissaire ne veut pas y croire.

— C'est impossible. Vous avez dû vous tromper. C'est une lettre anonyme qu'elle a reçue comme les autres.

Le curé secoue la tête d'un air accablé.

— Non. La lettre n'était pas terminée. La moitié de la page était encore vide. Elle était en train de l'écrire. D'ailleurs, elle a surpris mon regard. Elle a eu un instant de trouble. Elle s'est tout de suite reprise, mais j'ai lu dans ses yeux que c'était elle.

Le curé s'en va en soupirant. Et le commissaire se rend immédiatement au premier étage de l'hôtel particulier Louis XIII. Il trouve Angèle Laval avec sa mère. Il demande à la demoiselle un moment d'entretien.

Une fois seul avec elle dans sa chambre, il contemple longuement ce visage fermé, ces grands yeux bleus sans flamme, ces lèvres minces et serrées. Il regarde aussi le cadre qui l'environne : un crucifix au mur, des images pieuses, un lit impeccablement fait, comme au couvent. Il dit doucement :

— Je sais tout, mademoiselle. Pourquoi avez-vous fait cela ?

Angèle Laval toise le commissaire.

— Fait quoi, je vous prie ?

Alors le commissaire explique la visite du curé. Il lui demande d'avouer. Cela soulagera sa conscience. Mais rien à faire. La demoiselle nie farouchement. Le commissaire n'insiste pas. Il prend congé.

Dès qu'il est parti, Mme Laval entre dans la chambre de sa fille. Elle lui dit sans élever la voix :

— Les lettres, c'était toi. Je le sais depuis toujours. C'est à moi que tu as envoyé la première et ensuite, tu as continué.

Devant sa fille stupéfaite, elle poursuit :

— Pourquoi t'enfermais-tu des journées entières ? Une fois, je t'ai suivie quand tu es sortie. Tu as été mettre deux lettres à la boîte. A qui étaient-elles destinées ?

Et, tout comme le commissaire, elle pose la question avec douceur :

— Angèle, pourquoi as-tu fait cela ?...

Alors Angèle avoue. Elle raconte. Une histoire sotte, pitoyable, déchirante.

Au début, en rentrant du couvent, elle a attendu le futur mari. Elle s'imaginait qu'il suffisait de l'attendre, qu'il viendrait de lui-même tirer le grand cordon de soie de la sonnette. Mais les années ont passé et personne n'est venu. Alors elle a fait comme sa mère, elle s'est intéressée aux bonnes œuvres. En 1920, pour subsister, elle a dû travailler. Elle a pris un petit poste à la préfecture. C'est là qu'elle a fait la connaissance de M. Moury, son chef de service. Il n'était pas spécialement beau, de taille moyenne, blond, avec un collier de barbe.

M. Moury ne lui a jamais rien dit de spécial : « Bonjour, mademoiselle Angèle », en arrivant le matin, et « Au revoir, mademoiselle Angèle », en partant le soir. Comme elle en a rêvé de ces « bonjour » et de ces « au revoir » ! Pourquoi est-elle tombée amoureuse folle le premier jour ? Elle ne le saura jamais. Sans doute parce qu'elle en avait tellement envie.

Intérieurement, Angèle était sûre qu'il y aurait quelque chose entre eux. Elle sentait dans les « bonjour » de M. Moury quelque chose de joyeux, une complicité. Et, dans ses « au revoir », un regret, comme celui de ne pas avoir osé parler... M. Moury était sûrement un timide. Mais un jour il se déciderait, il lui parlerait...

Ce jour est arrivé en janvier 1920. Le soir, au lieu du « au revoir » habituel, il lui a dit :

— Mademoiselle Angèle, est-ce que vous seriez libre demain soir ?

Angèle Laval a balbutié quelque chose comme : « Oui, peut-être », alors le jeune homme barbu a ajouté :

— Parce que j'offre un vin d'honneur pour les collègues. C'est pour fêter mon mariage, vous comprenez...

Comment Angèle a-t-elle fait pour rentrer jusque chez elle ? Elle se demande encore. Mais en arrivant, sa décision était prise. Il fallait qu'ils souffrent, qu'ils souffrent tous — oh, non pas comme elle, c'était impossible ! — mais qu'ils en aient seulement une idée. C'est le lendemain que sa mère a reçu la première lettre anonyme...

Angèle Laval a terminé sa confession. Elle s'arrête, épuisée.

On pourrait imaginer que tout est fini, que la suite ne concerne plus que la justice. Erreur. Le plus affreux est encore à venir.

Mme Laval, catholique pratiquante, a alors une réaction incroyable. Elle dit à sa fille :

— Tue-toi !

Angèle la regarde, hésite, et réplique finalement :

— D'accord, mais avec toi.

Et le lendemain, au petit matin, les deux femmes se dirigent à pied vers l'étang de Ruffaud, à quelques kilomètres de la ville. Il fait froid. Elles se serrent l'une contre l'autre. Elles ne se parlent pas. Arrivées devant l'étendue d'eau, elles s'y jettent ensemble.

La suite est racontée par les sauveteurs. Deux pêcheurs les voient plonger. Mme Laval se laisse couler sans se débattre et descend à pic. Mais Angèle refuse de se laisser noyer. Elle s'accroche aux herbes flottantes, elle crie, elle appelle. Quelques minutes plus tard, les pêcheurs la sortent de l'eau, peu avant sa mère, qu'il est impossible de réanimer.

L'auteur des lettres anonymes de Tulle vient de faire sa seconde victime...

Quand elle passe, en avril 1922, devant les assises de Tulle, Angèle Laval nie farouchement, nie contre l'évidence. L'expertise graphologique, faite par un professeur de Lyon, un des seuls spécialistes de cette science à l'époque, prouve d'une façon indiscutable qu'elle est bien l'auteur des lettres. D'ailleurs le jour même où elle a été en prison, les messages anonymes ont cessé.

Devant le tribunal, un psychiatre vient parler de la personnalité de l'accusée. Son exposé joue certainement en sa faveur car il la montre telle qu'elle est, derrière sa carapace : une malheureuse et même une désespérée.

— L'accusée est un être fruste et naïf. Un être, surtout, qui, à la suite de certaines circonstances qu'elle n'a pas voulu préciser, a reçu une blessure profonde. Le jour où Angèle Laval a écrit sa première lettre, elle devait avoir le sentiment de n'être plus rien. Elle a contemplé cette ville tranquille, assoupie, alors qu'elle avait envie de crier. Et elle a décidé qu'elle allait la réveiller, la tirer de sa torpeur, de son bonheur.

Le président veut néanmoins éclaircir un point.

— Mais les mots obscènes, les dessins pornographiques ? Comment est-il possible qu'une jeune fille qui ne connaissait rien de la vie ait pu... enfin, ait pu en faire usage ?

— Elle en connaissait certainement plus que nous ne le pensions, du moins en théorie. Je suppose qu'il s'agit du résultat de quelques lectures interdites ou de conversations surprises ici ou là.

A l'issue des débats, Angèle Laval a été condamnée à un mois de prison et cent francs d'amende. Une peine indulgente qui frappait un être qui n'avait agi, dans le fond, que par désespoir.

Mlle Laval fera par la suite un séjour de cinq ans dans un hôpital psychiatrique. Après, elle retournera chez elle dans l'appartement de sa mère, au premier étage de l'hôtel Louis XIII et elle y habitera seule pendant quarante-cinq ans. Mais son histoire n'est pas tombée dans l'oubli. C'est elle qui a inspiré à Jean Cocteau sa pièce *La Machine à écrire* et à Henri-Georges Clouzot son film *Le Corbeau...*

Angèle Laval est morte en novembre 1967 à l'âge de quatre-vingt-un ans. De quoi a été peuplé sa solitude dans cet appartement vide, dans cette chambre, avec aux murs le crucifix et les images pieuses, où elle avait écrit des centaines de lettres anonymes ?

Face à elle-même, Angèle Laval a sans doute vécu dans la plus terrible des prisons. Avec, peut-être, une image qui revenait de temps en temps, aussi persistante que la mémoire : un employé de préfecture, un fonctionnaire barbu, M. Moury, qui l'invitait, avec un sourire timide, à un vin d'honneur pour fêter ses noces...

TABLE DES MATIÈRES

Achevé d'imprimer en octobre 1984
sur presse CAMERON,
dans les ateliers de la S.E.P.C.
à Saint-Amand-Montrond (Cher)

— N° d'édit. 9089. — N° d'imp. 2206-1630. —
Dépôt légal : octobre 1984.

49.75.0155.01

ISBN-2.86391.109.0